verschließen? Oder vor den Zeichen unserer Zeit, die jenen göttlichen Prophezeiungen in auffallender Weise entsprechen?
Keineswegs! Wir „**sollen**" erkennen, befiehlt uns der HERR, daß SEINE Wiederkunft nahe bevorsteht! Ja, er sagt noch mehr: „**Wachet also** und betet zu jeder Zeit, **damit ihr imstande seid**, all dem zu entrinnen, was kommen wird, und **zu bestehen vor dem Menschensohn.**" (Lukas 21,36)
Wir haben keine sichereren Endzeit-Prophezeiungen als diejenigen der HEILIGEN SCHRIFT! Die vorliegende Broschüre stellt die wichtigsten biblischen Prophetien zusammen und vergleicht sie mit den Zeichen unserer Zeit. Das Ergebnis dieses Vergleichs müßte eigentlich alle Christen aufrütteln ...

Vorsicht! Wölfe im Schafspelz
Johannes Rothkranz, 230 Seiten plus 48 Bildtafeln, 29,90 DM
Wir sollen uns vor ihnen **hüten**, mahnt uns der HERR im Evangelium, «vor den falschen Propheten, die mit Schaffellen bekleidet daherkommen, inwendig aber reißende Wölfe sind» (Mt 7,15).
Nicht umsonst verstecken sich diese Wölfe, die in Christi Schafstall eingedrungen sind, heuchlerisch unter Schafspelzen. Sie wissen genau, daß die arglosen Schafe ihren Irrlehren und ihrer Verführung dann nur zu leicht erliegen.
Nicht umsonst hat der HERR uns aber auch befohlen, sehr genau hinzusehen, bevor wir jemanden als wahren Propheten akzeptieren, das heißt, ihm als Gottes bevollmächtigtem Lehrer und Hirten folgen.
Das vorliegende Buch will dazu verhelfen, die heute bei weitem gefährlichsten Wölfe im Schafspelz zu enttarnen, ihnen das Schafsfell vom Leib zu reißen, damit sie vor den Augen aller als das dastehen, was sie tatsächlich sind: falsche Propheten.
Untermauert wird diese dringend nötige Enttarnung durch eine umfängliche, hochinformative Bild-Dokumentation. Sie wurde sorgsam zusammengetragen und ist in ihrer sachkundig kommentierten Zusammenstellung von einmaliger Aussagekraft!

Die „öffentlichen" Meinungsmacher
Johannes Rothkranz, 30 Seiten, 3,80 DM
Man nennt sie die „vierte Macht" im Staat: die modernen Massenmedien. Tatsächlich kann der politisch - gesellschaftliche Einfluß von Fernsehen und Rundfunk, Film und Presse kaum überschätzt werden. Wer an den Schalthebeln dieser Medienmacht sitzt, bestimmt nämlich über die Inhalte dessen, was wir die „öffentliche" Meinung nennen.

Öffentlich bekannt sind allerdings außer dieser „öffentlichen" Meinung selbst gewöhnlich nur ihre treuen Diener, nicht jedoch ihre wahren Urheber. Gewiß kennen wir die Namen der Chefredakteure, Moderatoren, Korrespondenten und Kommentatoren, doch sie alle sind ja bloß bezahlte Angestellte und tun, was ihre Bosse von ihnen erwarten. Wer aber sind diese Medienbosse?

Die vorliegende, glänzend recherchierte Schrift gibt die Antwort. Wer sie gelesen hat, weiß endlich, warum „Volkes Stimme" in der „öffentlichen Meinung" längst nicht mehr wiederzuerkennen ist; er versteht jetzt, warum seit vielen Jahren aus allen Medienkanälen unisono und unaufhörlich ein ohrenbetäubend lautes Loblied auf die vom Volk abgelehnte „Multikultur" erschallt; er begreift mit einem Mal, warum in der „öffentlichen Meinung" ganz überwiegend christlicher Völker der authentische christliche Glaube nicht bloß nicht mehr vorkommt, sondern seit Jahrzehnten unablässigen Angriffen jeder nur denkbaren Art ausgesetzt ist.

Des Rätsels Lösung: Warum sollten ausgerechnet notorische Antichristen in der von ihnen kontrollierten Medienmaschinerie christliche Stimmen zu Wort kommen lassen? Oder wie kämen ausgerechnet notorische One-World-Vorkämpfer dazu, in der von ihnen gesteuerten „öffentlichen Meinung" für die Erhaltung der nationalen Identität der Völker einzutreten? *Sie* sind *keine* Masochisten! Aber wir ihr lammfrommes Publikum?

Das Kreuz wird siegen!
Hintergründe der Kampagne gegen das Kreuz Christi
Johannes Rothkranz, viele Abbildungen, 128 Seiten, 12,80 DM

Die Feinde des Kreuzes Christi kommen nicht nur von außen; längst sind sie auch in die katholische Kirche eingedrungen und üben dort untergründig ihren antichristlichen Einfluß aus. Es waren darum leider auch nicht die Bischöfe oder die christlichen Politiker, die am entschiedensten gegen das infame Karlsruher Anti-Kreuz-Urteil vom August 1995 protestierten; *den schlichten Gläubigen an der Basis* kommt in *erster* Linie das Verdienst zu, den antichristlichen Bilderstürmern Einhalt geboten zu haben. Aber es wurde - bestenfalls - eine Schlacht gewonnen; der Krieg gegen Christus, sein heiliges Kreuz und seine wahre Kirche geht unerbittlich weiter. Wer nicht weiß, wo der Feind tatsächlich steht und aus welcher Richtung der Hauptangriff droht, kann das Kreuz Christi nicht wirksam verteidigen. Die vorliegende Schrift leistet die unbedingt notwendige Aufklärung. Alle wahren Freunde Christi und seines Kreuzes werden dankbar danach greifen!

Johannes Rothkranz

Der Vertrag von Maastricht - Endlösung für Europa

Gewidmet
dem Andenken
meiner verstorbenen
Mutter

Der Mammon bedeutete ihr
nichts.
Ihre Sehnsucht galt den
ewigen Gütern.

Abendlied

(für die Zeit nach Maastricht)

in propria venit ... (Joh. 1,11)

Abendland, dein Abend kam.
Sonne sah ich niedersinken.
So zur Rechten wie zur Linken
Flattergeist und Flitterkram.
Ist's die Heimat, ist sie's nicht?
Unerkannt und gottverlassen
irr ich durch die alten Gassen.
Ob mir auch das Herze bricht -
ach, die alten, stillen Gassen
sind es nicht.

Abendland, dein Abend kam.
Ach, ein Abend ohne Sterne;
und des Mondes Goldlaterne
hat sich ausgelöscht vor Scham.
Will die alten Wege gehn,
träumend sitzen bei den Linden.
Unbekannt, nicht aufzufinden!
Menschen, die mich nicht verstehn,
schaun mir nach wie einem Blinden ...
Weitergehn!

Weiter, weiter! Immerzu!
Brennt kein Licht? Nur Irrgelichter.
Land der Denker und der Dichter,
Vaterland, hab gute Ruh!
Dich verspotten? Nein, nicht ich.
Weinen kann ich nur und beten.
Die dich in den Staub getreten,
Fluch denselben - ewiglich!
Also sei es! Alsdann beten!
Höre mich!

Vater meines Jesu Christ!
Vater unser, den wir preisen!
Wollest deine Huld erweisen
dem, der ohne Helfer ist.
Ganz im Finstern kniet Dein Kind,
dem sie beide Daumen schraubten,
dem sie Herd und Heimat raubten.
Wenn noch fünf Gerechte sind,
die da glauben, wie sie glaubten,
hilf geschwind!

Hansjürgen Bertram

Johannes Rothkranz

Der Vertrag von Maastricht - Endlösung für Europa

I

Pro Fide Catholica

© Verlag Anton A. Schmid
Verlags-Programm: Pro Fide Catholica
Postfach 22, D-87467 Durach
2. Auflage Printed in Germany 1997

Alle Rechte bei Autor und Verlag.
Auszugsweise Veröffentlichung in Presse, Funk
und Fernsehen nur nach Genehmigung
ISBN 3-929170-36-1 (Gesamtausgabe)
ISBN 3-929170-37-X (Band 1)

Inhalt

Vorwort	7
I. Kapitel Der Vertrag von Maastricht	11
1. Überblick über das Vertragswerk	11
2. Was nicht im Vertrag steht	15
II. Kapitel Das Europa der Söhne Abrahams	23
1. Richard Nikolaus von Coudenhove-Kalergi	26
2. Robert Schuman, Konrad Adenauer, Alcide de Gasperi	32
3. Otto von Habsburg	43
4. Jacques Delors	54
5. Vaclav Havel	56
6. Bischof Josef Stimpfle	68
7. François Mitterrand	74
8. Helmut Kohl	78
9. «Baustelle» Paneuropa	100
10. Das Medien-Europa	113
11. Auf dem Posten	129
12. Das «christliche» Europa	136
13. Die «Organisatoren» Europas	148
III. Kapitel Das wahre Ziel: die Eine Welt	155
1. «Europa bauen in der Einen Welt»	155
2. Die Herren der Einen Welt	166
3. «Regionalismus und Welt-Organisierung»	177
4. «Ordnung aus dem Chaos»	187
5. Die Dialektik der Entwicklung . . .	192
6. Was man uns morgen sagen wird	205
IV. Kapitel Die wahre Regierung: die Zentralbank (I)	213
1. «Ach wie gut, daß niemand weiß . . .»	213
2. Der Geldwert	216
3. Geldmenge und Inflation	226
4. Der Geldumlauf	232
5. Der Zins	238
6. Der Kapitalismus - kleiner historischer Streifzug (1, a-semitisch)	251

7. Der Kapitalismus - kleiner historischer Streifzug
    (2, semitisch) 267
8. Grundsätzliches zum Bankenwesen 289

V. Kapitel
Die wahre Regierung: die Zentralbank (II) 315

1. Historisches zum Bankenwesen (1, a-semitisch) 315
   a) Die Bank von England 323
   b) Übriges Europa 326
   c) Das Federal Reserve System 328
   d) Allgemeines 336
2. Historisches zum Bankenwesen (2, semitisch) 339
3. Historisches zum Bankenwesen (3, rothschildisch) 353
   a) Die Bank von England 365
   b) Die Bank von Frankreich 374
   c) Das Federal Reserve System 378
   d) Deutschland, Belgien, Rußland 400
   e) Internationale Institute 412

VI. Kapitel
Die wahre Regierung: die Zentralbank (III) 417

1. Manöver und Tricks der Geldmacht (1, grundsätzlich) .. 417
2. Manöver und Tricks der Geldmacht (2, geschichtlich-real) .. 429
3. Die Unabhängigkeit der Europäischen Zentralbank .. 450
4. Die Geheimen Oberen 473

VII. Kapitel
Korrollarien 515

1. Das elektronisch überwachte Europa 515
2. Das Europa der Monopole 536
3. Das Europa der Abtreibung 543
4. Das multikulturelle Europa 552
5. Das «demokratische» Europa 571
   a) Frankreich 573
   b) Dänemark 575
   c) England 580
   d) Deutschland 586
   e) Österreich 596
   f) Schweiz 599
   g) Das «eherne Gesetz» der Demokratie 602

Anhang: Über den rechten Umgang mit den Medien ... 605
Nachwort für Siebengescheite und Neunmalkluge 609
Literaturverzeichnis 633
Zitierte Zeitschriften 637
Personenverzeichnis 639

Vorwort

«Die Staatenwelt dieser Erde verändert sich tiefgreifend. *Immer mehr Nationalstaaten fordern ihr Recht auf Eigenständigkeit.* Die einstigen Vielvölkerstaaten, die mit Gewalt zusammengehalten wurden, verfallen zusehends. Die Flamen und Wallonen wollen Belgien auflösen. Immer mehr Schotten drängen auf Trennung von Großbritannien. Der mörderische Kampf um die Separation Nordirlands von Großbritannien fordert ständig neue Opfer. Die acht Minderheiten Frankreichs, die 40 Prozent der Gesamtbevölkerung umfassen, geben keine Ruhe. Basken und Katalanen wollen sich nicht länger mit der Oberhoheit Spaniens abfinden. Nord- und Süditalien triftet auseinander. Griechenlands Mazedonier und Türken streben weg von Athen. Und während sich Serben und Kroaten bis aufs Messer bekämpfen und die Völker der ehemaligen Sowjetunion dabei sind, sich aus dem Joch des russischen Bären zu befreien»[1] - sollen in West-, Mittel- und Südeuropa zwölf Nationalstaaten mit einem Schlag von der Landkarte verschwinden!

Im niederländischen Maastricht wurde am 7. Februar 1992 ein «Vertrag über die Europäische Union» unterzeichnet, der die schrittweise Schaffung eines europäischen Zentralstaats, beginnend mit dem 1. Januar 1993, zum Inhalt hat. Dieser Vertrag war - in allen zwölf beteiligten Ländern - nicht zu unrecht selbst unter jenen, die seine wahren Hintergründe und Implikationen gar nicht kennen, von Anfang an heftig umstritten und ist es immer noch.

---

[1] *Der Insider* [Pretoria], 1. 4. 1993.

Für die eigentlichen «Interessenten» am Zustandekommen eines europäischen Zentralstaats ist es bei diesem Vorhaben, wie auch bei ihren übrigen Projekten, von großer Bedeutung, aus dem Hintergrund heraus die öffentlich entbrannte Diskussion zu steuern, damit die Aufmerksamkeit des Publikums nicht unversehens auf die wirklich neuralgischen Punkte gelenkt wird. Nur so war es zu verstehen, wenn das nicht von ungefähr gerade in der deutschen Finanz- und Börsenmetropole erscheinende Flaggschiff der «seriösen», «freien» und - für ganz Naive steht es unter dem Titel zu lesen - «unabhängigen» Presse unseres Vaterlands, die «Frankfurter Allgemeine Zeitung», uns am 21. Juli 1992, spät genug, endlich «zur Eröffnung einer oft geforderten Debatte» einlud und diese Debatte auch gleich selbst um einige nichtssagende Allgemeinplätze bereichern zu sollen glaubte, von denen ich nur eine Kostprobe zitiere, um meine Leser nicht schon eingangs dieses Buches zu Tode zu langweilen:

«In der augenblicklichen von Unklarheiten und Zweifeln geprägten Lage kehren alte Probleme der europäischen Geschichte in neuer Gestalt und unter neuen Bedingungen wieder: die Frage nach universaler Vernunft und partikularer Lebensform, von administrativer Rationalität und kommunaler Selbstbestimmung, von Nationen und europäischer Societas Civilis, von Bundesstaat oder Staatenbund. Wir wollen solche Fragen in den kommenden Wochen mit Blick auf die europäische Zukunft in lockerer Form erörtern, um der Europa-Debatte ihre technokratische Enge, ihre ökonomische Selbstsucht und ihre rhetorische Unbestimmtheit zu nehmen. Wir wollen fragen, wo Europa liegt, und wie es, nach den Erfahrungen der europäischen Geschichte, aussehen könnte. - Eine kulturelle Europa-Rhetorik beruft sich gern auf gemeinsame Werte und verbindliche Grundlagen wie Antike und Christentum. Das ist nicht falsch, aber einseitig. Europa kann nicht wie zu Zeiten Karls des Großen sakral, römisch und katholisch sein. In langen Jahrhunderten haben die europäischen Völker jeden Versuch der Hegemonie mit Strömen von Blut niedergekämpft, gegen Spanien, gegen Frankreich, gegen Deutschland. Sie werden auch einen neuen deutsch-französischen Versuch im Brüsseler Gewand nicht dulden. Denn Europa ist auch die Schweizer Sezession, der niederländische Freiheitskampf, die protestantische Individualethik, der skandinavische Eigensinn. Immer wenn es gefährlich wurde, trat der einzige Teil von Europa auf den Plan, der als Insel nicht nur durch Geschichte, sondern auch von Natur aus Kontinent ist. Europa wird vielfältig sein oder es wird nicht sein. Das walte England.»[2]

Was also die FAZ gemäß dieser Ankündigung an vage Historischem und Schöngeistigem «in lockerer Form» zu erörtern geruhte, berührte nicht einmal jene Seite des Problems, die sogar einem Großteil der europäischen «Wahlbürger» wenigstens irgendwie nicht geheuer ist: die finanzielle. Noch viel weniger konnte es naturgemäß den Frankfurter Meinungsmonopolisten in den Sinn kommen, die viel tiefschürfendere Frage nach dem «demokratischen» Charakter des in Maastricht beschlossenen gesamteuropäischen Staates oder gar die nach seinen - nicht nominellen, sondern wirklichen - Herrschern zu stellen. Immerhin haben wir den Auguren für ihr gar nicht sibyllinisches Prophetenwort zu danken, das da lautet: «Europa wird vielfältig sein oder es wird nicht sein» - eine hübsche multikulturelle Verfremdung des ursprünglich von Robert Schuman stammenden *Bonmots* (denn mehr als das war es nicht!): «Europa wird christlich sein oder wird nicht sein». So ändern sich die Zeiten! Daß das von ihm in fremdem Auftrag auf den Weg gebrachte «Europa» nicht christlich sein würde, hat Schuman zweifelsohne gewußt, aber man konnte seinerzeit mit dieser frommen Devise Katholiken, Protestanten und Anglikanern zumal so wunderschön Sand in die Augen streuen . . .

Doch wir wollen nicht vorgreifen. In sieben Kapiteln werden wir nachfolgend genau jene Aspekte des Vertrags von Maastricht in die von der FAZ angeregte Debatte «einbringen», die der mündige Wahlbürger dort wie anderswo weitestgehend vermissen wird. Auf Überraschungen sollten sich also vor allem unbefangene Leser der «seriösen» Tagespresse nach FAZ-Zuschnitt gefaßt machen . . .

Ob der Unions-Vertrag von Maastricht in seiner dort angenommenen Form in Kraft treten wird, ist nach seiner teilweisen Ablehnung durch die dänische Bevölkerung fraglich geworden; daß er aufgrund dieser Ablehnung nicht mehr, wie vorgesehen, am 1. Januar 1993 verbindlichen Charakter annehmen würde, stand bereits im Herbst 1992 fest. Wer angesichts dessen an Sinn und Zweck einer intensiveren Beschäftigung mit diesem Vertragswerk und seinen verborgenen Implikationen zweifeln wollte, wä-

---

[2] *Gustav Seibt*, Europa, Idee ohne Gestalt - Zur Eröffnung einer oft geforderten Debatte, FAZ, 21. 7. 1992.

re nochmals auf die erwähnte «Eröffnung» der Maastricht-Debatte in der FAZ zu verweisen, innerhalb deren es aus berufener Feder zutreffend hieß: «Erklärtes Ziel ist es, den augenblicklichen Integrationsprozeß "irreversibel" zu machen.» *Irreversibel* heißt *unumkehrbar, endgültig!* Von diesem Ziel, der *Endlösung für Europa*, werden jene, die es erklärt haben, um keinen Preis lassen. Das walte nicht England, aber . . . nun, lesen Sie selbst!

Dieses Buch wäre ohne die Hilfe vieler nicht in der vorliegenden Gestalt zustandegekommen. Bedauerlicherweise, aber aus naheliegenden Gründen, muß auf die Nennung ihrer Namen verzichtet werden. Besonderer Dank gilt jedoch jenem engagierten Gelehrten, der das ganze Buch freundlicherweise einer fachlichen Durchsicht unterzogen und gleichzeitig korrekturgelesen hat, sodann einem Herrn, der eine Reihe sehr informativer tschechischer/slowakischer Texte ins Deutsche übertrug und zur Verfügung stellte, weiter jener Person, die unter großem Zeitaufwand akribisch das Personenverzeichnis zusammenstellte, und endlich all jenen, die mir seit dem Erscheinen der «Diktatur der Humanität» vielfältiges wichtiges Text- und Bildmaterial zukommen ließen. Es sei mir jedoch gestattet, hier die *dringende Bitte* auszusprechen, künftig *kein* weiteres Material zu senden, weil ein *umfangreiches theologisches Projekt* die weitere Beschäftigung mit der in diesem Buch erörterten Thematik *nicht mehr gestattet!*

Filsen, im September 1993   *Der Verfasser*

I. Kapitel

Der Vertrag von Maastricht

1. Überblick über das Vertragswerk

Der vollständige Wortlaut des Maastrichter «Vertrags über die Europäische Union» wurde am 12. Februar 1992 im amtlichen «Bulletin» des Presse- und Informationsamts der Bundesregierung veröffentlicht. Diese Ausgabe des gewöhnlich nur wenige Seiten umfassenden «Bulletins», die Nr. 16 des laufenden Jahres, zählt nicht weniger als 72 (in Worten: zweiundsiebzig!) zweispaltig kleinbedruckte Din-A-4-Seiten. Da der Bundesregierung bzw. ihren Hintermännern die «Aufklärung» der Bevölkerung über den Vertrag ein Herzensanliegen ist, wurde diese Nummer des «Bulletins» zumindest noch im Spätherbst 1992 auf Anfrage sogar kostenlos an jeden Interessenten verschickt - in der berechtigten Hoffnung, daß kaum jemand ohne beträchtliches Hintergrundwissen in der Lage sein würde, zwischen den Zeilen des in nüchternster Juristensprache abgefaßten Vertragstextes zu lesen.

Aber glaube niemand, er halte mit diesen 72 randvollen Din-A-4-Seiten tatsächlich den vollständigen Wortlaut des Maastrichter Vertrags in der Hand! Der *wirklich vollständige* Vertrag möchte wohl die drei-, vier- oder gar fünffache Textmenge umfassen. Denn in den neuen Unions-Vertrag hat man die bereits bestehenden Europa-Verträge einfach integriert, und das «Bulletin» druckt nur jene Passagen dieser älteren Verträge ab, deren Fassung in Maastricht verändert oder die gänzlich neu eingefügt wurden; außerdem werden einige Artikel, Absätze etc. der älteren Verträge ersatzlos gestrichen.

Statt, wie anfänglich in Erwägung gezogen, im Anhang dieses Buches den gesamten im «Bulletin» abgedruckten Vertragstext zu dokumentieren, der größtenteils technische Einzelheiten regelt, die nur für Fachleute von einigem Interesse sein mögen, und der überdies in jeder Bibliothek und jedem Archiv öffentlich zugänglich ist (ja sogar kostenlos beim Presse- und Informationsamt der Bundesregierung, Welckerstr. 11, 53113 Bonn angefordert werden kann), habe ich mich entschlossen, auf derlei Verschwendung von Zeit, Energie, Papier und Druckkosten zu verzichten und nur den Aufbau des kompliziert verschachtelten Vertragswerks zu skizzieren; das genügt für unsere Zwecke vollkommen.

Hier also mein Versuch, den Vertragsaufbau in Form eines «Inhaltsverzeichnisses» einigermaßen übersichtlich darzustellen; kursiv gedruckte Überschriften in Klammern stammen von mir und fehlen im Vertragstext, alle übrigen sind jedoch original; Fettgedrucktes in Klammern stammt gleichfalls von mir und ist als knappe Inhaltsangabe gedacht:

Vertrag über die Europäische Union

(Feierliche Einleitung)

Titel I: Gemeinsame Bestimmungen

(Artikel A - F; allgemein gehaltene Grundsätze bzw. Absichtserklärungen)

Titel II: Bestimmungen zur Änderung des Vertrags zur Gründung der Europäischen Wirtschaftsgemeinschaft im Hinblick auf die Gründung der Europäischen Gemeinschaft

(Artikel G; die eigentliche Substanz des Vertrags)

Titel III: Bestimmungen zur Änderung des Vertrags über die Gründung der Europäischen Gemeinschaft für Kohle und Stahl

(Artikel H; fast nur wortwörtliche Wiederholungen von Teilen aus Titel II)

Titel IV: Bestimmungen zur Änderung des Vertrags zur Gründung der Europäischen Atomgemeinschaft

(Artikel I; fast nur wortwörtliche Wiederholungen von Teilen aus Titel II [bzw. III])

Titel V: Bestimmungen über die Gemeinsame Außen- und Sicherheitspolitik

(Artikel J, unterteilt in Artikel J.1 - J.11)

Titel VI: Bestimmungen über die Zusammenarbeit in den Bereichen Justiz und Inneres

(Artikel K, unterteilt in Artikel K.1 - K.9)

Titel VII: Schlußbestimmungen

(Artikel L - S; Verschiedenes, teils sehr wichtig)

Protokolle

(17 meist kurze Protokolle, davon zwei jedoch sehr umfangreich, nämlich:)

3. Protokoll über die Satzung des Europäischen Systems der Zentralbanken und der Europäischen Zentralbank

(53 Artikel)

4. Protokoll über die Satzung des Europäischen Währungsinstituts

(23 Artikel)

Schlußakte

(listet sämtliche Vertragstexte - I. Vertrag über die Europäische Union, II. Protokolle, III. Erklärungen - numeriert auf und fügt die 33 meist kurzen Erklärungen [Ausnahme: Erklärung zur Westeuropäischen Union] im Wortlaut an)

Der Vertrag von Maastricht hat also nicht nur inhaltlich, sondern auch formaljuristisch die drei schon längst existierenden Europaverträge zur Grundlage und bildet sozusagen nur noch das sie zusammenfassende, abschließende und krönende «Dach». Als Kernstück des ganzen Vertrags müssen demzufolge - das zeigt die Inhaltsübersicht - neben den beiden Protokollen über die Europäische Zentralbank und ihren Vorläufer, das Europäische Währungsinstitut, vor allem die am schon bestehenden EWG-Vertrag vorgenommenen sehr gravierenden Veränderungen angesehen werden. Um auch über letztere einen Überblick zu geben, sei hier, als *Ausschnitt* aus dem Unions-Vertrag dessen Titel II (= Artikel G) ähnlich wie oben das Gesamtvertragswerk skizziert:

Artikel G

A. *(Formale Vorbemerkung)*

   (Ersatz des Ausdrucks «Europ. Wirtschaftsgem.» durch «Europ. Gem.»)

B. Im Ersten Teil «Grundsätze» gilt folgendes:

   (Änderungen im Bereich der Artikel 1 - 8 des EWG-Vertrags; neuer Art. 4a: Schaffung einer Europäischen Zentralbank)

C. Folgender Teil wird eingefügt: «Zweiter Teil: Die Unionsbürgerschaft . . .»

   (Einfügung eines neuen Artikel 8)

D. Der Zweite und Dritte Teil werden unter folgender Überschrift zusammengefaßt: «Dritter Teil: Die Politiken der Gemeinschaft», und in diesem Teil gilt folgendes:

   (Änderungen und Ergänzungen im Bereich der Artikel 49-130 des EWG-Vertrags, darunter namentlich aufgeführt folgende, teils neugefaßte Titel:)

Titel V:	Gemeinsame Regeln betreffend Wettbewerb, Steuerfragen und Angleichung der Rechtsvorschriften
Titel VI:	Die Wirtschafts- und Währungspolitik
Titel VII:	Gemeinsame Handelspolitik
Titel VIII:	Sozialpolitik, allgemeine und berufliche Bildung und Jugend
Titel IX:	Kultur
Titel X:	Gesundheitswesen
Titel XI:	Verbraucherschutz
Titel XII:	Transeuropäische Netze
Titel XIII:	Industrie
Titel XIV:	Wirtschaftlicher und sozialer Zusammenhalt
Titel XV:	Forschung und technologische Entwicklung

Titel XVI: Umwelt

Titel XVII: Entwicklungszusammenarbeit

E. Im Fünften Teil «Die Organe der Gemeinschaft» gilt folgendes:

(Änderungen im Bereich der Artikel 137-238 des EWG-Vertrags: Europa-Parlament, Europarat, Europäische Kommission, Europäischer Gerichtshof, Europäischer Rechnungshof, Ausschuß der Regionen, Europäische Investitionsbank)

F. (*Unwesentliche formale Änderung in Anhang III des EWG-Vertrags*)

G. (*Unwesentliche formale Änderung im Protokoll über die Satzung der Europäischen Investitionsbank des EWG-Vertrags*)

Soweit also eine ganz knappe Übersicht über den Unions-Vertrag von Maastricht. Es ist nicht die Absicht und das Anliegen des vorliegenden Werks, einen irgendwie erschöpfenden Kommentar zu den Einzelbestimmungen dieses Vertrags zu liefern. Vielmehr soll die nachfolgende schonungslose Analyse der unausgesprochenen Grundlagen und Zielsetzungen des Vertrags einen solchen Kommentar von vornherein überflüssig machen. Kurz gesagt: Wesentlich interessanter und gewichtiger als der Vertragstext selber ist das, was er beschönigt oder verschweigt. Das wird uns freilich nicht hindern, im konkreten Fall auch ganz konkret auf im Text positiv oder negativ (durch Auslassung!) nachweisbare «Fußangeln» einzugehen.

2. Was nicht im Vertrag steht

Vieles von dem, was die Völker Europas unbedingt wissen müßten, bevor sie sich von ihren gewählten Regierungen im Eilmarsch in die Europäische Union hineinbugsieren ließen, gehört zugegebenermaßen nicht in einen Vertragstext als solchen hinein. Dennoch bleibt festzuhalten, daß der Vertrag ein durch und durch heuchlerisches Dokument darstellt. Die Lüge beginnt bereits mit den allerersten Worten der pathetischen Einleitung, wenn dort behauptet wird:

«Seine Majestät der König der Belgier,
Ihre Majestät die Königin von Dänemark,
Der Präsident der Bundesrepublik Deutschland,
Der Präsident der Griechischen Republik,
Seine Majestät der König von Spanien,
Der Präsident der Französischen Republik,
Der Präsident Irlands,
Der Präsident der Italienischen Republik,
Seine Königliche Hoheit der Großherzog von Luxemburg,
Ihre Majestät die Königin der Niederlande,
Der Präsident der Portugiesischen Republik,
Ihre Majestät die Königin des Vereinigten Königreichs Großbritannien und Nordirland,
. . .

IN DEM WUNSCH, die Solidarität zwischen ihren Völkern unter Achtung ihrer Geschichte, ihrer Kultur und ihrer Traditionen zu stärken,
. . .

IN DEM FESTEN WILLEN, . . . den wirtschaftlichen und sozialen Fortschritt ihrer Völker zu fördern und Politiken zu verfolgen, die gewährleisten, daß Fortschritte bei der wirtschaftlichen Integration mit parallelen Fortschritten auf anderen Gebieten einhergehen,
. . .

ENTSCHLOSSEN, . . . die Identität und Unabhängigkeit Europas zu stärken, um Frieden, Sicherheit und Fortschritt in Europa und in der Welt zu fördern,
. . .

HABEN BESCHLOSSEN, eine Europäische Union zu gründen . . .»

An diesen hehren Worten stimmt so gut wie nichts. Darüber, daß von dem halben Dutzend Majestäten alle und von dem halben Dutzend Präsidenten die meisten (so auch der deutsche Bundespräsident) überhaupt nichts zu beschließen haben, könnte man noch hinwegsehen, da die bloße Repräsentationsfunktion dieser Leute allgemein bekannt ist. Aber es waren eben *auch nicht* die hinter ihnen stehenden nationalen Parlamente und Regierungen, denen es von sich aus jemals eingefallen wäre, eine europäische Union zu beschließen. Indem der Vertrag jedoch einen solchen souveränen Beschluß von zwölf souveränen europäischen Regierungen vorgaukelt, stellt schon die Präambel eine faustdicke Lüge dar. Wer die Schaffung einer Europäischen Union *in Wahrheit* **beschlossen** hat, das mag - zunächst nur umrißhaft - die Tatsache beleuchten, daß man beinahe ein ganzes Menschenalter zurückgehen, sich mitten in den 2. Weltkrieg, in das Jahr 1944 hinein versetzen muß, um in der US-Hauptstadt Washington einen frisch gedruckten Sammelband auf dem Büchermarkt auftauchen zu sehen, der (ich übersetze) den merkwürdigen Titel trägt:

**Regionalismus und Welt-Organisierung
Nachkriegsaspekte der globalen Beziehungen Europas
Ein Syposium des Instituts für Welt-Organisierung**

Das von einem *M.B. Schnapper*[1] herausgegebene Werk vereint Beiträge von zehn Autoren, die im Jahre 1944 samt und sonders keine Regierungschefs oder Staatsoberhäupter irgendeines europäischen Landes waren, sondern sich ungefähr zur Hälfte aus US-Amerikanern, zur andern Hälfte aus europäischen Emigranten vorwiegend mosaischen Glaubens zusammensetzten. Sie besaßen also weder irgendeine demokratische Legitimation seitens auch nur eines einzigen europäischen Volkes noch irgendeine sonstige Regierungsposition in Europa. Dennoch konnte einer von ihnen - augenscheinlich die Zustimmung der übrigen voraussetzend - in verblüffender Bescheidenheit Aussagen formulieren wie diese hier:

«Wenn wir die nationalen Armeen abschaffen und Europa wirtschaftlich und sozial zu einem Ganzen machen wollen, ist es offenkundig, daß wir eine irgendwie geartete europäische Autorität benötigen.»[2]

Allein dieser mehr als erstaunliche Satz, gesprochen mit der größten Selbstverständlichkeit von der Welt auf einem Syposium von hochrangigen Politologen, Soziologen und Ökonomen in Washington mitten im 2. Weltkrieg, würde schon vollauf als Beweis für die These genügen, daß der Maastrichter Vertrag im Jahre 1992 nicht von Staats- und Regierungschefs souveräner europäischer Staaten, sondern von bloßen *Strohmännern* «beschlossen» wurde; wir werden jedoch im II. Kapitel eine Fülle

---

[1] *M.B. Schnapper (Hrsg.)*, Regionalism and World Organization. Post-war Aspects of Europe's Global Relationships. A Symposium of the Institute on World Organization, Washington D.C. 1944 (abgek. *Schnapper*).
[2] *Jan Hostie*, in: *Schnapper* a.a.O. 81.

solcher Beweise zu Gesicht bekommen. Wir werden dort auch sehen, *wer* jene Personen waren und sind, die bereits seinerzeit von der anderen Seite des Atlantiks aus mit wenigen dürren Worten dekretieren konnten: «*Wir* wollen die nationalen Armeen (in Europa) abschaffen«, und: «*Wir* wollen Europa wirtschaftlich und sozial zu einem Ganzen machen»!

Alles, was die europäischen Majestäten und Präsidenten bzw. die von ihnen repräsentierten «demokratischen» Regierungen in Maastricht wirklich selbst beschlossen haben, bestand darin, sich - zur Vermeidung persönlicher Nachteile - keinesfalls einem unabänderlichen Beschluß zu widersetzen, den ihre lichtscheuen übermächtigen Auftraggeber bzw. deren Vorfahren schon zu Beginn unseres Jahrhunderts gefaßt und seitdem mit rücksichtsloser Brachialgewalt Stück für Stück in die Tat umgesetzt hatten. Und alles, was seit dem 7. Februar 1992 auch die einzelnen Parlamente und Regierungen in Europa mit enormem theatralischem Aufwand geleistet haben: Pro-Maastricht-Kampagnen, Fernsehreden, Volksentscheide, Debatten, Parlamentsabstimmungen und Ratifizierungsverfahren, das taten sie nicht im demokratischen Auftrag ihrer Völker, sondern im Auftrag jener geheimen *Welt-Organisierer* - was sich weiter unten noch erweisen wird.

Die zweite unverschämte Lüge steckt in den feierlich proklamierten Zielen der Europäischen Union. Es geht tatsächlich weder um eine «Stärkung der Solidarität» zwischen den Völkern Europas noch um deren «wirtschaftlichen und sozialen Fortschritt» und schon gar nicht um die «Stärkung der Identität und Unabhängigkeit Europas». Statt dessen bildet die Europäische Union die letzte Etappe auf dem Weg der «Organisierung» der *Einen Welt* mit ihrer diktatorischen Superregierung. Die Existenz eines eigenen «Instituts für Welt-Organisierung», das schon vor Jahrzehnten Symposien über Europas «globale» Einbindung abhielt und sogar - freilich nicht in Europa! - publizierte, spricht für sich selbst. Das III. Kapitel wird sich eingehend dieser unausgesprochenen Zielsetzung des Vertrags von Maastricht widmen, während das VII. Kapitel aufzeigt, wie man mittels gewaltsamer Herbeiführung einer gemischtrassischen europäischen «*Multikultur*» die *Identität* der Völker Europas zu «wahren» gedenkt!

A propos Gewalt: Wie wenig die treibenden Kräfte hinter der *Europäischen Union* und hinter der «Welt-Organisierung» mit der Wimper zucken, wenn sich die Frage nach den geeignetsten Methoden zur möglichst raschen Verwirklichung solcher menschheitsbeglückenden *Globalisierung* stellt, ließ der ungarisch-jüdische Politologe *Oskar Jászi*, einer der rührigen Welt-Organisatoren, übrigens damals, 1944 schon, hinreichend deutlich durchblicken, um uns kalte Schauer über den Rücken zu jagen:

«... das Christentum, die Religion der Liebe, war verantwortlich für die menschlichen Hekatomben der Inquisition; die geistliche Freiheit des Protestantismus degenerierte zeitweilig zum Despotismus von Calvins *Stadt Gottes*; der Traum von Gleichheit der Französischen Revolution wurde von großen Massakern begleitet; das französische Dogma der nationalen Souveränität verhinderte nicht Napoleons Herrschaft über viele Nationen; der extreme Humanitarismus der kommunistischen Philosophie wurde in die erbarmungslose Diktatur der Bolschewiken verkehrt. Aber es wäre eine sehr engstirnige Geschichtsphilosophie, die nicht die machtvolle Kraft des Fortschritts anerkennen würde, die alle diese Bewegungen, trotz ihrer Verirrungen, zum Marsch der Menschheit in die Zukunft beitrugen.»[3]

Lassen wir einmal die angeblichen «Hekatomben» der Inquisition beiseite; sowohl über die tatsächlich sehr geringe Zahl der «Opfer» als auch über deren Nationalität würden gerade in Deutschland die meisten Kirchengegner Augen, Nase, Mund und Ohren weit aufsperren, wenn sie sich nur die Mühe machten, objektives Quellenstudium zu betreiben, statt den lächerlich desinformativen Verzerrungen durch die Nachfahren jener «Opfer» auf den Leim zu kriechen. Aber die übrigen «Bewegungen» und hier namentlich den diabolischen Bolschewismus mit seiner absolut unvorstellbaren Zahl von damals schon 20 (und bis heute weltweit mehr als 100) Millionen oft grausam gefolterten und abgeschlachteten Opfern seitens der Welt-Organisierer als «machtvolle Kraft des Fortschritts» angepriesen zu finden, die «zum Marsch der Menschheit in die Zukunft beitrugen», das kann uns einen Vorgeschmack dessen bieten, was «die Menschheit» - also uns alle! - auf dem weiteren Marsch in die «organisierte Welt» noch erwarten mag. Die *Europäische Union* in dermaßen «guten Händen» zu wissen, sollte auf nicht total abgestumpfte Gemüter eigentlich umso elektrisierender wirken, als uns in der schon zitierten Präambel des Maastrichter Vertrags (s.o.) nichts weniger als die *Förderung* des *Fortschritts* «in Europa und in der Welt»

---

[3] *Oskar Jászi*, in: *Schnapper* ebd. 85.

verheißen wird. Denn auch das ist etwas, was *nicht* im Unions-Vertrag steht: eine klare Definition und rechtliche Festschreibung jenes «Fortschritts», den man da so angelegentlich zu fördern verspricht.

Natürlich ist es unmöglich, auf *alles* einzugehen, was man in dem Mammut-Vertragswerk von Maastricht berechtigterweise vermißt. Nur noch ein Punkt sei herausgegriffen: die *radikale Endgültigkeit* der Unions-Vereinbarungen.

Bereits im November 1990, als sich der heutige Vertragstext noch im Entwurfstadium befand, die Inhalte seitens der geheimen Macht im Hintergrund jedoch längst vorgegeben waren, berichtete die Europa-Abgeordnete *Johanna Grund*, die Einblick in den damals aktuellen Entwurf besaß: «Es gibt zwar in den 87 Artikeln eine "Aufnahme neuer Mitglieder" (Art. 2). Ein Austritt aus der Union ist aber nicht vorgesehen.»[4] Und dabei ist es auch geblieben, obwohl die Artikel des jetzt angenommenen Vertrags keine Zahlen mehr, sondern Buchstaben tragen. Heute ist es *Artikel O*, der die Aufnahme zusätzlicher Mitglieder regelt. Der kürzeste Artikel des gesamten Vertrags aber ist *Artikel Q*; er besteht aus einem einzigen lapidaren Satz mit ganzen sechs Wörtern: «*Dieser Vertrag gilt auf unbegrenzte Zeit.*»

Man war zu klug, um es negativ zu formulieren, etwa so: «Kein Mitgliedsstaat kann noch jemals seinen Beitritt zur Europäischen Union rückgängig machen.» Nein, man sagt es harmlos positiv: «Dieser Vertrag gilt auf unbegrenzte Zeit», also *für immer und ewig*! Den Marsch der Menschheit in die Zukunft und der Europäer in die Europäische Union denkt man sich auf Seiten der Welt-Organisierer als «Reise ohne Wiederkehr»!

Allerdings haben manche Politiker weniger taktisches Feingefühl bewiesen als die Redakteure des Vertragstextes. Da ist zunächst die EG-Kommission selber. Sie verlangte laut Pressemeldungen schon im November 1990, «daß nach 1992 die Zollgebäude und Kontrollstellen an den Grenzen zwischen den Staaten der Gemeinschaft nicht nur geschlossen, sondern abgerissen werden. Nur so sei sichergestellt, daß die Abschaffung der Kontrollen an den Binnengrenzen nicht mehr rückgängig gemacht werden könne, hieß es in Brüssel.»[5]

---

[4] In: *Europa Vorn* Nr. 9/September 1990, 20.
[5] *Deutsche Tagespost* (abgek. *DT*), 24.11.1990, dpa/vwd-Meldung.

Eifrig bemüht, die absolute Endgültigkeit der Maastrichter Europa-Union zu beschwören, war aber auch Bundeskanzler Helmut Kohl, über dessen nicht allgemein bekannte Star-Rolle im langjährigen Bühnenstück über die «europäische Einigung» in diesem Buch noch einiges zu sagen sein wird. Am für gewisse Kreise symbolträchtigen *Dreizehnten* des Monats Dezember 1991 gab der Kanzler in einer Erklärung vor dem Deutschen Bundestag nicht bloß bekannt, in der Nacht vom zehnten auf den (nicht weniger symbolhaften) *elften* Dezember habe man sich in Maastricht endlich auf den definitiven Vertragstext geeinigt, nein, er prophezeite auch[6]: «Der Weg zur Europäischen Union ist unumkehrbar. - Die Mitgliedsstaaten der Europäischen Gemeinschaft sind jetzt für die Zukunft in einer Weise miteinander verbunden, die ein Ausbrechen oder einen Rückfall in früheres nationalstaatliches Denken mit all seinen schlimmen Konsequenzen unmöglich macht.»

Diese Beteuerung wiederholte der Kanzler nur zwei Wochen später in Berlin. Dorthin war er eigens gereist, um einem Angehörigen jenes Volkes, das wir in diesem Buch als die derzeit noch geheime, aber künftig öffentliche Herrscherkaste Europas kennenlernen werden, anläßlich einer Preisverleihung u. a. zu versichern: «Den Mitgliedsstaaten der Europäischen Gemeinschaft (ist es) zu Beginn vergangener Woche in Maastricht gelungen, den Durchbruch auf dem Weg zur Europäischen Union zu erreichen. Auf diesem Weg gibt es jetzt kein Zurück mehr . . .»[7] Die Ansprache schloß mit dem Herzenswunsch: «Lieber Herr Wiesenthal, ich wünsche Ihnen und uns allen, daß wir gemeinsam an einem neuen Europa bauen können.»[8] Was uns also der Vertrag von Maastricht nur durch die Blume zu verstehen gibt, posaunt Helmut Kohl in die Welt hinaus, und wenigstens dafür müssen wir ihm aufrichtig dankbar sein.

Das einzige, was nicht endgültig ist, ist der Maastrichter Vertrag selbst! In Artikel N (2) heißt es nämlich: «Im Jahr 1996 wird eine Konferenz der Vertreter der Regierungen der Mitglied-

---

[6] Zit. n. *Unabhängige Nachrichten* (abgek. *UN*), Nr. 7/August 1992, 2.
[7] Damit war also Helmut Kohls langgehegter Traum in Erfüllung gegangen, den er am 20. Januar 1988 gegenüber *Le Monde* offenbart hatte: «Unsere Zugehörigkeit zur westlichen Wertegemeinschaft ist unumkehrbar . . . Mein größtes Ziel ist es, daß wenn, wenn ich einmal meine Ämter abgeben werde, der Weg der Deutschen in die Zukunft so festgelegt ist, daß man ihn nie mehr umkehren kann.» Zit. n. *Arnulf Neumaier* in: *CODE*, Nr. 12/1992, 23.
[8] Zit. n. *Deutsche Wochen-Zeitung - Deutscher Anzeiger*, 3. 1. 1992, 3.

staaten einberufen, um die Bestimmungen dieses Vertrags, für die eine Revision vorgesehen ist, in Übereinstimmung mit den Zielen der Artikel A und B zu prüfen.» Journalisten glauben denn auch bereits zu wissen, «spätestens» dann werde man «nicht um eine Reform der Institutionen herumkommen». Wieso man sich im Vertrag solche Hintertüren offengelassen hat, lehrt ein Blick auf den erwähnten Artikel A, demzufolge es «Aufgabe der Union ist . . ., die Beziehungen zwischen den Mitgliedstaaten sowie zwischen ihren Völkern kohärent und solidarisch zu gestalten». Sollte sich nämlich 1996 herausstellen, daß Kohärenz und Solidarität noch zu wünschen übrig lassen, könnte man problemlos durch «Reform» der Brüsseler «Institutionen» die bereits jetzt bedenklich weitreichenden Machtbefugnisse der sogenannten «EG-Kommission» ausdehnen und mittels eines gestrafften Zentralismus für den von den Planern im Hintergrund gewünschten stärkeren «Zusammenhalt» sorgen. Es wäre natürlich ausgesprochen unklug gewesen, diese Katze jetzt schon aus dem Sack zu lassen, ist doch bereits heute des Klagens über den «Brüsseler Zentralismus» kein Ende. Der jedoch hat noch gar nicht richtig begonnen!

Weitere erläuterungsbedürftige, im Vertrag jedoch taktvoll mit Schweigen übergangene Fragen werden wir in den übrigen Kapiteln dieses Buches aufwerfen, so u.a. im VI. Kapitel die Frage, wieso die geplante Europäische Zentralbank laut Vertrag Geschäfte *auf eigene Rechnung* betreiben darf, oder im VII. Kapitel, wieso die künftige Europawährung nach dem Willen ihrer Schöpfer ausgerechnet «ECU» heißen soll, etc. etc.

Der Leser darf also gespannt sein, und um die Spannung nicht ins Unerträgliche zu steigern, werden wir gleich im nächsten Kapitel so weit als möglich den Schleier wegziehen, der bislang die eigentliche Herrscherkaste Europas vor den Blicken des stets neugierigen Publikums verbarg, und sie ins ihnen gebührende Rampenlicht rücken: die Söhne Abrahams («dem Fleische nach», wie wir mit dem hl. Paulus hinzufügen müssen)!

II. Kapitel

Das Europa der Söhne Abrahams

Man könnte dieses für das Verständnis der wahren Bedeutung des Vertrags von Maastricht grundlegende Kapitel mit einem wenig bekannten Zitat des großen russischen Dichters Dostojewskij einleiten, der im Jahre 1880 notierte: «Alle, die Bismarcks, Beaconsfields und die Französische Republik, sind für mich als Macht eine Vorspiegelung. Ihr Herr, wie der Herr aller, der Herr ganz Europas, ist doch nur der Jude.»[1] Aber das wäre «antisemitisch».

Man könnte statt dessen eine kleine Dialogszene zwischen dem einflußreichen Juden *Sidonia* und dem Titelhelden *Coningsby* aus dem 1844-45 in deutscher Übersetzung erschienenen gleichnamigen Roman des englischen Premierministers *Benjamin Disraeli* anführen, die sich - unter Einbeziehung der Namen ganz realer Zeitgenossen - so abspielt: «. . . Vor einigen Jahren schrieb Rußland an uns. Nun hat zeiher zwischen dem Hofe von St. Petersburg und meiner Familie keine große Freundschaft bestanden. Dieser Hof hat Connexionen in Holland, die ihn gewöhnlich versorgt haben, und unsere Vorstellungen zu Gunsten der polnischen Hebräer, eines zahlreichen Volkes, welches von allen Stämmen am Meisten dulden muß und am Tiefsten herabgedrückt ist, waren dem Czar nicht sehr angenehm gewesen. Die Umstände machten jedoch eine Annäherung zwischen den Romanows und den Sidonia wünschenswerth. Ich beschloß, selbst nach Petersburg zu gehen. Bei meiner Ankunft hatte ich eine Unterredung mit dem russischen Finanzminister Grafen Cancrin; ich sah in ihm den Sohn eines lithauischen Juden. Die Anleihe hing mit

---

[1] *Fedor Dostojewskij* in «Notierte Gedanken», zit. n. *Gaston Ritter*, Das Judentum und die Schatten des Antichrist, 3. Aufl. Graz 1938 (abgek. *Ritter*), 38f.

den spanischen Affairen zusammen und ich beschloß sogleich von Rußland nach Spanien zu gehen . . . Gleich nach meiner Ankunft hatte ich eine Audienz bei dem spanischen Minister, Sennor Mendizabal; ich sah in ihm meines Gleichen, den Sohn eines Nuevo Cristiano, eines arragonesischen Juden. In Folge Dessen, was ich in Madrid erfuhr, ging ich stracks nach Paris, um den Präsidenten des französischen Kabinets zu Rathe zu ziehen; ich sah den Sohn eines französischen Juden, einen Helden, einen kaiserlichen Marschall und das mit Recht, denn wer sollten die Kriegshelden sein, wenn nicht Die, die den Herrn der Heerscharen anbeten?»

«Ist Soult ein Hebräer?»

«Ja wohl und noch mehrere der französischen Marschälle und zwar die berühmtesten, Massena zum Beispiel; sein eigentlicher Name war Manasse, - doch zurück zu meiner Geschichte. Das Resultat unserer Berathungen war, daß man sich an eine nordische Macht wenden und diese um eine freundliche Vermittlung bitten müsse. Wir richteten unser Augenmerk auf Preußen und der Conseilpräsident schrieb an den preußischen Minister, welcher einige Tage darauf auf unserer Conferenz beiwohnte. Graf Arnim trat in das Zimmer und ich sah einen preußischen Juden. *Sie sehen also, mein lieber Coningsby, daß die Welt von ganz andern Personen regiert wird als Die, welche nicht hinter die Koulissen blicken können, vermuthen.*»[2] Das anzuführen könnte man zwar nicht «antisemitisch» nennen, denn bei Disraeli handelte es sich um einen getauften Juden, der zeitlebens von seinen Volksgenossen wohlgelitten war und dem jedes jüdische Lexikon, das etwas auf sich hält, einen eigenen, sehr freundlich gehaltenen Artikel widmet. Aber es würde - wie schon die altertümliche Schreibweise zeigt - nach fast 150 Jahren doch etwas antiquiert wirken.

Deshalb möchte ich dieses Kapitel denn auch lieber mit einer Feststellung einleiten, die weder «antisemitisch» noch antiquiert zu nennen ist. Sie stammt nämlich von dem ungarischen Jesuiten und Freimaurer Dr. Töhötöm Nagy und steht in einem 1969 in Wien herausgekommenen dicken Buch, dessen Titel das radikal Unvereinbare dennoch zusammenzwingen wollte: «Jesuiten und Freimaurer». Die Feststellung eines Mannes, der es also wissen mußte, lautet so: «Die Vorkämpfer der Idee eines Vereinten Europas waren Freimaurer, zumal diese Ideologie durch ihre

---

[2] *Benjamin Disraeli*, Coningsby, Leipzig 1844-45, 392f.

freiheitlichen und brüderlichen Grundsätze typisch maurerisch ist. Einer der Großen dieser Bewegung war Graf Richard von Coudenhove-Kalergi; als ich vor vielen Jahren einmal voller Begeisterung ein Buch von ihm las, hätte ich mir nicht träumen lassen, daß er Freimaurer war und daß ich ihn eines Tages als die Personifizierung des maurerischen Prinzips zitieren würde. Drei bedeutende Förderer des paneuropäischen Gedankens wurden mit dem Friedensnobelpreis ausgezeichnet: Aristide Briand, Gustav Stresemann und General George Marshall - alle drei Maurer.»[3]

Diese Feststellung aus berufenem Mund bedarf freilich einer Ergänzung, und zwar aus der Feder dessen, den sie selbst als *die Verkörperung des maurerischen Prinzips* bezeichnet, des Hochgradmaurers im 18. Grad Graf Richard Nikolaus von Coudenhove-Kalergi. Er publizierte 1925 im kurz zuvor geschaffenen Paneuropa-Verlag sein zweites Buch mit dem etwas verschwommenen Titel «Praktischer Idealismus», in dem er Thesen aufstellte wie diese hier: «Der Kampf zwischen Kapitalismus und Kommunismus ist ein Bruderkrieg des geistigen Adels. . . . Der Generalstab beider Parteien rekrutiert sich aus der geistigen Führerrasse Europas, dem Judentum. . . . Hauptträger des korrupten wie des integren Geistesadels, des Kapitalismus, des Journalismus und des Literatentums, sind Juden. Die Überlegenheit ihres Geistes prädestiniert sie zu einem Hauptfaktor des zukünftigen Adels . . . So ging aus all diesen Verfolgungen eine kleine Gemeinschaft hervor, gestählt durch ein heldenmütiges Martyrium für die Idee und geläutert von allen willensschwachen und geistesarmen Elementen. Statt das Judentum zu vernichten, hat es Europa wider Willen durch jenen künstlichen Ausleseprozeß veredelt und zu einer Führergeneration der Zukunft erzogen. So hat eine gütige Vorsehung Europa in dem Augenblick, als der Feudaladel zerfiel, durch die Judenemanzipation eine neue Adelsrasse von Geistes Gnaden geschenkt.»[4] Der adelige Hochgradbruder war übrigens auch «standesgemäß» verheiratet, mit einer Angehörigen dieses gottgeschenkten Geistesadels nämlich, der Schauspielerin *Ida Roland*. Er hätte demzufolge als allerletzter das unschöne Attribut «Antisemit» verdient, und so wird man es auch mir nicht als «Antisemitismus» ankreiden, wenn ich *mit ihm* das Judentum als die «geistige Führerrasse Europas», als die «Führergeneration der

---

[3] *Töhötöm Nagy*, Jesuiten und Freimaurer, Wien 1969, 467f.
[4] *Richard Coudenhove-Kalergi*, Praktischer Idealismus, 1925, 32f u. 49f, zit. n. *Politische Hintergrund-Informationen* 10 [1991] 227.

Zukunft», mit einem Wort, als die *künftige Herrscherkaste Europas* betrachte und umgekehrt die in Maastricht besiegelte «Europäische Union» als das *Europa der Söhne Abrahams* bezeichne.

Warum aber auf dieser Tatsache so sehr herumreiten? Nun, schlicht deshalb, weil man den *christlichen* Völkern Europas stets wahrheitswidrig ein *christliches* statt eines *jüdischen* Europas in Aussicht gestellt hat, und weil ein *jüdisches* Europa nun einmal kein *christliches* Europa sein kann! Ebenso deshalb, weil man den Völkern Europas stets wahrheitswidrig ein «Europa der Vaterländer» versprochen hat, während jetzt auf einmal der ungarische Jude György Konrád anläßlich der Entgegennahme des Friedenspreises des Deutschen Buchhandels (symbolschwanger wie immer in diesem Milieu natürlich genau am *dreizehnten* Oktober 1991) in Frankfurt - ganz im Einklang mit dem sprichwörtlichen jüdischen *Kosmopolitismus* - zu Protokoll gab: «Das Europa von morgen ist nur als eine multinationale, multikulturelle Einheitskonstruktion vorstellbar»[5]!

Auf welche Weise im einzelnen Zion seit den zwanziger Jahren unseres Jahrhunderts die «europäische Einigung» vorangetrieben hat, um sich am Ende offen als die zur Beherrschung Gesamteuropas prädestinierte «Adelsrasse von Geistes Gnaden» zu etablieren, das ist so komplex, daß man es vorderhand am besten anhand der Aktivitäten jener Personen - meist nichtjüdischer Freimaurer - studiert, die, angefangen mit Coudenhove-Kalergi, als scheinbare Protagonisten von *Pan-Europa* in den Vordergrund geschoben wurden. Ich stelle also nun in zwangloser Reihenfolge zehn dieser Protagonisten mit ihren jüdischen Verbindungen vor und ergänze anschließend ein paar besonders wichtige Aspekte in eigenen Abschnitten. Teilweise inhaltliche Überschneidungen der einzelnen Abschnitte sind wegen der innigen Verflechtungen der beteiligten Personen und ihrer Aktivitäten unvermeidlich.

1. Richard Nikolaus von Coudenhove-Kalergi

Der Sohn eines adeligen österreichischen Vaters und einer japanischen Mutter, dessen Schwester Ida-Friederike unter dem Namen ihres Ehemannes *Görres* insbesondere den Katholiken vor

---

[5] Abgedruckt in *Nation und Europa*, Nr. 12/ Dezember 1991, zit. n. *UN*, Nr. 1/Januar 1992, 4.

und nach dem 2. Weltkrieg als religiöse Schriftstellerin ein Begriff war, machte in der Loge so rasch Karriere, daß er mit 29 Jahren bereits den 18. Grad, den eines «Ritters vom Rosenkreuz» innehatte; es darf angenommen werden, daß er es im weiteren Verlauf bis zum 30. oder 33. Grad gebracht hat. Was seine freimaurerisch-«paneuropäische» *Mission* angeht, so verfügen wir in Gestalt zweier hochinformativer Artikel, beide geschrieben von einem nicht unbedeutenden *Paneuropa*-Funktionär, über authentische Belege. Ich zitiere nachfolgend ausgiebig aus den beiden Aufsätzen[6] und ergänze manches dort Fehlende aus zusätzlichen Quellen.

Nach *Martin Posselt* muß «als Schöpfer des Europagedankens in seiner modernen Form . . . Richard Coudenhove-Kalergi gelten. In einem Zeitungsartikel 1922 und ein Jahr später in seinem Buch "Paneuropa" gelang ihm ein überzeugender und allseitig begründeter Beweis für die Notwendigkeit der europäischen Einigung. . . . - Im selben Jahr gründete er die Paneuropa-Union, die erste europäische Bewegung der Geschichte. Der unbekannte 29jährige Privatmann gewann rasch die Unterstützung sowohl breiter Schichten als auch führender Politiker: in Österreich zählten Bundeskanzler Ignaz Seipel und Karl Renner, in Deutschland Reichstagspräsident Paul Loebe und Konrad Adenauer, in Frankreich die Ministerpräsidenten Edouard Herriot und Léon Blum, in England Minister Leo Amery, Duff Cooper u.a. zu seinen Mitarbeitern.»[7] Wieso der «unbekannte 29jährige Privatmann» so schnell die Unterstützung «führender Politiker» gewann, wird von Posselt nicht zu ergründen versucht: die Logenmitgliedschaft Coudenhove-Kalergis und die dementsprechend massive Hilfestellung der gesamten europäischen Freimaurerei für sein von ihr abgesegnetes Unternehmen sind in offiziellen Darstellungen selbstredend tabu. Daß der jüdische Reichtagspräsident Deutschlands *Paul Loebe* und der jüdische Ministerpräsident Frankreichs *Léon Blum*, aber auch der jüdische Physiker *Albert Einstein*[8] sofort mit von der Partie waren, versteht sich von selbst, vor allem dann, wenn man - nicht von Posselt natürlich,

---

[6] 1) Info-Blatt der *Paneuropa Deutschland e.V.*, redigiert von *Martin Posselt*, mir offiziell zugeschickt 1990 (abgek. *Posselt 1990*); 2) Ein Artikel über die Geschichte der Paneuropa-Bewegung in *Paneuropa Deutschland*, Heft 2 (2. Quartal) 1989, ebenfalls von *Martin Posselt*, zitiert mit Seitenzahlen (abgek. *Posselt 1989*).
[7] *Posselt 1990* a.a.O.
[8] *Siegbert Alber*, Präsident der Paneuropa-Union Deutschland, in: *DT*, 6. 5. 1993.

aber von dem Herausgeber eines gutinformierten amerikanischen Nachrichtendienstes[9] - erfährt, womit Coudenhove-Kalergi das ehrgeizige Paneuropa-Projekt *finanzierte*: «mittels Geld von Max Warburg (60.000 Reichsmark in Gold)» sowie «mit Geld und öffentlicher Aufmerksamkeit aus zumeist rothschild-nahen Quellen»! Die internationalen jüdischen Bankhäuser *Warburg* und *Rothschild* gehörten damals wie heute zu den mächtigsten und hinter den Kulissen einflußreichsten Institutionen der Welt.

Ebenfalls mit von der Partie waren, nicht weniger selbstverständlich, zwei (wie oben von Töhötöm Nagy bestätigt) Logenbrüder des Hochgradmaurers Coudenhove: *Aristide Briand* und *Gustav Stresemann*. Posselt berichtet: «1927 wurde der französische Staatsmann Aristide Briand Ehrenpräsident der Paneuropa-Union. 1929 versuchte Briand, das Paneuropa-Konzept in konkrete Politik umzusetzen. Er forderte in seiner Rede vor dem Völkerbund die Gründung einer europäischen Konföderation. Der deutsche Außenminister Stresemann begrüßte seinen Vorschlag, der britische Außenminister reagierte zurückhaltend. Briand wurde beauftragt, einen Plan zu entwickeln. Diesen legte er 1930 vor, am Eröffnungstag des zweiten Paneuropa-Kongresses in Berlin. Doch seine Initiative kam zu spät. Die Weltwirtschaftskrise, der Tod Stresemanns und die Verzehnfachung der Stimmen der Nationalsozialisten bei den Reichstagswahlen machten alle Aussichten auf Erfolg zunichte.»[10] Pech für den Grafen, daß Zion selber seine Pläne, die ja gar nicht seine eigenen waren, durchkreuzte; wir werden aber weiter unten sehen, daß seine Auftraggeber ihn später über den Sinn und Zweck des - ebenfalls von den *Warburgs* finanzierten - nationalsozialistischen Zwischenspiels bestens aufgeklärt haben.

Vorerst «lebte die Paneuropa-Union im Exil weiter. Richard Coudenhove-Kalergi und Otto von Habsburg (seit 1936 Mitglied der Paneuropa-Union) hatten in Amerika Zuflucht gefunden. Dort setzten sie sich dafür ein, daß Roosevelt statt der "bedingungslosen Kapitulation" eine europäische Neuordnung zum Kriegsziel ausrufen möge. Es gelang ihnen nicht. - Doch Coudenhove gab nicht auf. In Vortrags-Kampagnen gewann er die amerikanische Öffentlichkeit für den Europagedanken, der fünfte Paneuropa-Kongreß in New York 1943 legte einen europäischen

---

[9] *R. Squier Ball* in: *The Double-Dome Chronicle*, Nr. 4/August 1990 (abgek. *Ball*), 3.
[10] *Posselt 1990* a.a.O.

Verfassungsentwurf vor, den Coudenhove als Professor der New York University ausgearbeitet hatte.»[11] Es waren also während der Kriegsjahre in den USA noch zahlreiche andere «Welt-Organisierer» am Werk . . .

Daß der jüdischstämmige US-Präsident und 33-Grad-Freimaurer Franklin Delano Roosevelt alias Rosenfeld seinen europäischen Logenbruder nicht einmal empfangen und anhören wollte, dürfte taktische Gründe gehabt haben und rechtfertigt nicht Posselts Hypothese: «Über die Gründe dieser Distanz konnte sich Coudenhove nicht lange Illusionen machen: Roosevelt lehnte das Programm einer europäischen Union rundweg ab. Paneuropa hatte keinen Platz in seiner Nachkriegsplanung.» Denn bei Vertrauenspersonen Roosevelts rannte Coudenhove augenscheinlich offene Türen ein: «Zu den wenigen Politikern, die damals schon Sympathie für Coudenhoves Ideen zeigten, zählte John Foster Dulles, der dann 1947 einen wesentlichen Beitrag bei der Hinwendung der USA zur europäischen Einigung leistete. . . . Da kam im Herbst 1941 entscheidende Hilfe durch den Präsidenten der Carnegie-Friedensstiftung, Nicholas Murray Butler. Er vermittelte Coudenhove einen Lehrauftrag an der New York University. Im Februar 1942 eröffnete die Universität ein "Research Seminar for Postwar European Federation", das Coudenhove-Kalergi zusammen mit dem Politikwissenschaftler Prof. Arnold Zurcher leitete.»[12] *Zurcher (= Zürcher), Wiener, Bamberger, Lubliner, Danziger,* es sind immer die gleichen Namen . . . kurz, Coudenhove war wieder glücklich bei seinen kosmopolitischen Auftraggebern gelandet.

Dennoch, «das Echo blieb gering: der Wind blies den Paneuropäern in den Jahren 1944/45 ins Gesicht. Der Kampf gegen die Teilung Europas beherrschte die Aktivitäten Coudenhoves in den letzten beiden Kriegsjahren. . . . Seit Truman ins Weiße Haus eingezogen war, verstärkte sich die Hoffnung auf eine Übernahme der Paneuropa-Konzeption auch durch die US-Regierung. Truman war spätestens ab Frühling 1945 Anhänger einer wirtschaftlichen Einigung Europas... . . Im Dezember 1945 veröffentlichte die Zeitschrift "Collier's" einen Artikel, der ausführlich über die Geschichte der Paneuropa-Union und die Ideen Coudenhove-Kalergis berichtete und mit der Feststellung schloß, Truman stehe diesen Argumenten sehr positiv gegenüber. Der

---
[11] Ebd.
[12] *Posselt 1989* a.a.O. 44.

Artikel, der mit Truman abgesprochen war und als inoffizielle Stellungnahme des Präsidenten galt, wurde von Reader's Digest übernommen und weltweit verbreitet.»[13] Der wiederum jüdischstämmige Präsident und 32-(nachher 33-)Grad-Freimaurer Harry Truman alias Samuel Treumann genehmigte also planmäßig namens seiner die Weltfinanzen beherrschenden inoffiziellen «Vorgesetzten» gleichen Geblüts «inoffiziell»-offiziell, was ihn als US-Amerikaner, als der er sich ja ausgab, genau genommen überhaupt nichts anging: das Konzept eines vereinigten Europa!

«Kurz nachdem die Waffen schwiegen, nahm Richard Coudenhove-Kalergi, der Vater Paneuropas, die Arbeit, auf unseren Kontinent zurückgekehrt, wieder auf. Bereits als Emigrant und Professor in New York hatte er seine 1923 entworfene Strategie weiterentwickelt und der Regierung in Washington mitgeteilt. Da ich damals an vielen dieser Verhandlungen beteiligt war, kann ich bezeugen, daß etliche Machthaber am Potomac wenig an einer europäischen Zukunft interessiert waren. . . . »[14] Nur zum Schein, lieber Herr *Otto von Habsburg*, nur zum Schein, und wer wüßte das besser als gerade Sie selbst! Denn, so wieder Posselt, «als Startschuß der Bewegung nach dem Kriege kann man die Rede Winston Churchills in Zürich 1946 ansehen, in der er ausdrücklich an Coudenhove und die Paneuropa-Union anknüpfte», die Rede also eines notorischen Hochgradbruders, der ja nicht eben als bloßer Privatmann sprach . . . Doch lassen wir Posselt fortfahren: «Coudenhove-Kalergi mobilisierte die europäischen Parlamentarier. Auf dem ersten Kongreß der europäischen Parlamentarier-Union (EPU) in Gstaad 1947 forderten auch sie eine bundesstaatliche Verfassung und als ersten Schritt dazu die Einberufung eines europäischen Parlamentes. - . . . 1948 fanden sich alle wichtigen Europa-Verbände zusammen, um einen gemeinsamen Kongreß in Den Haag zu veranstalten. Erster Redner nach dem Schirmherrn, Winston Churchill, war Coudenhove-Kalergi. Dieser Kongreß erfuhr einen ungeheuren Widerhall in der Öffentlichkeit. Die Hauptforderung der Europäischen Parlamentarier-Union, die der Haager Kongreß übernommen hatte, wurde nun auch von der französischen Regierung aufgegriffen: die Einberufung eines europäischen Parlaments. - . . . . - Auf ihrem vierten Kongreß in Konstanz 1950 spaltete die EPU sich in Befürworter "Klein-Europas" und "Groß-Europas". Wieder einmal be-

---

[13] Ebd. 46f.
[14] *Otto von Habsburg* in: *Paneuropa Deutschland*, Heft 2 (2. Quartal) 1989, 4.

hielt Coudenhove recht: Nur sechs Länder (Frankreich, Italien, Deutschland und die Benelux-Staaten) folgten Robert Schuman, als dieser im Mai 1950 seinen Plan zur Schaffung der Montan-Union vorlegte. Coudenhove nannte diese Länder "das Europa Karls des Großen". Im selben Jahr verlieh die Stadt Aachen dem großen Vorkämpfer Europas ihren ersten Karlspreis»[15], der seitdem vielen weiteren europabeflissenen Logenbrüdern ans Revers geheftet worden ist.

Es war selbstverständlich nicht die einzige «Ehrung», die dem treuen Knecht seitens seiner Herren zuteil wurde. «Coudenhove-Kalergi wurde einer der Ehrenpräsidenten der Europäischen Bewegung, die EPU zu deren Parlamentarischem Rat. - Jetzt hatte Coudenhove die Hände frei zur Wiederbelebung der Paneuropa-Union. Sie konstituierte sich 1954 auf ihrem ersten Nachkriegskongreß in Baden-Baden, nunmehr nicht als Massenbewegung wie vor dem Krieg, sondern als "Avantgarde europäischer Patrioten". Mit ihrer Hilfe versuchte Coudenhove, die Handlungen der Regierungen zu beeinflussen.»[16] Und das tat der rührige Euro-Patriot (übrigens ein Widerspruch in sich, wie alle volltönenden Schlagworte, die Zion und seine Loge von Zeit zu Zeit in Umlauf setzen) dann bis zu seinem seligen Ende, das ihn 1973 ereilte.

Wer heute immer noch dümmlich etwas von den «geistigen Wurzeln Europas» daherfaselt, die «christlich» seien, hat übrigens seine Rechnung ohne den «Vater Paneuropas» - so nennt ihn der *katholische* Otto von Habsburg! - gemacht; für den stellte sich die Sache mit den christlichen Wurzeln nämlich schon vor Jahrzehnten wesentlich anders dar. Er redete zwar nicht von «Wurzeln», sondern von der «europäischen Seele», meinte aber offensichtlich dasselbe, wenn er von ihr behauptete: «Sie ist dreidimensional: geboren aus griechischem Individualismus, christlichem Sozialismus und nordischem Heroismus. Drei Völker waren ihre Paten: Griechen, Juden, Germanen; im Zeichen der Freiheit, der Brüderlichkeit und der Tapferkeit. Erst die Synthese dieser drei Werte gibt der europäischen Kultur ihren Charakter. . . .»[17] Nur einen «christlichen Sozialismus», den es gar nicht gibt, wollte der Hochgradbruder also gelten lassen, bei der Zitation

---

[15] *Posselt 1990* a.a.O.
[16] Ebd.
[17] *Richard Coudenhove-Kalergi* in seinem Buch «Held oder Heiliger», zit. n. *Martin Posselt/Dirk Hermann Voß (Hrsg.)*, Paneuropa-Jugend. 10 Jahre Kampf um Europa, 2. Aufl. München o.J. (abgek. *Posselt/Voß*), 12.

der uralten Logenparole «Freiheit - Gleichheit - Brüderlichkeit» verbiß er sich gerade noch die «Gleichheit» und von den drei genannten «Patenvölkern» Europas war natürlich überhaupt keines christlich, dafür aber eines - jüdisch! Das vermochte indes den langjährigen, angeblich kernkatholischen bayerischen Ministerpräsidenten und CSU-Vorsitzenden *Franz Josef Strauß* nicht daran zu hindern, zu Coudenhoves letztem Buch «Weltmacht Europa» das Vorwort beizusteuern . . .[18]

Im Bewußtsein um die ungeheure finanzielle und politische Macht, in deren Diensten er stand, konnte Coudenhove-Kalergi bisweilen auch statt des Zuckerbrots die Peitsche hervorholen; das klang dann so: «Blind ist, wer die Gefahren nicht sieht, die einem weiterhin zersplitterten Europa drohen; Verbrecher ist, wer nichts gegen diese Gefahren tut; Verräter ist, wer gegen die Vereinigung Europas arbeitet und damit beweist, daß er seine Nation nicht liebt, seine Familie nicht liebt und sich selbst aufgegeben hat.»[19] Damit sollten alle Gegner des Maastrichter Vertrags wissen, was sie in den Augen der künftigen Herrscherkaste Europas sind: nicht nur *Blinde*, nein, sogar *Verbrecher* und, schlimmer noch, *Verräter*!

Bereits vor diesem liebenswürdigen «Vater Europas» das Zeitliche gesegnet hatten die Mitglieder jenes berühmten Triumvirats, dem man gleichfalls den fragwürdigen Ehrentitel «Väter des vereinten Europa» verliehen hat und dessen europa-vereinigenden Umtrieben wir als nächstes ein wenig Aufmerksamkeit schenken wollen.

2. *Robert Schuman, Konrad Adenauer, Alcide de Gasperi*

«"Luxemburger von Geburt, Deutscher nach Erziehung, römischer Katholik aus Überzeugung und Franzose dem Herzen nach": So sah sich Robert Schuman. Mit Bundeskanzler Adenauer und dem italienischen Ministerpräsidenten de Gasperi bildete er in den fünfziger Jahren jenes berühmte christdemokratische Dreigestirn, das mit Leidenschaft und aus innerer Überzeugung den gemeinsam regierten Vereinigten Staaten von Europa den Weg zu ebnen versuchte.» So beginnt eine der üblichen Lob-

---

[18] Vgl. *Fraktur*, 13. 10. 1991, 6.
[19] Zit. n. ebd.

reden auf das «christdemokratische Dreigestirn» im allgemeinen und auf - in diesem Fall - Robert Schuman im besonderen, die von Zeit zu Zeit die Spalten der bestens kontrollierten Blätter füllen, diesmal sogar die Spalten einer ausgesprochen «katholischen Zeitung»[20], auch wenn zu ihren ständigen Mitarbeitern bzw. Redaktionsmitgliedern ein schon ziemlich alter Herr namens *Weinstein* und eine noch ziemlich junge Dame namens *Löwenstein* zählen, Personen mit Namen von solcher Häufigkeit, daß sich allein ihre Auflistung in größeren jüdischen Lexika jeweils über mehrere Seiten erstreckt. Sei dem wie es sei, die drei Christdemokraten jedenfalls waren allesamt Katholiken, sehr fromme Katholiken sogar. Den Besuchern des Konrad-Adenauerhauses in Rhöndorf erzählt man, der Kanzler habe ständig eine Ausgabe der «Nachfolge Christi» des Thomas von Kempen auf dem Schreibtisch liegen gehabt und darin täglich zwei Kapitel gelesen. Noch frömmer als er war Robert Schuman, «ein strenggläubiger Katholik, der in Paris an kaum einem Morgen die Messe versäumte und Drittordensmitglied des heiligen Franz von Assisi wurde»[21]!

Ein einmaliger Glücksfall also für das christliche Abendland: konnte jenes vereinte Europa, an dessen Horizont ein derart katholisches «Dreigestirn» erglänzte, ein anderes Europa werden als ein christliches oder gar katholisches!?

Jawohl, es konnte, und wenn sich all die braven gutgläubigen Christen und Katholiken in Europa beizeiten den Sand aus den Augen gewaschen hätten, würde der «katholische» Nimbus dieser drei Herrschaften schon zu ihren Lebzeiten sehr rasch verblaßt sein. Weil sie das aber in ihrer großen Mehrheit bis heute nicht getan haben, denkt man auf Seiten Zions allen Ernstes daran, den «strenggläubigen Katholiken» Robert Schuman ebenso wie den womöglich noch frömmeren Alcide de Gasperi durch einen willfährigen Vatikan seligsprechen zu lassen, frei nach dem Motto: «So viel Dummheit [der Katholiken] muß bestraft werden».

Doch nehmen wir zunächst den italienischen Ministerpräsidenten *Alcide de Gasperi* ins Visier. Er spielte im katholisch-paneuropäischen Triumvirat zeitlebens eine eher untergeordnete Rolle, sei es wegen der berüchtigten «Stabilität» der italienischen Demokratie, sei es wegen der relativ geringeren Wirtschaftskraft

---

[20] *DT*, 16. 4. 1991, *Albert Kraus* (abgek. *Kraus*).
[21] Ebd.

Italiens. Es mag darum genügen, seinen Aufstieg zur Macht und eine seiner ersten großen Reden unter die Lupe zu nehmen.

Es gibt Stimmen, die behaupten, der «Faschist» Benito Mussolini sei ungeachtet seiner eifrigen Bekämpfung der italienischen Freimaurerei selber Logenmitglied gewesen. Was auch immer daran Wahres sein mag, «als er am 25. Juli 1943 aus seiner eigenen Partei ausgestoßen wurde, kam mit einem Mal ans Licht, daß mehr als die Hälfte der Mitglieder des Faschistischen Großen Rats Freimaurer waren»[22]. Dreimal darf man raten, wen diese «Brüder» zu Mussolinis Nachfolger erkoren: einen Nicht-Freimaurer natürlich, nicht wahr? «Ein Jahr darauf hielt der neue Führer des italienischen Volkes, der Christdemokrat Alcide de Gasperi, das Gegenstück zu Deutschlands Konrad Adenauer, in einem römischen Theater eine Rede. Nachdem er dem "immensen historischen Verdienst der vom Genie Josef Stalins geschaffenen Armeen" Tribut gezollt hatte, brachte Gasperi seine Zuversicht zum Ausdruck, daß "aus der Vereinigung der russischen Arbeiter und der Truppen des Westens eine neue Welt entstehen wird". Er sei tief bewegt gewesen, sagte er, als er aus der Feder eines sowjetischen Schriftstellers die Schilderung der UdSSR als "eines lebendigen Vorbilds der künftigen Vereinigung aller Völker unter einer einzigen Wirtschaftsordnung" gelesen habe. Dann erhob dieser führende Christdemokrat, als wäre er ein Befreiungstheologe, seine Augen zum Himmel, wo, wie er bekannte, "ein anderer Proletarier einhergeht, wie Karl Marx ein Jude, und einer, der vor 2000 Jahren eine auf Gleichheit und universaler Brüderlichkeit fußende Internationale gründete".»[23] Als ähnlich glaubensstarker Katholik wurde de Gasperi kürzlich *im Osservatore Romano* präsentiert, und zwar so:

«Alcide de Gasperi, der frühere italienische Außenminister und Ministerpräsident, stellte sich immer wieder folgende Frage: "Wie soll man ein Europa konzipieren, ohne das Christentum zu berücksichtigen und seine Lehren über die Brüderlichkeit, die Gesellschaft und die Einheit außer acht zu lassen? Im Laufe seiner Geschichte war Europa sehr wohl christlich – wie Indien, China und der Nahe Osten auf der Grundlage anderer Religionen Einheiten gebildet haben. Wie ließe sich Europa vom Christen-

---

[22] *Mary Martinez*, From Rome urgently, 3. Aufl. Rom 1982 (abgek. *Martinez*), 112.
[23] Ebd.

tum trennen?"»[24] Die Frage klingt zwar eher verzweifelt als fromm, aber die Konzilskirche hat ihre Ansprüche an einen «Heiligen» mittlerweile so drastisch heruntergeschraubt, daß für ihn nun endlich «der Seligsprechungsprozeß aufgenommen werden» kann! «Der Kurie der norditalienischen Erzdiözese Trento wurde jetzt von der römischen Kongregation für die Selig- und Heiligsprechungsprozesse «grünes Licht» für die Einleitung des Seligsprechungsprozesses gegeben. Im April 1992 hatte sich die Erzdiözese zu Voruntersuchungen für einen Seligsprechungsprozeß entschlossen.»[25]

Ein Entschluß übrigens, den sie inzwischen vermutlich bereut, denn die norditalienischen resp. Südtiroler «Landsleute» des edlen Katholiken *de Gasperi* wissen seine oben zitierten mutigen, öffentlich abgelegten Glaubensbekenntnisse leider nicht im selben Maß zu schätzen wie das nachkonziliare Rom. Nur drei Wochen nach dem von Zions «Vatikan» erteilten «grünen Licht» ließ sich der dadurch ausgelöste Skandal offenbar nicht mehr unter der Decke halten: «In der Südtiroler Bevölkerung ist starke Kritik an einer möglichen Seligsprechung des italienischen Christdemokraten Alcide de Gasperi (1881-1954), einem[26] der "Väter des geeinten Europa", lautgeworden. Der Politiker, der 1946 mit dem österreichischen Außenminister Karl Gruber ein Abkommen zur Autonomie Südtirols abgeschlossen hatte, sei "in der Südtiroler Politik auch als Christ gescheitert", hört man in der Öffentlichkeit. Die Diözese Bozen-Brixen hat sich jetzt in diese Diskussion eingeschaltet: In einer Presseerklärung hat sie zu der anstehenden Aufnahme des Seligsprechungsprozesses Stellung genommen. - Es habe sich gezeigt, daß in Südtirol viele Menschen gegen die Seligsprechung seien, heißt es in der Erklärung. Dabei ginge es nicht nur um die Ablehnung der politischen Entscheidungen des Politikers. Die Frage, ob de Gasperi in der Südtiroler Politik "auch als Christ gescheitert" sei, müsse beim Seligsprechungsverfahren objektiv und mit Vorsicht überprüft werden. Es sei vorauszusehen, daß das Verfahren viele Jahre dauern werde, erklärte die Kurie in Bozen-Brixen. Zugleich erinnert sie daran, daß das Bistum schon vor einigen Jahren die Vorbehalte gegen eine Seligsprechung des Politikers deutlich gemacht habe. Auch sei auf die "negativen Folgen" hingewiesen worden, die sich für

---

[24] *L'Osservatore Romano* (abgek. *OR*), 21. 5. 1993, 10.
[25] *DT*, 12. 6. 1993 (KAP).
[26] Man gewöhnt sich an allem, auch am Dativ . . .!

den Glauben der Bevölkerung ergeben könnten.»[27] Das sind allerdings Argumente, die den konzilskirchlichen Vatikan kaum beeindrucken werden, hat er doch bei *de Gasperis* fromm-katholischem Gegenstück *Robert Schuman* ohne jede derart kleinliche Rücksichtnahme auf die zarten Gewissen der Gläubigen den *heroischen Tugendgrad*, die Grundbedingung für eine Seligsprechung, bereits «offiziell» festgestellt!

Nun also zu diesem, wie zu befürchten, demnächst neuen «Seligen» der katholischen Kirche. «Sein oberstes Ziel war die Sicherung des Friedens. Der Katholik Robert Schuman kämpfte mit Leidenschaft für die europäische Einigung», so betitelte *Albert Kraus* seine schon erwähnte Laudatio in der katholischen «Deutschen Tagespost». Jahrzehntelang bereits hat man uns Katholiken mit solchen Phrasen für dumm verkauft - und es funktioniert immer noch! So dumm kann dieser Mann unmöglich gewesen sein, daß er nicht erkannt hätte, mit welchen Leuten er gemeinsam an dem arbeitete, was Kraus mit einem freimaurerischen Schlüsselwort «die Schumansche *Vision* eines übernationalen Europa» nennt. Im logenbeherrschten Frankreich wird eben seit spätestens 1789 kein aufrichtiger Katholik mehr für lange Jahre, «von 1946 bis 1958 . . . zu einer Schlüsselfigur der französischen Politik»[28], und wer sich in «katholischen» oder anderen Zeitungen das Gegenteil weismachen läßt, ist selbst dran schuld.

«Bahnbrecher und Propheten gibt es viele in der Politik, aber kaum jemals hat eine politische Tat soviel Mut erfordert wie die berühmte Erklärung Schumans vom 9. Mai 1950, in der er die Verschmelzung der deutschen und französischen Grundstoffindustrie vorschlug. Aus dieser Initiative ging dann die Europäische Gemeinschaft für Kohle und Stahl (EGKS) hervor, eine Sechsergemeinschaft (Frankreich, Deutschland, Italien, Benelux-Staaten) mit der Hohen Behörde als supranationalem Regierungsorgan. . . . Es bedurfte eines außerordentlichen Mutes, diese neue Politik im französischen Parlament zu vertreten. Das Gefühl der Abneigung gegenüber dem "Erbfeind" und Aggressor Deutschland war in Frankreich verständlicherweise noch allzu lebendig.»[29] Außerordentlich mutig war er also auch, genau so mutig wie sein italienischer Glaubensbruder, und ungefähr so mutig wie die meisten französischen Parlamentarier. In diesem logenbeherrschten

---

[27] *Timm Maximilian Hirscher (KNA)*, in: *DT*, 3. 7. 1993.
[28] *Kraus* a.a.O.
[29] Ebd.

Gremium zu vertreten, was die Loge selber beschlossen hatte, war wahrhaftig eine Heldentat. Wie schon gesagt, man hat ihm ja auch in Würdigung dessen den Besitz des *heroischen*, d.h. *heldenhaften* Tugendgrads konzilskirchlich-offiziell bestätigt. Und an einem (der Loge zumindest) geheiligten Datum, einem *Neunten* des schönen Maienmonats nämlich, hat er also diesen enormen Mut bewiesen! Lauter gute Gründe für die Selig-, ja Heiligsprechung. Heiligenlegenden über ihn, sehr rührende übrigens, hat man vorsorglich auch schon gestrickt, so etwa die folgende: «Der Kampf um die Montanunion war hart, auch in Frankreich. Als die Nationalversammlung im Dezember 1950 zustimmte, kamen Schuman die Tränen.»[30]

Um gerecht zu sein: zu den Top-Eingeweihten gehörte er wahrscheinlich nicht, es sei denn, man hätte, wie so oft, mit verteilten Rollen geschauspielert: «Das Projekt einer Europa-Armee aber, für das Schuman bis zuletzt entschlossen gekämpft hatte, scheiterte letztlich in der Pariser Kammer im vereinten Feuer gaullistischer und kommunistischer Angriffe am 30. August 1954.» Ein solches Projekt paßte halt nicht in den höherenorts längst aufgestellten Weltbühnen-Spielplan, der für die nächsten Jahrzehnte den Dauer-Kassenfüller «Der Ost-West-Konflikt» (Untertitel: «Kalter Krieg zwischen Amerika und Rußland») vorsah, dessen simples Konzept durch einen dritten Mitspieler unnötig kompliziert worden wäre. Jedenfalls war der kommende Selige auf seine alten Tage noch als Gallionsfigur supranationaler europäischer Institutionen zu gebrauchen; «Schumans politischer Einfluß wandelte sich nun zu einem moralischen Gewicht als Präsident der französischen Europa-Bewegung und später des Straßburger Europa-Parlamentes.»[31]

Glaubt man seinem guten Freund und Mitstreiter *Otto von Habsburg*, dann heiligte für den strenggläubigen Katholiken der gute Zweck («das vereinte christliche Europa») die etwas anrüchigen Mittel, nämlich den schleichenden Betrug der Völker Europas. Das liest sich bei «Seiner Kaiserlichen Hoheit» (ein Titel, auf den der Hochwohlgeborene - anders als seine Brotherren - immer noch Wert legt) so: «Die zweite Etappe der Einigungsbewegung leitete dennoch ebenfalls ein Mann ein, der den Geist vor die Materie setzte: Robert Schuman, der christliche Staatsmann aus Lothringen. Ich kannte ihn bereits seit den Tagen

---

[30] Ebd.
[31] Ebd.

vor dem Zweiten Weltkrieg und sah ihn Ende der vierziger, Anfang der fünfziger Jahre häufig, um mit ihm die ersten europäischen Schritte zu beraten. Schuman hat mir selbst mehrfach gesagt, daß er am liebsten gleich mit der politischen Integration begonnen hätte. Doch die Wunden des Krieges bluteten noch. So mußte er den Umweg über die Kohle- und Stahlgemeinschaft und die Europäische Wirtschaftsgemeinschaft wählen, die allerdings kein Selbstzweck waren, sondern auf das politische Endziel ausgerichtet blieben.»[32] Daß es in dem Schachtel-Vertrag von Maastricht Artikel gibt, die zwanzig und noch mehr Din-A-4-Seiten umfassen, und andere, die nur aus einem kurzen Sätzchen bestehen, ist übrigens eine ziemlich direkte Folge dieses taktisch-strategischen «Umwegs».

Für Liebhaber der nachkonziliar-katholischen Liturgiereform, die anfangs selbst vielen Orthodoxen, Anglikanern, Protestanten, Juden (so z.B. Yehudi Menuhin!) und Atheisten Bauchgrimmen bereitete und sie zu Eingaben im Vatikan veranlaßte, hier noch ein «Bonbon», allerdings eines von der sauren Sorte: Unter dem berühmten Benediktinerabt *Ildefons Herwegen* von der Abtei Maria Laach in der Eifel - das wußte vor einiger Zeit die «Deutsche Tagespost» zu berichten - «fand hier im August 1920 die erste Messe auf deutschem Boden statt, bei der - heute eine Selbstverständlichkeit - der Priester zur Gemeinde schaute und dieser nicht den Rücken zeigte. Angeregt wurde dies von Robert Schuman, dem späteren Europa-Politiker.»[33] Auch diese Heldentat dürfte den in Rom gegenwärtig laufenden Seligsprechungsprozeß nicht wenig beschleunigen . . .

Die Abtei Maria Laach hatte übrigens das unschätzbare Glück, gleich zwei der drei katholischen Leuchten Paneuropas in ihren Mauern zu beherbergen, denn «gut fünfzehn Jahre später versteckte sich der damalige Kölner Oberbürgermeister und spätere Bundeskanzler Konrad Adenauer, ein Mitschüler Herwegens, zehn Monate in Maria Laach vor der "Gestapo" der Nationalsozialisten»[34]. Womit wir beim letzten der drei angeblichen (im [Frei-]Maurer-O-Ton:) «Baumeister Europas»[35] angekommen wären.

---

[32] *Otto von Habsburg* in: *Paneuropa Deutschland*, Heft 2 (2. Quartal) 1989, 4.
[33] *Christoph Strack* in *DT*, 5. 11. 1992.
[34] Ebd.
[35] So *Kraus* a.a.O. über Robert Schuman.

Daß sich Adenauer in der Abtei Maria Laach verborgen hielt, ist vor allem für die Katholiken der älteren Generation nichts Neues. Warum er dort aber zehn lange Monate hindurch nicht «gefunden» wurde, das dürfte weder ihnen noch den meisten anderen Deutschen bekannt sein. Sie hätten, um das zu begreifen, rechtzeitig nach ihrem Erscheinen zur Broschüre eines Dr. Joachim Peck mit dem Titel «Dr. Konrad Adenauer 1917 bis 1952» greifen müssen. Das zweifelsohne hochbrisante Werk dürfte heute kaum noch aufzutreiben sein, da derartige Dinge eine Lieblingsspeise der in den öffentlichen Bibliotheken ihr Leben fristenden, bekanntlich recht wählerischen Bücherwürmer zu sein scheinen . . . Erhalten hat sich jedoch die Kunde von Verfasser, Titel und Inhalt des genannten Werkes ausgerechnet durch eine kleine Besprechung in einer zensierten Zeitung der damaligen SBZ. Es mag zwar auf den ersten Blick seltsam anmuten, «Antisemitisches» (oder was ist es sonst?) in einem gelenkten Massenmedium eines Staates anzutreffen, dessen Justizministerin fürchterlichen Angedenkens zum fraglichen Zeitpunkt ausgerechnet Hilde *Benjamin* hieß, aber gerade deshalb, weil man den wahren Charakter der SBZ- und später der DDR-Regierung mit ihren weit über hundert namentlich bekannten (über die Dunkelziffer darf spekuliert werden) hochrangigen jüdischen Funktionären von Markus Wolf bis Schalck-Golodkowski stets erfolgreich geheim gehalten hat, ist die Quelle in diesem Fall umso glaubwürdiger. Es schrieb also die «National-Zeitung» am 6. November 1952: «Dr. Peck weist in seinem Buch auch nach, daß es das Bankhaus Sal. Oppenheimer jr. & Co., Köln, war, das seine schützende Hand in den Jahren 1933 bis 1945 über Adenauer hielt.»[36] Wieso nun wiederum das große internationale, in Familienbesitz befindliche jüdische Bankhaus *Salomon Oppenheimer* imstande war, just zur Zeit des «Holocaust» ausgerechnet in Nazi-Deutschland selber seine schützende Hand über verfolgte Deutsche zu halten, das bildet eine der größten und erschreckendsten Lücken in der offiziellen Zeitgeschichtsschreibung seit 1945. Die inoffizielle Geschichtsschreibung freilich hat diesbezüglich schon so manches Buch verfaßt, doch leider traf sie damit genau den Geschmack der besagten schlauchmäuligen Bücherwürmer . . . Indessen wäre das alles wieder eine Geschichte für ein ganzes Buch . . .

---

[36] Zit. n. *Fraktur*, 30. 9. 1990, 6.

Ob Adenauer wirklich deutscher Nationalität war, sei dahingestellt. Zieht man nämlich eine - objektiv naheliegende - Parallele zwischen Ortsnamen wie dem in der Eifel am Nürburgring gelegenen Adenau, Schweinfurt, Frankfurt, Hamburg, Warschau etc. und zugehörigen Personennamen wie *Schweinfurter, Frankfurter, Hamburger, Warschauer* oder eben auch *Adenauer*, so steigt unabweislich ein gewisser Verdacht auf . . . Daß eine Familie seit einigen Generationen katholisch oder evangelisch ist, tut da wenig zur Sache. Taufschein-Katholiken und -Protestanten gab und gibt es unter allen Völkern der Erde, aber nirgendwo nur annähernd so zahlreich, so hartnäckig und so berechnend selbst über Generationen hinweg wie im Volk der Hebräer. Viele seiner hervorragendsten Vertreter haben immer wieder selber auf diesen Tatbestand hingewiesen; so hörten wir oben z.B. *Benjamin Disraeli* - auch er selber zwar getaufter, aber keineswegs praktizierender Christ - von «dem spanischen Minister, Sennor Mendizabal», sagen: «Ich sah in ihm meines Gleichen, den Sohn eines Nuevo Cristiano, eines arragonesischen Juden», den Sohn eines «Neu-Christen» also, der trotz seiner Taufe *und derjenigen schon seines Vaters* weiterhin als Jude galt und gelten wollte, wenn auch nur heimlich. Das sogenannte «Marranen(= Gauner)tum» ist keineswegs eine auf die iberische Halbinsel beschränkte historische Erscheinung, wie schon die weiteren von Disraeli angeführten Beispiele beweisen.

Konrad Adenauer gehörte jedenfalls - wie wir oben schon von Martin Posselt erfuhren - zu Logenbruder Coudenhove-Kalergis «Mitarbeitern» der ersten Stunde; das war in der zweiten Hälfte der zwanziger Jahre. Als der Nationalsozialismus nicht ganz zufällig und nicht so ganz von alleine 1933 endlich an die Macht kam, mußte der «katholische» Adenauer seinen schon erklommenen Posten als Kölner Oberbürgermeister räumen. Weshalb er sich nur für zehn Monate während der immerhin 12 langen Jahre des großspurig ausgerufenen «Tausendjährigen Reiches» zu verstecken brauchte (und auch dann nicht gefunden wurde), haben wir bereits gesehen. Es war aber nicht bloß die israelitische Bank *Salomon Oppenheimer & Co.*, zu der er innige und hilfreiche Kontakte unterhielt, es war auch deren deutscher (?) Prokurist und von 1938 bis 1945 die Stellung haltender Geschäftsführer *Robert Pferdmenges*, der laut Johannes Schumann als «Berater bzw Gehirnschrittmacher des Bundeskanzlers Adenauer»[37] vor

---

[37] *Johannes Schumann* in: *Gegen den Strom*, 1. 10. 1991, 14.

allem in währungspolitischen Fragen fungierte. Man weiß ja, wie uneigennützig jüdische Bankiers in anderen Ländern solche anstrengenden «Beraterdienste» leisteten, beispielsweise der hebräische Finanzmagnat *Bernard Baruch* für mehrere Präsidenten der Vereinigten Staaten von Amerika, wobei er den angeblich mächtigsten Männern der Welt zum Eintritt der USA in den 1. ebensowohl wie in den 2. Weltkrieg «riet» . . . . Adenauer hingegen dürfte man hauptsächlich zur Forcierung Paneuropas «geraten» haben.

Mit den Söhnen Abrahams hätte Adenauer *als Bundeskanzler* natürlich auf jeden Fall zu tun gehabt, ob er wollte oder nicht. Aber es scheint doch mehr Neigung als Zwang im Spiel gewesen zu sein, denn was man anderen Politikern mit geballter internationaler Mediengewalt als Riesenskandal angehängt hätte, ließ man dem «Alten» in tiefstem Stillschweigen durchgehen: *Dr. Hans Globke*, unter den Nationalsozialisten als Jurist maßgeblicher Kommentator der Nürnberger Rassegesetze, durfte 1949 klaglos «des "Alten" Faktotum» werden, wie es der antizionistische Jude Josef G. Burg einmal formulierte[38]. Jüdische Verbindungen möchten sich für Adenauer auch auf anderen Wegen ergeben haben, so z.B. durch seinen ersten Bundesjustizminister in den Jahren 1949-53, *Thomas Dehler*, der mit einer Jüdin verheiratet war[39].

Jedenfalls erwies sich Adenauer gegenüber dem auserwählten Volk als finanziell - auf Kosten der deutschen Steuerzahler, versteht sich - außerordentlich großzügig, so großzügig, daß der Präsident des Jüdischen Weltkongresses *Nahum Goldmann* höchstpersönlich sich später darüber amüsiert zeigte. In seinem 1978 erschienenen und aus inhaltlichen Gründen sehr schnell wieder vom Markt verschwundenen Buch «Das jüdische Paradox» plauderte Goldmann ein wenig aus dem Nähkästchen: «Nach dem Krieg war es unser Ziel, das kulturelle und religiöse Leben des jüdischen Volkes wiederaufzubauen. Adenauer hat uns dabei unterstützt. Einige deutsche Minister wollten die Entschädigungsgelder nur für die Opfer des Nazismus oder zu philanthropischen Zwecken verwendet wissen. Denen, die diese Thesen unterstützten, antwortete Adenauer: "Die Bibel sagt, daß der Mensch nicht vom Brot allein lebt. Wir müssen mithelfen, das kulturelle jüdische Leben wieder aufzubauen; es ist nicht minder wichtig als die

---

[38] *Josef G. Burg*, Mossad-Pädagogen, o.O. 1990, 13.
[39] *Albert Kraus* in *DT*, 21. 7. 1992.

Armen zu ernähren."»[40] Wozu man in einem «christlichen» Europa ausgerechnet eine *jüdische Kultur* benötigt, das versuchte Adenauer erst gar nicht öffentlich zu begründen, denn die Öffentlichkeit wurde über solche Aktionen vorsichtshalber gar nicht informiert. Inzwischen hat man sich aber doch eine Begründung für die allerorten in Europa und anderswo blühende Förderung der jüdischen Kultur ausgedacht, die denn auch angefangen vom Papst bis hin zu Otto von Habsburg gebetsmühlenartig wiederholt wird: Die Christen sind zu derlei Unterstützung und Förderung infolge ihrer «jüdischen Wurzeln» moralisch verpflichtet! Adenauer scheint sich dieser Wurzeln bereits damals lebhaft bewußt gewesen zu sein. So lebhaft, daß der schon erwähnte Nahum Goldmann - wiederum 1978 - im Rahmen eines Interviews mit einer westdeutschen Zeitung feststellte: «Deutschland hat bis jetzt 62 Milliarden gegeben, und es wird noch weitere 30 an uns zahlen müssen. Die Deutschen hätten die Sache mit der Wiedergutmachung viel billiger haben können. Aber Adenauer hat die moralische Verpflichtung akzeptiert, für die es überhaupt keine juristische Handhabe gab.»[41]

Für seine gemeinsam mit de Gasperi und Schuman geleistete Arbeit im Hinblick auf das Europa der Söhne Abrahams erhielt Adenauer einige Jahre nach dem «Vater Europas» und Hochgradmaurer Coudenhove-Kalergi denselben Judaslohn: den *Karlspreis* der Stadt Aachen[42]. Nur logisch, daß der «Alte» nach seinem Ableben selber zum Namensgeber eines jener fast zahllosen «Auszeichnungen» wurde, durch deren alljährliche pompöse Verleihung die Aufmerksamkeit der veröffentlichten - und damit auch die der öffentlichen - Meinung ständig auf von Zion geförderte Personen und Themen gelenkt wird.

So las man im März 1992 als eigene Meldung der «Deutschen Tagespost»: «Die "Deutschland-Stiftung e.V." verleiht in diesem Jahr Mitte Mai im Herkules-Saal der Residenz in München ihre mit je zehntausend Mark dotierten Konrad-Adenauer-Preise zugleich mit einem Festakt zu ihrem fünfundzwanzigjährigen Jubiläum . . . Die Festansprache hält Bundeskanzler Kohl. Der bayerische Ministerpräsident Streibl wird ein Grußwort sprechen. Den Preis für Wissenschaft erhält Michael Wolffsohn, Professor

---

[40] *Nahum Goldmann*, Das jüdische Paradox. Zionismus und Judentum nach Hitler, Köln - Frankfurt 1978 (abgek. *Goldmann, Paradox*), 105.
[41] Zit. n. *pur-magazin*, 24. März 1990, 10.
[42] *DT*, 22. 12. 1990.

für neuere Geschichte an der Bundeswehruniversität München-Neubiberg, die Laudatio hält Staatsminister a.D. Professor Hans Maier. . . .»[43] Da würde sich also zur Verleihung des *Konrad-Adenauer-Preises* an den, wie es später in demselben Blatt hieß, «israelisch-deutschen Politologen Professor Michael Wolfsohn»[44] die Crème de la crème versammeln. Wieso die Wahl der «Deutschland-Stiftung» ausgerechnet auf ihn gefallen war, wird vielleicht noch besser verständlich, wenn man ein pikantes Detail dieser späteren Meldung hinzunimmt: «An den fünfundzwanzigsten Todestag Adenauers erinnerte der Vorstandsvorsitzende der Stiftung, der frühere Fernsehjournalist Gerhard Löwenthal.» Man nehme ein beliebiges jüdisches Lexikon, schlage unter «L» wie «Löwenthal» nach . . . Kurz und gut, den *Konrad-Adenauer-Preis* dieser schönen «Deutschland-Stiftung» ebenso wie deren Vorsitz nicht etwa jeweils einem Deutschen, sondern jeweils einem Israeliten (und sogar beidemale einem solchen «ohne Falsch» [Joh 1,47], denn beide machen aus ihrer Nationalität gar kein Hehl) angetragen zu finden, spiegelt getreu die ebenso stramm katholische wie stramm patriotische Haltung des großen Paneuropa-Kanzlers Konrad Adenauer wieder. Wer heute seinem politischen «Enkel» und gleich ihm karlspreisgekrönten[45] «Europa-Patrioten» *Helmut Kohl* Verrat an seinem Erbe vorwerfen zu dürfen glaubt, hat sich, siehe oben, den Sand immer noch nicht aus den Augen gewaschen.

3. *Otto von Habsburg*

Am 20. November 1992 wurde Otto von Habsburg, «ältester Sohn des letzten österreichischen Kaisers, CSU-Europaparlamentarier und Präsident der Paneuropa-Union»[46] (womit aber nur ein Bruchteil seiner Titel, Ämter und Funktionen aufgezählt ist), achtzig Jahre alt. Bei der einzigen noch existierenden «Katholischen Zeitung für Deutschland», der «Deutschen Tagespost», hatten dieser katholische Herr und seine (folglich ja auch katholische!) Paneuropa-Union schon immer einen Stein im Brett; wenn andere Medien nicht berichteten, die DT tat es. Von Habsburgs

---

[43] *DT*, 24. 3. 1992.
[44] *Reinhard Nixdorf* in: *DT*, 21. 5. 1992.
[45] *DT*, 22. 12. 1990.
[46] *DT*, 24. 11. 1992.

achtzigster Geburtstag war der Zeitung einer ganze Seite wert, geschrieben von - *Konrad Löw*. Womit wir schon wieder beim Thema wären.

Es ist immer dasselbe: Man nehme ein besseres jüdisches Lexikon, schlage auf . . . und finde darin seitenweise Artikel über Personen des Namens «Löw» ebenso wie «Loew». Nun ist der Name allein nicht aussagekräftig, denn der Bayreuther Politologe gibt an, einem katholischen Elternhaus zu entstammen, schreibt für streng katholische Zeitschriften, referiert auf streng katholischen Tagungen, etc. etc. und scheint daher in jüdischen Lexika nicht auf. Und man würde ihm ja auch liebend gerne abnehmen, daß er - jüdische Abstammung hin oder her - tatsächlich katholisch wäre, hätte er nicht erst unlängst ein, nun, man kann nur sagen, *äußerst zwielichtiges* Buch geschrieben, das sich ausgerechnet dem jüdisch-deutschen bzw. jüdisch-christlichen Verhältnis widmet[47]. Es ist hier nicht der Ort, das Werk ausführlich zu besprechen. Um es einigermaßen gerecht zu beurteilen, sei nur dreierlei festgestellt. *Erstens*: Das Werk stellt eine bemerkenswert gut fundierte und reich belegte Fleißarbeit dar, und dementsprechend auch eine Fundgrube für Einzelinformationen. *Zweitens*: So hochinformativ das Buch im einzelnen ist, so desinformativ wirkt es als Ganzes. Nur eine - für Kenner der Materie vielsagende - Kostprobe: Uneingeschränkt zustimmend wird der Marx-«Psychograph» (!) *Arnold Künzli* wie folgt zitiert: «So ist Marx, von seinem Judenhaß dazu verführt, das Judentum mit dem Kapitalismus zu identifizieren, ein Vorläufer eines Arthur Trebitsch und all jener Paranoiker unserer Tage geworden, die zum Kreuzzug gegen die "jüdische Weltverschwörung" aufriefen und schließlich die Juden an das Kreuz von Auschwitz schlugen.»[48] *Drittens*: Legt man an das Werk des Verfassers dessen eigenen Maßstab an: «Zur Wahrheit gehört die ganze Wahrheit. Halbe Wahrheit ist ganze Lüge. Wer bewußt Wesentliches unterschlägt, handelt unwahrhaftig»[49], so verdient sein Buch das Prädikat «hochgradig unwahrhaftig», weil jede Menge an Wesentlichem verschwiegen wird und Löws ganz erstaunlicher Kenntnisreichtum am *bewußten* Charakter dieser Auslassungen kaum Zweifel zuläßt. Der «katholische» Gelehrte Konrad Löw beschließt übrigens sein Werk - ausdrücklich zustimmend - mit die-

---

[47] *Konrad Löw*, Im heiligen Jahr der Vergebung. Wider Tabu und Verteufelung der Juden, Osnabrück 1991 (abgek. *Löw 1991*).
[48] Ebd. 73f.
[49] Ebd. 154.

sem eminent freimaurerischen Zitat aus *Lessings* «Nathan der Weise»: «Kommt, wir müssen, müssen Freunde sein. Wir haben beide uns unser Volk nicht auserlesen. Sind wir unser Volk? Was heißt denn Volk? Sind Christ und Jude eher Christ und Jude als Mensch?»[50] Kurz und gut, es gibt mehr als einen schwerwiegenden Hinweis darauf, daß Löw selbst oder seine Vorfahren nach dem Rezept verfahren sind, das er selbst in seinem Buch preisgibt:

«Allein schon der Umstand, daß den Angehörigen der jüdischen Glaubensgemeinschaft bis zur Reichsgründung der Zugang zu vielen Berufen verschlossen war, förderte nachhaltig die Hinwendung zum Christentum. Heinrich Heine bezeichnete die Taufe als Entreebillet in die christliche Gesellschaft. Wie er dachten und handelten viele, z.B. der Dichter Ludwig Börne, der Philosoph und Theoretiker des preußischen Konservatismus Friedrich Julius Stahl, der Arbeiterführer Ferdinand Lasalle. Um aus dem spirituellen Getto (sic!) herauszukommen, ließen sie sich vom Zeitgeist tragen.»[51] - Und dieser liebenswürdige Katholik, der mit dem Freimaurer jüdischer Abkunft Gotthold Ephraim Lessing das reine Menschentum über die Wahrheit des «christlichen» (vom «katholischen» ist erst gar keine Rede) Glaubens stellt, durfte also dem nicht weniger liebenswürdigen Katholiken Otto von Habsburg in einer wiederum genauso liebenswürdigen katholischen Zeitung zum achtzigsten Geburtstag gratulieren.

Im Rahmen seines großen Gratulationsartikels glaubt Löw, dem Geburtstagskind eine besondere Ehre zu erweisen, indem er daran erinnert: «Zu seinem 75. Geburtstag erschien eine Festschrift. Allein schon die Namen derer, die ihm darin die Ehre erweisen, sprechen Bände, unter anderem: Bischof Josef Stimpfle, Ernst Jünger, Alfred Dregger, Silvius Magnago, Leo Tindemans, Henry A. Kissinger, Max Streibl, Franz Josef Strauß, Simon Wiesenthal, Helmut Kohl, Sir Geoffrey Howe, Alois Mock.»[52] Dieses Sammelsurium lauter ehrenwerter «Katholiken», vor allem solcher wie Henry Kissinger oder Simon Wiesenthal, aber auch solcher wie (inzwischen Erz-)Bischof Stimpfle, Helmut Kohl oder Franz Josef Strauß, von denen noch die Rede sein wird, spricht nun freilich Bände, obgleich nicht unbedingt zugun-

---

[50] Ebd. 161.
[51] Ebd. 23.
[52] *Konrad Löw*, «Einigen - nicht trennen!» Otto von Habsburg vollendet am 20. November sein achtzigstes Lebensjahr, in: *DT* 24. 11. 1992 (abgek. *Löw 1992*).

sten des in solcher Umgebung Angetroffenen, lautet doch ein bekanntes Sprichwort: «Sage mir, mit wem du umgehst, und ich sage dir, wer du bist» . . .

In der organisatorisch ziemlich undurchschaubaren, in eine Vielzahl von «Riten» und «Systemen» mit unterschiedlicher, oft phantastischer Gradeinteilung aufgespaltenen und doch von Zion zentral gelenkten Weltfreimaurerei möchte durchaus etwas existieren, worüber *Norbert Homuth* unter Verweis auf eine französische Quelle[53] berichtet. Er behauptet nämlich, «daß es in der Freimaurerei eine aus dem Kreuzrittertum stammende Tradition gibt, die immer einen geheimen König von Jerusalem kürt. Der derzeitige Titularkönig von Jerusalem ist kein Geringerer als der Chef der Paneuropa-Union selbst, der Ritter vom Goldenen Vlies, Seine Majestät Otto von Habsburg.»[54] Es war eine solche feierliche Einbindung der «Kaiserlichen Hoheit» in die Loge umso eher zu erwarten, als diese Hoheit *zum einen* jahrzehntelang als vertrauter Adlatus des Hochgradmaurers Coudenhove-Kalergi fungiert hatte, während *zum anderen* ihr in solchem Stande sozusagen naturgegebenes Geltungsbedürfnis befriedigt werden mußte - durch einen möglichst hochtrabenden, wenn auch praktisch wohl nahezu bedeutungslosen Logentitel. Daß es sich bei von Habsburg dennoch (anders als bei so manchen anderen Freimaurern aus adeligem Hause) um einen wahrhaft «Wissenden» handelt, werden wir noch sehen; seine zweifellos überragende Intelligenz stellte ein Potential dar, das seine Auftraggeber nicht brachliegenlassen wollten. Seine Auftraggeber, wer sind die konkret?

Einen entscheidenden Hinweis darauf hat der Amerikaner *R. Squier Ball* geliefert, als er 1990 im Verlauf einer Hintergrundanalyse der Rolle Afrikas im Weltgeschehen notierte: «Afrikas Rolle bestand darin, Rohstoffe für den europäischen Wirtschaftsriesen zu liefern. - Ich interpretiere die breitgefächerte amerikanische Intervention in Afrika als zumindest teilweise das Ergebnis des Wunsches des amerikanischen Establishments, seinen Teil

---

[53] *Jean de Pange*, L'auguste Maison de Lorraine, Lyon 1966, S. 60. Diesen Quellenverweis hat *Homuth*, wie die Nachprüfung ergibt, völlig korrekt aus *Lincoln/Baigent/Leigh*, Der Heilige Gral und seine Erben . . . [5. Aufl.] Bergisch Gladbach [1992] 380 resp. 469 + 483 entnommen, einem spekulativ völlig abwegigen Buch, das jedoch stellenweise interessante historisch belegte Mitteilungen enthält.
[54] Norbert Homuth, Die Verschwörung des Antichristus, Nürnberg o.J. (1990) (abgek. *Homuth 1990*), 22.

vom Kuchen zu bekommen. Wir betrachten im allgemeinen das Rockefeller-Imperium und seine verbündeten Geschäftsunternehmen als den die USA kontrollierenden Faktor, so daß man versucht wäre, viele Kriege und das Durcheinander in Afrika als Resultat von Streitigkeiten zwischen Rockefeller und Rothschild zu beschreiben, die mit einer Aufteilung der Kontrolle über die Ressourcen enden werden, wenn erst einmal verschiedene widerspenstige, auf Unabhängigkeit bedachte Regierungsparteien von den Schalthebeln der Macht entfernt worden sind. - Behält man die oben geschilderten Interessen im Hinterkopf, kann man besser verstehen, wieso der Anwärter auf den österreichischen Thron, Prinz Otto von Habsburg, der auch an die Spitze von Pan-Europa trat, als Coudenhove-Kalergi starb, so sehr daran interessiert war, als Freund der bekämpften weißen Regimes von Rhodesien und Südafrika zu erscheinen. - Man möchte meinen, daß er lediglich Rothschild-Interessen wahrnahm, da er nichts Besseres mehr zu tun hatte.»[55]

Ob tatsächlich eine Art von Machtkampf zwischen den jüdischen Familienclans *Rothschild* und *Rockefeller* existiert und ein zähes Ringen um weltweit dominierenden Einfluß zwischen diesen beiden mit Abstand führenden zionistischen Machtzentren des Globus stattfindet oder nicht, ist unter den Beobachtern umstritten.[56] Interessanterweise ist sich jedoch der US-Amerikaner *Eustace Mullins* mit französischen Kommentatoren darin einig, daß entgegen einer weit verbreiteten Meinung nicht Amerika mit der größten jüdischen Stadt der Welt, New York, und der bedeutendsten Börse der Welt, der New Yorker *Wall Street*, sondern Europa, und hier namentlich Frankreich mit seiner Hauptstadt Paris, nach wie vor das eigentliche Zentrum der zionistisch-freimaurerischen Macht beherbergt. Das würde bedeuten, daß die Rockefeller-Dynastie im Verein mit weiteren internationalen Finanz- und Wirtschaftsgiganten in hebräischem Besitz in den USA lediglich «Statthalterfunktion» ausübte. Übereinstimmen würde diese Theorie mit dem gesicherten Befund, daß sich im Staat Israel wie im Weltjudentum überhaupt die relativ kleine Minderheit der *Sephardim* (westeuropäische [ursprüngliche] Juden) der übergroßen Mehrheit der *Ashkenasim* (mittel- und osteuropäische sowie sonstige Juden [ehemals khasarischer Nationalität]) in der schwächeren Position befindet, denn die Rothschilds

---
[55] *Ball* a.a.O.
[56] Näheres dazu weiter unten, Kapitel V, 3.

sind ashkenasische Juden aus Rußland, während es sich bei den Rockefellers um Sephardim handeln soll. Übrigens würde eine solche Unterordnung keineswegs wiederholte Auflehnungsversuche bzw. «Meutereien» seitens der Rockefellers und ihrer Konsorten ausschließen; daß die jüdischen Bolschewistenhäupter Lenin und Stalin solche (letztendlich vergeblichen) Versuche, sich selbständig zu machen, unternommen haben, darf als gesichert gelten.

Otto von Habsburg also als «kaiserlicher» Handlanger der Häupter des internationalistischen Zionismus, «da er nichts Besseres mehr zu tun hatte», wie Ball richtig sagt! Offenbar hatte sich der älteste Sohn des letzten Kaisers von Österreich und Königs von Ungarn noch in den dreißiger Jahren rechtzeitig mit den ärgsten Feinden seines längst verstorbenen Vaters arrangiert. Sie haben ihm seine treuen Dienste tatsächlich reich gelohnt. Neben großen Firmenbeteiligungen, Vorstandsposten und anderen finanziellen Begünstigungen wurde und wird er immer noch mit medienwirksamen Auszeichnungen überschüttet, die zugleich der Förderung Paneuropas zugute kommen. Treffend hat man von ihm gesagt, er gehöre «natürlich auch zu den zahlreichen Internationalisten, die sich gegenseitig Ehrendoktorhüte aufsetzen und Preise und Orden anheften . . . Am 19. Januar 1988 wurde ihm in der Academie Française in Paris der Louise-Weiss-Preis (benannt nach der verstorbenen Altpräsidentin des ersten Europäischen Parlamentes) verliehen. Frühere Preisträger waren gewesen Helmut Schmidt, Marion Gräfin Dönhoff (Herausgeberin der Wochenzeitung "Die Zeit") sowie Simone Veil, Hauptförderin der Abtreibungsgesetzgebung in Frankreich.»[57] Louise Weiss war Jüdin, Simone Veil war Jüdin . . . Um aber noch deutlicher zu machen, wem der «katholische» Fürstensproß in Wirklichkeit verpflichtet ist, wurde ihm zwei Jahre später, 1990, die Ehrendoktorwürde der Hebräischen Universität von Jerusalem zuerkannt[58]. Im März 1991 erhielt er obendrein die Ehrendoktorwürde der Universität Ferrara, und zwar in Würdigung seiner «Verdienste um die Europäische Einigung»[59]. Von der Aufzählung weiterer, auch neuerer «päpstlicher», Ehrungen sei abgesehen, um die Leser nicht zu langweilen.

---

[57] *Fraktur*, 13. 10. 1991, 6.
[58] *Paneuropa Deutschland*, Heft 4 (4. Quartal) 1991, 6f.
[59] *Fraktur*, 13. 10. 1991, 6.

49

Wes Geistes Kind der führende Propagator des «Vereinten Europa» ist, kann er freilich nur mühsam verbergen, wie folgende Nachricht beweist: «Zu einer "Diskussionsveranstaltung mit Dr. Otto von Habsburg" über das Thema "Europa - Macht und Ohnmacht" am 18. Januar 1992 in Salzburg luden gemeinsam ein: der Österreichische Akademikerbund, der Hospitaldienst souveräner Malteser-Ritter-Orden (Großpriorat Österreich), die Paneuropa-Union und der Rotary Club Salzburg. - Das Einladungsschreiben war verziert mit dem Zeichen desjenigen Gottes, in dessen Verehrung alle diese Brüder übereinstimmen: mit dem Pentagramm (Fünfzackstern).»[60]

Wie sehr «alle diese Brüder» miteinander zusammenhängen, mag auch die Tatsache illustrieren, daß die (siehe oben!) sinnigerweise von Gerhard Löwenthal präsidierte «Deutschland Stiftung e.V.», die ihren «Konrad-Adenauer-Preis» ebenso sinnigerweise an Personen namens Wolffsohn etc. verleiht, ein «DEUTSCHLAND magazin» herausgibt, in dessen Impressum noch im Dezember 1991 unter der Rubrik «Ständige Mitarbeiter» neben dem «Chefkorrespondenten» der «Deutschen Tagespost» *Jürgen Liminski* auch ein gewisser «Dr. Otto von Habsburg MdEP» verzeichnet war. Gemeinsam mit seinem «katholischen» Gratulanten *Konrad Löw* sitzt Otto von Habsburg im Kuratorium der - nach Informationen von «*Fraktur*» vom (angefangen von Berija bis hin zu Gorbatschow alias Kohn stets von einem Sohn Abrahams geleiteten) KGB gegründeten - «Internationalen Gesellschaft für Menschenrechte». Etc. etc.

Besonders aufschlußreich für alle, die zwischen den Zeilen zu lesen vermögen, dürfte der folgende Ausschnitt aus einem Artikel Otto von Habsburgs im Organ der deutschen Sektion der Paneuropa-Union 1991 sein, den ich kommentarlos zitiere[61]:

«(Ein entschiedenes christliches Bekenntnis) steht keinesfalls im Gegensatz zu echter religiöser Toleranz und zu einem lebendigen Dialog mit den anderen monotheistischen Religionen, dem Islam und dem Judentum. Ohne den Beitrag der Juden hätten weder unsere mitteleuropäische Kultur noch das christliche Abendland insgesamt entstehen können. Gerade wir Christen verdanken den Juden sehr viel. Das Alte Testament, also ein wesentlicher Teil unserer Heiligen Schrift, ist das Fundament, auf

---

[60] *Fraktur*, 31. 5. 1992, 2.
[61] *Otto v. Habsburg*, Fundamentalistisch oder gläubig?, in: *Paneuropa Deutschland*, Heft 4 (4. Quartal) 1991, 5-7, hier: 6f.

dem wir stehen. - Der christliche Glaube wurzelt in der Geschichte des Volkes Israel, das Gott hart prüfte, um es durch eine feindselige Welt ins Gelobte Land zu führen. - Als ich in meiner frühen Jugend biblische Geschichte lernte, wunderte ich mich manches Mal. Immer wieder erhob sich Israel gegen Moses und seine Gebote. - Deshalb fragte ich mich, weshalb Gott gerade ein so eigenwilliges Volk auserwählt hatte. Mit der Zeit fand ich die Erklärung, daß nur ein so innerlich unabhängiges Volk die Chance hatte, schwere Prüfungen zu überstehen. An diese Überlegungen aus meiner Kindheit mußte ich während der schlimmen Tage des Nationalsozialismus oft zurückdenken. - Das mitteleuropäische Judentum durchlebte besonders finstere Stunden. Es wurde größtenteils durch eine widerliche Ideologie vernichtet, die Menschen verfolgte - nur wegen ihrer Abstammung oder ihres Glaubens. Dennoch wirkt es in wunderbarer Weise fort. - Anläßlich meines ersten Besuches in Prag, wenige Wochen nach der Beseitigung des kommunistischen Regimes durch die Demonstranten auf dem Wenzelsplatz, suchte ich sofort bei meiner Ankunft die herrlichen Synagogen dieser Stadt auf. In nächtlicher Stunde traf ich mit den wenigen Überlebenden dieser einstmals so blühenden jüdischen Gemeinde zusammen - dies war einer jener tiefen Eindrücke, die ich niemals vergessen werde. - Man sah den Sitz des großen Rabbi Löw und rings umher all jene prachtvollen Zeugnisse einer großen Vergangenheit. Dort lebte die Legende vom Golem weiter und mit ihr die jüdische Erzählkunst, ohne die wir uns die mitteleuropäische Literatur nicht mehr vorstellen können. Und inmitten dieser Schönheit standen - scheinbar verloren und doch unbeugsam - die wenigen Prager Juden, die die Katastrophe überlebt hatten. - Plötzlich wurde die integrierende Kraft wieder lebendig, die das europäische Judentum seit jeher ausgezeichnet hatte. Glaube und Kultur der Juden besaßen in Österreich-Ungarn große Bedeutung. Ihr Patriotismus war so stark, daß mir bei einer Ehrung durch die Hebräische Universität Jerusalem der Laudator bei seiner Ansprache versicherte, auch Israel sei ein Nachfolgestaat der k.u.k. Monarchie. - Europas Juden spielten in der Geschichte des Abendlandes immer wieder eine große Rolle. Mit den islamischen Völkern kam es immer wieder zu heftigen Konflikten, doch auch sie befruchteten uns kulturell. Dies geht zurück bis zum Königreich der drei Religionen im spanischen Toledo, wo Juden, Christen und Muslim friedlich zusammenlebten. - An dieses mittelalterliche Modell, das Haß und Intoleranz zerstörte, gilt es im Mittelmeerraum und weltweit wieder anzuknüpfen, sollen uns nicht pseudo-religiöse Fanatiker und blinde Fortschrittsgläubigkeit ins Verderben führen.» Ein solcher *pseudo-religiöser Fanatiker* wäre demnach auch der heilige Apostel Paulus gewesen, der - selber Hebräer - im 1. Thessalonicherbrief (2,15) nicht nur schreibt, die Juden mißfielen Gott, sondern auch, sie seien «die Feinde aller Menschen» . . .

Es wäre natürlich höchst reizvoll, von Habsburgs Text näher zu analysieren, aber das kann der aufmerksame Leser anhand des bisher Gesagten auch selbst leisten. Statt dessen füge ich einen bemerkenswerten Ausspruch der Tochter des inzwischen hochbetagten österreichischen Prinzen, *Walburga von Habsburg,* an, der offenbar in die gleiche Richtung zielt: «In einer geradezu existentiellen Weise ist unsere abendländisch-christliche Kultur aber durch jenes jüdische Mädchen bestimmt, das die Mutter des Messias geworden ist und das Israel und Christentum, Synagoge und Kirche, das alte und das neue Volk Gottes untrennbar verbindet.»[62] Nochmals dasselbe mit anderen Worten versichert uns «im Vorwort zur Festschrift des Jahres 1987 . . . *Karl von Habsburg,* der älteste Sohn, 1961 geboren: "Einigen - nicht trennen! Unter dieser wahrhaft europäischen Devise trat mein Vater 1930 - nach dem Hausgesetz eben großjährig geworden - an die Spitze unserer Familie. Er übernahm damit die Führung des Kampfes für jene Ideale, die das Haus Österreich seit Jahrhunderten vertritt. Es sind dies: Der Glaube an den einen Gott, der Christen, Juden und Mohammedanern gemeinsam ist; die feste Verankerung des täglichen Handelns in den christlich-abendländischen Werten: die Idee einer toleranten übernationalen Ordnung . . ."»[63]

Vom *dreifaltigen* Gott des christlichen und katholischen Glaubens ist also keine Rede mehr, und was von Habsburgs Mentor unter den «christlich-abendländischen Werten» verstand, haben wir auch schon gesehen: Freiheit, Gleichheit (nein, Tapferkeit!), Brüderlichkeit!, die «Werte» jener «französischen» Revolution, die alles Christliche radikal über Bord warf, und wen derselbe Mentor bereits zum künftigen Herrscher in jener «toleranten übernationalen Ordnung» ausgerufen hatte, wurde gleichfalls oben gezeigt.

Was hat von Habsburg nun konkret für seine geheimen Herren geleistet? Vor allem hat er Dumme gefangen, unter den Ka-

---

[62] Dr. *Walburga von Habsburg* in einem Gastkommentar in der *Kirchenzeitung für die Diözese Augsburg* vom 15. 12. 1991; zit. n. *Der Fels* 23 (1992) 24.
[63] *Löw 1992* a.a.O.

tholiken zunächst, aber auch anderswo, Dumme für ein «Vereintes Europa» angeblich christlicher Prägung. Er machte die unter Coudenhove-Kalergi nach dem Krieg *elitär* gewordene Paneuropa-Union wieder *populär*: «1973 wurde Otto von Habsburg Präsident der Paneuropa-Union. Er formulierte klar die inhaltliche Position der Paneuropa-Bewegung, die sich in vier Punkten zusammenfassen läßt: für ein großes, freies, soziales und christliches Europa. Ferner hielt er es für nötig, den Paneuropa-Gedanken in breiten Schichten neu zu verankern und ging den Weg von der elitären Vereinigung hin zur Volksbewegung.»[64] Fünfzehn Jahre später konnte er das Ergebnis seiner jahrzehntelangen Bemühungen selbstgefällig wie folgt zusammenfassen: «. . . es ist relativ leicht, Verträge zu schreiben und Institutionen zu schaffen. Es ist aber unendlich schwer, die Mentalität alter Völker zu verändern. Gerade das ist uns gelungen . . .»[65]!

Über die jüngste Glanzleistung Otto von Habsburgs unterrichtet uns nochmals *Konrad Löw*: «Als Coudenhove-Kalergi starb, gab es für die Nachfolge keine bessere Wahl als Otto von Habsburg, der bereits als Vizepräsident fungiert hatte. Unter seiner Leitung wurde Paneuropa zu einer mitgliederstarken Bewegung, die ihre Sternstunde am 19. August 1989 erlebte. Genau einen Monat zuvor faßten Otto von Habsburg und der Leiter der ungarischen Oppositionsbewegung Demokratisches Forum in der Region Debrecen, Lukaczs Szabo, beim Abendessen den Beschluß, an der österreichisch-ungarischen Grenze ein Paneuropa-Picknick zu veranstalten. "Helfen Sie mit, den Eisernen Vorhang niederzureißen!", hatte es auf den mehrsprachigen Flugblättern geheißen, die die Paneuropa-Union und das Demokratische Forum in ganz Ungarn verteilten. In einer Chronik wird festgehalten: "Wen wundert es da noch, daß im Festtrubel - Walburga von Habsburg durchschneidet feierlich den Eisernen Vorhang, und Blaskapellen spielen auf - 661 junge Deutsche aus der DDR ein altes Holztor aufdrücken und in den freien Westen stürmen. Die ungarischen Grenzer stehen völlig passiv mit ihrem Visumstempel da, mit dem sie ansonsten nur Westeuropäern und Ungarn hätten erlauben können, den seit Jahrzehnten geschlossenen Übergang zu benutzen . . . Auf den Wachtürmen, von denen einstmals kommunistische Grenzer auf Flüchtlinge schossen, wehen Paneuropa-Fahnen."»[66]

---

[64] *Posselt 1990* a.a.O.
[65] *Otto von Habsburg* in: *Paneuropa Deutschland*, Heft 2 (2. Quartal) 1989, 8.
[66] *Löw 1992* a.a.O.

So einfach war das also! Man konnte im von Spitzeln der Geheimpolizei durchsetzten und mit brutaler Gewalt regierten kommunistischen Ungarn frank und frei, landauf landab, in mehreren Sprachen, großartig ankündigen, man werde am Soundsovielten den Eisernen Vorhang niederreißen - und es geschah nichts! Die waffenstarrenden Grenzer standen trotz tagelanger Vorwarnung «ganz passiv» da und stellten ihre mit Maschinengewehren bestückten Wachtürme so mir nichts dir nichts zur Beflaggung mit der pentagrammstrotzenden Paneuropa-Flagge zu Verfügung! Und wo blieben die Panzer von 1956? Hatten die zionistischen Herrscher in Budapest auf einmal vor dummdreisten papiernen Ankündigungen solche Angst, daß sie ihre zur Erstickung spontaner Volksaufstände bestens gerüsteten Büttel nicht mehr auf die Straße und in den Einsatz zu schicken wagten? Wer das glaubt, glaubt wahrscheinlich auch an den Mann im Mond.

Hier haben wir den Beweis dafür, daß Otto von Habsburg im August 1989 mehr wußte, als noch im Oktober/November des Vorjahres solche zionistische Größen wie *Heinz Galinski*, Chef des organisierten Judentums in Deutschland, und sogar *Edgar Bronfman*, Chef der mächtigen «Anti-Verleumdungs-Liga» der noch mächtigeren exklusiv jüdischen Freimaurerloge *B'nai B'rith*. Diese beiden Söhne Abrahams ließen sich nämlich in aller Unschuld noch im Spätherbst 1988 von DDR-Chef Erich Honekker mit dem höchsten DDR-Orden, dem «Stern der Völkerfreundschaft» in Gold, dekorieren, was ihnen peinlicherweise ein knappes Jahr später, als der Eiserne Vorhang plötzlich *wie* (!) von selbst fiel, hämische Kritik von allen Seiten, selbst aus den eigenen Reihen, eintrug[67]! Man hatte sie, wenn überhaupt, nicht viel früher über die neuesten Hauruck-«Planungen» informiert als den Goj Otto von Habsburg. Er ist seitdem übrigens unermüdlich in den Ländern des ehemaligen Ostblocks unterwegs, gründet dort eine Sektion der Paneuropa-Union nach der anderen und fordert gleichzeitig gemeinsam mit anderen Paneuropa-Funktionären in den westeuropäischen Ländern ständig die möglichst baldige Einbeziehung Osteuropas in jenes Maastrichter «Paneuropa», das ja auch ausdrücklich den Beitritt weiterer Länder vorsieht. Der von der EG und der UNO tückischerweise über Jahre hinweg am Kochen gehaltene Jugoslawienkonflikt dient ihm dabei als Hauptargument . . .

---

[67] Vgl. *Löw 1991* a.a.O. 94f.

«Noch immer glauben viele an den angeblichen Einfluß des "Weltjudentums"», bedauerte Otto von Habsburg noch kürzlich[68]. Seine Durchlaucht selbst *glaubt* natürlich längst nicht mehr daran - sie *weiß*!

4. Jacques Delors

Dieser Herr ist seit Jahren Regierungschef im Brüsseler Euro-Schattenkabinett, das sich noch immer verschämt «Europäische Kommission» nennt und auch im Maastrichter Vertrag weiterhin diesen nichtssagenden Namen führt. Man hat in Delors, der sich als Franzose gibt, einen Sohn Abrahams sehen und das aus seinem selbst in Frankreich nicht alltäglichen Namen ableiten wollen. Dieser Deutung zufolge wäre der an die französische Vokabel *alors* erinnernde Name durch Zusammenziehung dreier Wörter und Hinzufügung eines Buchstabens am Ende entstanden: *Jacques de l' or (s)* hieße dann übersetzt so viel wie «Jakob von dem (oder: vom) Gold» und würde sich, so gesehen, nahtlos in eine lange Reihe ähnlicher Namen - Gould, Goldie, Golding, Goldmann, Goldstein, Goldschmidt etc. - einfügen.

Sei dem wie es sei, Herkunft, beruflicher Werdegang und kometenhafter Aufstieg von Jacques Delors weisen in dieselbe Richtung: «Jacques Lucien Jean Delors wurde am 20. Juli 1925 in Paris als Sohn eines Angestellten der Nationalbank geboren. Nach Jura- und Wirtschaftsstudium trat er ebenfalls in die Bank ein. Als Berater von Ministerpräsident Chaban-Dalmas sammelte er zwischen 1969 bis 1972 erste politische Erfahrungen. Danach wurde er Mitglied des Generalrates der Nationalbank und Wirtschaftsberater von Mitterrand. 1979 wurde er ins Europäische Parlament gewählt und Vorsitzender des Wirtschafts- und Währungsausschusses. - Nach dem Wahlsieg Mitterrands wurde er Wirtschafts- und Finanzminister, was angesichts seiner Erfahrungen auf diesem Gebiet die radikale Veränderungen fürchtende Geschäftswelt beruhigte. Trotz eines drastischen Sparprogramms zur Eindämmung der Staatsverschuldung blieb Delors bei den Wählern populär. - Doch dann kam der Rückschlag in seiner bis dahin steilen Karriere in der französischen Politik. Nicht Delors, sondern Laurent Fabius wurde von Mitterrand zum neuen Mini-

---

[68] *Otto von Habsburg* in: *DT*, 19. 8. 1993.

sterpräsidenten ernannt. Delors verließ die Regierung und wurde 1984 von Mitterrand als Kommissionspräsident der Europäischen Gemeinschaft vorgeschlagen. Der Franzose ist der einzige seit dem deutschen Gründungspräsidenten Walter Hallstein, der mehr als eine Amtsperiode an der Spitze der obersten europäischen Behörde stand.»[69] Delors ist dieser offiziellen Biographie zufolge stets ein Mann des Geldes gewesen, was sicherlich als Bestätigung der oben versuchten etymologischen Deutung seines Namens gewertet werden könnte.

Eine bemerkenswerte Lücke klafft übrigens im zitierten biographischen Abriß zwischen Delors' Eintritt in die Nationalbank und seiner «Berater»tätigkeit für zwei französische Ministerpräsidenten; was mag einen bloßen Angestellten der Nationalbank zum Präsidentenberater prädestiniert haben? Vielleicht doch dasselbe Kriterium, das auch dem «Deutschen» *Walter Hallstein* seinerzeit auf den Sessel des EG-Kommissions-Präsidenten verhalf?

Tatsache ist, daß der von dem Hochgradfreimaurer *François Mitterrand* «vorgeschlagene» und prompt akzeptierte EG-Regierungschef im Jahre 1990 einem der wichtigsten Gremien der geheimen freimaurerisch-zionistischen Schatten-Weltregierung, der von *David Rockefeller* persönlich geschaffenen «Trilateral Commission», seine Aufwartung machen durfte oder auch mußte. Darüber berichtete im Frühjahr 1990 offen die «katholische» (+ «evangelische») Wochenzeitung «Rheinischer Merkur/Christ und Welt», deren Chefredakteur *Thomas Kielinger* über enge Kontakte zu dem elitären Logenclub verfügt. Die alljährliche intensive dreitägige Debatte der illustren Größen aus Synagoge und Loge kann diesem gut bezahlten und dementsprechend schönfärberischen Bericht zufolge «nicht anders als befruchten, da die "Trilateral Commission" dank ihres hohen Prestigewerts jeweils mit Gastrednern aufwarten darf, die Regierungsverantwortung hier und heute wahrnehmen und sich der kritischen Kulisse so vieler Eingeweihter zu stellen haben. - Bei der diesjährigen Jahrestagung in Washington galt das etwa für Jaques Delors, den Präsidenten der Europäischen Kommission, für Bronislaw Geremek, den Vorsitzenden des Auswärtigen Ausschusses des polnischen Parlaments und Fraktionsführer der Solidarnosc dort, oder für Richard Cheney, den gegenwärtigen US-Verteidigungsminister.»[70]

---

[69] *Klaus-Peter Senger* in: *DT*, 30. 06. 1992.
[70] *Rheinischer Merkur/Christ und Welt*, 27. 4. 1990.

Bemerkenswert an dieser artigen Vorstellung Jacques Delors' in Washington ist wohl mindestens zweierlei: einmal, daß sie «vor der kritischen Kulisse so vieler *Eingeweihter*» stattfand, wobei der Berichterstatter es freilich unterläßt, uns auch noch mitzuteilen, in was denn diese Herrschaften des näheren «eingeweiht» sind und wohl auch Delors - falls überhaupt noch notwendig - eingeweiht haben. Zum anderen die Person des gleichzeitig «eingeweihten» polnischen Politikers mosaischen Glaubens *Bronislaw Geremek*, den die in Bonn erscheinende «Allgemeine Jüdische Wochenzeitung» am 18. Januar 1990 lauthals als einen der Ihrigen feierte, der aber nichtsdestoweniger nicht nur bei der «Trilateral Commission», sondern auch auf konzilskirchlich «katholischen» Tagungen durch seine Anwesenheit und seine Referate glänzt, so noch Mitte August 1992 auf einem Kolloquium des Wiener «Instituts für die Wissenschaften vom Menschen» zum Thema «Die liberale Gesellschaft und die katholische Kirche»[71]! Gegründet hat übrigens dieses «katholische» Institut mit dem säkular-humanistischen Namen und seinen jüdischen Tagungs-Referenten der notorische Freimaurerfreund *Franz Kardinal König*, womit der Kreis wieder einmal geschlossen wäre. Im nächsten Kapitel werden wir noch sehen, wie gründlich man den gegenwärtigen Präsidenten des «christlichen» Europa sogar in die europa-übergreifenden Planungen der Synagoge eingeweiht hat. Doch zuvor wollen wir noch vier weitere Exponenten dieses ach so christlichen Europas kennenlernen, und zwar zunächst den - nach eigenem Bekunden - Agnostiker

5. Vaclav Havel

Die über die nationalen wie internationalen Umtriebe von Synagoge und Loge bestens informierte tschechoslowakische Zeitschrift «politika» meldete in einer ihrer wöchentlichen Ausgaben des Jahres 1992, Zion habe den tschechoslowakischen Präsidenten *Vaclav Havel* bereits insgeheim zum ersten Präsidenten des Europas von Maastricht designiert. Was außerhalb der Tschechoslowakei auf den ersten Blick als nationalistische Wichtigtuerei erscheinen könnte, überrascht indessen den aufmerksamen Beobachter der internationalistischen Szene keineswegs. Über Jahrzehnte hinweg hat man den Schriftsteller und angebli-

---

[71] Vgl. *DT*, 20. u. 27. 8. 1992.

chen «Dissidenten» Vaclav Havel in aller Welt systematisch zur hehren Symbolfigur des demokratischen, auf Einhaltung der «Menschenrechte» pochenden Widerstands der Intellektuellen im kommunistischen Ostblock stilisiert. Wohl nur aus tschechoslowakischen Quellen selber ist zu erfahren, daß die von den gelenkten Medien seinerzeit erfolgreich ins Werk gesetzte Glorifizierung des prominentesten Unterzeichners der legendären «Charta 77» (für Kenner der Logensymbolik: 77 = 7 x 11 !) nichts weiter als eine Desinformationskampagne war. Die gesamte Bewegung wurde laut Mitteilung des naturgemäß hervorragend informierten (echten!) tschechischen Dissidenten und Schriftstellers *Miroslav Dolejsi* von der kommunistischen Junta selber auf die Beine gestellt. «Die Finanzierung des privaten Aufwands der Charta-Funktionäre im Ausland organisierte der eifrige Kommunist und ehemalige Direktor der Tschechischen Akademie der Wissenschaften Frantisek Janouch. Janouch richtete in Schweden eigene Fonds für die Charta 77 ein, deren Gelder von jüdischen und freimaurerischen Organisationen stammten wie zum Beispiel vom PEN-Club, vom Rotary-Club oder von der Guggenheim-Stiftung.»[72]

Tatsächlich hat sich die «Charta 77» für ihre jüdischen Finanziers bezahlt gemacht, wie uns diesmal *Rudolf Ströbinger* von der gelenkten Presse hierzulande mitteilt. Er schwafelt nämlich etwas von einem regierungsamtlichen «Antisemitismus» in der kommunistischen Nachkriegs-Tschechoslowakei daher, obwohl man nicht bloß bei *Traian Romanescu* nachlesen kann, daß ausgerechnet eine *jüdische Clique* schon längst vor dem von dem Kryptohebräer *Breschnjew* blutig niedergeschlagenen 1968er Aufstand das unglückliche Land regierte: «Gotwald, Slanski (Salzman), Clementis, Stephen Reitz, David Waclaw, Firi Heindrick, etc.»[73]! Dem zum Trotz bezogen die gutbezahlten Pseudo«dissidenten» gemäß zionistisch-kommunistischer Regieanweisung Position an der Klagemauer: «Lediglich einige tschechische und slowakische Intellektuelle und vor allem die Bürgerrechtsbewegung "Charta 77" haben sich gegen den staatlich geduldeten Antisemitismus in der Tschechoslowakei gewandt. Im Dokument "Die Tragödie der Juden in der Nachkriegstschechoslowakei" hatte die "Charta 77"

---

[72] Zit. n. *Karl Steinhauser*, EG - Die Super-UdSSR von morgen, Wien o.J. (1992) (abgek. *Steinhauser*), 183.
[73] *Traian Romanescu,* Amos y Esclavos del Siglo XX. Por qué avanza el comunismo, Buenos Aires 1983 (abgek. *Romanescu*), 16.

auf diese Mißstände aufmerksam gemacht»[74], offenbar getreu der immer noch idiotensicheren Methode «Haltet den Dieb»!

Unabhängig von solchen Hintergrund-Details könnte und müßte selbst hierzulande jedermann zumindest die *Art und Weise* auffallen, in der man sofort nach der «Wende» von 1989 Vaclav Havel aus der Versenkung hervorholte und ins höchste Staatsamt der Tschechoslowakei hievte, ihn international mit allen möglichen Ehrungen bedachte und ihm die anhaltende Aufmerksamkeit der Medien zuteilwerden ließ - bis heute. Seine Kür zum tschechoslowakischen Staatspräsidenten nach der «demokratischen Wende» 1989 erinnert fatal an diejenige des NS-Dissidenten *Konrad Adenauer* zum deutschen Bundeskanzler nach der damaligen «demokratischen Wende» 1945. Doch sehen wir uns etwas genauer die Einzelheiten an!

Da ich glücklicherweise in den Besitz einiger präzise ins Deutsche übersetzter Berichte und Dokumente aus der Tschechoslowakei gelangt bin, die hierzulande noch gar nicht bekannt sein dürften, werde ich nachfolgend von diesen Quellen ausgiebig Gebrauch machen. Den Anfang machen möchte ich jedoch mit einer interessanten Notiz im offiziellen Organ «Alpina» Nr. 4/1990 der Schweizer Großloge gleichen Namens: «Osteuropa ist auf dem besten Weg, das Joch des Staatssozialismus abzuschütteln, unter welchem es viele Jahre lang zu Boden gedrückt worden war. Logische Folge dieser Entwicklung: Die Freimaurerei gewinnt dort wieder Macht und Kraft.»[75] Bestätigt wird diese selbstbewußte Behauptung u.a. durch ein Ereignis, das sich, natürlich nicht beachtet von den gesteuerten Medien, 1991 in der slowakischen Hauptstadt Pressburg abspielte. Nur kleine oppositionelle Zeitschriften des Landes berichteten darüber wie folgt: «Am 12. Cheschvan 5752 wurde in Bratislava in der Slowakei erneut die Freimaurerloge B'nai B'rith (Söhne des Bundes) gegründet, welche sich den Namen "Toleranz" gab. Die Loge zu installieren kamen der Präsident des europäischen Distrikts Maurice Honigbaum aus Frankreich mit dem Direktor des XIX. Distrikts, Prof. Dr. Ehrlich, mit Vertretern des Kontinentaldistrikts

---

[74] *Rudolf Ströbinger* in: *DT*, 25. 2. 1993. Wie dort weiter zu erfahren ist, war zufälligerweise just der tschechische *Oberrabbiner* (!) *Karol Sidon* (übersetzt «Stern»!) «einer der ersten Mitunterzeichner des Bürgerrechtsmanifests "Charta 77" und wurde später ausgebürgert. Anfang der achtziger Jahre studierte Sidon unter anderem auch in Heidelberg», zu welchem Zweck man ihn also «ausgebürgert» hatte!
[75] Zit. n. *Peter Blackwood* in: *CODE*, Nr. 6/1991, 15.

Großbritanniens, mit den Präsidenten aus Wien und Budapest; außerdem anwesend waren zahlreiche Freunde und Gäste. Zur Begrüßung der Versammlung im Namen der slowakischen Öffentlichkeit kamen der Vorsitzende des SNR (des Slowakischen Nationalrates) F. Miklosko und dazu fast die gesamte Regierung mit dem Premierminister J. Carnogursky, mit dem Primator der Stadt Pressburg, mit dem diplomatischen Korps und vielen maßgeblichen Persönlichkeiten des öffentlichen Lebens. Die Bischöfe schickten Grußadressen. Reden hielten: Honigbaum, Ehrlich, Miklosko und der Präsident der Pressburger Gesellschaft Dozent P. Traubner. - Weder die offizielle Presse noch die Parteiorgane der KDH [Christlich-demokratischen Bewegung] haben dieses Ereignis bekanntgegeben.»[76]

Lassen wir diesen Hintergrundinformationen zur allgemeinen Lage in seinem Heimatland nun eine Reihe aufschlußreicher Angaben zur Person des vormaligen «Dissidenten» und «Menschenrechtlers» *Vaclav Havel* selbst folgen: «Das "Ende des Kommunismus" in Prag und der "Beginn der Demokratie" wurde offiziell Ende November 89 am Höhepunkt der landesweiten Studenten-Demonstrationen erklärt. Aber nicht die Studenten der "samtenen Revolution", sondern die Kommunisten warfen die alte Führungs-Garde hinaus und gaben ihre Mehrheit im Kabinett auf. Der stalinistische Präsident Gustav Husak wurde durch Vaclav Havel ersetzt. Havel, Schriftsteller und Sprecher der Charta 77, kam von einer neu geformten "demokratischen Oppositionsgruppe", Ziviles Forum genannt. Diese Gruppierung ist bekannt dafür, so berichten amerikanische Beobachter, daß sie im hohen Grade von der tschechischen Geheimpolizei unterwandert ist. Während Jahren, in denen Havel öffentlich als verurteilt galt, gestatteten die Kommunisten ihm, Honorare von seinen Theaterstücken im Ausland einzusammeln und sich dafür Luxusgüter zu kaufen, etwa einen Mercedes, was in kommunistischen Ländern nur Privilegierten des Systems möglich ist.»[77]

Noch weitaus besser informiert über die seltsame Vorgeschichte dieses «Dissidenten» auf Staatskosten zeigte sich eine im Frühjahr 1991 in der Tschechoslowakei anonym kursierende Untergrundzeitschrift, in der es wörtlich hieß: «Im März 1989 wurde in Prager Privatwohnungen eine Videokasette gezeigt mit

---

[76] Wochenschrift *politika* (Prag), Nr. 63 vom 16. 4. - 22. 4. 1992, übernommen aus der Wochenschrift *Žmena*, Nr. 14/1992.
[77] *Philomena*, Nr. 1/1991, 45.

Havels Stück "Asanierung", welches von einer kleinen Theatergruppe in Deutschland aufgenommen wurde. Am Ende des Theaterspiels wurde ein acht Minuten langer Überblick aus dem Leben des Autors gezeigt. In einer Szene ist Václav Havel zu sehen - mit allen rituellen Symbolen der Freimaurer zum König gekrönt.

«Der Vater und der Onkel von Václav Havel waren Mitglieder der Freimaurerloge BOHEMIA. Der Vater errichtete seine Objekte ausschließlich für jüdische Investoren (z.B. das Warenhaus ASO - jetzt "Perla", die Barrandowschen Terrassen, den Palast LUCERNA, das Warenhaus BROUK a BABKA u.s.w.) sowie ausschließlich für jüdische Eigentümer. Beide finanzierten zionistische Organisationen, Freimaurerlogen, den PEN-Klub, beide waren Mitglieder des ROTARY-Klubs. Der PEN-Klub ist eine maurerische und jüdische Weltorganisation, welche erfolgreiche Schriftsteller und Verleger in sich vereinigt. Er wurde in London im Jahre 1921 gegründet. Seine Tätigkeit ist während des Stalinregimes verboten worden. Nach seiner Restauration im Jahre 1989 wurde Václav Havel zu seinem Ehrenpräsidenten gewählt. Der ROTARY-Klub ist das Gegenstück zu PEN, das erfolgreiche Unternehmer, Finanzleute und Industrielle vereinigt. Vor kurzem erhielt Václav Havel den internationalen ROTARY-Preis.

«Václav Havel wurde eingeweiht in die Freimaurerloge im Jahre 1968 während seines Aufenthaltes in den USA. Eingeführt in die Loge wurde er durch Arthur Miler (?)[78], den Präsidenten des Welt-PEN-Klubs, einen Juden und ehemaligen amerikanischen Kommunisten, Schriftsteller und Dramatiker. Havel erhielt den 30. Grad der Weihe nach dem amerikanischen Ritual (Ritual of Knight Kadosch aus dem Jahre 1879).

«Kurz nach seiner Wahl zum Präsidenten besuchte Havel Israel, wo er mit der Rabbinermütze auf dem Kopf die Ehrendoktorwürde entgegennahm. Der Wiener "Kurier" brachte Havels

---

[78] Gemäß *Dolejsi* (zit. n. *Steinhauser* a.a.O. 185), der alle übrigen Angaben exakt bestätigt, muß es richtig heißen: Arthur *Willer*. Weiter liest man dort (185f:) «Unmittelbar nach seiner Wahl zum Staatspräsidenten im Jahre 1989 rehabilitierte Václav Havel die vorher verpönten Freimaurerlogen, denen fast alle Mitglieder der Charta 77 und des "Bürgerforums" angehörten. . . . Schlüsselpositionen im Parlament erhielten die ehemaligen Kommunisten Lis, Sabata [Anm.:!] und Dubcek. Diesen zugeteilt wurden die Freimaurer Zeman, Kucera, Stanek und viele andere. . . . Premier der tschechischen Republik wurde Petr Pithard, ein ehemaliger Kommunist und Freimaurer . . .» Da sind also genügend Belege für die Richtigkeit der schon zitierten Behauptung der Schweizer Großloge Alpina!

Bild, auf welchem er mit Gebetsriemen auf dem Kopf, angelehnt an die Klagemauer, hebräische Gebete flüstert und den Eid schwört.

«Havel besuchte das Masaryk-Museum, welches die Juden in Israel errichtet haben zur Erinnerung an ihren großen Gönner und Mitarbeiter (T.G. Masaryk war Freimaurer des 18. Grades nach dem französischen Ritual Chevalier-Rose-Croix - der Ritter des Rosenkreuzes - kurz Rosenkreuzer). Die Juden und ihr weltweiter Propagandaapparat verkündeten Havel als Weiterführer und Nachfolger T.G. Masaryks, wodurch symbolisch die Rolle der Tschechoslowakei in der europäischen Politik bestätigt wurde - anknüpfend an die Sendung aus dem Jahre 1918. In Rundschriften wurde die Nachricht registriert, daß Havel während seines Besuches in Israel zum ersten Präsidenten des Vereinigten Europas im Jahre 2000 vorgesehen wurde.»

Nicht nur der Prager «politika», sondern auch diesem Blatt zufolge hat man seitens der selbsternannten Weltordner also mit Havel noch große Dinge vor. Es leuchtet auch ein, warum *ausgerechnet er*, und warum er *erst im Jahre 2000* den Präsidentensessel von Paneuropa besteigen soll: Solange wird es wohl noch dauern, bis man die wirtschaftlich ruinierten Länder des ehemaligen bolschewistischen Ostblocks mittels Milliarden und Abermilliarden Dollar und D-Mark - vorwiegend aus dem US-amerikanischen und deutschen Steuersäckel - notdürftig für den Beitritt zu Maastricht-Europa präpariert hat, für den Otto von Habsburg und Konsorten jetzt schon unentwegt die Trommel rühren. Und dann wird man theatralisch auf die geographisch zentrale Lage Prags in diesem «Europa vom Atlantik bis zum Ural» verweisen und behaupten, es gebe niemanden Geeigneteren für den Posten des paneuropäischen Staatschefs als denjenigen «Paneuropäer», der seiner geographischen Herkunft nach das Zentrum dieses Europas verkörpert: *Vaclav Havel*. Da es aber den wahren Herren Europas nicht wirklich um solchen Schnickschnack wie eine «geographisch zentrale Lage» geht, sondern darum, unauffällig einen linientreuen Vasallen Zions, womöglich noch auf «demokratische» Weise, in Amt und Würden zu bringen, hat man den Erkorenen von langer Hand auf seine künftige Aufgabe vorbereitet. Es darf jedoch als gewiß angesehen werden, daß für den Fall des vorzeitigen Ablebens des mit 53 oder 54 Jahren übrigens noch relativ jungen (!) Designierten einige «Ersatzmänner» in Bereitschaft gehalten werden.

In der Tschechoslowakei selber hat Vaclav Havel nach übereinstimmenden Berichten - wie ich hinzufüge: auftragsgemäß - dafür gesorgt, daß die alte kommunistische (sprich: zionistische) Garde am Ruder blieb. «Vaclav Havel ist bekanntlich von den Kommunisten ins Gefängnis gesteckt worden; genau wie der frühere polnische Diktator Gomulka, der ungarische Diktator Kadar oder Vaclavs Vorgänger Gustav Husak. Havel ist in den Wahlen vom 8. Juni als Präsident bestätigt worden. Er hatte nur einen Gegen-Kandidaten - einen Kommunisten.» Das heißt mit anderen Worten: das Wahlvolk hatte - wie stets - *keine Wahl*! «Cestmir Cisar, der frühere Sekretär der kommunistischen Partei, sagte laut Reuters (18. 12. 89): "Ich kenne die Qualifikationen von Vaclav Havel . . . Ich kann Ihnen sagen, sein Programm und meines sind in vielen Punkten identisch." Der heutige Premier Calfa war noch von Präsident Husak im Spätherbst 1989 zum Chef eines kommunistisch ausgerichteten Kabinetts bestellt worden. . . . Amerikanische Beobachter melden, die angekündigte Auflösung der Geheimpolizei STB sei bisher nicht erfolgt. . . . Der STB infiltriert derzeit oppositionelle Gruppen, sabotiert ihre Bemühungen und notiert Namen für zukünftige Maßnahmen. Telefone werden immer noch abgehört und das Volk ist in allen sozialen Stufen weiterhin unter genauer Überwachung.»[79]

Dementsprechend sieht die Prager «politika» Vaclav Havel denn auch in einer Linie mit den früheren Bolschewistenhäuptern *Thomas Masaryk* und *Klement Gottwald*; sie präsentiert im März 1992 unter der großen Überschrift «Masaryk, Gottwald, Havel in der historischen Kontinuität des Bolschewismus» die fotografischen Konterfeis der drei mit diesen Bildunterschriften: «T.G. Masaryk: einer der bedeutendsten Väter des Bolschewismus - Klement Gottwald: der erste Vertreter der offenen bolschewistischen Diktatur - V. Havel: der erste Vertreter der verborgenen bolschewistischen Regierung nach der Konzeption von Berija»[80]. In der Wochenzeitung «Republika» der *Republikanischen Partei der Tschechoslowakei* benutzte im Sommer 1991 *Ladislav Salda* die Form eines «offenen Briefs», um schwerste Vorwürfe an Havels Adresse zu richten und ihn zum sofortigen Rücktritt aufzufordern; ich zitiere auszugsweise:

«Es ist augenscheinlich ein geschichtliches Paradox, wenn ich Ihnen diesen offenen Brief schreibe mit der Aufforderung, von

---

[79] Ebd.
[80] *Politika*, Nr. 58 vom 12. 3. - 18. 3. 1992.

Ihrem Präsidentenamt zurückzutreten. Im Jahre 1975 haben Sie einen gleichen Brief an den damaligen Präsidenten Husák geschrieben. Heute sind Sie an seiner Stelle - fühlen Sie nicht die Absurdität der Situation? Als Dramatiker ganz sicher und als Politiker - wohl kaum. . . .

«Sie haben sich immer als Dissident präsentiert. Aber für was haben Sie eigentlich gekämpft als Dissident? Für was haben Sie sich von der kommunistischen Justiz in den kommunistischen Gefängnissen einkerkern lassen? Was war der Sinn Ihres Dissidententums? Jeder normale Mensch hat vorausgesetzt, daß Sie für den Sturz der kommunistischen Totalität, für die Liquidierung der verbrecherischen Organisation, vergleichbar mit den faschistischen Parteien Deutschlands der dreißiger Jahre, kämpfen. Die Situation ist aber so, daß den Staat komplett die Kommunisten in den Händen haben, Calfa, Dubcek, Dienstbier, Dobrovsky, Dlouhy, Pithart, Sabata, Jicinsky, Korinkova, Rychetsky und eine ganze lange - und beschämende - Reihe weiterer. Erklären Sie der Nation, der Sie vom Fall der kommunistischen Totalität gepredigt haben, worin Ihr Anteil an der Liquidierung der kommunistischen Macht besteht. Sie haben sich im höchsten Maße um die Rettung der Kommunistischen Partei verdient gemacht, als es nur ein kleiner Schritt dazu war, diese Verbrecher außer das Gesetz zu stellen. Solange Sie die Kommunisten und deren Partei schützen, ist der einzige Sinn und der Inhalt Ihres - jetzt schon sogenannten - Abwehrkampfes die Sehnsucht nach der Macht, nach Vergünstigungen, nach hohem Gehalt und Popularität. Eine andere Erklärung gibt es nicht, auch Ihre sinnigen Reden können den gewöhnlichen Bürger nicht von der Ehrlichkeit Ihrer Absichten überzeugen. Ihre Toleranz gegenüber den kommunistischen Verbrechern ist uferlos. Die ganze kommunistische Garnitur, welche sich über 40 Jahre hinweg faschistischer Verbrechen schuldig gemacht hat, blieb unbestraft, im Gegenteil, alle bekamen Regierungs- und gesetzgeberische Funktionen. Die letzte Regierungsgruppe ging weg in ihre gestohlenen Villen und Bungalows und genießt dort ihre Renten und den Besitz, welchen sie sich durch Diebstahl anhäufte und welchen Sie ihr großzügig überlassen haben. . . .

«Während Hunderte, ja Tausende politischer Häftlinge und wirklicher Widerstandskämpfer auf die moralische und materielle Entschädigung warten, treten die Angehörigen des Sicherheitsdienstes, die Beamten der Ministerien und die Berufssoldaten mit riesigen finanziellen Mitteln von ihren einträglichen Posten ab, sozusagen als Abfindung für ihre Verbrechen, die sie verübt haben. Sie gehen ab, statt ins Gefängnis, in vorher vorbereitete und eingerichtete Genossenschaften, Aktiengesellschaften und Firmen, welche für sie die kommunistische Mafia eingerichtet hat. Sie selbst haben sich mit Kryptokommunisten aus den Jahren 1968 umgeben - schon das allein ist ein Verbrechen und ein Grund zur Abdankung. . . .

«Die diplomatischen Missionen in der Welt besetzen Sie mit kompromittierten Leuten des vergangenen Regimes, mit Kommunisten, z.B. Frau Klimova in den USA, Genosse Schuster in Kanada, Genosse Johanes in Kuweit usw. Das ist eine Schande für unseren Staat. Es erheben sich schon Stimmen aus dem Ausland von unseren Landsleuten, aber die hören Sie nicht oder wollen Sie nicht hören - oder dürfen Sie am Ende nicht hören? . . . - Nehmen Sie endlich zur Kenntnis, nicht nur Sie, sondern auch alle Ihre kommunistischen Freundchen von der Charta 77 und anderen dunklen Organisationen, daß dieses Land schon genug hat von Kommunisten und Totalitäten, in welcher Form auch immer. Der Genosse Dubcek ist für mich kein Gesetzgeber, die Genossen Calfa und Pithart sind keine Regierungsvorsitzenden und Sie sind nicht und werden niemals mein Präsident sein. Treten Sie von der politischen Szene ab, überlassen Sie diese fähigeren und durch die Vergangenheit unbelasteten Leuten - dieser Staat und diese Nation haben das entschieden verdient!»[81]

Natürlich ist der Hochgradmaurer im 30. Grad Vaclav Havel nicht einfach dilettantisch oder unfähig, wie ihm Salda in seinem langen «offenen Brief» mehrfach unterstellt; vielmehr sind seine «kommunistischen Freundchen» größtenteils gleich ihm in der Loge oder gar in der Synagoge angesiedelt und diktieren ihm, was er zu tun und zu lassen hat. Von seinen 40 bis 50 «Beratern» rechnet sich nach Angaben der schon genannten anonymen Untergrundzeitschrift ein beachtlicher Prozentsatz den Söhnen Abrahams zu, so u.a. der (bis vor einiger Zeit) tschechoslowakische Außenminister *Jiri Dienstbier*, der auch in einer Meldung der Nachrichtenagentur *Reuters* vom August 1991 mit - desinformativen - Äußerungen zum angeblichen sowjetischen «Putsch» gegen Jelzin zu Wort kam[82].

---

[81] *Republika*, Nr. 28/1991.
[82] *DT*, 27. 8. 1991.

Seine - für Hochgradmaurer obligatorische - Ergebenheit gegenüber Zion hat Havel nicht nur anläßlich seines Besuchs im Masaryk-Museum in Israel demonstriert, sondern auch bei zahlreichen anderen Gelegenheiten. Gemäß der *Allgemeinen Jüdischen Wochenzeitung* fand im Frühherbst 1990 in Oslo unter dem «Arbeitstitel» *Anatomie des Hasses* eine dem internationalistischen Dauerthema «Antisemitismus» gewidmete internationale Konferenz statt, «an der sich zahlreiche prominente Politiker und Wissenschaftler aus aller Welt beteiligten. Zu den Besuchern der viertägigen Veranstaltung, die von dem Schriftsteller und Nobelpreisträger Elie Wiesel initiiert worden war, gehörten neben Frankreichs Staatspräsident François Mitterrand und dessen tschechoslowakischem Amtskollegen Vaclav Havel auch Bundestagspräsidentin Rita Süßmuth und der Berliner Schriftsteller Günther Grass.»[83] Im Mai 1991 wurde im bundesdeutschen Kanzleramt eine Ausstellung unter dem Titel «Judaica Prag» eröffnet - Vaclav Havel war natürlich dabei[84].

Mitte Oktober 1991 befand sich ein mit mir befreundeter Korrespondent in Prag und wurde Zeuge des Besuchs des israelischen Staatspräsidenten *Chaim Herzog*, über den er mir später wie folgt berichtete: «Bei einer Feierstunde im Smetanasaal in Prag hielt Václav Havel eine kurze Ansprache im Beisein Chaim Herzogs und vieler Prominenter. Bezeichnend seine Definition des Antisemitismus: die Juden mußten und müssen in der Geschichte als messianisches Volk immer leiden. Ihr Leiden hat auch einen guten Sinn - durch dieses öffnen sie den übrigen Völkern die Augen für die wahre Humanität. Der Messias also verstanden als das jüdische Volk. Kein Wort in der Ansprache über Gott oder gar über den Heiland Christus. Eine einzige Verbeugung vor dem Judaismus.»

Nun, daß Havel, diese hoffnungsvolle Größe des kommenden «christlichen Europa», weder Katholik noch praktizierender Christ ist, hat *er* wenigstens - im Unterschied zu anderen - wiederholt freimütig eingestanden, so z.B. als er sich in einem Interview mit der italienischen Zeitung *La Repubblica* für den von Zion in Auftrag gegebenen, alle Religionen umfassenden «Ökumenismus» Johannes Pauls II. stark machte. Einem KNA-Bericht zufolge hob Havel «die Fähigkeit des Papstes zum Gespräch mit Vertretern anderer Glaubensgemeinschaften hervor. "Ich schätze

---

[83] *Allgemeine Jüdische Wochenzeitung*, 19. 9. 1990, 7.
[84] Laut *Jürgen Serke* in der Tageszeitung *Die Welt*, 10. 05. 1991.

den Papst sehr; mir gefällt sein weiter humanistischer Horizont, die spirituelle Dimension, die in jeder seiner Handlungen und auch in der internationalen Politik zum Tragen kommt", fügt er hinzu. Eine Beurteilung des theologischen Ansatzes von Johannes Paul II. könne er allerdings nicht wagen, da er kein praktizierender Katholik sei.»[85]

Die konzils-katholische italienische Monatszeitschrift *Trenta Giorni* wollte es anläßlich des Papstbesuchs in Prag im April 1990 genauer wissen: «Sie haben gesagt, daß sie Christ sind, aber nicht praktizieren. Was haben Sie für Vorstellungen über Christus? Ist er in Ihrer Sicht ein Prophet, ein Moralist, ein Revolutionär, ein Intellektueller oder was sonst?» Havels Antwort: «Ich beziehe mich vor allem auf die moralisch-ethischen Qualitäten Christi, auf seine Lehren über Liebe, Toleranz und Demut und auch auf seinen perönlichen Mut, seine Ideen zu vertreten, unabhängig von den persönlichen Folgen für ihn. "Jesus nicht Caesar" war das Motto unseres ersten Präsidenten Thomas G. Masaryk.»[86] Ein boshaft zweischneidiges Motto: mit einem Komma hinter «Jesus» würde es bedeuten «Jesus anstelle Caesars»; so aber, ohne Komma, kann es nur den Sinn haben: «Jesus *soll* nicht Caesar sein, d.h. er soll *nicht* herrschen»!

Wer statt dessen herrschen soll, das hat Havel bei anderer Gelegenheit deutlich gemacht. «Die Medien berichteten den ersten Auftritt der Rolling Stones in der CSFR. Vaclav Havel "zeigte sich als echter Stones-Fan", hieß es. AP schrieb am 19. 8. 90: "Symbolträchtig (!) auch, daß ausgerechnet auf dem Hügel an der Moldau, von dem einst eine monumentale Steinfigur auf Prag hinabblickte, das Erkennungszeichen der Band in überdimensionaler Größe aufgebaut wurde: die herausgestreckte Zunge aus einem Mund mit aufgeworfenen Lippen." Die herausgestreckte Zunge gilt seit alters her als Teufelssymbol!»[87]

Wo bleibt aber bei alledem der *Paneuropäer* Vaclav Havel? Nun, ebenso wie der Busenfreund Helmut Kohls *Simon Wiesenthal* ist auch Havel Träger des finanziell sehr attraktiven niederländischen «Erasmus-Preises», der für *gesamteuropäisch relevante* «Kulturleistungen» reserviert ist[88]. Den von großer öffentlicher Aufmerksamkeit begleiteten Höhepunkt seiner bisherigen

---

[85] *DT*, 25. 09. 1990.
[86] *Philomena*, Nr. 1/1991, 45.
[87] Ebd.
[88] *DT*, 11. 2. 1993.

paneuropäischen Karriere jedoch erlebte der freimaurerische «Ritter Kadosch» in Aachen - bei der Entgegennahme des *Karlspreises*, den die ehemalige Kaiserpfalz Karls des Großen (natürlich nicht «die Stadt Aachen», sondern ihre logenferngesteuerten Funktionäre) erstmals dem freimaurerischen «Ritter vom Rosenkreuz» Richard Coudenhove-Kalergi verliehen hatte. Das große Logen-Ereignis fand am 9. Mai 1991 statt und führte Paneuropäer aus (Konzils-)Kirche und Welt zusammen. Hier der Bericht der *DT* in Auszügen:

«Der Schriftsteller und Staatspräsident der Tschechoslowakei, Havel, ist an Christi Himmelfahrt mit dem Internationalen Karlspreis der Stadt Aachen ausgezeichnet worden. Bei der Preisverleihung im Krönungssaal des Aachener Rathauses in Anwesenheit zahlreicher Staatsmänner aus dem In- und Ausland wurde besonders das Engagement Havels für die Verwirklichung der Menschenrechte und seine Rolle bei den Umwälzungen in Osteuropa gewürdigt. Havel, der unter dem einstigen kommunistischen Regime unter mehrjährigen Haftstrafen und Berufsverboten zu leiden hatte, gehörte zu den Gründern der Menschenrechtsbewegung "Charta 77" und war im vergangenen Jahr zum Staatspräsidenten der Tschechoslowakei gewählt worden. - Der Preisverleihung, die wie in jedem Jahr am Feiertag Christi Himmelfahrt stattfand, war ein feierlicher Gottesdienst im Aachener Dom vorausgegangen, der von Bischof Hemmerle zelebriert wurde. . . . Der französische Staatspräsident Mitterrand, der den Karlspreis vor drei Jahren gemeinsam mit Bundeskanzler Kohl erhalten hatte, ging in seiner anschließenden Laudatio besonders auf den Schriftsteller und Philosophen Havel ein, den man über dem heutigen Politiker nicht vergessen dürfe. . . . Havel sprach sich für eine Fortsetzung der europäischen Integration im Rahmen des Helsinki-Prozesses und der Europäischen Gemeinschaft aus, an der auch Osteuropa beteiligt werden müsse.»[89] Dieses letztere vordringliche Anliegen der Söhne Abrahams, die möglichst rasche Zusammenführung von West- und Osteuropa im Maastrichter Superstaat, dürfte, wie schon gesagt, einer der ausschlaggebenden Gründe für die Kür Havels zum Preisträger gewesen sein.

Natürlich hoben die anwesenden Logenbrüder und Paneuropäer - ganz dem Festgedanken entsprechend - nicht bloß das künftige Europa, sondern auch einer den anderen in den Himmel.

---

[89] Norbert Axmann in: *DT*, 11. 5. 1991.

«"Fassen wir uns ein Herz, fassen wir Gottes Herz für Europa, für die Menschheit . . . Es gibt eine Sehnsucht des menschlichen Herzens, die uns emporträgt", sagte der Bischof [Hemmerle]. Selbst der Agnostiker Mitterrand, der die Preisrede auf Havel hielt, traf sich in den Worten des Bischofs: "Die Mauern der Trennung steigen nicht in den Himmel". . . . Nur Helmut Kohl hatte ein paar Pfiffe hinzunehmen. Doch was wog das gegen die Worte Havels und Mitterrands im Krönungssaal, die die Linie üblicher Politiker-Nettigkeiten verließen und ihm beeindruckende Leistung für Europa bescheinigten. François Mitterrand: "Ganz besonders Bundeskanzler Kohl hat sich dafür eingesetzt, daß das vereinigte Deutschland ein europäisches Deutschland wird . . . Europa hat zu den gemeinsamen Werten zurückgefunden, auf denen es beruht." Und Havel dankte Kohl und Mitterrand für ihre Leistung im deutsch-französischen Verhältnis, die er als beispielhaft feierte.»[90] Zu den Leistungen dieser beiden *Architekten* von Paneuropa wird noch einiges zu sagen sein. Zuvor aber wenden wir uns zur Abwechslung einem Amtsbruder von Bischof Hemmerle zu, der sich wie kaum ein anderer Oberhirte der Konzilskirche um das Europa von Maastricht «verdient» gemacht hat:

6. Bischof Josef Stimpfle

Als Otto von Habsburg im November 1992 seinen achtzigsten Geburtstag mit standesgemäßem Gepränge im bayrischen Kloster Andechs beging, wie es sich für einen treuen Sohn der (Konzils-) Kirche geziemt, war es (Erz-)Bischof Stimpfle, der nicht bloß das in solchen Fällen obligatorische *Pontifikalamt*, sondern auch die dazugehörige paneuropäische Festpredigt halten durfte, deren Kernaussage die konzilskatholische Presse wörtlich so wiedergab: «Sie, Kaiserliche Hoheit, stehen für die christliche Vision der Gemeinschaft der Völker Europas, die dem ewigen Plan Gottes entspricht.»[91]

Ob es wirklich der «Plan» des *dreifaltigen* Gottes der christlichen Offenbarung war, an den Stimpfle bei diesen hehren Worten dachte? Oder nicht doch statt dessen der *Jahwe* des nachchristlichen Volkes Israel? Eine böswillige Verdächtigung? Leider nicht,

---

[90] *Jürgen Serke* in: *Die Welt*, 10. 05. 1991.
[91] *DT*, 24. 11. 1992.

denn man mag blicken, wohin immer man will, Paneuropa und auserwähltes Volk scheint es nur gemeinsam zu geben oder gar nicht! Das geht so weit, daß man in Robert Schumans schon zitiertem Bonmot lediglich ein einziges Wort zu ändern braucht, damit es stimmt: «Europa wird jüdisch sein, oder es wird nicht sein» . . . Erneuter Beweis dieser These: die Person Bischof Stimpfles, der nach seiner Pensionierung als Augsburger Diözesanoberhirte prompt zum Erzbischof «befördert» wurde. Unter allen deutschen Oberhirten der Konzilskirche hat man bislang nur Stimpfle den zweifelhaften Ehrentitel eines «wahrhaft paneuropäischen Bischofs»[92] verliehen; unter allen deutschen Oberhirten der Konzilskirche ist aber auch nur Stimpfle von jüdischer Seite öffentlich für «Jahrzehnte guter Verbundenheit»[93] geehrt worden!

Nun müssen Stimpfles konzilskirchliche Amtsbrüder gewiß neidlos anerkennen, daß er sich seine Sporen auch sauer verdient hat. Nicht erst durch außergewöhnliches paneuropäisches Engagement, sondern schon durch nicht weniger außergewöhnlichen Eifer in der Durchführung der allerorten laufenden Kampagne zur Judaisierung des Christentums, der man den beschönigenden Namen «christlich-jüdische Verständigung» gegeben hat. Es beginnt genaugenommen damit, daß Stimpfle dem angeblich «konservativen» und deshalb vielerorts schlecht gelittenen *Engelwerk*, einer kabbalistischen und damit recht offen judaisierenden, sektenähnlichen Organisation innerhalb der Konzilskirche auf dem Territorium der Diözese Augsburg viele Jahre lang großzügig Asyl gewährte. Weil man aber auf einem Bein nicht gut stehen kann, machte er sich noch kurz vor seinem altersbedingten Abgang für eine zweite offen judaisierende Organisation innerhalb der Konzilskirche stark, wie aus folgender Meldung hinreichend klar hervorgeht:

«Die Gemeinschaft "Die Seligpreisungen", die sich bis vor kurzem "Der Löwe von Juda und das Geopferte Lamm" [Anm.: was anscheinend zu enthüllend klang] nannte und seit November 1991 einen Freundeskreis auch in Augsburg hat, hat der Bischof von Augsburg, Josef Stimpfle, in einem Beitrag in der Kirchenzeitung des Bistums gewürdigt. Der Augsburger Verein "Freundeskreis der Seligpreisungen in Jerusalem" will nach Angaben seines Vorsitzenden, Kaplan Bernhard Hesse, ein Haus der Gemeinschaft unterstützen. Bischof Stimpfle geht auf die 1973 in

---

[92] *Paneuropa Deutschland*, Heft 2 (2. Quartal) 1991, 33.
[93] *DT*, 29. 2. 1992.

Montpellier, Frankreich, gegründete geistliche Gemeinschaft ein, die auch die jüdischen Wurzeln der Kirche durch Studium und Gebet zu entdecken suche. . . . Nach Ansicht von Bischof Stimpfle hängt das christliche Zeugnis "auf Gedeih und Verderb von der Verbundenheit mit dem edlen Ölbaum Israel ab, das als edelsten Trieb Jesus hervorgebracht hat". In Jerusalem sei Jesus ans Kreuz geschlagen worden und auferstanden, in Jerusalem sei auch die Kirche geboren worden und in die Öffentlichkeit getreten. Jerusalem, das der politische und religiöse Mittelpunkt Israels war, sei Mittelpunkt der Kirche Christi, von der aus das Wort Gottes seinen "Weg zur Völkerwelt" genommen habe.»[94]

Neu an diesen interessanten Thesen ist nicht nur das «auf Gedeih und Verderb», sondern auch *Jerusalem* als *Zentrum* der Kirche Christi. Bereits seit den Tagen des heiligen Petrus hat man bekanntlich als *Zentrum* der (katholischen - es gab gar keine andere) *Christenheit* nicht etwa Jerusalem, sondern die Stadt *Rom* betrachtet. Bischof Stimpfles jüdische Freunde scheinen ihn noch nicht darüber aufgeklärt zu haben, daß sie selber das genauso sehen - «Rom und Jerusalem» nannte sein berühmtestes Werk der berüchtigte «Kommunistenrabbi» *Moses Hess* ja gerade zu dem Zweck, den nicht bloß geographischen Gegensatz *zweier* sehr verschiedener Zentren auf den Punkt zu bringen . . .

Seit 1986 scheint Bischof Stimpfle im Kloster Ottobeuren, das in der Diözese Augsburg liegt, Veranstaltungen unter dem Stichwort «Christlich-jüdische Begegnung» abgehalten zu haben, denn 1988 war vom einem *dritten Mal* die Rede, daß dieses Ereignis stattfinde, «heuer erstmals ausgeweitet auf den Islam (16.-19. Juni). Zum Leitthema "Freiheit - Gerechtigkeit - Versöhnung" sprechen Bischof Stimpfle, Prof. Lapide, Oberkirchenrat Merz, die islamische Theologin Nigaer Yardim sowie die Professoren Buchheim (Mainz) und Balic (Wien) sowie der Rabbiner Posen (Zürich). Erstmals werden in den Abtei-Mauern ein Erev-Sabbat und ein Sabbat-Gottesdienst gefeiert.»[95] Daß andere Konzils-Bischöfe - wenigstens im deutschen Sprachraum - auch schon jüdische Gottesdienste in katholischen Gotteshäusern abhalten gelassen hätten, ist mir noch nicht zu Ohren gekommen; gut möglich, daß Stimpfle hier Pionierarbeit geleistet hat. Er hat seine jüdische Ehrung ja nicht für nichts erhalten . . .

---

[94] *DT*, 6. 2. 1992, Meldung des «Informationsdienstes des Bistums Augsburg» (IBA).
[95] *Augsburger Allgemeine*, 8. 6. 1988.

Übrigens waren seine Aktionen offenbar mit dem zionistisch gesteuerten Vatikan abgestimmt, denn auch von dort kam eine öffentliche Belobigung in Gestalt eines Briefes des Substituten des Staatssekretariats, Erzbischof *Giovanni Battista Re*, an Bischof Stimpfle, worin laut Dokumentation im deutschsprachigen *Osservatore Romano* (*OR*) wohlwollend festgestellt wurde[96]: «Von der Benediktinerabtei [Ottobeuren] sind in der jüngsten Geschichte bereits wiederholt entscheidende Impulse ausgegangen für die Versöhnung der Völker Europas wie auch der monotheistischen Weltreligionen.»

Nach seinem Rücktritt vom Amt des Augsburger Diözesanbischofs ist Stimpfle immer noch der passende Mann, eine dritte, zwar nicht offen judaisierende, aber dafür umso gezielter desinformierende Organisation unter seine Fittiche zu nehmen, das ehemals hochangesehene Hilfswerk «Kirche in Not» des Speckpaters, das und der jedoch inzwischen ihre Unschuld verloren haben. Sogar das internationalistisch gelenkte Nobelblatt «Die Welt» fand denn auch im April 1992 folgendes berichtenswert: «Papst Johannes Paul II. versetzte den Augsburger Oberhirten Josef Stimpfle in den Ruhestand und verlieh ihm zugleich - das ist ein kirchenpolitischer Vorgang von Gewicht - den persönlichen Titel "Erzbischof". Der 76jährige wird jetzt seine "ganze Kraft" (Stimpfle) dem vom legendären "Speckpater" Werenfried van Straaten gegründeten Hilfswerk "Kirche in Not/Ostpriesterhilfe" in Königstein (Taunus) widmen. Seit Oktober 1991 fungiert er dort als "Päpstlicher Sonderbeauftragter". Das Hilfswerk verfügt über ein jährliches Spendenaufkommen von 70 Millionen Dollar und engagiert sich stark in Osteuropa. Daß Johannes Paul II. seinen Freund Stimpfle nach Königstein delegiert, zeigt, welchen Stellenwert die Organisation im Plan des polnischen Papstes einnimmt.»[97] Es zeigt darüber hinaus, welchen Stellenwert diese Organisation bei Stimpfles und Johannes Pauls einflußreichen Freunden einnimmt, die sich kurz zuvor - zum Abschluß seines «Wirkens» in Augsburg - bei ihm auf originelle Weise bedankt hatten, wie aus den folgenden Zeitungsmeldungen hervorgeht. Ende Februar 91 die Ankündigung:

«Bischof Josef Stimpfle von Augsburg wird von der israelitischen Kultusgemeinde Augsburg-Schwaben für seine Verdienste um das Gespräch zwischen Juden und Christen geehrt. Am 19.

---

[96] *OR*, 13. 7. 1990, Titelseite.
[97] Gernot Facius in: *Die Welt*, 1. 4. 1992.

März wird eine im Haus St. Ulrich aufgestellte Bronzebüste des Augsburger Bischofs der Öffentlichkeit präsentiert. Die Arbeit des Münchener Bildhauers Elmar Dietz wurde Bischof Stimpfle vom Präsidenten der Israelitischen Kultusgemeinde, Senator Julius Spokojny, gewidmet. Sie soll "in dankbarer Wertschätzung" an "Jahrzehnte guter Verbundenheit" erinnern, wie die Inschrift besagt.»[98] Dann, einen knappen Monat später, der Bericht über das Ereignis selbst:

«"In Würdigung seiner Verdienste um den Dialog zwischen Juden und Christen" hat der Präsident der Israelitischen Kultusgemeinde Augsburg-Schwaben, Senator Julius Spokojny, dem Bischof von Augsburg, Josef Stimpfle, eine Bronzebüste gewidmet. Das Kunstwerk des fast neunzig Jahre alten Münchner Bildhauers Elmar Dietz wurde dieser Tage in Augsburg im Rahmen einer Feierstunde enthüllt. Die Büste, die den Bischof darstellt, ist gleichzeitig ein verspätetes Geschenk zum 75. Geburtstag Bischof Stimpfles.»[99]

Eine Ehrung folgt in jenen Kreisen, in die dieser rührige (Erz-)bischof aufgestiegen ist, der anderen, nicht zwangsläufig um der Geehrten selber, wohl aber immer um jener schönen Dinge willen, um *die* sie sich «verdient gemacht» haben. Und so kam es, daß bereits im Juni 1992 die nächste Auszeichnung fällig wurde (denn wer weiß, wie lange noch man solch einen - mühsam genug «aufgebauten» - *Fünfundsiebzigjährigen* als öffentlichkeitswirksamen Werbeträger für «Paneuropa» und anderes verwenden kann . . .): «Erzbischof Josef Stimpfle, früherer Bischof von Augsburg, ist in Metz mit dem Robert-Schuman-Sonderpreis ausgezeichnet worden. Stimpfle habe "den Völkern Europas das ihnen gemeinsame kulturelle und geistige Erbe immer wieder bewußt gemacht" und an der Verwirklichung "des großen europäischen Entwurfes" mitgearbeitet, heißt es in der Begründung für die Preisverleihung. Die mit umgerechnet rund 25 000 Mark dotierte Auszeichnung wurde dem Erzbischof am Samstag überreicht. Stimpfle stiftete die Summe dem Komitee für die Seligsprechung Robert Schumans, dessen deutscher Präsident er ist.»[100] Aha, das ist er also auch noch!

Das schöne, soeben erst gewonnene Geld gleich wieder für *Paneuropa* arbeiten zu lassen, war natürlich sehr edel gedacht

---

[98] *DT*, 29. 2. 1992.
[99] *DT*, 26. 3. 1992, IBA-Meldung.
[100] *DT*, 16. 6. 1992.

von Erzbischof Stimpfle. So wäscht eine Hand die andere: Schuman ehrt (posthum) Stimpfle, Stimpfle wiederum ehrt Schuman. Dieses - übrigens von Werbefachleuten als besonders effizient gepriesene - Verfahren funktioniert im Falle Stimpfles auch mit anderen Paneuropäern der ersten Garnitur, etwa so: Stimpfle schreibt (s.o.!) einen Beitrag zu einer Festschrift für Otto von Habsburg zum 75. Geburtstag - und Otto von Habsburg schreibt einen Beitrag zu einer Festschrift für (Erz-)Bischof Stimpfle zum 75. Geburtstag! Denn mit diesem «Knüller» wartete jedenfalls im Frühjahr 1991 das «Paneuropa-Buchangebot» auf: «. . . Kirche im Kommen. Festschrift zum 75. Geburtstag von Bischof Stimpfle: Ein herausforderndes Buch zum 75. Geburtstag eines wahrhaft paneuropäischen Bischofs. Mit Beiträgen von Bischof Alfons Nossol, *Otto von Habsburg*, Jean-Marie Cardinal Lustiger, Joachim Cardinal Meisner, Bischof Joachim Reinelt und Joseph Cardinal Ratzinger . . .»[101] *Welche* Kirche da als «im Kommen» befindlich angepriesen wurde, wäre natürlich auch noch einer eigenen Untersuchung würdig. Die *katholische* Kirche, der Stimpfle und alle diese Festschriften-Beitrags-Lieferanten anzugehören behaupten (Kardinal *Lustiger*, Erzbischof von Paris, ist nach eigenen Angaben sogar Doppelmitglied: bei der jüdischen Religion ebenso wie in der katholischen Kirche!), kann es eigentlich nicht sein, denn die ist nicht erst im Kommen, sondern seit nahezu 2000 Jahren bereits da.

Eher könnte es sich um jene universale «Menschheitskirche» handeln, an der fleißige Maurer in ihren provisorischen «Tempeln der Humanität» schon seit Jahrhunderten bauen. Daß er den Fachjargon dieser Maurermeister aus dem FF beherrscht, hat Bischof Stimpfle, «der als "Europa-Bischof" weit über sein Bistum hinaus bekannt ist»[102], jedenfalls vor nicht allzu langer Zeit deutlich zu erkennen gegeben. Ein von ihm für *Paneuropa Deutschland* verfaßter Artikel[103] trug in fetten Lettern eine wörtlich von dem Israeliten (nicht: Jesuiten!) und Illuminatenoberhaupt *Adam Weishaupt* entlehnte Überschrift: «*Die Königswürde des Menschen*» . . .

---

[101] *Paneuropa Deutschland*, Heft 2 (2. Quartal) 1991, 33; Hervorhebung hinzugefügt.
[102] Ebd. 60.
[103] Ebd. 60ff.

7. François Mitterrand

Der französische Sozialistenführer und Staatspräsident stammt dem Vernehmen nach aus katholischem Elternhaus, ist jedoch, wie wir oben in der Zeitung «Die Welt» lasen, «Agnostiker», also jedenfalls kein Christ - und trotzdem eine der wichtigsten Figuren bei der Schaffung jenes Maastricht-Europas, das uns so prächtige Katholiken wie Otto von Habsburg oder (Erz-)bischof Stimpfle als ein «christliches» verlockend vor Augen stellen. Mitterrand ist nicht bloß *Agnostiker*, also einer, der behauptet, er wisse nicht, ob es einen Gott, eine wahre Religion, überhaupt Wahrheit gebe; er ist darüber hinaus etwas, was in Frankreich die Spatzen von den Dächern pfeifen und demgemäß die Zeitschrift *CODE* einmal mit einem einzigen lapidaren Satz streifte: «Der französische Staatspräsident François Mitterrand und seine gaullistisch-kommunistischen Mitverschwörer in der Nationalversammlung gehören alle der Freimaurerloge "Groß-Orient", dem Makler der Macht der Französischen Revolution, an.»[104]

Seine Frau *Danielle* (nach anderen: *Danièle!*) ist geradeso katholisch und christlich wie er; gemäß dem mit derlei anrüchigen Informationen extrem sparsamen und deshalb sicher unverdächtigen linksliberalen Wochenblatt *Die Zeit* war ihr Vater «Freimaurer im katholischen Frankreich»[105]. Daß ihr von daher weder die katholische Kirche im besonderen noch das Christentum im allgemeinen sonderlich am Herzen gelegen ist, demonstrierte die engagierte Dame vor einiger Zeit durch ihre öffentliche Sorge um das Schicksal der irakischen Kurdenrebellen, die damals bereits ungefähr 3500 Christen massakriert und Tausende weiterer gewaltsam aus ihren Dörfern im Nordirak vertrieben hatten. Nach Angaben der französischen katholischen Tageszeitung «Présent» vom März 1991 sind nicht etwa diese Christen, sondern die fanatisch muslimischen Kurdenrebellen «dem Herzen von Danièle Mitterrand (und zugleich dem Geldbeutel der französischen Steuerzahler . . .) so teuer»[106].

Seine Sympathien für - vor allem - die Mohammedaner aus dem Mahgreb hatte aber auch ihr Gatte François schon gleich bei Regierungsantritt entdeckt. Daß es sich um eine persönliche «Ent-

---

[104] *CODE*, Nr. 8/1991, 28.
[105] *Barbara Ungeheuer* in: *Die Zeit*, 10. 5. 1991.
[106] *Présent*, 30./31. 3. 1991.

deckung» gehandelt hätte, wäre allerdings für einen freimaurerischen Agnostiker ziemlich ungewöhnlich; eher dürfte das von den Logen seit den Tagen Coudenhove-Kalergis (der schon 1925 erschreckend deutliche Worte fand) anfangs nur insgeheim verfolgte, aber zuletzt offen propagierte Ziel einer religiös-nationalen «Multikultur» in Europa Pate gestanden haben. Denn so liest man es sogar in einer Zeitung des kontrollierten «Establishments»:

«Als Mitterrand vor neun Jahren an die Macht kam, versprach er den Einwanderern, Frankreich werde ein aufgeschlossenes Gastland sein. Der Präsident entwarf ein malerisches sozialistisches Utopia. Sie sollten in die französische Gemeinschaft aufgenommen werden, diese Nordafrikaner, Vietnamesen, die Menschen von den Antillen, Madagaskar und auch die Zigeuner. Vom Elysée gefördert hob eine rege Bautätigkeit an, die "schweren Familien", so nennen die Franzosen die volkreichen Clans der Fremden, unterzubringen. Tatsächlich ist in einem Jahrfünft Erstaunliches vollbracht worden. Jeweils dreißigtausend bis fünfzigtausend Wohneinheiten entstanden in vielen Randgebieten französischer Städte. . . . Natürlich nimmt kein Franzose eine Wohnung, wenn er Nordafrikaner zu Nachbarn hat. Andererseits lehnen es Algerier ab, mit Vietnamesen zusammenzuwohnen. Die Behörden brachten also tausende Nordafrikaner in den Blocks unter. Es kam zu Stammeskämpfen. Unglückliche Schwarzafrikaner, die willkürlich in freigewordene Wohnungen eingewiesen wurden, fanden sich zwischen diesen streitenden Gruppen aufgerieben. Die Folge waren überhitzte Spannung, Haß, Mißgunst und Aggressionslust. - Möglicherweise wäre auf die Dauer dennoch eine solche Vorstadt zum "Rassen[schmelz]tiegel" geworden. Verhindert hat das Zusammenwachsen aber die Arbeitslosigkeit. . . . Und Präsident Mitterrand stellt zur Verblüffung seiner Landsleute fest, an dem Phänomen des Aufstandes lasse sich ablesen, daß Frankreich dieses Ärgernis Jahre behalten werde. Die gesellschaftliche Ordnung sei für lange Zeit erschüttert. Man habe eben solche Ghettos nicht einrichten dürfen. Die Opposition schäumt, hatte doch Mitterrand selbst diese Entwicklung eingeleitet.»[107] Desinformativ ist an diesem interessanten Bericht nur das geheuchelte «Schäumen» der «Opposition», mit deren führenden Vertretern Mitterrand sich allwöchentlich - soweit

---

[107] *DT*, 13. 10. 1990.

seine Zeit es zuläßt - im Pariser «Grand Orient» trifft, um gemeinsam über das weitere Vorgehen zu beratschlagen.

Zu diesem Vorgehen gehört auch die Förderung der Präsenz der Freimaurerei in den vom Kommunismus «befreiten» Ländern Osteuropas, jene Präsenz, die die Schweizer Großloge «Alpina» (s.o.!) als «logische Folge» der Umwälzungen im Osten feierte. Speziell über Rumänien liegen diesbezüglich interessante Berichte vor: «Die Dissidenten aus Glaubensgründen fragten sich, wer gewisse Zeitungen bezahlte. Kaum daß sie in Rumänien wiedergeboren waren, priesen sie seitenlang das unermüdliche Werk der Freimaurerei im vergangenen Jahrhundert, um das Analphabetentum zu bekämpfen, die Würde der rumänischen Zigeuner zu fördern und die Gleichberechtigung der Juden zu verteidigen. [Anm.: !] Vor allem aber beobachtete man mit Argwohn die ungewöhnlich große finanzielle Hilfe, die aus dem Frankreich *Mitterrands* gewissen neugegründeten kleinen Parteien radikal-laizistischer Orientierung zufloß, die sich bereit erklärten, in eine "Koalitionsregierung" mit den Kommunisten von gestern einzutreten. So z.B. jener Radu *Campeanu*, ein "Liberaler" und Besucher der Logen in seinem Pariser Exil, der 4 Stimmen erhielt. Dies hinderte *Campeanu* nicht, heute an der "Koalitions"-Regierung teilzunehmen, die von den Kommunisten beherrscht wird. In dieser Funktion empfing er die Vertreter des Internationalen Währungsfonds. Welch ein Typ *Campeanu* ist, beleuchtet ein von ihm am 18. August 1966 unterzeichnetes Dokument. Darin verpflichtet sich der rumänische, von den französischen Freimaurern abhängige Liberale, "den Securitate-Geheimdienst über jegliche Opposition gegen das *Ceausescu*-Regime zu informieren und diese Verpflichtung geheimzuhalten". Das handgeschriebene Dokument ist in den Archiven des Centre Européen d'Information in Paris.»[108]

Damit wären wir bei dem «Europa-Politiker» Mitterrand angekommen. Der osteuropäischen Staaten, die dem Europa von Maastricht in den kommenden Jahren beitreten sollen, nimmt er sich auf *seine* Weise an, die natürlich letztlich gar nicht die seinige ist. Wie wir bereits gesehen haben, hat er auch zusammen mit Helmut Kohl den - wahrscheinlich überhaupt nur Freimaurern vorbehaltenen - *Karlspreis der Stadt Aachen* erhalten. Eben-

---

[108] *Alexander Minak*, Die «Meister» kehren in den Osten zurück (*Cattolica*-Beilage der italienischen Tageszeitung *Avvenire* vom 30. 10. 1990), in: *Theologisches* 21 (1991) 93-98, hier: 94.

falls schon gehört haben wir, daß er vor kurzem anläßlich der Verleihung desselben Preises an seinen Logenbruder Vaclav Havel sibyllinisch (wenn nicht gar zynisch) behauptete, Europa habe «zu den gemeinsamen Werten zurückgefunden, auf denen es beruht». Den langjährigen EG-Kommissionspräsidenten von hochwahrscheinlich hebräischer Herkunft Jacques Delors hat Mitterrand auf seinen Posten befördert. Die französische Volksabstimmung über den Vertrag von Maastricht im Herbst 1992 hat er durch eine fast beispiellose Kampagne im Sinne seiner Auftraggeber zu manipulieren versucht - indem er sogar verhüllt mit seinem Rücktritt «drohte».

Man muß sich nicht auf den undurchsichtigen Jacques Delors versteifen, um auch das Europa Mitterrands als dasjenige der Söhne Abrahams zu erweisen. In wessen Diensten er steht, kam - unabhängig von seiner Logenkarriere - gleich zu Beginn seiner Amtszeit als Staatspräsident ans Licht, als er seinen stramm sozialistischen Wählern ein X für ein U vormachen und das Frankreich beherrschende «kapitalistische» Rothschild-Bankensystem «verstaatlichen» mußte - zum Schein, versteht sich. Denn was geschah wirklich? Schon im Mai 1985 stellte sich heraus:

«Die Rothschild-Banken, beim Amtsantritt Mitterrands gegen hohe Entschädigung enteignet und aus Frankreich angeblich hinausgeworfen, sind durch die Hintertür wieder hereingekommen. Die nicht enteignete Finanzierungsgesellschaft "Paris-Orleans de Gestion" hat ihr Kapital aufgestockt und den Geschäftszweck auf Bankgeschäfte erweitert. Sie nennt sich "PO-Banque". - Die Aktien gehören verschiedenen anderen Banken und Finanzierungsgesellschaften, deren Aktien den verschiedenen Familienmitgliedern der Familie Rothschild anvertraut sind. Die Bank wurde unter der Bedingung erlaubt, daß der Familienname Rothschild nicht im Firmennamen der Bank vorkommen dürfe.»[109] Das ist nicht ganz korrekt ausgedrückt; tatsächlich hat die Firma Rothschild selber, die weltweit als oberste Sachwalterin der Belange des auserwählten Volkes tätig ist, sich erlaubt, ihren Namen zu unterdrücken, um ihre Marionette François Mitterrand nicht vor aller Augen als solche zu entlarven.

Eine jener zwielichtigen Figuren, die dem Paneuropa-Bischof Josef Stimpfle in einer Festschrift zum 75. Geburtstag gratulierten, war *Jean Marie Aaron Lustiger*, der konzilskatholische Erz-

---

[109] *Diagnosen*, Nr. 5/1985, 7.

bischof von Paris. Nach Informationen der wichtigsten, voll kontrollierten spanischen Tageszeitung *El País* vom Juli 1991 unterhält Lustiger «eine gute Beziehung zum Präsidenten der französischen Republik, dem Sozialisten François Mitterrand, zu dem er gemäß französischen politischen Medien direkten Zugang hat». Aber der europabegeisterte Lustiger ist wohl nur einer jener - wörtlich! - «vielen jüdischen persönlichen Freunde» François Mitterands, über die der Israeli *Arieh Karnon* in der «katholischen» *Deutschen Tagespost* zu berichten wußte[110]. Ihm verdanken wir auch noch dieses, das Gesamtbild abrundende, Detail: «Mitterrand hat . . . einen jüdischen Schwager»[111] . . .

8. *Helmut Kohl*

Der «deutsche Bundeskanzler gehört zu den energischsten Einpeitschern des Europa von Maastricht, und das kommt, wie wir sogleich sehen werden, nicht von ungefähr. Haben Margret Thatcher und selbst ihr europabeflissener Nachfolger John Major in England oder gar François Mitterand in Frankreich zumindest zeitweise wenigstens den Anschein erweckt, ihre Völker nur ungern dem Super-Europa von Maastricht mit seiner Einheitsregierung und -währung auszuliefern, so hat man bei Helmut Kohl niemals nennenswerte Anzeichen von Zögerlichkeit oder irgendwelcher auch bloß geheuchelter besonderer Rücksichtnahme auf *deutsche* Belange im Rahmen der langjährigen Einigungsverhandlungen feststellen können.

Schon oben hörten wir Helmut Kohl gegenüber dem berüchtigten, der vielfachen Fälschung von Dokumenten überführten «Nazi-Jäger» *Simon Wiesenthal* katzbuckeln: «Lieber Herr Wiesenthal, ich wünsche Ihnen und uns allen, daß wir gemeinsam an einem neuen Europa bauen können.» Über welchen bemerkens-

---

[110] Ein weiterer «langjähriger Freund» Mitterands ist der aus Rußland stammende Israelit *Robert Badinter*, ehemals Staranwalt in Paris und «heute Präsident des französischen Verfassungsgerichtes». Übrigens wird die bekannte «Entwicklung» im ehemaligen Jugoslawien vielleicht ein wenig begreiflicher angesichts der Tatsache, daß ausgerechnet Badinter «von Mitterand als Präsident der (glücklosen) EG-Schiedskommission im jugoslawischen Konflikt eingesetzt» wurde. Nachzulesen in: *Maria Grün/Rüdiger Foresta (Hrsg.)*, Warnung vor EG-Europa. Argumente gegen eine Weltordnung. Buch 2: Informationen zur EG (= Kritische Studenten-Zeitung Nr. 37), Wien 1992 (abgek. *Grün/Foresta*), 129.
[111] *Arieh Karnon* in: *DT*, 1. 12. 1992.

wert demokratischen Einfluß er und andere seiner Volksgenossen beim angeblich nur dem *deutschen* Volkswillen verpflichteten Bundeskanzler verfügen, hat derselbe Wiesenthal durchblicken lassen, als er von des kroatischen Staatspräsidenten *Franjo Tudjman* 1990 in einem Buch niedergelegten massiven Zweifeln an den offiziell angegebenen Ausmaßen des «Holocaust» erfuhr und darauf so reagierte: «Hätte ich dieses Zitat schon früher gekannt, dann hätte ich verhindert, daß Tudjman von Bundeskanzler Kohl empfangen wird»[112]!

Bundeskanzler Kohl ist als CDU-Chef selbstverständlich katholisch. Ich entsinne mich, ihn in früheren Jahren in einer CDU-Wahlkampf-Publikation mit einem Photo vom letzten voraufgegangenen Wahlsonntag abgebildet gefunden zu haben, mit der für die lieben naiven Katholiken so sympathischen Bildunterschrift. «Helmut Kohl und Frau Hannelore nach dem Besuch des sonntäglichen Hochamts bei der Stimmabgabe in ihrem Ludwigshafener Wahllokal». Noch immer läßt sich der katholische Kanzler dann und wann bei (konzils-)katholischen Gottesdiensten blicken (und photographieren), z.B. im März 1990 bei einem vom Kölner Kardinal Meisner zelebrierten «Gottesdienst mit katholischen Bundestagsabgeordneten. Daran nahmen unter anderen Bundestagspräsidentin Süssmuth, Bundeskanzler Kohl sowie die Ministerinnen Lehr und Wilms von der CDU, Klein von der CSU und der SPD-Partei- und Fraktionsvorsitzende Vogel teil»[113], jener im Ehebruch lebende, gleichfalls «katholische» Vogel nebenbei bemerkt, der desungeachtet immer genau vor bedeutenderen Wahlen Wert auf Privataudienzen bei Johannes Paul II. im Vatikan legte (die vor ihm Willy Brandt sogar als Atheist regelmäßig - schon bei Paul VI. - erhalten hatte) . . .

Helmut Kohl, zu seiner Ehre sei's gesagt, ist nun aber doch etwas katholischer als Willy Brandt oder selbst Hans-Jochen Vogel, so katholisch nämlich wie Johannes Paul II. persönlich, und das will doch schon etwas heißen! Der polnische Papst der Konzilskirche war im Oktober 1986 Gastgeber des interreligiösen Gebetstreffens von Assisi, das er im Januar 1993 erneuerte; Helmut Kohl wollte ihm als treu ergebener Sohn der Konzilskirche nicht nachstehen und übernahm im Juni 1992 die Schirmherrschaft über eine interreligiöse Veranstaltung unter dem Titel «Musica Sacra International», die in der Presse etwas despektier-

---

[112] *CODE*, Nr. 10/1991, 6.
[113] *DT* (KNA), 29. 3. 1990.

lich als «ökumenischer Toleranz-Zirkus mit tanzenden Derwischen und hinduistischen Tempeltänzerinnen»[114] geschildert wurde. Na bitte, katholischer geht es ja wohl kaum.

Und jetzt kommt das kaum Glaubliche: nach Angaben jüdischer Quellen ist dieser Vorzeige-Katholik *Helmut Kohl* in Wirklichkeit weder Katholik noch Deutscher. Sich häufende diesbezügliche Meldungen in diversen Zeitschriften ließen sich sämtlich auf zwei Angehörige des auserwählten Volkes zurückführen: *Salcia Landmann* und *Iakov Lind*. In der Zeitung «Die Welt», wo Söhne Abrahams wie fast überall nahezu jederzeit auf sich aufmerksam machen dürfen, tat die Landmann ihrem Stammesgenossen Lind 1990 den Gefallen, seinen jüngsten Roman zu rezensieren. Besonders hervorhebenswert fand sie an dem Werk zwei darin eingebettete «Enthüllungen» besonderer Art: Helmut Kohl habe jüdische Vorfahren gehabt, Bruno Kreisky jedoch nicht! Mir ist die Rezension selber nicht zu Gesicht gekommen, aber gemäß der Schweizer Zeitschrift «Eidgenoss»[115] scheint die anerkannte jüdische Volkskundlerin Linds sensationelle Behauptungen zumindest nicht eindeutig ins Reich der Fabel verwiesen zu haben.

Linds «Roman in Briefen» mit dem Titel «Der Erfinder»[116] wurde zuerst 1987 in englischer und 1988 auch in deutscher Sprache publiziert, rückübersetzt vom Autor selber, der sich als Jude zum Deutschen als seiner «eigenen Muttersprache» bekennt (S. 168). Ob das Werk wegen seiner delikaten Thesen über Kohl und Kreisky oder wegen seiner erbärmlichen literarischen Qualität so schnell vom deutschen Büchermarkt verschwand, muß dahingestellt bleiben, denn das eine ist so wahrscheinlich wie das andere. Die Vorbemerkung des Verfassers: «Dieses Buch entstand zu einer Zeit, als es mir seelisch und finanziell miserabel ging», klingt fast wie ein Entschuldigungsversuch für das, was Lind da abgeliefert hat; daß gleich vier österreichische und deutsche Institutionen, darunter der damalige österreichische Bundeskanzler und notorische Freimaurer *Fred Sinowatz* die Abfassung (und Herausgabe?) solchen Schunds finanziell unterstützten (wofür Lind seinen «herzlichen Dank» sagt), ist ebenso skandalös wie typisch für den logenkontrollierten offiziellen Literaturbetrieb.

Der Roman spielt ausschließlich im jüdisch-internationalen Milieu und besteht im wesentlichen aus einer fiktiven Korrespon-

---

[114] Curt Enzinger in: *Fraktur*, 28. 6. 1992, 8.
[115] *Eidgenoss* Nr. 9/10 1990, 8.
[116] *Iakov Lind*, Der Erfinder. Ein Roman in Briefen; München 1988.

denz zwischen zwei jüdischen Brüdern, der eine Arzt in London, der andere als brotloser «Erfinder» ein Weltenbummler mit spleenigen Ideen. Beider Dasein konzentriert sich - abgesehen von der faden Idee, eine «Erlösermaschine» zu erfinden - das ganze Buch hindurch auf das, was man so harmlos als möglich mit «Wein, Weib und Gesang» zu umschreiben pflegt, wobei allerdings der Gesang zugunsten des Weibs gänzlich in den Hintergrund tritt. Am Ende der gewollt überzeichneten Story haben beide Brüder - das ist wahrscheinlich (falls überhaupt) die von Lind intendierte dünne Quintessenz - in einem für Juden vielleicht akzeptablen Sinn «zu sich selbst» gefunden, der eine durch Scheidung von seiner soundsovielten «Frau», der «Erfinder» durch Rückkehr zu seiner soundsovielten «Geliebten», nachdem er sich endlich von einem psychopathischen jüdischen Pseudomessias, den Lind in einer israelischen psychiatrischen Anstalt enden läßt, getrennt hat.

Eingebettet also in diese reichlich pornographische, fäkalienangereicherte, streckenweise surreale, an einer Stelle - was anscheinend nicht fehlen darf - Christus als den Gekreuzigten boshaft verhöhnende (S. 146f) Kitsch-Handlung findet sich etwas, was zum schmuddeligen Rest überhaupt nicht passen will: ein in einem der Briefe wiedergegebener Dialog zwischen dem «Erfinder» *Emmanuel Borovsky* und seinem verrückten «Messias» *Elim Ffinger* (sic!), der sich plötzlich um real existierende zeitgenössische Politiker dreht. Zuerst reflektiert Emmanuel, der ja seinem Bruder *Boris* in London schreibt, über seinen Gesprächspartner *Ffinger*: «Heute bei Tisch fiel mir der Groschen. Elim ist ein *agent provocateur*, wie das auf französisch so schön heißt. Juden sollen nach außen hin Christen, Muslims, Hindus und Buddhisten werden - was früher oder später dazu führen soll, daß alle Nichtjuden sich zum Judentum bekehren. Wie? Frag mich nicht.» (S. 79) Daran schließt sich nun die folgende Schlüsselpassage, die ich ihrer Bedeutung wegen fast vollständig (unter durch [...] gekennzeichneter Auslassung nur weniger ganz unwesentlicher Sätze) anführe; sie beginnt mit ein paar offenbar von *Elim Ffinger* zu *Emmanuel* gesprochenen Sätzen:

«"Die Erlösung kommt nicht vom äußeren Schein, sondern aus der (sic!) inneren Bekenntnis. Wir Juden sind der göttliche Funke im geistigen Dunkel der Welt. Selbst wenn wir so tun müßten, als ob wir Atheisten wären (was augenblicklich gar nicht Mode ist), ist es immer noch besser, man erkennt uns nicht. Dem wahren Juden sieht man sein Judentum nicht an. Der wahre Jude ist vom Nichtjuden rein äußerlich kaum zu unterscheiden."[117] Zwar keine originelle Idee, aber vielleicht nicht ganz unwahr, obwohl sie gleichzeitig verrückt ist. Der Türke hat ihm tatsächlich eingeredet, er, Elim, würde der neue Schabbtai Zwi sein, der falsche Messias, der bekanntlich 1666 (sic!) zum Islam übertrat, mit dem Resultat, daß seine treuesten Jünger und Tausende anderer Juden seinem Beispiel folgten. Diese *Dönmeh* glauben auch heute noch an den "Verborgenen Messiah", und es gibt mehr von ihnen, als man denkt.

Mit der Erlösung hat er es eiliger als ich. Der ganze Mann besteht aus Geschwindigkeit. [...] Er hält ununterbrochen Monologe.

"Wir müssen uns beeilen. Wir brauchen bald einen neuen UN-Sekretär. Der Peruaner hat keine Phantasie. Bei den nächsten US-Wahlen muß Gary Hart gewinnen. Hart hieß früher Herz. Frau Bonner, Sacharows Gattin, muß Gorbatschow ablösen. Je schneller, desto besser. Für Pakistan wünsche ich mir das Fräulein Bhutto. Alte sephardische Familie, hieß früher Baruchia, mit dem Messiah aus Smyrna verwandt. Der Urgroßvater des jetzigen deutschen Bundeskanzlers schrieb sich noch mit einem 'n' statt einem 'l', war ein Hausierer aus Buscacz. Ich habe Urkunden, Beweise. Eine ganze Bibliothek von Beweisen im Tresor der Nationalbank in Vaduz. Daß Alphonso in Argentinien sephardisch betet, ist kein Geheimnis, aber wer kennt schon den wahren Namen von Mao Tse-tung?"

"Moshe Zung?"

"Sie wissen mir zuviel. Sie gehören in meine Organisation."» (S. 79ff)

Ich habe hier die fragliche Textstelle in ihrem größeren Zusammenhang zitiert, um zu zeigen, daß wir es mit einer *strikten Parallele* zu jener gleichfalls in einem Roman versteckten Dialogszene zu tun haben, mit der ja dieses Kapitel gar nicht beginnen sollte: zu dem Dialog aus *Benjamin Disraelis* Roman «Coningsby»! Augenscheinlich ist das eine unter den Söhnen

---

[117] Man vergleiche mit diesem interessanten Bekenntnis eines Hebräers die nahezu identische Äußerung des getreuen Zionsknechtes *Otto von Habsburg* in der *DT* vom 19. 8. 1993: «In Ungarn spielen heute die Juden, die die ungarische Bevölkerung im Zeitalter des Nationalsozialismus in großer Zahl geschützt und versteckt hat, wieder eine ihrer Bedeutung entsprechende Rolle. Die Menschen aber wissen in den meisten Fällen gar nicht, daß es sich um Juden handelt. Sie sind eben auch nur Ungarn.» Liest man die beiden letzten Sätze genauer, hat es sogar den Anschein, als wüßte von Habsburg um den «Wesensunterschied» zwischen den zur Sklaverei bestimmten Gojim («die *Menschen*», «*nur* [?] Ungarn») und der Herrscherkaste der *Juden* . . . Welche «Rolle» der «Bedeutung» der ungarischen Juden «entspricht», erfährt man zwar bei von Habsburg nicht, dafür jedoch bei *Traian Romanescu*, der (a.a.O. 16) eine intime Kenntnis der Verhältnisse in den «unterjochten Länder Osteuropas» besitzt, «wo der Kommunismus durch eingesessene oder aus Rußland eingewanderte Juden mit Hilfe der Sowjetarmee etabliert wurde: . . . Matías Rakosi (Toth Rosenkrantz), Geroe (Singer), Revai, Dessy, etc. in Ungarn . . .»

Abrahams beliebte Art und Weise, das auszuplaudern, was sie partout nicht für sich behalten können, obgleich derartige Enthüllungen ihrer Sache nicht unbedingt förderlich sind. Weil sich *Lind* der möglichen Folgen seiner Geschwätzigkeit sehr wohl bewußt ist, versucht er, die Leser gleich anschließend wieder zu verunsichern, indem sein Romanheld dem Brief noch ein *Postscriptum* anfügt:

«PS. Bei Leuten wie Ffinger kann man nie wissen, wann der Spaß aufhört und der Ernst beginnt. Natürlich ist es gut möglich, daß Ffinger mit Weizsäcker befreundet ist. Daß Kohls Urgroßvater aber, noch dazu mit einem "n" belastet, seinen Bauchladen rheinauf- und rheinabwärts schleppte, klingt eher unwahrscheinlich. Aber auch hier läßt sich kaum etwas beweisen.

Alles, was er sagt, ist natürlich Unfug. Und trotzdem - weil diese Frage, wer Jude ist und wer keiner, immer und überall auftaucht, frage ich mich manchmal, wieso dieses Thema ewig unausgeschöpft bleibt.

[...] Die Frage, wer und was man als Jude und jüdisch bezeichnen kann, spukt ewig weiter und läßt sich weder von Nichtjuden noch von Juden untereinander klären. Ein zeitloses Thema hat Ffinger hier angeschnitten, über das man nie ausgeredet hat.» (S. 82)

Scheinbares Fazit: Nichts Genaues weiß man nicht! Aber das ist, deutlich spürbar, nichts weiter als der halbherzige Versuch, das vorher eindeutig Behauptete nachträglich wieder ins Zwielicht zu rücken, um - wahrscheinlich den eigenen, über soviel «Plaudern» erbosten Leuten gegenüber auf die schillernde Doppelzüngigkeit des Textes verweisen zu können. Gewiß nicht zufällig läßt Lind seinen *Elim Ffinger* mit solchem Nachdruck «eine ganze Bibliothek von Beweisen» ins Feld führen; diese «Bibliothek» dürfte er wohl selbst besitzen. Dafür spricht vor allem auch der Umstand, daß auf den Seiten 101f die jüdische Abkunft des inzwischen verstorbenen früheren österreichischen Bundeskanzlers *Bruno Kreisky* mittels sehr genauer Angaben über die Namen und Familienverhältnisse von dessen Vorfahren verneint wird - und diesmal kein einziges relativierendes Wörtchen der neuerlichen sensationellen Enthüllung folgt!

Gewissermaßen das Tüpfelchen auf dem i bildete jedoch eine Meldung der Ludwigshafener *Rheinpfalz* von Anfang März 1993 folgenden Inhalts: «Kurzfristig abgesagt hat Kulturdezernent Günther Ramsauer einen Diavortrag über "Die Vorfahren von Bundeskanzler Dr. Helmut Kohl", zu dem die Arbeitsgemeinschaft für Pfälzisch-Rheinische Familienkunde für Mittwoch, 19.30 Uhr, ins Stadtmuseum eingeladen hatte.» Und dies, obwohl sich als Referent «der Genealoge Heinz E. Walter aus Leingarten» angesagt hatte, «der sich auf die Erforschung der Herkunft von Politikern der Nachkriegszeit spezialisiert und eine Reihe von Büchern veröffentlicht hat». Bemerkenswert fand sogar die *Rheinpfalz*-Redakteurin Martina Röbel nicht bloß, daß Herrn Walter «ein "Maulkorb" verpaßt» wurde, sondern daß ihm dies «ausgerechnet von einem SPD-Politiker» widerfuhr, der «auf Betreiben der örtlichen CDU» einschritt! Ungeachtet aller parteipolitischen Differenzen war ihm - o wunderbare Eintracht - «die Sache ebenso wenig geheuer wie der CDU-Stadtratsfraktion»[118]. Geht man alle denkbaren Erklärungsmuster für diese mehr als ungewöhnliche Affäre mit ihrer unverhohlenen Verletzung der grundgesetzlich verbürgten Meinungsäußerungs- und Pressefreiheit durch, erscheint die von Iakov Lind angedeutete Lösung des Rätsels fraglos als die mit Abstand plausibelste.

Die jüdische Wissenschaftlerin und *«Nestorin des wissenschaftlichen Judaismus in Europa»* (Cover-Text) *Salcia Landmann*, der wir ja ebenfalls - indirekt, mittels ihrer Rezension eines ansonsten kaum beachteten Buchs - diesen sicher hochinteressanten Hinweis auf die ethnische Abstammung des CDU-Bundeskanzlers «Kohl» verdanken, hat ihrerseits in einem von der gelenkten Presse hochgelobten, vom Verlag gar als «Standardwerk» deklarierten Buch u.a. das spezifisch Jüdische im Leben und Werk sogenannter assimilierter Juden wie *Siegmund Freud*, *Ilja Ehrenburg*, *Franz Kafka* und *Karl Marx* aufgezeigt und daran anschließend konstatiert:

«Es ließen sich noch viele Hunderte von Beispielen für jüdische Elemente und Züge im Werk traditionsentfremdeter und auch getaufter Juden finden und aufzählen. Diese wenigen Stichproben mögen hier genügen. Sie beweisen zur Genüge, daß weder die Preisgabe der eigenen Tradition noch die gewaltsame Anpassung an die Umwelt die Besonderheit des jüdischen Denkens und Fühlens auszulöschen vermag. Die Unterschiede sitzen tiefer als jede Erziehung. Sie sind konstitutionell bedingt.»[119] Das würde dann also auch auf den katholisch getauften «Helmut Kohl» zutreffen. Bei ihm sitzen in der Tat die Unterschiede so tief, daß er sich auf dem «Deutschlandtag» der *Jungen Union* in Dillingen am 8. November 1992 wie folgt vernehmen ließ: «Es ist wichtig, daß die hier vorhandenen jüdischen Gemeinden

---

[118] *Martina Röbel* in: *Die Rheinpfalz*, 2. 3. 1993.
[119] *Salcia Landmann*, Die Juden als Rasse, 3. Aufl. 1991, 344.

Deutschland als ihre Heimat empfinden. Deutsche Juden, jüdische Deutsche, das wünsche ich mir.»[120] Wer würde sich das - an *seiner* Stelle - nicht wünschen? - Daß es Kohl-Kohn schon am Beginn seiner Polit-Karriere und seitdem immer wieder zu den Söhnen Abrahams gezogen hat, ist jedenfalls auch quasi offiziell dokumentiert.

So berichtete das CDU-Parteiorgan «Deutsches Monatsblatt» im Mai 1976 über einen Vorstellungs-Termin des damaligen Kanzlerkandidaten Helmut Kohl bei dem einflußreichsten halbgeheimen Gremium der Welt-Schattenregierung, dem in den Massenmedien praktisch nie genannten (weil von der israelitischen Sippe der Rockefellers und einigen ihrer Rassegenossen dominierten) «Council on Foreign Relations» folgendes:

«Gleich der erste Tag vermittelte Helmut Kohl den Eindruck, daß . . . man ihn mit wohlwollendem Interesse beobachtet. Schließlich haben die Amerikaner ein Recht darauf, den Mann persönlich kennenzulernen, der die besten Aussichten hat, . . . Bundeskanzler Schmidt abzulösen. . . . Ein Termin jagte den anderen. Der wichtigste stand ganz am Schluß. Eine Vortragsveranstaltung im Council on Foreign Relations. Diese exklusive Vereinigung hat 1700 Mitglieder, davon sind 22 % Wissenschafter, 28 % Geschäftsleute und 12 % Regierungsangehörige. Der Council hat sich die Förderung eines besseren Verständnisses der internationalen Angelegenheiten durch den freien Austausch von Meinungen zum Ziel gesetzt. Weil dieser Council so großen Wert auf eine freie und offene Diskussion legt, darf über den Inhalt des dort Gesagten nichts nach außen dringen. Nur soviel darf gesagt werden, daß Helmut Kohl mit seiner halbstündigen Rede auch dort großen Anklang fand. Das Thema war die Bündnispolitik aus deutscher Sicht.»[121] Man beachte, mit welch feinsinnigem Zartgefühl das christdemokratische Parteiblatt seinen Lesern zu erklären sucht, warum es ihnen nichts darüber verraten darf, was Helmut Kohl ausgerechnet bei seinem *wichtigsten* Termin in den USA gesagt hat und zu hören bekam. Muß man daraus folgern, daß in Debatten z.B. des Deutschen Bundestags gar nicht «frei und offen» gesprochen oder gar nicht das *Wichtigste* gesagt wird, weil dort alles «nach außen dringt»? Wenn dem so wäre, müßte uns mündige Wahlbürger eigentlich umso mehr interessieren, was denn unsere Politiker sagen, wenn sie un-

---
[120] *Fraktur*, 22. 11. 1992, 3.
[121] Zit. n. *UN*, Nr. 8/August 1976.

belauscht von ihrer Wähleröffentlichkeit «frei und offen» reden können ...

Nun kann man Helmut Kohl persönlich nicht einmal zum Vorwurf machen, nicht «frei und offen» zu sprechen; er tut das nämlich sehr oft und läßt seine offenen Worte hinterher sogar im amtlichen Bekanntmachungsorgan der Bundesregierung drucken. So geschah es auch mit seinem Grußwort «zur Eröffnung der Gemeinsamen Tagung des World Jewish Congress, des European Jewish Congress und des Zentralrates der Juden in Deutschland am 6. Mai 1990 im Gemeindehaus der Jüdischen Gemeinde zu Berlin»; die wichtigsten der bemerkenswert offenen Worte des frischgebackenen «Vereinigungskanzlers» vor seinem erlesenen jüdischen Auditorium seien also hier getreu wiedergegeben:

«Herr Präsident Bronfman, Herr Vorsitzender Dr. Galinski, Herr Regierender Bürgermeister, Exzellenzen, meine sehr verehrten Damen und Herren! - Ich freue mich, zur Eröffnung der Gemeinsamen Tagung des Jüdischen Weltkongresses, des Europäischen Jüdischen Kongresses und des Zentralrates der Juden in Deutschland heute bei Ihnen zu sein. Ich überbringe Ihnen die Grüße der Bundesregierung und wünsche Ihrer Tagung einen guten Verlauf. . . . In einer vielbeachteten, bewegenden Entschließung hat die erste demokratisch legitimierte Volkskammer der DDR gleich zu Beginn ihrer Arbeit unter anderem erklärt: "Wir bitten die Juden in aller Welt um Verzeihung für Heuchelei und Feindseligkeit der offiziellen DDR-Politik gegenüber dem Staat Israel und für die Verfolgung und Entwürdigung jüdischer Mitbürger auch nach 1945 in unserem Lande." . . . Dennoch bleibt es eine wichtige moralische Herausforderung, im Geschichtsunterricht an den Schulen, Universitäten und sonstiger Bildungseinrichtungen in der DDR die Lehrpläne künftig im Sinne eines wahrhaftigen Umgangs mit der NS-Vergangenheit umzugestalten. Dies wird vor allem Aufgabe der für Erziehungsfragen zuständigen Regierungen in den künftigen Ländern der DDR sein. Ich bin davon überzeugt, daß sich die demokratischen Parteien dort gerade auch dieser Aufgabe mit großem Ernst widmen werden. - Sie brauchen dabei kompetenten Rat und Unterstützung. Ich habe mich deshalb sehr darüber gefreut, daß Herr Reich, der Internationale Präsident von B'nai B'rith, in dieser Frage ausdrücklich die Hilfe seiner Organisation angeboten hat. Ich freue mich auch, daß ein persönlicher Vertreter von ihm heute unter den Gästen ist. - Es bleibt die selbstverständliche

Pflicht aller demokratischen Kräfte auch in einem vereinten Deutschland, kompromißlos jene zu bekämpfen, die offen oder unterschwellig antisemitische Vorurteile verbreiten oder die jüdische Religion und Religiosität verunglimpfen.»[122] Freie und offene Worte, fürwahr, zumindest für einen Sohn Abrahams an der Spitze des deutschen Volkes. Gegen die tagtägliche hundertfache Verunglimpfung der christlichen und insbesondere der katholischen Religion in den Massenmedien fand er niemals derartige Worte; alle Christen dürfen also auf *sein* «christliches Europa» besonders gespannt sein.

Worauf der Kanzler sich bezog, wenn er den vom obersten jüdischen Logenchef *Seymour Reich* angebotenen Nachhilfeunterricht im Fach «Geschichte, zeitgenössische» freudig begrüßte, war ein Brief dieses Herrn vom Frühjahr 1990, in dem es u.a. wörtlich geheißen hatte: «Die vielen Verzerrungen, die die Lehrpläne in allen kommunistischen Ländern charakterisierten, stellen ein Problem für ein vereintes Deutschland dar. Wenn Ihre Regierung sich anschickt, auf diesem Gebiet Abhilfe zu schaffen, steht B'nai B'rith bereit, Deutschlands Lehrern sein ganzes Wissen und seine Fachkunde zu Verfügung zu stellen. . . . B'nai B'rith wird erfreut sein, gemeinsam mit Ihnen, Herr Bundeskanzler, dafür zu sorgen, daß die gegenwärtigen und künftigen Generationen in Deutschland ihre besondere Beziehung zu dem jüdischen Volk weiterhin aufrechterhalten.»[123] Man kann der jüdischen Geheimgesellschaft die Freude gewiß nachfühlen, «gemeinsam» mit einem der Ihrigen das deutsche Volk gründlich an der Nase herumzuführen. Erinnern Sie sich an die lustige Geschichte vom Bock, der sich als Gärtner einstellen ließ . . .? Ebenso lebhaft vergegenwärtigen wir uns das stille Vergnügen Helmut Kohls, als «deutscher» Bundeskanzler mit großem öffentlichem Klamauk einen jüdischen Termin nach dem anderen wahrzunehmen. Wir wollen uns nun ein wenig an die Sohlen des Kanzlers heften und in chronologischer Reihenfolge einige herausragende Stationen seines israelitischen Terminkalenders aus den zurückliegenden Jahren an uns vorüberziehen lassen.

Auf den 6. Mai 1990 in Berlin beim Jüdischen Weltkongreß folgte der 13. Juni 1990 mit einer «Gedenkstunde des Rates der Christen und Juden im Martin-Buber-Haus, Heppenheim, anläß-

---

[122] *Bulletin* (hrsg. v. Presse- und Informationsamt der Bundesregierung), 9. 5. 1990, 429f.
[123] Zit. n. *CODE*, Nr. 6/1990, 11.

lich des 25. Todestages von Martin Buber», die der Kanzler mit einer Ansprache krönte, die zugleich Einblick in bereits früher absolvierte einschlägige Termine gewährte: «Exzellenzen, meine sehr verehrten Damen und Herren! - . . . - Mit meinem Besuch bei Ihnen will ich die große Wertschätzung zum Ausdruck bringen, die ich für Martin Buber empfinde - einen Mann, von dem David Ben Gurion gesagt hat, er sei "eine der großen moralischen Offenbarungen des jüdischen Volkes" gewesen. - Zum anderen will ich damit die wichtige Arbeit des Internationalen Rates der Christen und Juden würdigen. Dies geschieht, wie Sie wissen, nicht zum ersten Mal: Ich erinnere mich noch gut an die kurze Zeremonie im Palais Schaumburg am 16. Dezember 1987, bei der ich Frau Dr. Gertrud Luckner den "Sir-Sigmund-Sternberg-Preis" überreichte. Und ich freue mich ganz besonders, Sie, liebe Frau Dr. Luckner, heute hier wiederzusehen. - Der Internationale Rat der Christen und Juden verbindet seine Arbeit mit dem Namen Martin Bubers, und dieser Name ist Programm. Er steht für Dialog und Begegnung. . . . Aber wir dürfen gerade jetzt nicht die Augen vor der Gefahr verschließen, daß mancherorts die alten Dämonen - Nationalismus, Fremdenfeindlichkeit oder Antisemitismus - zu neuem Leben erwachen. - . . . - Der Internationale Rat der Christen und Juden stellt sich dieser wichtigen Aufgabe. Ich begrüße es sehr, daß er in Gesprächen mit der Hessischen Landesregierung, dem Bundesministerium des Innern und privaten Mäzenen die Voraussetzungen zur Gründung einer Martin-Buber-Stiftung schaffen will, die ihm als Instrument für seine künftige Arbeit in Mittel-, Ost- und Südosteuropa dienen soll. In ihrer Bedeutung für ein friedliches Miteinander der Menschen und Völker steht diese Arbeit gleichrangig neben dem "Trialog" zwischen Juden, Christen und Muslimen, dem sich der Internationale Rat der Christen und Juden schon seit einiger Zeit widmet. - Mit meiner Anerkennung verbinde ich auch meinen Dank dafür, daß der Internationale Rat der Christen und Juden vor über zehn Jahren seinen Sitz von London hierher nach Heppenheim verlegte. In dieser Entscheidung drückte sich auch Vertrauen in die Stabilität der zweiten deutschen Demokratie aus. Ich weiß dieses Vertrauen sehr zu schätzen, und ich bin sicher, daß es nicht zuletzt bei den Gesprächen über die Gründung einer Martin-Buber-Stiftung angemessen berücksichtigt und gewürdigt wird. . . . »[124] Da kam doch wenigstens wieder der papsttreue Konzils-

---

[124] *Bulletin*, 19. 7. 1990, 663ff.

katholik Helmut Kohl zum Ausdruck, mit seinem Johannes Paul II. stilecht nachempfundenen «Trialog» der «drei großen monotheistischen Weltreligionen» im Interesse des Weltfriedens . . . So gesehen kann man natürlich auch als selbstbewußter Sohn Abrahams wahrer (Konzils-)Katholik sein - und das «christliche» Europa, für das Helmut Kohl ohne Unterlaß eintritt, ist gerettet!

Nächste Station: Begegnung des «deutschen» Regierungschefs Dr. Helmut Kohl alias *Kohn* mit dem «rumänischen» Ministerpräsidenten Dr. Petre Roman alias *Neuländer* am 28. November 1990 in Bonn[125], womit wir wieder bei Disraeli angekommen wären, mit dem wir dieses Kapitel doch gar nicht einleiten wollten . . .

Knappe zwei Monate später Konferenz mit einem heimlichen Vorgesetzten, dem neuen B'nai B'rith-Boß; amtlich liest sich das in etwas geschönter Darstellungsweise wie folgt: «Bundeskanzler Dr. Helmut Kohl hat am 23. Januar 1991 den Präsidenten von B'nai B'rith International, Kent E. Schiner, zu einem ausführlichen Meinungsaustausch empfangen. Mit dem bereits vor längerem vereinbarten Gespräch setzte der Bundeskanzler den fruchtbaren Dialog mit B'nai B'rith International fort, den er mit den beiden Vorgängern im Amt des Präsidenten, Seymour Reich und Gerald Kraft, geführt hatte. - Schwerpunkt des Gesprächs waren der Golfkonflikt und seine Auswirkungen auf die Sicherheit des Staates Israel und seiner Bürger. Der Bundeskanzler verurteilte mit allem Nachdruck die irakischen Raketenangriffe auf Israel und sprach die Hoffnung aus, daß die inzwischen getroffenen Vorkehrungen einen wirksamen Schutz Israels vor weiteren Anschlägen sichern werden. - Präsident Schiner zollte der Entscheidung des Bundeskanzlers hohe Anerkennung, die Bundesminister Genscher und Spranger zu einer Solidaritätsmission nach Israel zu entsenden und Israel in dieser schwierigen Stunde durch eine humanitäre Hilfe von 250 Mill. DM beizustehen. - Der Bundeskanzler unterstrich erneut die Solidarität der Bundesrepublik Deutschland mit den Verbündeten, die am Golf die Hauptlast der Verteidigung von Recht und Freiheit tragen, insbesondere den USA, Großbritannien und Frankreich. - Der Bundeskanzler würdigte die positive Haltung von B'nai B'rith International gegenüber der deutschen Vereinigung und bekräftigte, das vereinte Deutschland werde auch weiterhin ein verläßlicher Partner Israels

---

[125] *Bulletin*, 30. 11. 1990, S. 1480.

sein. Beide Gesprächspartner waren sich einig, in Zukunft die konstruktiven Beziehungen zwischen dem B'nai B'rith International und der deutschen Seite weiter zu fördern, insbesondere unter Einschluß der politischen Stiftungen. - Präsident Schiner unterrichtete den Bundeskanzler über seine Entscheidung, ihn im nächsten Jahr in New York mit der höchsten Auszeichnung zu ehren, die B'nai B'rith International zu vergeben hat: die "Goldmedaille des Präsidenten für humanitäre Leistungen". Andere Träger dieser Auszeichnung waren unter anderem die amerikanischen Präsidenten Truman und Eisenhower.»[126] Also Note «Eins mit Auszeichnung» für den treuen Volksgenossen auf dem deutschen Kanzlersessel! Was seine Rassegenossen *Treumann* und *Eisenhauer* auf dem amerikanischen Präsidentensessel erhielten, darf man ihm billigerweise nicht vorenthalten . . .

Die Aussicht auf das B'nai B'rith-Gold beflügelt den Kanzler. Schon wenige Tage später, am 30. Januar 91, bricht er in einer Regierungserklärung vor dem Deutschen Bundestag vehement eine Lanze für das angeblich vom Irak bedrohte Israel: «Die Angriffe irakischer Raketen auf Israel haben nur ein Ziel: Israel soll um jeden Preis in die militärischen Auseinandersetzungen am Golf hineingezogen werden. Dies ist ein Anschlag auf die Unversehrtheit und auf das Lebensrecht Israels. - Israel soll wissen: In diesen Tagen hat Israel unsere ganze Solidarität. - Wir werden diese Solidarität auch dadurch unter Beweis stellen, daß wir Israel in seiner bedrängten Lage durch Ausrüstungs- und Materiallieferungen zum Schutz seines Territoriums und seiner Bevölkerung unterstützen. Wir handeln damit entsprechend der besonderen Verantwortung, die alle Bundesregierungen seit Gründung der Bundesrepublik Deutschland gegenüber dem Staat und dem Volk Israel gezeigt haben.»[127] Wohl wahr! Israel hat also «unsere ganze Solidarität». Aber in wessen Namen spricht der Kanzler, wenn er «wir» und «unser» sagt?

Im Februar meldet es auch die «Allgemeine Jüdische Wochenzeitung»: Helmut Kohl wird ein Jahr später das begehrte B'nai B'rith-Logengold erhalten. «Die Zeremonie soll am Hauptsitz der Loge in New York stattfinden. Wie Professor Ernst Ehrlich, Direktor der europäischen B'nai B'rith, mitteilt, soll Kohl "für seine Bemühungen um die jüdische Gemeinschaft in Deutschland

---

[126] *Bulletin*, 26. 1. 1991, 45.
[127] *Bulletin*, 31. 1. 1991, 61.

91

und besonders für die Unterstützung Israels" geehrt werden.»[128] «Zwar hätten, so Ehrlich, die Juden "keinesfalls den Besuch des Bundeskanzlers auf dem Soldatenfriedhof Bitburg vergessen". Wenn die Wahl dennoch auf ihn gefallen sei, dann deshalb, weil seine jetzige Politik das rechtfertige. "Der Bundeskanzler hat sich die Auszeichnung verdient. Dazu haben der Krieg am Golf und die inzwischen geänderte Politik der Bundesregierung beigetragen", bestätigt Ehrlich.»[129] Bitburg? Das war ein professionell eingefädeltes und exzellent gelungenes Ablenkungsmanöver; abgelenkt werden sollte u.a. von der ethnischen Identität und Verpflichtung Helmut Kohls, und so etwas geht halt immer noch am besten mit der Methode «Haltet den Dieb!» . . .

Mitte September 1991 sieht man Helmut Kohl in den USA «bei einem Empfang durch den ehemaligen amerikanischen Präsidenten Reagan und den internationalen Großverleger Rupert Murdoch in Los Angeles»[130], einen außerordentlich einflußreichen jüdischen Glaubensbruder.

Nächster Termin für den vielgeplagten Kanzler aller Deutschen: die «Jubiläumsfeier "30 Jahre Frankfurt Loge" von B'nai B'rith am 23. November 1991». Nein, diesmal geht er nicht selbst hin, sondern schickt seinen Staatsminister im Bundeskanzleramt *Lutz Stavenhagen* als Stellvertreter; der freilich hält eine

---

[128] *Der Insider* [Pretoria], 15. 3. 1991.
[129] *Deutsche Wochenzeitung*, 22. 2. 1991. Daß sowohl *Der Insider* als auch die *Deutsche Wochenzeitung* korrekt zitiert haben, beweist der Originalwortlaut der Meldung in der *Allgemeinen Jüdischen Wochenzeitung* vom 7. Februar 1991, S. 12: «Eine besondere Ehrung wird Bundeskanzler Helmut Kohl im kommenden Jahr zuteil: der B'nai B'rith International verleiht dem deutschen Regierungschef die "Goldmedaille des Präsidenten für humanitäre Leistungen". Der Vorschlag dazu erfolgte von der europäischen Sektion des B'nai B'rith. Präsident Kent E. Shiner lud Kohl bereits für das Frühjahr 1992 zur Übergabe der Medaille nach New York ein. - Wie Professor Ernst Ludwig Ehrlich, der Direktor des europäischen B'nai B'rith mitteilte, soll Kohl für seine Bemühungen um die jüdische Gemeinschaft in Deutschland und besonders für die Unterstützung Israels geehrt werden. - Dabei, so hob Ehrlich hervor, hätten die europäischen wie auch die amerikanischen Juden keinesfalls den Besuch des Bundeskanzlers auf dem Soldatenfriedhof von Bitburg vergessen. Wenn die Wahl dennoch auf ihn gefallen sei, dann deshalb, weil seine Politik dies rechtfertige. "Der Bundeskanzler hat sich die Auszeichnung verdient. Dazu haben der Krieg am Golf und die inzwischen geänderte Politik der Bundesregierung beigetragen", bestätigte Ehrlich. - Zu den bislang mit der Goldmedaille des B'nai B'rith ausgezeichneten Persönlichkeiten zählen auch die früheren amerikanischen Präsidenten Harry S. Truman und Dwight D. Eisenhower, der österreichische Bundeskanzler Franz Vranitzky, der ehemalige österreichische Bundespräsident Rudolf Kirschläger, der Wiener Kardinal Franz König und der frühere Hamburger Bürgermeister Klaus von Dohnany.»
[130] *DT*, 17. 9. 1991, dpa/DT.

reichlich lange, offenbar sorgfältigst vorbereitete Rede teilweise sehr verwunderlichen Inhalts; ich zitiere nur das für uns Interessanteste:

«Herr Botschafter, Herr Präsident Hofmann, Herr Domberger, Herr Honigbaum, meine Damen und Herren! - Ich freue mich, heute anläßlich der Feier zum dreißigjährigen Jubiläum der Frankfurt Loge von B'nai B'rith bei Ihnen sein zu können. - In den vergangenen Jahren hat sich eine ausgezeichnete Zusammenarbeit zwischen B'nai B'rith und der Bundesregierung sowie anderen Institutionen in der Bundesrepublik Deutschland entwickelt. Ich bin sicher, daß diese Zusammenarbeit künftig noch an Bedeutung gewinnen wird. - Das lange und intensive Gespräch des damaligen Internationalen Präsidenten von B'nai B'rith, Seymour Reich, beim Bundeskanzler im Frühjahr 1989 war ein Markstein auf diesem Wege. - Dieser Kontakt erwies sich als besonders wichtig im Hinblick auf den Wiedervereinigungsprozeß, der einige Monate danach mit der Öffnung der ungarisch-österreichischen Grenze für Flüchtlinge aus der ehemaligen DDR einsetzte. - Die Wiederherstellung der staatlichen Einheit Deutschlands löste bei vielen Opfern der nationalsozialistischen Gewaltherrschaft und bei deren Nachkommen verständlicherweise besorgte Fragen aus. Hiervon zeugte nicht zuletzt der regelmäßige Briefwechsel zwischen dem Bundeskanzler und dem Internationalen Präsidenten von B'nai B'rith in den Jahren 1989 und 1990. - Um so mehr weiß ich zu würdigen, daß B'nai B'rith International seine Stellungnahme zur deutschen Einheit stets in einer so klugen und abgewogenen Weise formuliert hat. - Es war auch ein Ereignis von symbolträchtiger Bedeutung, als im vergangenen Jahr mit Herrn Domberger erstmals ein Deutscher zum Internationalen Weltvizepräsidenten von B'nai B'rith gewählt wurde. - Wie sehr das gegenseitige Vertrauen seit 1989 gewachsen ist, zeigte sich nicht zuletzt beim Besuch Ihres neuen Internationalen Präsidenten Kent Schiner im Januar dieses Jahres beim Bundeskanzler. - Lassen Sie mich noch ein Wort hinzufügen über die Rolle, die bei alledem der kontinentaleuropäische Distrikt von B'nai B'rith - namentlich dessen Direktor, Professor Ernst Ludwig Ehrlich - gespielt hat. - Ich zitiere aus dem Schreiben, das der Bundeskanzler Herrn Prof. Ehrlich zu dessen 70. Geburtstag übermittelt hat: - "Mein Glückwunsch und mein Dank gelten einem der bedeutendsten Repräsentanten des christlich-jüdischen Dialogs im deutschsprachigen Raum, ja in Europa. - . . . Ich danke Ihnen auch für den wertvollen Beitrag, den Sie als Direktor des kontinentaleuropäischen Distrikts von B'nai B'rith für den Dialog zwischen Deutschland und der jüdischen Gemeinschaft in den USA leisten. - Es waren nicht zuletzt Ihre Initiative und Ihr persönliches Engagement, die zu einer guten und fruchtbaren Zusammenarbeit zwischen Konrad-Adenauer-Stiftung und B'nai B'rith International geführt haben. Ich möchte Sie ermutigen, diese wichtige Verständigungsarbeit fortzuführen." . . . .»[131] Es scheint, daß sich die innige Zusammenarbeit zwischen der mächtigen jüdischen Freimaurerloge und der nach ihm benannten Stiftung unter seinem politischen «Enkel» Helmut Kohl ganz im Sinne des katholischen Konrad Adenauer entwickelt.

Im Frühjahr 1992 (es liegen mir keine Presseberichte darüber vor; man mag es aufgrund gewisser aufklärender Publikationen im deutschen Sprachraum für klüger gehalten haben, das Ereignis «frei und offen» zu begehen und demzufolge nichts nach außen dringen zu lassen!) dürfte dann die Verleihung der B'nai B'rith-Goldmedaille stattgefunden haben. Hochrangiger hebräischer Besuch im Mai desselben Jahres bei Helmut Kohl: «Henry Kissinger, früherer US-Außenminister und führendes Mitglied der Rokkefeller'schen Weltschattenregierung, war einer der prominenten Gäste auf Bundeskanzler Helmut Kohls kürzlicher Geburtstagsfeier im Hotel St. Petersburg in Bonn»[132], wurde gemeldet. Mit der «christlichen» CDU «kann» der Top-Zionist Kissinger überhaupt erstaunlich gut: «Regelmäßiger und gern gesehener Gast bei Walter und Margarethe Wallmann ist der frühere langjährige US-Außenminister Henry Kissinger», hieß es in einer Wahlkampfzeitung der hessischen CDU 1991 über ihren Landesvorsitzenden.

Doch zurück zum «Großen Vorsitzenden» der Partei. Zugegeben, der Tod Heinz Galinskis (dessen Todesanzeige jedoch auf *Shmuel* Galinski lautete!) wäre für jeden deutschen Bundeskanzler ein Pflichttermin gewesen, aber ob man ihn wirklich so vollmundig hätte loben müssen, wenn man sich ihm nicht durch die Bande des Blutes verbunden gefühlt hätte . . .? «Bundeskanzler Kohl hat den am vergangenen Sonntag im Alter von 79 Jahren gestorbenen Vorsitzenden des Zentralrats der Juden in Deutschland, Galinski, als engagierten Demokraten und aufrechten Patrioten gewürdigt. Das Mitwirken Galinskis und der jüdischen Gemeinschaft am Aufbau der Bundesrepublik habe mit dazu bei-

---

[131] *Bulletin*, 27. 11. 1991, 38.
[132] *Der Insider*, 15. 5. 1992.

getragen, daß Deutschland wieder ein gleichberechtigter Partner in der Gemeinschaft der freien Völker werden konnte, sagte Kohl am Freitag bei der Trauerfeier der Jüdischen Gemeinde zu Berlin. "Für uns alle bedeutet sein Tod einen schmerzlichen Verlust."» Wieder die bohrende Frage: Wer ist da gemeint mit dem «*wir alle*»? Alle christlichen Deutschen? Für sie war es sicherlich kein «schmerzlicher Verlust», der Tod eines notorischen Gegners des Christentums: «Als der Kirchentag 1987 auf seinem Plakat auch einen Juden (mit unverkennbarer Schläfenlocke) brüderlich vereint mit Christen und Menschen anderer Rassen unter dem Kreuz darstellte, intervenierte Judenchef Galinski (Mitglied einer Loge in Berlin) und sagte im Sender Freies Berlin, das Plakat sei eine "Beleidigung der jüdischen Gemeinschaft" (Frankfurter Rundschau 24. 1. 87). Sofort wurde das Plakat aus dem Verkehr gezogen und eingestampft.»[133] Und weiter: «. . . Galinski forderte schon 1989 in seiner Allgemeinen Jüdischen Wochenzeitung die Ausmerzung alter christlicher Glaubenslieder wie z.B. "Aus tiefer Not schrei ich zu dir", weil in Vers 4 von dem "Israel rechter Art" (Christentum) die Rede ist.»[134] Da sollte man doch glatt meinen, es sei nicht der Katholik Helmut Kohl, sondern der Hebräer Helmut Kohn gewesen, der da erklärte: «Für uns alle bedeutet sein - Galinskis - Tod einen schmerzlichen Verlust»!

Haben Sie schon einmal von dem Vorsitzenden irgendeiner größeren, aber mit lediglich rund 30 000 Mitgliedern nicht gerade riesigen Organisation in Deutschland vernommen, daß er öffentlich gesagt hätte: «Ich will mich möglichst noch diese Woche mit dem Bundeskanzler treffen»? Als gar zu eingebildet und zu selbstgewiß würde man ihn belächeln, nicht wahr? Schließlich hat der Kanzler garantiert Wichtigeres zu tun, als seine kostbare Zeit mit irgendwelchen Vorsitzenden der tausend und abertausend Interessenverbände zu vertun, die es in der Bundesrepublik gibt und die doch oft sogar nach Hunderttausenden von Mitgliedern zählen. Nicht so der Nachfolger Heinz (Shmuel) Galinskis *Ignatz Bubis*, neuer Vorsitzender des Zentralrats der (nach eigenen Angaben rund 30 000 organisierten) Juden in Deutschland. Der sagte unmittelbar nach seiner Wahl im September 1992 vor der Presse, er wolle sich «möglichst noch diese Woche mit Bundeskanzler Kohl treffen» - und er bekam seine Audienz!

---

[133] *Norbert Homuth*, Die Verschwörung des Antichristus, Nürnberg o. J. (1990) (abgek. *Homuth 1990*), 48f.
[134] *Glaubens-Nachrichten*, Nr. 5/1992 (Norbert Homuth).

Aber nun wird es Zeit, nach dem *Hebräer* Helmut Kohl endlich den *Paneuropäer* Helmut Kohl vorzustellen. Wie einträchtig beides zusammengeht, ersieht man bereits aus dem Inhaltsverzeichnis der erwähnten Festschrift zu Otto von Habsburgs 75. Geburtstag: unter den Autoren befinden sich Helmut Kohl *und* sein Busenfreund Simon Wiesenthal ebenso wie sein Geburtstagsgast Henry A. Kissinger (das «A.» steht für seinen hebräischen Namen *Abraham Ben Alazar*[135]). Man hat meines Wissens Helmut Kohl noch nie der Mitgliedschaft in der Freimaurerei überführen können, und als Angehöriger des mosaischen Glaubens hätte er eine Logennummer auch gar nicht unbedingt nötig. Allerdings läßt uns aufhorchen, daß sich sein Staatssekretär *Friedrich Bohl* bei der Abschlußveranstaltung der Paneuropatage 1992 freute - wie er am Beginn seines Grußworts sagte -, den anwesenden Paneuropäern «herzliche Grüße eines der großen Baumeister Europas übermitteln zu dürfen: Ich grüße Sie ganz herzlich von Bundeskanzler Helmut Kohl»[136]. Wo anders sollten sie auch sitzen, die «Baumeister» Europas, die «großen Baumeister» gar, als in jenen Logentempeln, wo man traditionell den «Allmächtigen Baumeister aller Welten (ABAW)» verehrt, dem ja auch schon derjenige seine Reverenz erwies, der nach außen hin den «Grundstein» für Paneuropa legte - Graf Coudenhove-Kalergi?!

Zur «christlichen» Paneuropa-Union dieses Logenbruders bzw. seines hoheitlichen Nachfolgers *von Habsburg* hat Helmut Kohl als Kanzler außergewöhnlich innige Kontakte gepflegt, buchstäblich von der ersten Stunde an, wenn man den Chronisten glauben darf! «Eine seiner ersten Amtshandlungen als Bundeskanzler war jedoch - sicher nicht zufällig - nur eine Stunde nach seiner Wahl im Deutschen Bundestag ein Grußwort, das er am 1. Oktober 1982 "um 16.30 Uhr" an den Jubiläumskongreß der internationalen Paneuropa-Union "60 Jahre Paneuropa" nach Wien schickte. - Zukunftsvisionen im Geist Karls des Großen: Der Europäer Helmut Kohl unternimmt 1976 den ersten Anlauf zur Kanzlerschaft und plädiert bei den Europa-Tagen der Paneuropa-Union Deutschland vor mehr als 8000 Menschen auf dem Aachener Katschhof für ein politisch geeintes Europa. Jene Völker, die bereit sind, sollten auch dann eine Europa-Wahl durch-

---

[135] Vgl. *Heinz Pfeifer*, Brüder des Schattens, Zürich 1983, 85f; ebenso *Jean Boyer*, Die schlimmsten Feinde unserer Völker, Bogota 1979 (abgek. *Boyer*), 41 (dort abgebildet das entsprechende hochinteressante Originaldokument, auf das auch Pfeifer sich bezieht).
[136] *Paneuropa Deutschland*, Heft 2 (2. Quartal) 1992, 5.

führen, wenn andere nicht mitziehen, fordert er. Ergebnis dieser Kohl-Initiative ist, daß alle EG-Staaten den ersten Direktwahlen des Europäischen Parlamentes im Jahr 1979 zustimmen. - 1987: Bundeskanzler Kohl spricht bei den Europa-Tagen der Paneuropa-Union in Goslar, das damals noch am "Eisernen Vorhang" lag . . . Die Großveranstaltung steht unter dem Motto "Ein Deutschland - ein Europa!" und Helmut Kohl legt ein damals nicht selbstverständliches paneuropäisches Bekenntnis ab: "Wir wollen, daß alle Deutschen in gemeinsamer Freiheit zusammenkommen . . . in einer Friedensordnung, die die Teilung Europas in Freiheit überwindet, liegt der Schlüssel für die Lösung der deutschen Frage".»[137]

Die großen - nicht Erbauer, sondern *Architekten* - Paneuropas sind ungeachtet ihres mosaischen Glaubensbekenntnisses doch immerhin so christlich, sich das Wort Jesu aus dem Evangelium zu eigen zu machen: «Wer hat, dem wird noch dazugegeben werden . . .» Wer also bereits die B'nai B'rith-Goldmedaille, den Aachener Karlspreis, und, und, und, empfangen hat, soll auch noch den Coudenhove-Kalergi-Preis dazubekommen! Zur Erhöhung der öffentlichen Aufmerksamkeit wird die Verleihung der Auszeichnung anderthalb Monate vorher in der Presse feierlich angekündigt[138], um später am Tag danach nochmals «berichten» zu können. Hier jedoch der authentische Bericht aus dem Paneuropa-Organ selbst:

«Bundeskanzler Helmut Kohl ist jüngster Träger des "Europa-Preises Coudenhove-Kalergi". Die Auszeichnung, die nach dem Gründer der Paneuropa-Bewegung benannt ist, wurde ihm am 29. April in einer Feierstunde am Amtssitz Konrad Adenauers (Anm.: Palais Schaumburg) vom Präsidenten der Coudenhove-Kalergi-Stiftung, Gérard Bauer, und Vittorio Pons, dem internationalen Sekretär der Paneuropa-Union, in Anwesenheit des früheren französischen Ministerpräsidenten Raymond Barre, der ebenfalls Preisträger ist, und vieler anderer prominenter Persönlichkeiten überreicht. - In seiner Laudatio würdigte der internationale Präsident der Paneuropa-Union, der Europa-Abgeordnete Otto von Habsburg, Bundeskanzler Kohl als Politiker und Staatsmann, der Vorkämpfer Deutschlands und Europas zugleich sei: "Als deutscher und europäischer Patriot haben Sie für die Zusammenarbeit zwischen Deutschland und Frankreich gewirkt.

---

[137] *Paneuropa Deutschland*, Heft 2 (2. Quartal) 1991, 42.
[138] *DT*, 9. 3. 1991, dpa-Meldung!

. . ." . . . Der Präsident der internationalen Paneuropa-Union dankte dem Historiker Kohl insbesondere dafür, daß er "nicht zuletzt jener war, der uns zusammen mit dem amerikanischen Präsidenten Reagan die Entspannung und den Beginn der Abrüstung geschenkt hat". Reagans Standhaftigkeit habe die Sowjetunion zum wirtschaftlichen Offenbarungseid gezwungen, "der der Ausgangspunkt der politischen Wende war. Entscheidend aber waren auch Sie, Herr Bundeskanzler, als Sie den Mut hatten, die Pershing-Raketen in Mutlangen trotz des Tobens der Friedensbewegung aufzustellen. Das hat Moskau gezwungen, sich an den Verhandlungstisch über Abrüstung zu bewegen". - In seiner in bewegten Worten vorgetragenen Dankansprache nach der Verleihung des Preises - der bisher an den spanischen König Juan Carlos, Franz Josef Strauß, den langjährigen französischen Premierminister Barre sowie die früheren Ministerpräsidenten von Italien, Pertini, Österreich, Kirchschläger, und Griechenland, Tsatos, verliehen wurde - versicherte der Bundeskanzler, daß die europäische Einigung für die von ihm geführte Bundesregierung "Herzstück der Politik" sei und bleibe. "Graf Coudenhove-Kalergi war einer der frühen und bedeutenden Förderer der europäischen Idee, ja, er hatte die große Vision, ganz Europa zusammenzuführen . . . Die europäische Idee hat seitdem immer weiter an Boden gewonnen. Sie wurde von den Völkern angenommen und wird weiter von ihnen getragen. Denken wir nur an die beiden letzten Jahre zurück: Es waren die Menschen in Polen und Ungarn, in der Tschechoslowakei und der ehemaligen DDR, nicht die alten Regime, die den Weg "zurück nach Europa" einschlugen. Europa, Demokratie und Rechtsstaat gehören für uns unauflöslich zusammen. Ein einiges Europa kann nur ein demokratisches Europa sein. . . ." . . . »[139]

Interessant, interessant! Schon wieder eine neue Version von Schumans Bonmot. Nach Helmut Kohl-Kohn müßte es also heißen: «Europa wird *demokratisch* sein oder es wird nicht sein.» Tja, wenn dem wirklich so wäre, wäre Europa schon längst gestorben. Nun lebt, wächst und gedeiht das Maastricht-Europa aber - wie wir im VII. Kapitel noch sehen werden - gerade deshalb, weil es überhaupt nicht demokratisch ist. Umgekehrt, Herr Bundeskanzler, umgekehrt wird ein Schuh draus!

Und dann, diese historische Analyse der Ursachen für das Ende des «Kalten Krieges» und des «Zusammenbruchs» des

---

[139] *Paneuropa Deutschland*, Heft 2 (2. Quartal) 1991, 6f.

Sowjetimperiums, bestechend in ihrer absoluten gedanklichen Schlichtheit, wirklich bestechend für Lieschen Müller! Reagan war standhaft und Kohl stellte im Schwabenländle noch ein paar Raketen dazu - schon sank die großmächtige Sowjetunion bezwungen in die Knie. Das Märchen geht aber noch weiter: Otto von Habsburgs Töchterlein, die schöne Prinzessin Walburga, durchschnitt an der ungarischen Grenze den Stacheldraht, und wie durch ein Wunder löste sich daraufhin der ganze Ostblock - nein, nicht in Wohlgefallen, sondern in Paneuropa - auf! Oder etwa doch nicht? Auch dieses Märchen hat eine zweite Version, und obwohl sie zur ersten nicht recht passen will, wird sie doch gleich anschließend erzählt, diesmal von Helmut Kohl. Es waren also «die Menschen» in Osteuropa, die nach (Pan-)Europa «zurück»(?)kehrten, nicht die Regime! Ja, aber, bestanden denn die Regime nicht auch aus Menschen? Pst, pst, keine kritischen Zwischenfragen stellen; so was tun doch nur Erwachsene, aber das hier ist Prinz Ottos und Kanzler Kohls Märchenstunde für die lieben Kleinen! Außerdem ist Kohl promovierter «Historiker» und muß es darum besser wissen als wir übrigen «Zeitzeugen» . . . Außerdem ist er Patriot, Patriot sogar eines «Vaterlandes», das es noch nie gegeben hat, des nach dem Baukastensystem ausbaufähigen Maastrichter Paneuropas. Was habt ihr überhaupt zu meckern - seid ihr etwa keine europäischen Patrioten?! Liebt ihr euer künftiges Vaterland etwa nicht?? Dann liebt ihr auch euer Volk, eure Familie, euch selbst nicht! Und dann nehmt euch nur in acht, denn Prinz Otto und gewiß auch Kanzler Kohl[140] ist derselben Meinung wie schon sein Mentor Graf Coudenhove-Kalergi - jedenfalls war er es noch am 20. November 1977 in Innsbruck: «*Verräter ist*, wer gegen die Vereinigung Europas arbeitet und damit beweist, daß er seine Nation nicht liebt, seine Familie nicht liebt und sich selbst aufgegeben hat.»[141]

Kehren wir nach diesem etwas unverhofften Abschluß unseres kleinen Ausflugs ins paneuropäische Märchenland wieder in die Realität zurück, zur Aachener Karlspreisverleihung an Vaclav Havel im Mai 1991, wo der frischgebackene Preisträger Havel und sein französischer Maurerbruder Mitterrand «die Linie üblicher Politiker-Nettigkeiten verließen» und dem gleichfalls anwe-

---

[140] Der sagte vor den wirtschaftlich und finanziell potenten Mitgliedern der elitären «Königswinter-Konferenz» am 29. März 1990 in Cambridge: «Wir wollen als Deutsche unseren Beitrag zu einer Zukunft in Freiheit leisten - als deutsche Europäer und europäische Deutsche.» (*Bulletin*, 3. 4. 1990, S. 333).
[141] *Fraktur*, 13. 10. 1991, 6.

senden Hebräer Helmut Kohl «beeindruckende Leistung für Europa bescheinigten. François Mitterrand: "Ganz besonders Bundeskanzler Kohl hat sich dafür eingesetzt, daß das vereinigte Deutschland ein europäisches Deutschland wird . . . " Und Havel dankte Kohl und Mitterrand für ihre Leistung im deutsch-französischen Verhältnis, die er als beispielhaft feierte.»[142]

Beide gelten sie den gelenkten Medien als «die» *großen Baumeister* von Paneuropa, von *Maastricht-Europa*. Und sie sind es auch wirklich, Kohl dank seiner ethnischen Abkunft wahrscheinlich mehr noch als Mitterrand. Sie sind es wirklich, wenn auch bloß als *loyale Untergebene* und bestenfalls *«wissende» Mitarbeiter* ihrer durch ihren unermeßlichen Reichtum ungeheuer mächtigen Auftraggeber. Denn die Grundsatzentscheidungen fallen weder bei Kohl noch bei Mitterrand noch bei sonst einem *gewählten* Politiker Europas oder der Welt. Sie fallen bei jenen, die diese Politiker vom Wahlvolk wählen *ließen*. Und sie fallen nicht erst heute, sondern sie sind bereits vor vielen Jahrzehnten gefallen. So mußte der «große Baumeister» Europas Helmut Kohl im November 1991 durch seinen Stellvertreter Stavenhagen vor der Frankfurter B'nai B'rith-Loge Rechenschaft über die Fortschritte ablegen, die die EG damals hinsichtlich der «Integration» Osteuropas in das Maastricht-Europa erzielt hatte; er führte aus:

«Die neuen Demokratien Polen, Ungarn und CSFR haben ihr politisches Hauptziel nicht nur als "Heimkehr nach Europa" definiert. Sie haben auch deutlich gemacht, daß sie mit "Europa" in erster Linie die Europäische Gemeinschaft meinen. In anderen Ländern - wie beispielsweise den drei baltischen Staaten - wird das ebenso gesehen. Dies ist eine Herausforderung, der die Europäische Gemeinschaft nicht ausweichen darf, wenn sie den Idealen ihrer Gründer entsprechen will. Diese Länder haben ihre Freiheit wiedererlangt, aber der Aufbau, die Stabilität und die Gesundung ihrer Demokratien hängen nicht zuletzt von der Perspektive ab, daß sie eines Tages in die Europäische Gemeinschaft aufgenommen werden können. - Erste Schritte zur Integration in die große Familie europäischer Demokratien sind die Mitgliedschaft im Europarat - eine Institution, die wie keine zweite die Einheit Europas im Geiste der Menschenrechte repräsentiert - und der Abschluß von Assoziierungsabkommen, wie sie zur Zeit zwischen der EG einerseits und Polen, der CSFR sowie Ungarn

---

[142] *Jürgen Serke* in: *Die Welt*, 10. 05. 1991.

andererseits verhandelt werden. - Bei der wirtschaftlichen Unterstützung dieser Länder trägt das vereinigte Deutschland bereits heute die Hauptlast. Von der gesamten Hilfe, die die Gruppe der 24 zur Verfügung stellt, stellt Deutschland gegenwärtig rund ein Drittel des Betrages für Mittel- und Südosteuropa und mehr als die Hälfte des Betrages für die Sowjetunion zur Verfügung. - Da die Bundesrebublik Deutschland gegenwärtig ein Haushaltsdefizit hat, das - im Verhältnis gesehen - größer ist als jenes der USA, kann man von unserem Land nicht erwarten, daß es sehr viel mehr wird tun können.»[143]

Deutlich klingt zuletzt der entschuldigende Unterton heraus, den Kohl und Stavenhagen gegenüber ihren gestrengen «Vorgesetzten» anklingen lassen, weil aus dem deutschen Wählervolk derzeit beim besten Willen nicht mehr an Milliarden für internationalistische Zwecke herauszupressen ist. So sehr wir also diese «demokratisch gewählten» *großen Baumeister* Europas als solche zu würdigen haben, die *noch viel größeren Baumeister*, die *Architekten* und *Projektleiter* Europas, ja noch weit gigantischerer «Bauvorhaben», werden wir auf der Ebene der Staats- und Regierungschefs nicht finden - in diese Niederungen steigen sie erst gar nicht hinab . . .

9. «Baustelle» Paneuropa

Es würde zu weit führen, alle übrigen herausragenden «Baumeister» Europas als ergebene Knechte Zions und seiner Loge auszuweisen; natürlich könnte man *Jean Monnet*, *Charles de Gaulle*, *Martin Bangemann*, König *Juan Carlos* von Spanien und viele andere paneuropäische «Persönlichkeiten» genauso ins Visier nehmen wie die vorstehend exemplarisch herausgegriffenen Herrschaften und würde jedesmal auf dasselbe Beziehungsgeflecht zur Maurerei und ihren Hintermännern stoßen[144]. Statt des-

---

[143] *Bulletin*, 27. 11. 1991, 40.
[144] Ich verweise zur Bestätigung des Gesagten exemplarisch auf den bekannten und «hochangesehenen», 1974 verstorbenen Schweizer Diplomaten und Politiker *Carl Jacob Burckhardt*, dessen Wirken *Will Jacobs* in der *DT* vom 7. 9. 1991 als dasjenige eines «unermüdlichen Kämpfers für den Frieden und Vorkämpfers für ein geeintes Europa» würdigte. Burckhardt wurde 1944 Präsident des von einem Freimaurer ins Leben gerufenen «Internationalen Komitees vom Roten Kreuz»; «unvergessen» nennt Jacobs «seine Ansprache auf einer Tagung des Schweizerischen Komitees zur Förderung Israels ("Unsere geistesgeschichtlichen Beziehungen zu Israel", 1963) und die Rede vom "Geist des

sen sei hier skizzenhaft nachgezeichnet, auf wie raffinierte Weise die erleuchteten Baumeister Europas das in den frühen zwanziger Jahren von Br.·. Coudenhove-Kalergi öffentlich ausgeschriebene ebenso ehrgeizige wie unpopuläre Bauvorhaben in Angriff nahmen und zielstrebig, Etage für Etage, seiner Vollendung entgegenführten.

Der 1. Weltkrieg, über dessen gewissenhafte Planung, mutwillige Auslösung und «erfolgreiche» Durchführung seitens der machtbewußten Elite der Söhne Abrahams ich bereits andernorts das Notwendigste gesagt habe[145], hatte vorrangig das Ziel verfolgt, die Völker Europas nachhaltig zu erschüttern und sie möglichst handgreiflich von der Notwendigkeit überstaatlicher, ja weltweiter Zusammenschlüsse zu «überzeugen». Das Motto war der bekannten Volksweisheit nachempfunden «Zum Zank gehören immer zwei - schweigst du, so ist der Zank vorbei!», wobei man die zweite Vershälfte jedoch durch ein noch simpleres und einleuchtenderes Rezept ersetzte: « . . . . - bleibt eins nur, ist der Zank vorbei»! Aber die Masse der Bevölkerung hatte ihre Lektion noch längst nicht hinreichend gelernt; man dachte nach wie vor in nationalstaatlichen Kategorien, auch wenn der vor 1914 herrschende übersteigerte Nationalismus durch das Grauen des Krieges einen gewaltigen Dämpfer erhalten hatte. Glaubte der Zionistenführer *Elijahu Ben-Zion Sadinsky* im Jahre 1921 frohlocken zu können: «Der Sturm aber, den die letzten zuckenden Kräfte einer zusammenbrechenden Welt auslösen, reinigt den Boden, aus dem das Neue hervorwächst, mit unwiderstehlicher Gewalt von all diesen die weitere Entwicklung vergiftenden Überresten des Alten»[146], so bedauerte demgegenüber der (Freimaurer und) Kardinal der Konzilskirche *Agostino Casaroli* 1992 rückblickend: «Nicht einmal die Katastrophe des Ersten Weltkrieges reichte aus, auf den Anruf der Geschichte zu hören, der die gefährliche Unvernunft extremer Nationalismen und die Notwendigkeit der Suche nach einem kontinentalen Einvernehmen

---

Roten Kreuzes" im gleichen Jahr, zum hundertjährigen Bestehen des Roten Kreuzes». Was man angesichts solcher biographischen Angaben zu ahnen beginnt, wird durch *Abbé Henri Mouraux* in *CODE*, Nr. 2/1989, 49 zur Gewißheit: Burckhardt war Hochgradfreimaurer!

[145] Vgl. Bd. 2 meiner Trilogie *Die kommende «Diktatur der Humanität»*, Durach 1990/91.

[146] *Elijahu Ben-Zion Sadinsky*, Die nationale Sozietät. Beitrag zur Lösung der Judenfrage im Zusammenhang mit dem allgemeinen nationalen Problem, Heidelberg 1921 (abgek. *Sadinsky*), 79.

verdeutlichte, das von der überkommenen Gemeinschaftlichkeit der Zivilisation und der Interessen gefordert war.»[147]

Für die geheimen Drahtzieher stand daher schon sehr bald fest, daß es ohne eine zweite, noch deftigere Lektion nicht gehen würde. Um nochmals *Casaroli* zu hören: «Mein Eindruck ist, daß gerade die gewaltsame und zerstörerische Wende des letzten Weltkriegs der Idee europäischer Einheit oder zumindest Integration einen entscheidenden Impuls gegeben hat. Sie ließ zunächst im Geist einiger Vordenker, nach und nach im Bewußtsein der politisch Verantwortlichen und schließlich auch der europäischen Völker, wenigstens in ihrer kulturellen Oberschicht, geschichtsträchtige Überlegungen und Überzeugungen wieder erblühen.»[148] Diesen seinen «Eindruck» teilten bereits 1944 auch die Welt-Organisierer von Washington. «Dennoch, es ist gewiß», so zitierte *Clarence Berdahl* zustimmend einen gewissen *Henry Seidel Canby*, «daß es, wenn die Geschichte der ersten Hälfte des (zwanzigsten) Jahrhunderts geschrieben wird, klar zutage treten wird, daß die zwanziger und dreißiger Jahre kein totaler Mißerfolg waren. Als ein Ergebnis der Lektionen des Kriegs wurden neue Typen von Weltorganisation, neue und realistische Ideale für die Zivilisation und neue Ideen von völkischer Verantwortlichkeit auf den Weg gebracht, die sich als fruchtbar erweisen mögen, wenn wir dieses schreckliche Zwischenspiel des Tötens hinter uns haben werden.»[149] Ähnlich ließ sich sein Kollege, der ungarische Israelit und Top-Insider *Oscar Jászi*, vernehmen. Einerseits stand für ihn fest, «daß der Zweite Weltkrieg eine organische Fortsetzung des Ersten Weltkriegs ist. Die Probleme, die zum Ersten Weltkrieg führten, wurden nicht gelöst; sie wurden beträchtlich verschärft.» Andererseits verlieh er seiner Hoffnung Ausdruck, «daß nach der schrecklichen Katastrophe des Zweiten Weltkriegs eine neue Weltordnung (a new world order) begründet werden wird. Das Zermalmen der Diktatoren ist nicht genug. Die alte Ordnung getrennter nationaler Souveränitäten darf in Europa nicht mehr wiederhergestellt werden.»[150]

Man ließ also getreu diesen offenbarenden Devisen in den zwanziger und dreißiger Jahren ausgerechnet in Deutschland, dem bevölkerungsreichsten und von der Volks-Mentalität her

---

[147] Vortrag von *Agostino Kardinal Casaroli* während der Sozialwoche der italienischen Katholiken, dokumentiert in: *OR*, 10. 1. 1992, 6f, hier: 6.
[148] Ebd.
[149] *Schnapper* a.a.O. 43.
[150] Ebd. 95; 98.

immer noch wirtschaftlich potentesten Staat Europas, in Gestalt des von außen ebenso politisch stimulierten wie großzügig finanzierten Nationalsozialismus den eben erst überwunden geglaubten extremen Nationalismus fröhliche Urständ feiern. So konnte man Europa für die politische Vereinigung reif und zugleich das für Zions Herrschaftspläne in Europa gefährlichste Hindernis, Deutschland, durch Kriegszerstörung, Teilung und moralische Niederknüppelung endgültig unschädlich machen.

Ersteres wird uns vom Hochgradmaurer Richard Coudenhove-Kalergi bestätigt. «Die Paneuropa-Bewegung zieht es vor», so schrieb dieser Erleuchtete anno 1938, also ein Jahr vor Kriegsausbruch, «den europäischen Zusammenschluß auf einen späteren Zeitpunkt zu verschieben, statt ihn in naher Zukunft unter der Gewaltherrschaft einer bolschewistischen oder nationalistischen Diktatur verwirklicht zu sehen. Paneuropa kann auf dem längeren Weg des Friedens zustande kommen oder auf dem kurzen Weg des Krieges . . . Dieser Krieg wäre für ganz Europa eine unausdenkbare Katastrophe: aber zugleich der kürzeste Weg zum europäischen Zusammenschluß.»[151] Die Katastrophe war nicht etwa un*ausdenkbar*, sondern ganz im Gegenteil von Coudenhoves Auftraggebern schon längst aus*gedacht* worden, und er scheint das auch bereits 1938 gewußt zu haben. Da die Synagoge des Satans Eile hatte wie ihr Herr und Meister selber, wurde nicht der langsame Weg des Friedens, sondern der schnellste und kürzeste eines grausamen und verheerenden Weltkriegs gewählt . . .

Und das zweite dadurch erreichte Ziel, die definitive Ausschaltung Deutschlands? Es wirkt umso glaubwürdiger, wenn ausgerechnet eine *tschechoslowakische* Zeitschrift (die *durchschnittliche* tschechische Deutschfeindlichkeit ist ebenso sprichwörtlich wie die polnische) dazu anmerkt: «Die Aktivisten der Konferenz von Jalta verhängten in ihrer endlichen Abrechnung über das deutsche Volk den Fluch der Kollektivschuld. (Zitat: "Das deutsche Volk überzeugen, daß es die totale militärische Niederlage erlitten hat und daß es nicht der Verantwortung dafür ausweichen kann, was es allein über sich verhängt hat . . . ") - Die Begründung dieser Maßnahme ist nicht schwierig. Das deutsche Volk, das sich zur Führung in Europa berufen fühlte - aus der Sicht der Verteidigung des Kontinents würden dem Weltju-

---

[151] *Posselt* 1989 a.a.O. 44.

dentum nicht enden wollende Schwierigkeiten entstehen -, mußte definitiv in die Knie gezwungen werden.»[152]

Doch sogar der 2. Weltkrieg beförderte Paneuropa nicht so rasch, wie sich die Kriegstreiber das erhofft hatten. Für eine europäische Superregierung vermochte sich außer den Logenbrüdern selbst, die ja gleichsam von Berufs wegen Vereinigungs-Euphorie an den Tag legen mußten, niemand in Europa zu begeistern, auch dann nicht, wenn man drohend einen dritten Weltkrieg als unausbleibliche Folge weiterer «nationaler Alleingänge» an die Wand malte. Da half nur noch die Salami-Taktik - scheibchenweise, in so dünnen Scheibchen, daß es dem Durchschnittsbürger gar nicht zu Bewußtsein kam, mußte die nationale Souveränität in jenen zuerst sechs, dann neun und schließlich zwölf Ländern Europas beschnitten werden, deren freimaurerische Regierungen sich als erste für das Projekt hergaben. Einen «Umweg» mußte man beschreiten. Selbstverständlich hütete man sich jedoch damals, den Zeitgenossen die Montanunion, die Europäische Wirtschaftsgemeinschaft und die Europäische Atomgemeinschaft als *«Umwege»* nach *Paneuropa* zu präsentieren, nein, man log den mündigen Staatsbürgern der europäischen Demokratien dreist und frech vor, es werde bei einer wirtschaftlichen Zusammenarbeit bleiben und weitergehende Schritte bis hin zur Aufgabe nationaler Souveränität seien keineswegs vorgesehen.

Heute hat man es nicht mehr nötig, diese Lügen aufrechtzuerhalten; die einzige Lüge, die man noch nicht ganz entbehren kann, ist gegenwärtig diejenige, es werde bei einem Vereinten Europa bleiben, eine Behauptung, deren Verlogenheit im dritten Kapitel dieses Buchs aufgedeckt werden wird. Die Maske von ehedem jedenfalls hat man mittlerweile fallengelassen. Albert Kraus z.B. schreibt ganz unbefangen: «Schuman gehörte zu denen, die erkannten, daß die Zeit noch nicht reif war für den direkten politischen Weg zur europäischen Integration, den Bundeskanzler Adenauer forderte. - Darum schlug er, beraten von dem ideenreichen Jean Monnet, den Umweg [!] über das Zusammenwachsen der nationalen Wirtschaften vor. Kohle und Stahl gaben das aussichtsreichste Experimentierfeld dafür her.»[153] Otto von Habsburg seinerseits erinnert sich: «Die zweite Etappe der Einigungsbewegung leitete dennoch ebenfalls ein Mann ein, der den Geist vor die Materie setzte: Robert Schumann, der christli-

---

[152] *Politika* Nr. 57 vom 5. - 11. 3. 1992.
[153] *Kraus* a.a.O.

che Staatsmann aus Lothringen. Ich kannte ihn bereits seit den Tagen vor dem Zweiten Weltkrieg und sah in Ende der vierziger, Anfang der fünfziger Jahre häufig, um mit ihm die ersten europäischen Schritte zu beraten. Schumann hat mir selbst mehrfach gesagt, daß er am liebsten gleich mit der politischen Integration begonnen hätte. Doch die Wunden des Krieges bluteten noch. So mußte er den Umweg [!] über die Kohle- und Stahlgemeinschaft und die Europäische Wirtschaftsgemeinschaft wählen, die allerdings kein Selbstzweck waren, sondern auf das politische Endziel ausgerichtet blieben.»[154]

Ein dritter Kronzeuge für die heimtückische «Umweg»-Strategie ist der österreichische Vizekanzler *Alois Mock*. Als engagierter Befürworter eines österreichischen Beitritts zu Paneuropa durfte er 1992 vor dem österreichischen Ableger des schon erwähnten Rockefellerschen *Council on Foreign Relations* (CFR), der sogenannten «Österreichischen Gesellschaft für Außenpolitik und internationale Beziehungen», einen Vortrag halten, den auch die jüdische Zeitschrift «Illustrierte Neue Welt» des Abdrucks für wert befand. Unter anderem ließ sich Mock vor dem elitären Logenclub so vernehmen: «Männern wie *Jean Monnet, Robert Schuman, Alcide de Gasperi* und *Konrad Adenauer* ist die geniale Erkenntnis zu danken, daß die Einheit Europas nicht mit einem Schlage verwirklicht werden kann, sondern Schritt für Schritt, durch viele konkrete Integrationsvorhaben, welche in den Nationalstaaten langsam das Gefühl einer "faktischen Solidarität" heranwachsen lassen . . . Diesen Männern war klar, . . . daß Integration bei der Wirtschaft ansetzen muß und von dort auf die Politik übergreifen wird.»[155]

Monnet wird von Mock nicht umsonst an erster Stelle genannt; er ging nämlich den ersten der genannten «Umwege» und brachte die sogenannte «Montanunion» zustande. Natürlich nicht allein, sondern gemeinsam mit einigen ihm treu zur Seite stehenden Söhnen Abrahams. Er selber wird von manchen als «der einflußreichste Europäer seiner Zeit» angesehen, wobei sich das weniger auf seine ethnische Herkunft bezieht, die durchaus eine nahöstliche sein könnte, als vielmehr auf seine einschlägigen Aktivitäten. Im übrigen sollte man ihn gerechterweise nicht bloß einen «Europäer», sondern darüber hinaus einen «Internationalisten» oder «Kosmopoliten» nennen. Wieso? «Schon im *Ersten*

---

[154] *Otto von Habsburg* in: *Paneuropa Deutschland*, Heft 2 (2. Quartal) 1989, 4.
[155] *Grün/Foresta*, 105f.

Weltkrieg hatte er die gemeinsame *Versorgungsstruktur* der alliierten Truppen organisiert. Als stellvertretender *Generalsekretär des Völkerbundes, Bankier* in den USA, Osteuropa und China war er ein *Berater Präsident Roosevelts* [Anm.: hatte also häufigen Umgang mit anderen «Präsidentenberatern» wie z.B. *Bernard Baruch*] und Urheber des "*Victory-Programms*", das die militärische Überlegenheit der USA sicherte. 1945 wurde er von *de Gaulle* zum Kommissar für den französischen Modernisierungsplan ernannt und wirkte auch an der Gründung des *Europarates* am 5. Mai 1949 mit. - Gemeinsam mit seinen engsten Mitarbeitern *Etienne Hirsch, Paul Reuter* und *Pierre Uri* verfaßte Monnet Mitte 1950 ein Konzept, welches schließlich zu dem am 18. April 1951 abgeschlossenen Vertrag zur Gründung der "*Europäischen Gemeinschaft für Kohle und Stahl*" (EGKS) führte, welcher vorerst 50 Jahre gelten sollte»[156], jedoch bereits 1992 in modifizierter Form in den Maastrichter Unions-Vertrag eingebaut wurde. Die Namen der drei genannten «engsten Mitarbeiter» *Monnets* klingen weder französisch noch deutsch, obwohl es sich um in Frankreich ansässige Personen handelte, ein typisches Phänomen, das für sich selbst spricht.

Unterstützt wurde der sogenannte europäische Integrationsprozeß, dessen politisches Endziel man den betroffenen Völkern Europas so lange als möglich und nötig vorenthielt, durch eine Unzahl begleitender «Maßnahmen» zur meist gar nicht demokratischen Bewußtseinsbildung. Da wurden nach dem Krieg überall in Europa neue Parteien zuhauf gegründet. Sie hatten dem Anschein nach die unterschiedlichsten Programme, aber mit Ausnahme der Kommunisten und mancherorts auch der Sozialisten, die nach dem Willen ihrer geheimen Lenker der Fiktion des Ost-West-Gegensatzes bzw. später des «Kalten Krieges» größere Glaubwürdigkeit verschaffen mußten und darum nicht gleichzeitig den Part der (West-)Europa-Begeisterten spielen konnten, waren alle Parteien aller maßgeblichen Länder Europas sofort für die europäische Einigung, mal mehr, mal weniger, versteht sich, abhängig nämlich von der schwankenden Stimmungslage der Bevölkerung, der man ja vorgaukeln mußte, ihre politischen Interessen zu vertreten, aber doch mit zäher Beharrlichkeit. Damit das freimaurerische Parteienkartell nicht aufflog, geriet man sich auf der Polit-Bühne zuweilen bezüglich irgendwelcher Einzelheiten in den Europäischen Verträgen in die Haare, ohne jedoch jemals die

---

[156] Ebd. 118.

fundamentale «Solidarität der Demokraten» aufzugeben, die in der «Auffassung» bestand, daß ein (vorerst nur «wirtschaftlich») Vereintes Europa unbestreitbar eine «gute Sache» sei.

Weitere Maßnahmen: Kurz nach dem 2. Weltkrieg entstand - ehe man sich's versah - in der Schweiz, näherhin in Lausanne, bereits ein Institut mit dem wohlklingenden Namen «Centre de Recherches Européennes» («Zentrum für Europäische Forschungen»). «Dieses Forschungszentrum ist eines von sechs bis zwölf ähnlichen Denk-Fabriken, die in verschiedenen westeuropäischen Ländern in der Zeit nach 1948 errichtet wurden. Damals wurden diese Stellen eingerichtet, um Informationen und Studien zu fördern, die ein intellektuelles Miteinander unter den europäischen Technokraten voranbringen sollten - alles zur Unterstützung eines künftigen Vereinigten Europas.»[157] Zugleich erhob sich die zwischenzeitlich aufgelöste *Paneuropa-Union* wie der Phönix aus der Asche des 2. Weltkriegs. «Sie konstituierte sich 1954 auf ihrem ersten Nachkriegskongreß in Baden-Baden, nunmehr nicht als Massenbewegung wie vor dem Krieg, sondern als "Avantgarde europäischer Patrioten". Mit ihrer Hilfe versuchte Coudenhove, die Handlungen der Regierungen zu beeinflussen. . . . . - Sinnvoller war der Versuch Jean Monnets in seinem 1955 gegründeten "Aktionskomittee für die Vereinigten Staaten von Europa", die einflußreichen gesellschaftlichen Gruppen zur Unterstützung der neuen Europa-Initiativen zusammenzufassen.»[158] Die «demokratisch gewählten» führenden Politiker in den verschiedenen europäischen Ländern wurden also nicht etwa von ihren Wählern in Richtung Paneuropa gedrängt, sondern, sofern sie als Söhne Abrahams dem Fleische nach oder als Logenbrüder nicht ohnedies entsprechende Initiativen entwickelten, von mächtigen, elitären Frontorganisationen Zions und der Freimaurerei auf Trab gebracht! Und als besonderes Bonbon für die ehrgeizigsten unter ihnen winkte seit 1949 der «Karlspreis der Stadt Aachen», eine befehlsgemäß von der gelenkten Meinungsindustrie bei ihrer alljährlichen Verleihung mit «großer internationaler Aufmerksamkeit» bedachte Auszeichnung. Wer nun genau jeweils angeblich oder tatsächlich über die Vergabe dieser Ehrung an welchen herausragenden «Paneuropäer» entscheidet, ist nebensächlich, jedenfalls waren und sind es nicht die deutschen und schon gar nicht die sonstigen europäischen Wahlbürger. Sie alle hatten und haben

---

[157] *Ball* a.a.O. 3.
[158] *Posselt* a.a.O. 1990.

an derlei Aktionen wie überhaupt am gesamten «europäischen Integrationsprozeß», den sie in ihrer ganz überwältigenden Mehrheit niemals gewollt haben, auch niemals aktiven Anteil. Zusammenfassend muß man darum hinsichtlich der mit List und Tücke eingeschlagenen «Umwege» nach Paneuropa mit dem Schweizer Beat Christoph Bäschlin feststellen:

«Die demokratischen Regierungen der EWG-Staaten fühlten sich in keiner Weise irgendwie berufen, diese kühnen Bestrebungen auf Volksentscheide abzustützen. Da wurden Schicksalsfragen der Nationen kurzerhand hinter Brokatgardinen und geschlossenen Fensterläden im kleinen Kreise machthabender Politiker ausgeheckt. Es war die bis zum ersten Weltkrieg geltende und von allen Aposteln der Demokratie so anklagend verpönte Geheimdiplomatie, welche den im Frühjahr 1957 in Rom abgeschlossenen Europapakt hervorgezaubert hatte.»[159]

Es dauerte dann ein paar Jahrzehnte, bis der sorgsam gesteuerte (wenngleich zeitweise hier und da etwas aus dem Ruder gelaufene) «Zusammenbruch» des Kommunismus in Osteuropa endlich die dringend benötigte Schubkraft für den letzten großen Schritt lieferte: den sogenannten Unions-Vertrag von Maastricht. «Neuordnung Europas» lautete das flugs kreierte Schlagwort, und für die freimaurerische Frontorganisation «Paneuropa-Union» schlug nochmals eine ihrer großen Stunden. Ihr Auftrag lautet seit 1989: Propaganda aus allen Rohren und auf allen Kanälen für die «Integration» aller osteuropäischen ehemaligen bolschewistischen Satellitenstaaten einschließlich des Baltikums und der Ukraine in das Europa von Maastricht, das schon von Coudenhove-Kalergi in den zwanziger Jahren als «Europa vom Atlantik bis zum Ural» (!) projektiert wurde! Um dieser Aufgabe besser gerecht werden zu können, mußte die Organisation jedoch eine öffentlichkeitsrelevante Aufwertung erfahren: «So wurde ihr jüngst durch Gesetzesänderung, neben den Gewerkschaften, Kirchen und Parteien, auch im Rundfunk- und Fernsehrat, als einer der "bedeutenden gesellschaftlichen Gruppen", Sitz und Stimme eingeräumt. Die Fahne der Paneuropa-Union, ein Ring goldener Sterne auf einem Untergrund aus Freimaurerblau, löste die frühere EG-Fahne, weißes E auf grünem Grund, ab und ist bei fast

---

[159] *Beat Christoph Bäschlin*, Der Islam wird uns fressen! Der islamische Ansturm auf Europa und die europäischen Komplizen dieser Invasion, Tegna 1990 (in-zwischen bereits in 2. Aufl. 1992 erschienen; abgek. *Bäschlin 1990*), 11.

allen offiziellen Anlässen, besonders in Deutschland, neben der Staatsfahne zu sehen. In Deutschland wird diese Freimaurerfahne neuerdings sogar bei fast allen Veranstaltungen der angeblich christlichen Partei CDU aufgezogen. Die Paneuropa-Union gibt sich den Anschein, in den Tradition einer christlich-abendländischen Kultur zu stehen, dient aber tatsächlich dem Liberalismus»[160] freimaurerisch-zionistischer Prägung (es gibt letztlich gar keinen anderen), wofür uns im Lauf dieses Buchs noch eklatante Beispiele begegnen werden.

Ein Beispiel wurde bereits vorgeführt, nämlich ihre angeblich ausschlaggebende Rolle beim Zerschneiden des «Eisernen Vorhangs» in Ungarn im August 1989. Allerdings hat der Erfolg bekanntlich viele Väter, und so darf es uns nicht wundernehmen, daß sich in den Medien den zwei uns schon bekannten Versionen des Märchens von der spontanen Revolution im Ostblock noch zahlreiche weitere hinzugesellen. Sie alle haben zweifellos einen wahren Kern, wie jedes Märchen, während das ihnen gemeinsame mythische Element im behaupteten spontanen Charakter der Ereignisse zu erblicken ist. Nichts war tatsächlich so wenig zufällig wie das abrupte Ende des Bolschewismus, denn nichts war so sehr Voraussetzung für das jahrzehntelang angepeilte Europa von Maastricht wie die Einbeziehung der Osthälfte Europas in den neuen Superstaat. Und bei der Einfädelung dieser letzten entscheidenden Etappe hatten eben nicht nur die Paneuropa-Union und ihre internationale Gallionsfigur Otto von Habsburg die Hände im Spiel, sondern auch viele andere fleißige Knechte Zions. Hier nun zwei neue Abwandlungen des erstaunlich ergiebigen Märchenstoffs; die erste erzählte uns - noch in seinen Augsburger Bischofstagen - kein geringerer als der paneuropäische (nunmehrige Erz-)Bischof Josef Stimpfle höchstpersönlich, und wir entnehmen die teils wörtliche Zusammenfassung dieser erbaulichen Erzählung der katholischen Presse vom Oktober 1991, in der es damals hieß: «Als einen Mann, "der jenseits aller trennenden Gegensätze das Ziel der Einheit der einen Menschheitsfamilie auf das Banner der Kirche" geschrieben habe, würdigt der Bischof von Augsburg, Josef Stimpfle, Papst Johannes Paul II. Der Papst habe den Zusammenbruch des kommunistischen Ostblocks nicht nur prophetisch angekündigt, sondern "mit seinen 53 apostolischen Reisen selbst dazu beigetragen, daß sich die Grenzen öffnen konnten", schreibt Stimpfle in der neuesten

---

[160] *Politische Hintergrund-Informationen* 10 (1991) 226.

Ausgabe der Augsburger Kirchenzeitung. Johannes Paul II. hat nach Ansicht des Augsburger Bischofs "das Feuer der Freiheit im Ostblock entzündet" und den ungebrochenen Freiheitswillen der Völker im Osten gestärkt.»[161] In allen möglichen und unmöglichen, frommen und weniger frommen konzilskatholischen Publikationen wurde und wird diese Darstellung dessen, wie es zum «Ende des Kommunismus» kam, noch immer bevorzugt.

Wieder anders stellt sich die zeitgeschichtliche Sachlage für die Freimaurerei selber dar, oder jedenfalls wünscht die Loge, daß man *ihre* Darstellung in der Öffentlichkeit für bare Münze nimmt: Nicht die schöne Prinzessin Walburga von Habsburg durchschnitt den Ost und West trennenden Stacheldraht, sondern der damalige ungarische Außenminister *Gyula Horn* war der edle Wohltäter der Menschheit, der sich dieses unsterbliche Verdienst erwarb! Eine politisch-moralische Großtat, für die ihm die «Vereinigte Großloge von Deutschland» auf ihrem Großlogentag in Frankfurt am Main in der für das Maurertum geschichtsträchtigen Paulskirche am 30. Mai 1992 ihren «Preis Deutscher Freimaurer» verlieh . . . «und der Schatzmeister der Großloge, Herbert Bock, nannte Gyula Horn den "Totengräber der DDR und Geburtshelfer der deutschen Wiedervereinigung"»[162], will sagen, des europäischen «Zusammenschlusses».

Freilich könnte unser Gewährsmann *Norbert Homuth* das mit dem «eigenhändigen Zerschneiden» des Stacheldrahts auch ein wenig zu wörtlich verstanden haben, denn sogar gemäß dem für seine exzellenten Märchenerzählungen berühmten Hamburger «Spiegel» lief alles wesentlich prosaischer ab. Dort wurde nämlich Gyula Horn selber so zitiert: «Am Sonntag, dem 10. September ging ich am Nachmittag gegen sechs Uhr zu Fuß in das von meiner Wohnung nicht weit entfernte Gebäude des Fernsehens. Es war ausgemacht, daß ich die Nachricht von der Grenzöffnung in dem um sieben Uhr beginnenden politischen Fernsehmagazin "A Hét" (Die Woche) bekanntgeben würde. Gleichzeitig sollte die Meldung auch von der ungarischen Nachrichtenagentur MTI in alle Welt übermittelt werden. Als ich zu sprechen begann, erfüllte mich eine eigenartige innere Ruhe. Ich verkündete unsere Entscheidung über die Grenzöffnung und erklärte in einigen Sätzen auch unsere Beweggründe für diesen Schritt. . . . Erleichtert verließ ich das Fernsehgebäude: Die Würfel waren ge-

---

[161] *DT*, 22. 10. 1991.
[162] *Norbert Homuth* in seinen *Glaubensnachrichten* Nr. 9 (September) 1992.

fallen.»[163] Leider vergaß Gyula Horn anzugeben, mit wem das alles «ausgemacht» worden war, und woher er so genau wußte, daß mit seiner unmaßgeblichen Fernsehankündigung auch schon «die Würfel gefallen waren», aber diesbezüglich dürfte die freimaurerische Preisverleihung ja ein zumindest vages Indiz geben ...

Ganz geklärt scheint der Tathergang jedoch - und das ist für Märchen gar nicht untypisch - immer noch nicht zu sein, denn auch das in Frankfurt-Höchst erscheinende «Höchster Kreisblatt» behauptete im Rahmen seines ausführlichen Berichts über den quasi vor seiner Haustür abgehaltenen Großlogentag und die Preisverleihung von Gyula Horn ganz lapidar: «Er zerschnitt den Eisernen Vorhang.» Weitere interessante Einzelheiten dieses Berichts, die auf den wahren Kern der ansonsten gewiß reichlich ausgeschmückten Erzählung zu verweisen scheinen: «"Die Großloge der Alten Freien und Angenommenen Maurer von Deutschland überreicht den von ihr auf dem Großlogentag 1967 gestifteten 'Preis Deutscher Freimaurer für eine den Menschen adelnde vorbildliche Tat' dem Politiker Dr. Gyula Horn, weil er unter hohem persönlichem Risiko den Mut gehabt hat, den 'Eisernen Vorhang' zu öffnen, um so tausenden unserer deutschen Landsleute zu helfen, den Weg in die Freiheit zu bahnen." - Es ist der Wortlaut der Verleihungsurkunde des Humanitären Preises der Freimaurer, den der ehemalige ungarische Außenminister, der heute im Parlament seines Heimatlandes dem Auswärtigen Ausschuß vorsteht, in einer Feier zum Großlogentag in der Paulskirche entgegennahm. - Die deutschen Freimaurer hatten zu ihrem großen Treffen nach Frankfurt geladen, weil hier ein Jubiläum zu feiern war: Die "Loge zur Einigkeit" feiert ihr 250jähriges Bestehen.» Weiter wird vermeldet, daß (nicht [wie wohl irrtümlich bei Homuth] *Schatz*-, sondern) *Groß*meister Herbert Bock dem mutigen Helden «am Ende seiner Laudatio unter großem Beifall der Schwestern und Brüder zurief: "Erlauben Sie mir, Sie einen Baumeister, den Brückenbauer einer brüderlichen Welt zu nennen!"»[164]. Eine Erlaubnis, die ihm der Geehrte mit dem ungarischen Vor- und deutschjüdischen Nachnamen gerechterweise nicht versagen konnte, hatte doch seine maurerische Großtat, obgleich sie keineswegs auf seine private Initiative zurückzuführen ist, tatsächlich den osteuropäischen Staaten und Völkern eine «Brücke» nach dem Paneuropa von Maastricht gebaut ...

---

[163] *Der Spiegel* Nr. 36/1991, 126.
[164] *Wendelin Leweke* im *Höchster Kreisblatt* vom 1. 6. 1992.

Doch hier noch rasch eine fünfte Version des Märchens vom kommunistischen «Zusammenbruch», die - um es gleich vorwegzunehmen - immer noch glaubhafteste von allen bisher vernommenen, aufgetischt von enttäuschten und überfahrenen (nichtjüdischen) Angehörigen der alten kommunistischen Garde der Tschechoslowakei. Hintergrund ihrer Enthüllungen: «Die Kommunistische Partei Böhmens und Mährens, die Nachfolgepartei der in der "samtenen" Revolution 1989 gestürzten dogmatischen tschechoslowakischen Kommunistischen Partei, wird von einer Krise erschüttert. . . . Der innerparteiliche Kampf brach aus, nachdem eine Gruppe früherer hoher Funktionäre das Manifest "Für den Sozialismus" ausgearbeitet hatte. Die Gruppe führen der Dogmatiker aus dem ehemaligen Innenministerium der Tschechoslowakei, Jaromir Obzina, und der frühere Stadtsekretär der Partei von Prag und des Parteipräsidiums, Miroslav Stepan an. Stepan war für die brutalen Eingriffe gegen Bürgerrechtler und am 17. November 1989 gegen demonstrierende Studenten verantwortlich.» Und jetzt kommt's: «Inzwischen veröffentlichte Stepan ein Buch, in dem er behauptet, daß der Sturz des kommunistischen Regimes 1989 ein Putsch war, der von westlichen Geheimdiensten gemeinsam mit dem sowjetischen KGB inszeniert wurde.» Peinlich, sehr peinlich für die «Reformkommunisten», dieses unvorhergesehene Plaudern eines vormaligen Insiders aus dem Nähkästchen! Was tun? Man «distanziert» sich. Neben dem neuen Parteivorsitzenden «haben auch zahlreiche Mitglieder, darunter auch der gegenwärtige Parteiideologe Professor Josef Mecl vorgeschlagen, daß sich die Kommunistische Partei Böhmens und Mährens einen neuen Namen gibt, um sich nicht nur von der Vergangenheit, sondern auch von den Aktivitäten Stepans und Obzinas zu distanzieren. Die Reformer in der Partei hoffen, daß bei einer Namensänderung die Dogmatiker die Partei verlassen und eine eigene dogmatische kommunistische Partei gründen werden. Diese würde, ihrer Ansicht nach, dann langsam zu einer unbedeutenden politischen Sekte degenerieren.»[165] *Totschweigen* heißt also die Devise Zions und seiner Logen.

Ob der CDU-Bundestagsabgeordnete *Wilfried Böhm* ein Logenbruder ist oder nicht, wäre noch zu ermitteln. Jedenfalls ist er ein intimer Kenner der paneuropäischen Planungen. Als solchen weisen ihn seine Ausführungen vom Februar 1993 in der «Deutschen Tagespost» zweifelsfrei aus, deren interessantester Teil hier

---

[165] *Rudolf Ströbinger* in: *DT*, 16. 2. 1993.

(fast) kommentarlos wiedergegeben sei: «Nach dem Zweiten Weltkrieg entwickelte sich im Westen Europas im Bündnis mit den Vereinigten Staaten ein funktionsfähiges System demokratischer Nationalstaaten, das nicht zuletzt in Abwehr des expansiven Kommunismus [!] die Bereitschaft zur Integration und zur Übertragung von Souveränitätsrechten in bestimmten Gebieten der Politik [!] mit sich brachte. - Im Osten besteht erst jetzt die Möglichkeit zu dieser Bildung von Nationalstaaten, die im Westen zeitlich viel früher verwirklicht wurde. Es kommt jetzt darauf an, daß diese neuen Nationalstaaten politisch rechtlich eine freiheitlich demokratische und ökonomisch eine marktwirtschaftliche Ordnung erhalten, Nur dadurch werden sie nach innen und außen friedensfähig und wirtschaftlich gesunden. Wenn diese Staaten demokratisch gestaltet werden [!], werden sie auch zu übernationaler Zusammenarbeit und zu Verzicht auf Souveränität bereit sein [!], um sich dann in die europäische Integration einfügen zu können. Somit ist die Bildung dieser Nationalstaaten die Voraussetzung für ihre Integrationsfähigkeit [!!]. Dabei können logischerweise nur die Souveränitätsrechte freiwillig auf Staatengemeinschaften übertragen werden, die sie zuvor in Wahrnehmung des Selbstbestimmungsrechts erlangt haben.»[166] Das hat nun mit einem Märchen nichts mehr zu tun. Es ist nackte, eiskalte machtpolitische Berechnung. Jetzt wissen wir endlich ganz genau, warum die Mauer «fallen» mußte!

10. Das Medien-Europa

Unermüdlich mitgebaut am Europa von Maastricht haben all die Jahrzehnte hindurch vor allem die inner- und außereuropäischen Massenmedien, denen die eigentliche «Kärrnerarbeit» oblag. Oh, sie hatten so mancherlei auszusetzen an den Europaverträgen, sie waren selbstverständlich skeptisch bezüglich dieser oder jener Einzelheiten der Brüsseler Politik, aber sie ließen unisono keinen Zweifel daran aufkommen, daß kein vernünftiger Mensch sich dem europäischen Integrationsprozeß in den Weg stellen dürfe, ja könne. Das tun sie auch heute noch. Denn nicht bloß in den politischen Parteien, sondern auch in den Massenmedien aller Couleur findet sich die mehrheitlich gegen den Superstaat von Maastricht eingestellte Bevölkerung in keinem einzigen

---

[166] *Wilfried Böhm* in: *DT*, 16. 2. 1993.

Land Europas vertreten. Ihr wird vielmehr umgekehrt ständig auf allen Kanälen eingehämmert, wie unverzichtbar die Verträge von Maastricht sind. Und das entspricht exakt dem altehrwürdigen «Bauplan» Paneuropas.

Der katholische Kirchenrechtler *Georg May* zitierte vor einiger Zeit, «was ein führender Bolschewik einst geschrieben hat: "Mit dem Monopol über die Presse kann man jedes Volk und jedes Land umkrempeln"»[167]. Diese umwerfende Erkenntnis stammt von *Maxim Litwinow* alias *Finkelstein*, und seine westeuropäischen, amerikanischen und australischen Volksgenossen verfehlten es in der Folgezeit nicht, das simple aber wirkungsvolle Rezept auch auf die Umkrempelung der nationalbewußten Völker und Länder Europas anzuwenden.

Ein offenbar in der edlen Maurerzunft angesiedelter und zudem außerordentlich gut betuchter Herr namens *Frederic W. Nielsen* fühlte sich 1989 bemüßigt, im Selbstverlag eine ziemlich merkwürdige Schrift herauszubringen, die nicht bloß überflüssiger Weise eine Lanze «für den Europäer Michail Gorbatschow», sondern auch eine für Paneuropa selbst zu brechen suchte. Angeblich oder tatsächlich aus seinen eigenen verstaubten Kriegstagebüchern zitierend, präsentierte er dort u.a folgendes Indoktrinationsprogramm: «Bereits im Januar 1940 (im Westen herrschte noch die Ruhe vor dem Taifun, der vier Monate später über Westeuropa dahinrasen sollte) vertraute ich meinem später unter dem Titel "Emigrant für Deutschland" veröffentlichten Tagebuch - ich lebte damals als "Asylant" in England - die nachfolgenden Gedanken über unser "Europa nach Hitler" an: " . . . (Die gegenseitige Kenntnis und Verständigung der Europäer) weiterhin zu pflegen und auszubauen, damit sie nie mehr verloren gehen können, wird Sinn und Absicht eines noch zu gründenden EUROPA-JOURNALES sein, das - in den vier Hauptsprachen gedruckt - die wichtigsten Ereignisse jeder Woche im europäischen Lichte widerspiegeln, den Geist Europas ehren und klarlegen, allen Politikern, Beamten, Lehrern, Wissenschaftlern, Studenten und Künstlern die Quintessenz europäischer Gesinnung bieten soll. Dieses 'Journal' wird in Millionenauflage das wichtigste, weitverbreitetste und einflußreichste der Welt sein, dessen Wirkung außerdem noch unterstützt werden müßte durch einen in allen Sprachen rufenden EUROPA-SENDER, der den großen

---

[167] *Georg May* in: Una Voce-Korrespondenz 22 (1992) 129.

Gedanken unseres Jahrhunderts, den Gedanken Europa, in Hunderte von Millionen Hirne senken wird. . . ."»[168] Das ist die erbarmungslose Sprache des jüdisch-freimaurerischen Internationalismus: er «senkt» seine jeweils gerade aktuelle Ideologie schlicht «in Hunderte von Millionen Hirnen»: er will und kann nicht überzeugen, sondern bloß mit der öffentlichen Meinungsdampfwalze alles, was sich ihm entgegenstellt, brutal überfahren; er will keine selbständig denkenden individuellen Persönlichkeiten, sondern bedarf zur Durchführung seiner menschenverachtenden Pläne des unkritischen, nahezu beliebig manipulierbaren Massenmenschen.

Nun, es ist alles noch viel besser gekommen, als dieser liebenswerte Herr Nielsen 1940 ahnen konnte. Nicht bloß *ein* «Europa-Journal» und nicht bloß *ein* Hörfunksender wurden in den Dienst der jahrzehntelangen pausenlosen Europa-Kampagne gestellt, sondern lieber gleich *sämtliche* größeren Printmedien Europas und darüber hinaus, *sämtliche* Hörfunkprogramme Europas, und nochmals darüber hinaus, zur Krönung des Ganzen, schließlich das erst Ende der fünfziger Jahre erfundene Fernsehen auf *sämtlichen* Kanälen . . ., eben ein ganzes *Monopol* zum Zweck der «Umkrempelung»!

Wem die Masse der Medien gehört und *wer* den «unabhängigen» Rest durch überlebensnotwendige regelmäßige Anzeigen- und Werbeaufträge höchst wirksam an der Kandare hält, das sollte sich allmählich herumgesprochen haben unter all jenen, die noch selbständig wahrzunehmen und zu denken vermögen: Zion und seine Loge. Nicht erst seit gestern oder vorgestern, sondern europaweit flächendeckend bereits seit gut 150 Jahren. Beispiele anzuführen ist im Grunde genommen so müßig wie Wasser in einen Brunnen zu schütten. Dennoch seien nachstehend einige Einzelheiten genannt, um der schlafenden Christenheit recht drastisch vor Augen zu führen, woran es liegt, daß sie in den modernen Massenmedien niemals adäquat repräsentiert war und es heute weniger ist denn je (wieso sollten *Juden* denn auch *christliche* Zeitungen drucken, *christliche* Filme drehen, *christliche* Hörfunk- und Fernsehprogramme ausstrahlen??). Und natürlich, um zu beweisen, quod demonstrandum erat, daß nämlich seit eh und je und bis auf den heutigen Tag genau diejenigen das Maastrich-

---
[168] *Frederic W. Nielsen*, Offener Brief an das Nobel-Komitee in Oslo zum Thema Friedenspreis 1989 für den Europäer Michail Gorbatschow . . . , Freiburg 1989, 55 + 57.

ter Paneuropa herbeigeredet und -geschrieben haben, die gemäß dem erleuchteten Br.˙. Coudenhove-Kalergi auch als seine Herrscherkaste prädestiniert sind: die Söhne Abrahams.

Da ist etwa die Chefin des Landesfunkhauses Niedersachsen des Norddeutschen Rundfunks, *Lea Rosh*[169]. Man hat herausgefunden[170], daß sie ehemals *Edith Rosch* hieß und evangelischen Bekenntnisses war, bevor sie aus der Kirche austrat, woraus man schließen zu müssen meinte, sie habe sich selber zur Jüdin gemacht («rosh» = hebräisch «Haupt», «Anfang»), um schneller die Karriereleiter hinaufsteigen zu können. Das würde zwar indirekt gleichfalls die These von der Medienherrschaft Israels untermauern, aber man darf darüber hinaus vermuten, daß die Dame durch ihre Namensänderung und ihren Kirchenaustritt tatsächlich nur jenen Zustand wiederherstellte, in dem sich ihre Familie wenige Generationen zuvor befunden hatte . . .

Wie hieß bis Ende 1992 der Vorsitzende des Rundfunkrats des Hessischen Rundfunks? *Ignatz Bubis*, bekanntgeworden freilich nicht etwa durch seine langjährige Inhabe dieser Medien-Schlüsselposition, sondern allenfalls durch eine spektakuläre Frankfurter Bühnenbesetzung vor einigen Jahren und durch seine kürzliche Wahl zum neuen Vorsitzenden des *Zentralrats der Juden in Deutschland*. Daß dieser milliardenschwere[171] Grundstücksspekulant, Diamantenhändler und FDP-Politiker über mächtige Verbindungen innerhalb des Diaspora-Judentums verfügt, erhellt aus seiner Funktion als Vorstandsmitglied und Schatzmeister der europäischen Sektion des *Jüdischen Weltkongresses*[172]. Sein Vor-Vorgänger im Amt des jüdischen Zentralratsvorsitzenden, der posthum als 30-Millionen-DM-Betrüger entlarvte B'nai B'rith-Freimaurer *Werner Nachmann*, war bis zu seinem Tod 1988 stellvertretender Vorsitzender des ZDF-Fernsehrats[173]. Der vom verblödeten Fernsehpublikum angehimmelte, ach so sympathische Show-Master *Hans Rosenthal* bekannte sich zwar zu seiner jüdischen Herkunft, nicht aber zu seiner Mitgliedschaft in der «Frankfurt-Loge» des B'nai B'rith[174]. Beim

---

[169] *Deutsche Wochen-Zeitung*, 24. 5. 1991, 14.
[170] *Kommentare zum Zeitgeschehen* [Wien], 6/1992.
[171] *Remer-Depesche*, November 1991; *Fraktur*, 22.11.1992, 3.
[172] *Deutsche Wochen-Zeitung*, 25. 9. 1992, S. 12.
[173] *Norbert Homuth*, Dokumente der Unterwanderung. Christen unter falscher Flagge, 2. Aufl. Nürnberg 1989 (abgek. *Homuth 1989*), 86.
[174] Ebd.

ZDF soll es zumindest Anfang 1993 noch einen Programmdirektor (!) namens *Friedman* gegeben haben[175].

Überhaupt befinden sich die großen Rundfunk- und Fernsehanstalten international in besten Händen. «So sind die 3 weltgrößten Fernsehgesellschaften in den USA ABC, CBS und NBC jüdisch . . .»[176]; näherhin war der Jude *William Paley* alias *Palinsky* bis vor kurzem Chef von CBS, hat das hebräische Brüderpaar *David* und *Robert Sarnoff* die NBC ins Leben gerufen, deren Direktor gegenwärtig *Julian Goodman* heißt, und regierte jemand namens *Leonard Goldenson* die ABC, bis er durch seinen Volksgenossen *Fred Silverman* abgelöst wurde[177]. Um aber Europa nicht aus dem Blick zu verlieren: als «den mächtigsten Mann des Kinos und Fernsehens auf der Welt» feierte man vor Jahren in der jüdisch gelenkten Londoner *Times* (s.u.) einen gewissen «Sir» *Lew Grade*, vormals - ohne «Sir» - *Levi Winogradsky* geheißen[178]. Frankreichs Fernsehkanal *TV6* wird zu genau 50 % und somit mehrheitlich durch die Mediengesellschaft *Publicis SA* mit ihrem Präsidenten namens *Marcel Bleustein-Blanchet* beherrscht; konsequenterweise engagierte man als Direktor des TV-Kanals einen gewissen *Maurice Lévy*, seines Zeichens Aufsichtsratsvorsitzender von *Publicis SA*[179]! In Deutschland bestimmt de facto der gelegentlich als «Katholik» firmierende Münchener Filmgroßhändler *Leo Kirch* abrahamitischer Abstammung[180], was an Spiel-, Dokumentar- und sonstigen Filmen über die Mattscheibe flimmert, da er auf diesem Feld ein Quasi-Monopol besitzt. Daneben bestritt allein der im polnischen Lodz geborene jüdische Filmproduzent *Artur Brauner* die Herstellung jedes neunten bis zehnten «deutschen» Nachkriegsfilms. «Seit den sechziger Jahren arbeitet Brauner auch fürs Fernsehen.»[181]

Selbstverständlich hat man den vor wenigen Jahren gegründeten deutsch-französischen «Kulturkanal» mit dem Namen «Arte» (Deutschland) bzw. «Sept-Arte» (Frankreich, neuerdings) nach kurzem Zögern gleichfalls in die richtigen Hände gelegt. Anfang Juli 1993 wurde nämlich «der französische [?] Philosoph

---

[175] *Remer-Depesche* 1/1993, 1.
[176] *Homuth 1990* a.a.O. 61.
[177] *Pierre Michel Bourguignon*, On vous en mettra plein la vue!, in: *Lecture et Tradition* N° 176 / Oktober 1991, 1-42 (abgek. *Bourguignion*), hier: 35ff.
[178] Ebd. 35.
[179] Ebd. 35f.
[180] *Homuth 1990* a.a.O.
[181] *Deutsche Wochen-Zeitung*, 20. 12. 1991, 4.

und Schriftsteller Bernard-Henri Levy» (!) zum «Präsidenten des Aufsichtsrates» ernannt. «Als neues Mitglied des Aufsichtsrates wurde ebenfalls der französische [?] Komponist Marcel Landowsky [!] gewählt.»[182] Damit wäre also die christliche Kultur der beiden ehemals tragenden Nationen des «Heiligen Römischen Reiches» stillschweigend zu ihren angeblichen «jüdischen Wurzeln» zurückgekehrt . . .

Da gibt es immer noch brave konzilskatholische Fernsehkritiker, die sich wacker über das antikatholische und antichristliche Fernsehen beschweren, so etwa ein hinter einem Kürzel versteckter Anonymus zum soundsovielten Mal in der «Deutschen Tagespost» vom 25. Februar 1993: «Das Produkt, das Verbalaktionist Alfred Biolek im Zusammenwirken mit einer Satanshexe, einem Satanisten namens "Frater V", einem Satansschüler, dem Satanologen und Macher des "Wiener Aktionismus" Josef Dvorak (einem aus der Kirche ausgetretenen ehemaligen katholischen Theologiestudenten) und dem Sektenbeauftragten der Evangelischen Kirche Westfalens, Rüdiger Hauth, vor einer in zwei Gruppen aufteilbaren Studiogruppe herstellte, hatte aber auch nur wenig Unterhaltendes. Die "Satansanbeter" waren recht unterschiedlicher Qualität und redeten über Theorien, nur die "Hexe" wurde konkreter. Sie "verkauft" Zauber, sowohl "Liebeszauber" als auch "Schadenszauber" und verweigerte eine Aussage zur Einhaltung bestehender Gesetze. Die Freundlichkeiten Bioleks galten selbstverständlich nicht den christlichen Kirchen, aber das erwartet auch niemand mehr von ihm. Er bewegt sich "am Rande" und erwartet Aufmerksamkeit für sich und seine Sendung. Darum hat er für die nächste Zusammenkunft zum Thema "Wertewandel - Alle Werte im Eimer?" ausgerechnet den ehemaligen SED- und nachherigen PDS-Vorsitzenden Gysi, den Katholikenhasser Janosch und Oliviero Toscani, den Gestalter der umstrittenen Benetton-Werbung, eingeladen.» *Wieso* man von *Alfred Biolek* keine Sympathie mit dem Christentum erwarten kann, wurde den Lesern der letzten «katholischen» Tageszeitung Deutschlands freilich erneut vorenthalten: *Weil Juden nun einmal keine Christen sind* und der Jude Biolek sich selbstverständlich einen Spaß daraus macht, den Juden Gysi (dessen hebräischer Vater *Klaus Gysi* in der vormaligen DDR sinnigerweise für die Unterdrückung bzw. «Kontrolle» der «christlichen Kirchen» zuständig war!) und ande-

---

[182] *DT*, 3. 7. 1993.

re «Katholikenhasser» zum jüdisch inspirierten antichristlichen «Wertewandel» zu «befragen»!

Auch in Deutschland gibt es Fernsehsender in (zumindest teilweisem, für die Kontrolle ausreichendem) jüdischem Besitz. Da ist der bis vor kurzem weltgrößte, nunmehr auf Platz 2 verdrängte «deutsche» Medienkonzern *Bertelsmann*, «1835 im westfälischen Gütersloh als Verlag mit deutlich christlicher Prägung gegründet»[183], jedoch mittlerweile längst in die Hände des Hebräers *Reinhard Mohn*[184] übergegangen; der Konzern verfügt über eine Beteiligung «an RTL plus über die Ufa Film- und Fernseh-GmbH, die 38,9 Prozent der Anteile an dem Privatsender hält. Zusätzlich ist Bertelsmann auch noch an dem kommerziellen Fernsehkanal "Premiere" beteiligt, und nicht zu übersehen sind die Hörfunk-Aktivitäten: Antenne Bayern, Radio Hamburg und Klassik Radio.»[185]

Eingekauft und ausgestrahlt werden gerade in Deutschland bekanntlich größtenteils «amerikanische» Filme. Nach übereinstimmenden Angaben des amerikanisch-jüdischen Autors *Alfred Lilienthal* in seinem Buch von 1978 «The Zionist Connection II» und des Londoner *Jewish Chronicle* vom 13. März 1987 wurden freilich sämtliche großen amerikanischen Filmproduktionsgesellschaften wie *Metro-Goldwyn-Mayer, 20th-Century Fox, Paramount Pictures, Columbia Warner Brothers* und *Universal et United Artists* gegründet, geleitet und inhaltlich ausgerichtet von so bekannten Juden wie *Goldwyn* (alias *Goldfisch*), *Fox* (alias *Friedman*), *Laemmle, Schenck, Lasky, Zukor, Thalberg, Cohen, Mayer* und *Warner*[186]. «Der ehemalige Film-Kritiker der "Washington Post", Gary Arnold, schrieb einst im Verlauf eines Berichtes über ein "Jüdisches Film-Festival", das vom American Film Institute abgehalten wurde, diese Bezeichnung sei ziemlich unangemessen. Er wies darauf hin, daß man wahllos jede Sammlung von Filmen, die über die letzten 50 Jahre hinweg produziert wurden, zusammenstellen und diese korrekterweise als "Jüdisches Film-Festival" bezeichnen könne.»[187] In Australien war es der aus dem Nichts zum internationalen «Medienzar» emporgestiegene *Rupert Murdoch*, der zwischen 1965 und 1968 eine ganze Reihe von Radio- und Fernsehsendern in seinen Besitz brachte, schließ-

---

[183] *Walter Gauer* in: *DT*, 31. 8. 1991.
[184] *Homuth 1990* a.a.O.
[185] *Walter Gauer* in: *DT*, 31. 8. 1991.
[186] Zit. n. *Bourguignion* a.a.O. 38.
[187] *Victor Marchetti* in: *CODE*, Nr. 12/1991, 60.

lich auch die eben erwähnte «20th Century Fox mit Produktionen wie "Aliens", "Krieg der Sterne" und "Der Rosenkrieg"»[188]. «Ruperts Vater Sir Keith Murdoch erreichte seine einflußreiche Position in der Gesellschaft Australiens durch seine Heirat mit der Tochter einer wohlhabenden jüdischen Familie: Elisabeth Joy Greene. Durch die Beziehungen seiner Frau avancierte Keith Murdoch vom Reporter zum Vorsitzenden der im britischen Besitz befindlichen Zeitung, für die er arbeitete. Er hatte genug Geld, sich einen Titel in der Ritterschaft des britischen Reiches zu kaufen, sowie zwei Zeitungen in Adelaide, Südaustralien, und einen Radiosender in einer entfernten Bergarbeiterstadt. - Aus irgendeinem Grund hat Murdoch immer die Tatsache zu verbergen gesucht, daß seine fromme Mutter ihn als Juden erzogen hat.»[189] Dazu belehren uns jüdische Autoren folgendermaßen: «Israels umstrittenes Heimkehrer-Gesetz von 1950 . . . definiert einen Juden als "eine Person, die von einer jüdischen Mutter geboren wurde, oder jemanden, der konvertiert und nicht Anhänger eines anderen Glaubens ist".»[190]

Kommen wir nun zur Presse; auch hier nur das Wichtigste. Bereits in der Weimarer Republik lag das deutsche (nicht anders als das österreichische, französische, britische, etc. etc.) Zeitungswesen nahezu vollständig in hebräischen Händen; der Schweizer A. Amsee machte dazu 1939 aus geringer zeitlicher Distanz einige interessante Angaben. «Die größten Zeitungen und bedeutende Verlage befinden sich in den Händen der Juden. So waren z.B. der riesige deutsche Verlag Ullstein, die "Vossische Zeitung", die "Berliner Morgenpost", die "Berliner Zeitung am Mittag", der Verlag Mosse[191], das "Berliner Tageblatt", das "8

---

[188] *Walter Gauer* in: *DT*, 14. 9. 1991.
[189] *Dan McMahon* in: *CODE*, Nr. 8/1990, 18f.
[190] Die jüdischen Journalisten *Susan H. Greenberg/Theodore Stanger* in: *Newsweek*, 3. 9. 1990, 46.
[191] Diese Aufzählung ist insofern irreführend, als die meisten der genannten Zeitungen Eigentum des jüdischen Verlages *Rudolf Mosse* waren. Vgl. dazu *Hans-Peter Rieschel* in *DT*, 8. 5. 1993: Mosse war anfangs lediglich «Inhaber einer gutgehenden Anzeigenexpedition, die ihn bereits zu einem reichen Mann gemacht hatte». Er «erwarb später die Anzeigenteile zunächst von "Kladderadatsch" und "Simplizissimus", von der "Gartenlaube" und schließlich von hundert anderen Zeitungen. Seine sogenannten Pachtblätter brachten ihm schon bald Riesengewinne ein. Das "Berliner Tageblatt", eine Morgenzeitung, wandte sich an das liberale Bürgertum und die Geschäftswelt der Reichshauptstadt. . . . Mosse investierte dann noch in das "Deutsche Reichsadreßbuch" und in einem kleinen Buchverlag. Nach 1889 erschienen auch die "Berliner Morgenzeitung", "Berliner Volkszeitung" und die "Allgemeine Zeitung des Judentums" in seinem Unternehmen. 1906 trat der Neffe von Mosse, Theodor Wolff als Chefredakteur an die Spitze des "Tageblatts". In seiner dreiund-

Uhr Abendblatt", ein Großteil der Linkspresse, der "Vorwärts", die "Frankfurter Zeitung", fast völlig in den Händen der Juden. - Aber auch amtliche Stellen wußten sie sich zu erringen. So hatten sie, um wiederum Deutschland zu nennen, im Jahre 1930 inne: die Stelle des Pressechefs der preußischen Staatsregierung (Ministerialrat Goslar), dessen Vertreter (Oberregierungsrat Dr. Peiser), das Pressereferat im preußischen Staatsministerium (Ministerialrat Dr. Weichmann), das Pressereferat im preußischen Ministerium des Innern (Ministerialrat Dr. Hirschfeld). Sogar das Amt des Vorsitzenden des Reichsverbandes der deutschen Presse, der Berufsorganisation deutscher Journalisten, war vor 1933 jahrelang in der Hand des jüdischen Chefredaktors Georg Bernhard. Dies nur einige Beispiele aus Preußen, das im Verhältnis zur Wiener Presse als judenfrei galt.»[192]

Nach dem Krieg wurden die heute «führenden» deutschen Presseorgane von den mit Söhnen Israels durchmischten Besatzern ins Leben gerufen und mit der notwendigen Starthilfe versehen. Eher am Rande bemerkenswert sind die einschlägigen Aktivitäten des jüdischen DDR-«Schriftstellers» *Stefan Heym* «alias Hellmut Fliegel: - Fliegel wanderte nach der Emigration in die Tschechoslowakei 1933 in die USA aus und war dort 1937 bis 1939 Chefredakteur der deutschsprachigen kommunistischen Wochenzeitung "Deutsches Volksecho". - Fliegel/Heym nahm als US-Offizier an der Invasion in der Normandie teil; er war zuletzt Offizier in der Abteilung für psychologische Kriegsführung der US-Armee: Er redigierte die für deutsche Soldaten bestimmte "Frontpost" und hielt Rundfunkansprachen an die Deutschen. Nach Kriegsende gehörte er zur US-Besatzung und war Mitbegründer der Münchner "Neue Zeitung".»[193]

Dem damals 22jährigen Artillerie-Leutnant *Rudolf Augstein*, dessen wahrscheinlich nicht bloß jüdisch *klingender*[194] (!) Name ihm unter der nationalsozialistischen Herrschaft offenbar deshalb nicht geschadet hatte, weil er genügend Taufscheine bis in die dritte Ahnen-Generation vorlegen konnte, verkauften britische (?) Presseoffiziere die Lizenz ihres bis dahin erfolglosen marxistisch orientierten Umerziehungsblatts «Diese Woche». Von Augstein in

---

zwanzig Jahre währenden Amtszeit erlangte die Zeitung ein hohes Ansehen.»
[192] *Andreas Amsee*, Die Judenfrage, Luzern 1939, 43ff.
[193] *Patrick Foltin* in: *Fraktur*, 28. 6. 1992, 2. Ich kenne z.B. jemanden, der 1945 in der Pfalz dem Hauptmann der US-Streitkräfte *Henry Kissinger* (!) persönlich begegnete.
[194] So *Kurt Ziesel*, Die Meinungsmacher, München 1987 (abgek. *Ziesel*), 28.

«Der Spiegel» umbenannt, wurde das unsägliche Desinformationsorgan zum meistgelesenen «Nachrichten-Magazin» der Republik, genau das richtige für alle «Doktor Lieschen Müller», wie Kurt Ziesel das halb- und pseudointellektuelle Spiegel-Publikum treffend nennt[195].

Gleichfalls sofort nach 1945 etabliert wurde die linksliberale überregionale «Süddeutsche Zeitung» - mit amerikanisch-jüdischer Unterstützung, indem man eine Monopol-Lizenz ihrem «ersten Herausgeber, Hauptbesitzer und Chefredakteur», einem Sohn Abrahams mit dem charakteristischen Namen *Werner Friedmann* verschaffte[196]!

Ein Zeitungsimperium mit dem «seriösen» überregionalen Blatt «Die Welt» nebst der gewinnträchtigeren Boulevard-Gazette «Bild» errichtete auch der Großverleger *Axel Springer*. Hat man in ihm auch keinen Hebräer zu erblicken, so doch einen ergebenen Knecht Zions, der sich bereits 1962 in eine Hamburger Loge aufnehmen ließ[197] und dem seine Biographen ein «bedingungsloses Eintreten für das Heimatland der Juden»[198] nachrühmen ... Vom *Bertelsmann*-Konzern war schon die Rede. Natürlich ist sein Haupt-Inhaber Reinhard Mohn nicht die einzige Person mosaischen Bekenntnisses in der komplizierten Firmengeschichte. Das verschachtelte Imperium beinhaltet rund 250 (!) deutsche und ausländische Buch- und Zeitschriften- bzw. Zeitungsverlage, darunter den offenbar jüdischen *Goldmann*-Verlag, einen der größten Taschenbuchproduzenten in Deutschland, sowie das viertgrößte Zeitschriften-Verlagshaus Deutschlands, *Gruner + Jahr*. «Es gehört heute zu 74,9 Prozent dem Bertelsmann-Konzern, dem größten Medienunternehmen Europas. Bei Gruner+Jahr erscheinen u.a. "Stern", "Brigitte", "Capital", "Schöner Wohnen". - Der Verleger John Jahr war vor 1933 für Zeitungen des Kommunisten Willi Münzberg tätig, des seinerzeit wohl erfolgreichsten westlichen Propaganda-Managers der Komintern, der auch durch zahlreiche internationale "anti-imperialistische Weltfriedenskongresse" die nützlichen Idioten der europäischen Intellektuellenszene (u.a. André Gide, Käthe Kollwitz, George Grosz, Albert Einstein, Bernard Shaw, Anatole France) für die Sache des Arbeiter- und Bauernparadieses einspannte. - Von 1950 bis 1961

---

[195] Ebd. 26f.
[196] Ebd. 231.
[197] *Homuth 1989* a.a.O.
[198] *Wilfried Mommert* (dpa) in der *Kölner Rundschau* vom 24. 2. 1993 bei der Besprechung von *Henno Lohmeyer*, Springer - Ein deutsches Imperium.

war John Jahr als Gesellschafter und Geschäftsführer beim "Spiegel" für die internationalistische Sache beschäftigt.»[199] Welchem Volk die Herren *Münzberg* und *Jahr* angehör(t)en, bedarf keiner näheren Erläuterung. Vergessen wurde in der Aufzählung ein weiteres gewichtiges überregionales Desinformationsorgan: auch die Hamburger - natürlich «linksliberale» - Wochenzeitung «Die Zeit» wird von *Gruner + Jahr*, also von *Bertelsmann*, herausgebracht[200]. Ihr Chefredakteur (der inzwischen, neben Marion Gräfin Dönhoff und Helmut Schmidt zum [Mit-]Herausgeber aufgestiegene) *Theo Sommer* ist regelmäßiger Gast der Jahrestagungen von «Bilderbergern» und «Trilateraler Kommission», zwei halbgeheimen Elite-Gremien der Weltfreimaurerei und des zionistischen Weltjudentums.

Über die überregionale «Frankfurter Allgemeine Zeitung» als Nachfolgerin der vormals lange Jahrzehnte in jüdischer Regie betriebenen «Frankfurter Zeitung» braucht man kein weiteres Wort zu verlieren. Ein gewisser Herr *Adelbert Weinstein*, gleichfalls dank Taufscheinvorlage im Dritten Reich sogar zum Offizier avanciert, wechselte nach seiner Pensionierung von der FAZ zur katholischen DT, um auch dort nach dem Rechten zu sehen, gemeinsam mit Madame *Isabelle Löwenstein*. Mittels der Maurerei kontrolliert Zion im übrigen, was es nicht unmittelbar selbst im Griff hat: *Kurt Mauch*, Chef der *Deutschen Presseagentur* (dpa), *Hans C. Rumpf*, Chef des Bilderdienstes von dpa oder *Hans Bütow*, Direktor der Staatlichen Pressestelle in Hamburg, waren bzw. sind noch Logenbrüder, letzterer sogar im 33. und höchsten Grad[201]!

Und die regionalen deutschen Zeitungen? Bei denen haben bzw. hatten bis vor kurzem u.a. zwei hebräische Medienmagnaten das Sagen, die sich nicht einmal in Deutschland aufhalten: der australische Jude *Rupert Murdoch* und der tschechische Jude *Jan Lodvik* (oder *Ludvik*) *Hoch*, besser bekannt unter seinem falschen Namen *Robert Maxwell*[202]. Wie das? Im Sommer 1990 unter-

---

[199] *Diethelm Brüggemann* in: *Fraktur*, 31. 5. 1992, 3.
[200] *Ziesel* a.a.O. 226.
[201] *Homuth 1989* a.a.O.
[202] *DT*, 9. 11. 1991. Noch Genaueres brachte der Linzer Nachrichtendienst *inter info*, Nr. 12/91: «Maxwell war der Sohn eines tschechischen Juden namens Mechel Hoch. Sein Vater war Viehhändler und nannte ihn Abraham Ljabi, doch die Behörden erkannten den Namen nicht an und er wurde mit Jan Ludvik Hoch in das Geburtsregister eingetragen. Hoch besuchte die Handelsschule und betätigte sich gleichzeitig als Schmuggler. Nach dem Wunsch seines Vaters sollte er Rabbiner werden, doch er meldete sich 1940 freiwillig zur briti-

zeichneten Murdoch und *Hubert Burda* vom drittgrößten deutschen Zeitschriftenverlag ein Kooperationsabkommen. «Der spektakuläre Deal wurde zwischen den beiden Verlegern, die seit längerem freundschaftliche Verbindungen unterhalten, direkt ausgehandelt.»[203] Es ging vor allem um das Zeitungs- und Zeitschriftengeschäft in den «neuen Bundesländern». Darum ging es auch bei einem weiteren «Deal» zwischen drei jüdischen Institutionen: der von dem Juden *Gregor Gysi* angeführten PDS (vormals SED), der Bertelsmann-Tochter *Gruner + Jahr* und *Robert Maxwell* ein halbes Jahr später. Die drei waren sich, wie es hieß, «einig geworden. Maxwell und Gruner & Jahr übernehmen je zur Hälfte den einst größten Presseverlag der DDR, den SED-eigenen Berliner Verlag. Branchenschätzungen benennen eine Verkaufssumme von 300 Millionen DM. Der Übernahme des Verlages haben die Treuhandanstalt und die Regierungskommission zur Überprüfung der Parteivermögen zugestimmt.»[204] Notgedrungen offenbar. Damit gehörte die «Berliner Zeitung» nunmehr zu fünfzig Prozent Herrn Maxwell[205] und heute seinen Erben; daß man den hochverschuldeten Konzern Nichtjuden anvertrauen wird, ist nicht anzunehmen. Zur anderen Hälfte gehört sie über Gruner + Jahr dem jüdischen Bertelsmann-Konzern, und nun sollten die Berliner eigentlich wissen, wer ihnen welche (Des-)Informationen ins Haus liefert oder auch nicht. Übrigens betrug die Gesamtauflage allein der von Bertelsmann kontrollierten *Tageszeitungen* nach Konzernangaben zuletzt immerhin satte 1,5 Millionen[206]!

Doch jetzt noch kurz ins Ausland. Auflagenstärkstes polnisches Blatt ist gegenwärtig die vormalige Zeitung der Gewerkschaft Solidarnosc: «. . . die heute linksliberale "Gazeta Wyborcza", auf deutsch "Wahlzeitung", unter dem Senator Adam Mich-

---

schen Armee, um gegen Deutschland kämpfen zu können. Beim Eintritt in die Armee änderte er zur Verschleierung seiner jüdischen Herkunft seinen Namen auf Robert Maxwell. Er kämpfte als Offizier hinter den deutschen Linien und brachte es bis zum Captain. Es muß mehrere dunkle Punkte im Leben des Robert Maxwell gegeben haben, denn *er veranlaßte, daß alle drei über ihn erschienenen Biographien vom Markt verschwanden.* Eine wurde durch juristische Maßnahmen gegen den Verlag zurückgezogen. Von der 2. Biographie kaufte er die gesamte Auflage und ließ sich bestätigen, daß keine Neuauflage erscheint. Als eine dritte Biographie in einem anderen Verlag erscheinen sollte, kaufte er den Verlag und unterband dann als Verlagseigentümer das Erscheinen des Buches.»
[203] *Dan McMahon* in: *CODE*, Nr. 8/1990, 18.
[204] *Nation*, Nr 1/Januar 1991, 5.
[205] *Walter Gauer* in: *DT*, 14. 9. 1991.
[206] *DT*, 12. 9. 1992.

nik, wendet sich heute gegen die Kirche»[207]. Was Wunder - *Adam Michnik* ist bekanntlich Jude. Die auch im Ausland «vielbeachtete» italienische Tageszeitung «La Stampa» gehört dem Turiner Fiat-Konzern, dessen Chef *Giovanni Agnelli* (übersetzt: Lämmlein?) seit vielen, vielen Jahren noch keine Jahrestagung der *Bilderberger* und *Trilateralen* versäumt hat. Übrigens ist auch sein Blatt stark antikirchlich eingestellt.

Dem jüdischen Edelstein-, Gold- und Rohstoff-Magnaten *Harry Oppenheimer* «gehören praktisch alle englisch-sprachigen Zeitungen in Südafrika»[208]. Das bestätigt auch «Fraktur», dessen Herausgeber und Chefredakteur sich selbst jahrelang in Südafrika aufgehalten hat: «Vor allem aber kontrolliert Oppenheimer die öffentliche Meinung: alle maßgeblichen Zeitungen gehören ihm - und diese Zeitungen sind "links". (Es ist bemerkenswert, daß der Desinformationsjournalist Karl Breyer, Südafrikakorrespondent der "Deutschen Tagespost", in seinem Beitrag "Die wirklichen Herrscher im südlichen Afrika" in der DT vom 14.4.88 minutiös die Oppenheimer-Beteiligungen aufführte - aber die Oppenheimer-Zeitungen mit keinem Wort erwähnte.)»[209]

Rupert Murdochs Aufstieg zu einem der drei größten Zeitungs-Mogule der Welt begann mit dem Kauf einiger australischer Blätter und der Gründung eines neuen Blatts, des marxistisch orientierten «Australian». «Murdoch kaufte die Anteile des harten Pressebarons Sir Frank Packer auf und teilte sich so das Medienmonopol Australiens mit Lady [Mary] Simon-Fairfax, einer linksgerichteten Zeitungsverlegerin, die gleichzeitig Präsidentin der "Internationalen Zionistischen Organisation der Frauen" [m.a.W.: Jüdin!] war. - In den siebziger Jahren kaufte Murdoch dann die größten Tageszeitungen in England und zog weiter in die Vereinigten Staaten, wo er gegenwärtig auf dem besten Weg ist, ein beachtenswertes Zeitungsimperium und andere Medienmärkte zusammenzutragen. Die Anteile belaufen sich bereits jetzt auf Hunderte Millionen von US-Dollar. - . . . Er erwarb in England die Zeitung mit dem größten Prestige "Times" und ihre Verbundorgane "Financial Times" und "Sunday Times". In den USA kaufte er die Zeitungen "New York", "Village Voice" und die "Sun-Times". . . . Murdochs Aufstieg vom Besitz "zweier müder Zeitungen" zum Besitzer eines Milliarden-Dollar-umfas-

---

[207] *Joachim Georg Görlich* in: *DT*, 26. 9. 1992.
[208] *Dan McMahon* in: *CODE*, Nr. 8/1990, 18.
[209] *Karel Joubert* in: *Fraktur*, 3. 5. 1992, 5.

senden internationalen Medienimperiums war ein außerordentliches Kunststück, das bemerkenswerten Geschäftsscharfsinn erforderte. Jedoch können Murdochs geschäftliche Fähigkeiten allein nicht der Grund für solch einen Erfolg sein. - Ohne die finanzielle und moralische Unterstützung von multinationalen Mega-Geld-Moguln - eine Milliardärs-"Gruppe der Vier", die aus Bronfman, Rothschild, Oppenheimer und Hammer besteht - ist es wahrscheinlich, daß niemand außerhalb Australiens jemals etwas von Murdoch gehört haben würde.»[210] Neben den genannten Blättern besitzt Murdoch in England das auflagenstarke und finanziell einträglichste Boulevardblatt «The Sun»[211]; in den USA gehören ihm große Buchverlage wie «zum Beispiel die New Yorker Verlagshäuser Harper Collins, Basic Books und Newbury House»[212].

Über den Medienkonzern seines hebräischen Volksgenossen *Hoch* alias *Maxwell* schreibt der Medienbeobachter *Walter Gauer*: «Am Beispiel von Maxwell Communications, Oxford/London, einem 1948 gegründeten Unternehmen, das überwiegend im Besitz der Familie Robert Maxwell ist, läßt sich aufzeigen, wie selbst bei einer Konzentration auf nur wenige Sparten ein Unternehmen über die ganze Welt verzweigt sein kann, und zwar äußerst erfolgreich[213]. Zu Maxwell Communications gehören in England fünf Zeitungen, darunter die allenthalben bekannten "Daily Mirror", "Sunday Mirror" und "Daily Record", eine in Kenia . . . Hinzu kommen noch zwei Zeitungen in Budapest. Komplementär dazu einige Magazine. Weiterhin besitzt man Verlage, unter anderem Pergamon Press in Oxford, wo über vierhundert wissenschaftliche Zeitschriften erscheinen. Zu diesem Medienkonzern, der mit einem Umsatz von 3,8 Milliarden Mark auf Platz 29 unter den Größten liegt, gehören auch die Berlitz Language Schools. Und fehlen dürfen auch nicht die Fernseh-Stationen, von denen MTV Europe auch hierzulande über Kabel

---

[210] *Dan McMahon* in: *CODE*, Nr. 8/1990, 19.
[211] *Burkhard Stieglitz,* Der Golfkrieg - ein Verbrechen gegen die Menschlichkeit? Wege in die neue Weltordnung, o.A. (Münster 1992), 15.
[212] *Walter Gauer* in: *DT*, 14. 9. 1991.
[213] Mit welchen Gaunereien diese «Erfolge» erkauft worden waren, sollte sich erst nach dem ebenso spektakulären wie ominösen Tod Maxwells zeigen; der «Pressemogul» hatte nämlich (laut dpa [*DT*] am 4. 3. 1993) «Dokumente gefälscht, auf denen er Gewinne von 37 Millionen Pfund (damals mehr als hundert Millionen Mark) vortäuschte. Das haben die Konkursverwalter seiner Unternehmen herausgefunden. Wie britische Zeitungen jetzt berichteten, wurden manipulierte Fotokopien über Devisengeschäfte gefunden, für die es bei Banken keine Unterlagen gab. Der Medienzar hatte unter anderem hunderte Millionen Pfund aus der Pensionkasse seines Unternehmens abgezogen, um die Unternehmensschulden abzudecken.»

empfangen werden kann.»[214] Natürlich ist diese Aufzählung nicht vollständig. «Schon ein Jahr vor dem Kauf der Mirror-Gruppe hatte der Multi-Millionär, der sich selbst als "instinktiver Sozialist" betrachtete, sein Ziel formuliert: Er wolle eines der zehn größten Informations- und Kommunikationsunternehmen der Welt schaffen und führen. Um dieses Ziel zu erreichen, kaufte er das amerikanische Verlagshaus Macmillan und im März dieses Jahres die amerikanische Zeitung "New York Daily News". Zu seinen Projekten gehörte auch die in Europa vertriebene Zeitung "The European".» Soweit die ja selber von Juden gegründete Nachrichtenagentur *Reuter*[215]. Doch auch damit ist noch längst nicht alles genannt, was Maxwell zusammengerafft hatte. So meldete dpa nach dem ominösen Tod des weltweit aktiven zionistischen Meinungsmachers: «Der israelische Ministerpräsident Schamir hat den am Dienstag ertrunkenen britischen Großverleger und Unternehmer Robert Maxwell als "leidenschaftlichen Freund Israels" gewürdigt, der dem jüdischen Staat stets zur Seite gestanden habe. Maxwell, Sohn orthodoxer russischer [falsch; soll heißen: tschechischer] Juden, galt nicht nur als Anhänger der Politik des amtierenden Ministerpräsidenten, er hatte auch wirtschaftliche Verbindungen zum jüdischen Staat. Maxwell hielt einen Anteil von 51 Prozent an der großen Tageszeitung "Ma'ariv". Er war auch Mitglied des Aufsichtsrats der "Jerusalem Post". Beide Zeitungen änderten auch unter seinem Einfluß ihre Linie zugunsten der konservativen Regierung.»[216] Demnach beherrschte Maxwell also obendrein den israelischen Zeitungsmarkt! In welchen Punkten seine übrigen, nach vielen Hunderten zählenden Journalisten, Zeitungs- und Zeitschriftenredakteure jeweils ihre Meinung ändern mußten, werden wir wohl nie im Detail erfahren, können uns aber das Gröbste denken . . .

Dritter im Bunde ist der «Kanadier» - außerdem Bilderberger und Trilaterale - *Conrad Black*, der jedoch im Sommer 1991 neben dem Londoner «The Daily Telegraph» auch noch die von Maxwell mitbeaufsichtigte «Jerusalem Post» seinem Medienimperium einverleibte[217], was man einem Goj ganz sicherlich nicht gestattet haben würde. Black ist mittlerweile auch in Australien «groß eingestiegen» ins Zeitungsgeschäft, wo er dafür sorgte, daß das (s.o.) jüdische Fairfax-Imperium nicht in falsche Hände ge-

---
[214] *Walter Gauer* in: *DT*, 14. 9. 1991.
[215] In *DT*, 9. 11. 1991.
[216] In *DT*, 7. 11. 1991.
[217] *CODE*, Nr. 9/1991, 24; *Diethelm Brüggemann* in: *Fraktur*, 16. 6. 1991, 16.

riet, indem er sich einen direkten Anteil von 15 Prozent und einen indirekt (durch Konsortienbildung) noch weit größeren daran sicherte. Er kontrolliert nun «mit der "Sydney Morning-Herald", mit "The Age" und mit der "Australian Financial Review" die bekanntesten australischen Zeitungen»[218].

Größer als Bertelsmann ist unter den Mediengiganten nur noch die New Yorker Gesellschaft *Time Warner Inc.*, ein - natürlich - jüdisches Konglomerat, das jedoch zuletzt bloß eine halbe Milliarde Dollar mehr umsetzte als Bertelsmann[219]. Kein Wunder also, wenn «die israelische Wochenzeitung "Haslem Hazeh" am 4. 8. 1982, S. 30, frohlockte, daß die amerikanischen Juden über ihre "Schlüsselpositionen in der Medienwelt" in der Lage sind, "die Publizierung jeder beliebigen Information zu verhindern", . . .»[220]

Wer nun die soeben aufgelisteten Fakten nicht kennt, fällt zweifelsohne wieder herein auf eine der unzähligen «Neugründungen», hinter denen immer nur das alte Zion steckt: «Eine neue Stimme kündigt sich an im Konzert der großen Fernseh-Veranstalter: VOX, ein Kanal, dessen Programmkernstück die Nachrichtenberichterstattung ist. Er geht ab Januar 1993 auf Sendung und will neue "Akzente im deutschen Fernsehen setzen und mit einem intelligenten Angebot den Ton angeben". VOX ist ein informationsorientierter Privatsender . . . Zusätzlich bietet das VOX-Programm Magazine und Reportagen, die in Zusammenarbeit mit renommierten Zeitungshäusern produziert werden. Beteiligt sind daran "Der Spiegel", die "Süddeutsche Zeitung", die "International Herald Tribune", "Die Zeit" und die "Frankfurter Allgemeine Zeitung". . . . Dabei strebt VOX einen ureigenen Platz in der Fernsehlandschaft an: Unabhängiges journalistisches Fernsehen . . ., eigenständig und mit unverwechselbarer Stimme - und dem Anspruch auf einen Platz in der ersten Reihe.»[221] Auf solche «Eigenständigkeit» und «Unverwechselbarkeit» darf man wahrlich gespannt sein; wir sind schon wieder im Märchenland angekommen, beim Wolf nämlich, der Kreide fraß, um die sieben jungen Geißlein zu betören . . .

Mit der Nachricht endlich, daß der jüdische Großbankier *Siegmund G. Warburg* in den sechziger Jahren «zum Bankier der

---

[218] *Tanya Willmer* (Reuter) in: *DT*, 7. 5. 1992.
[219] *DT*, 31. 8. 1991 (*Walter Gauer*) und 12. 9. 1992; *Homuth 1990* a.a.O. 61.
[220] *Hans-Dietrich Sander*, Die Auflösung aller Dinge. Zur geschichtlichen Lage des Judentums in den Metamorphosen der Moderne, München 1988, 193.
[221] *Walter Gauer* in: *DT*, 30. 5. 1992.

beiden größten Presseimperien in Europa» wurde[222], sind wir sind wieder beim Europa von Maastricht angelangt; alle diese jüdischen Massenmedien haben es Jahrzehnte lang herbeigeschrieben, dieses Europa, immer abwechselnd durch vage Drohungen irrationale Ängste schürend und dann wieder mit verlockenden Verheißungen frohe Erwartungen weckend. Nur von dem Europa der Söhne Abrahams war in ihnen niemals die Rede, mit keiner Silbe . . . wer wäre auch so unerhört dumm, sich ohne Not selbst zu demaskieren?!

11. Auf dem Posten

Daß Zion und seine Loge längst auf dem Posten sind, d.h. europäische Schlüsselpositionen in Politik, Finanz, Wirtschaft, Militär, Medien und «Kultur» inzwischen großen- oder auch größtenteils mit «ihren» Leuten besetzt haben, kann uns schon die *Europa-Flagge* verraten, ein königsblaues Quadrat oder Rechteck mit einem kreisförmigen Kranz von exakt zwölf goldenen Pentagrammen (Fünfzacksternen). Natürlich besitzt die Europa-Flagge, wie jede andere Flagge auch, symbolischen Charakter. Es fragt sich nur, *was* näherhin symbolisiert werden soll, *wofür* also das europäische Banner stehen soll. Für ein «christliches» Europa? Weder die königsblaue Farbe noch die zwölf goldgelben magisch-okkulten Drudenfüße besitzen im Christentum Symbolcharakter. Man muß schon zur Freimaurerei des Schottischen Ritus mit ihren 33 Graden seine Zuflucht nehmen, um hinter den verborgenen Sinn des Euro-Signets zu kommen. Und fündig wird man beim Aufnahmeritual in den 19. Grad, wo es wörtlich heißt:

«Die Allegorien dieses Grades erinnern uns an die alten Mythen in Verbindung mit deren allegorischen Erklärungen. Sein Inhalt bildet die Warnung gegen den religiösen Fanatismus. Der Tempel wird durch ein einziges Licht im Osten erhellt, wo der "Dreifach mächtiger Meister" genannte Vorsitzende seinen Platz hat. Dieser trägt auf der Stirne *eine blaue Binde, verziert durch 12 goldene Sterne.* (!) Er erinnert uns gewissermaßen *an das Oberhaupt der römischen Kirche, dessen Titel Pontifex vielfach auch der Name dieses Grades ist.* (!) . . . Die Belehrungen, wel-

---

[222] *Jacques Attali*, Siegmund G. Warburg. Das Leben eines großen Bankiers, Düsseldorf - Wien 1986, 340.

che der Kandidat in diesem Grad erhält, beziehen sich auf folgende Fragen: Welches sind die Rechte und Pflichten der Menschen? Was bedeuten die Gesetze? Welche Mittel sind die zweckmäßigsten, um die Unwissenheit zu bekämpfen? Welcher Waffen haben wir uns zu bedienen, um die Unduldsamkeit, den Aberglauben und den Fanatismus auszurotten?»[223]

Wir haben es also mit einem spezifisch *antikatholischen* und damit zugleich auch *antichristlichen* Symbol zu tun: die Loge als die *satanische Gegenkirche*, die das von ihr als «Unwissenheit . . ., Unduldsamkeit, Aberglaube und Fanatismus» bekämpfte Christentum und namentlich die weltumspannende katholische Kirche vernichten will, setzt dem Papst als dem *Pontifex Romanus* im Rituale des 19. Grads den «Meister vom Stuhl» als *ihren* Pseudo-«Pontifex» entgegen, und das im Zeichen einer königsblauen Binde mit einem Kranz von 12 goldenen Pentagrammen! Grausamer kann man alle diese Träumer von einem «christlichen Europa» kaum verhöhnen.

Warum müssen es aber gerade *zwölf* Drudenfüße sein? Weil das Maastricht-Europa aus *zwölf* Staaten besteht? Zweifellos mußten es aus *symbolischen* Gründen genau *zwölf* Staaten sein, die sich zum Vereinten Europa zusammenschlossen - und genau deshalb wird man den Zwölften, der im letzten Augenblick einen unverhofften Rückzieher machte, auch zwingen, das Abkommen zusammen mit den übrigen zu ratifizieren! -, aber am Anfang waren es gleichwohl nur sechs Staaten und dem Vertrag beitreten sollen nach und nach ausnahmslos *alle* Staaten Europas, also weit mehr als zwölf! Hatte man am Anfang vielleicht nur zwölf Staaten eingeplant? Nein, auch das ist nicht die richtige Erklärung. Denn *Meyers Enzyklopädisches Lexikon* vermerkt unter dem Stichwort *Europa-Flagge* folgendes: «Die 12 Sterne sind nicht Symbole der einzelnen Mitgliedsstaaten, ihre Zahl wurde bei der Einführung der Flagge als unveränderlich festgelegt und . . . analog den 12 Tierkreiszeichen interpretiert.»[224] Nun haben zwar auch die zwölf Tierkreiszeichen keinerlei christliche, wohl aber eine uralte und vielfältige heidnisch-magisch-kabbalistische Bedeutung. Dennoch fragt man sich, was Paneuropa mit dem astrologischen Tierkreis als solchem zu schaffen haben soll. Plausibler

---

[223] Zit. n. d. vollständigen Abdruck des Rituale der Schottischen Freimaurerei in: *Ekkehard Franke-Gricksch [Hrsg.]*, Der namenlose Krieg, Leonberg 1989, 343-446, hier: 403. Hervorhebungen von mir!
[224] Zit. n. *Homuth 1990* a.a.O. 22.

131

will es da schon scheinen, eine Beziehung der zwölf okkulten Sterne zu der bis heute noch weitgehend geheimen, bald aber offen hervortretenden Herrscherkaste Europas herzustellen; bekanntlich sind viele der Nachkommen Abrahams dem Fleische nach stolz darauf, ihren jeweiligen Stammbaum auf einen der *zwölf* Söhne ihres Stammvaters *Jakob* zurückführen zu können. Darum haben auch so viele von ihnen so uralte Nachnamen wie «Levi», «Löwenstamm» (= «Juda»), «Simon», «Benjamin» etc. in zahllosen Abwandlungen beibehalten.

Während die Europa-Flagge also nur indirekten, wenngleich hinreichend klaren Aufschluß über die Kräfte hinter der «europäischen Einigung» gibt, lassen sich manche Logenmitglieder immerhin dazu herbei, in löblicher Offenheit Parallelen zwischen dem Vertrag von Maastricht und der Verfassung der Vereinigten Staaten aus dem Jahre 1776 zu ziehen. So berichtete *James P. Tucker* im Frühjahr 1992 aus den USA: «Europa wurde am 11. Dezember 1991 auf der Sitzung in Maastricht, die ein prominentes Mitglied der Trilateralen Kommission mit der "Philadelphia Convention von 1776" verglich, zu einem "Superstaat".» Das erwähnte «prominente» Mitglied des vom jüdischstämmigen Rockefeller-Clan dirigierten Elite-Freimaurer-Gremiums *Trilateral Commission* war *Jeane Kirkpatrick*, und die Dame gab wörtlich zu Protokoll, der Maastrichter Unions-Vertrag «könnte für ein vereintes Europa das sein, was die Philadelphia Convention 1776 für die Vereinigten Staaten war - die Geburtsstätte einer neuen Regierung»[225]. Daß von 36 Unterzeichnern dieser nicht zufällig in *Philadelphia* («der Stadt der brüderlichen Liebe») proklamierten US-Gründungsakte und -Verfassung zugleich nicht weniger als 33 Freimaurer waren, wird von der Maurerei mittlerweile als eine ihrer historischen Großtaten bei fast jeder sich bietenden Gelegenheit öffentlich herausgestrichen. Darüberhinaus gibt der Freimaurer *Jürgen Holtorf* in einem 1988 publizierten Werk zu: «Damals waren 20 von 22 Generälen Washingtons Freimaurer, ebenso 104 von 106 Stabsoffizieren, die 13 Gouverneure der Gründerstaaten und Washingtons ganzes erstes Kabinett.»[226] Wenn also Maastricht tatsächlich mit Philadelphia vergleichbar ist, darf ohne weiteres auf einen Anteil von 90 und mehr Prozent freimaurerischer «Persönlichkeiten» in der Europäischen Kom-

---

[225] *CODE*, Nr. 3/1992, 36f.
[226] *Jürgen Holtorf*, Die verschwiegene Bruderschaft. Freimaurer-Logen: Legende und Wirklichkeit, München 1988, 34; zit. n. *Hermann Neuer*, Die Freimaurer - Religion der Mächtigen, Berneck 1991 (abgek. *Neuer*), 26.

mission, im Europäischen Rat und im Europa-Parlament[227] geschlossen werden, worunter sich dann auch ein nicht genau quantifizierbarer Prozentsatz von Personen mosaischen Glaubens befindet, von denen ja nur relativ wenige so tapfer sind, den ursprünglichen Namen ihres Geschlechts weiterzuführen und damit das Risiko einer vorzeitigen Identifizierung einzugehen.

Im Jahre 1978 war ein gewisser *Georg Kahn-Ackermann* Sekretär des Europarats[228]; ob er dort immer noch irgendwo «auf Posten» ist, entzieht sich meiner Kenntnis. Papst Paul VI., mit bürgerlichem Namen *Giovanni Battista Montini*, entstammte einer Familie, die sich nach verbreiteter hebräischer Sitte bis ins 18. Jahrhundert hinein noch *de Benedictis* genannt hatte[229]; einem seiner Brüder, der es zur Würde eines «Senators» gebracht hatte, konnte man zur Zeit, da *Jean Monnet* sozialistischer Minister im französischen Kabinett war, «im Vorstand der Montan-Union in Luxemburg» begegnen[230]. Die *Paneuropa-Jugend Deutschland* erhielt im Herbst 1990 einen neuen Bundesvorsitzenden, der vorher schon «Landesvorsitzender in Schleswig-Holstein und Pressesprecher des Bundesverbandes» gewesen war, einen Jura-Studenten mit dem schönen Namen *Knut Abraham*[231]. Derselbe Jura-Student betätigt sich seit über einem Jahr nebenher auch als Chefredakteur der hochglanzkaschierten Zeitschrift «Paneuropa Deutschland».

Während sich die israelitische Abkunft des derzeitigen Europa-Kommissions-Präsidenten Jacques Delors nur wahrscheinlich machen läßt, besteht an derjenigen eines seiner sechs

---

[227] Beim Europa-Parlament ist man nicht einmal mehr auf das bloße Ziehen von Parallelen zum amerikanischen Vorbild angewiesen. Denn im März 1985 brachten ahnungslose britische Labour-Abgeordnete in eben diesem Parlament einen Antrag des Inhalts ein, sämtliche Straßburger Abgeordneten und Bediensteten sollten offenlegen, ob sie der Freimaurerei oder anderen Geheimbünden angehörten. Obendrein sollte sich nach dem Willen des britischen Abgeordneten *Terence Pitt* ausgerechnet das EG-Parlament selber «alarmiert» über die Ausbreitung der Logen in EG-Institutionen und in seinen eigenen Reihen (!) äußern. *Grün/Foresta* a.a.O. 139 teilen unter exakter Angabe der Fundstelle im «Amtsblatt» des EG-Parlaments weiter mit: «Wie unsere Nachforschungen ergaben, wurde dieser *Entschließungsantrag* zur Rolle von Freimaurerlogen und Geheimbünden in den Institutionen der EG von Herrn *Pitt* in der Parlamentssitzung vom 15. April 1985 *zurückgezogen*!. Mündige Leser/innen mögen selbst beurteilen, was von diesen Vorgängen zu halten ist . . .»
[228] *Martinez* a.a.O. 113.
[229] *Joaquin Sáenz y Arriaga SJ*, The new post-conciliar or Montinian Church, La Habra (Brea)/Kalifornien 1985, 391.
[230] *Gerhard Fittkau* in: *Theologisches* 22 (1992) 289.
[231] *Paneuropa Deutschland*, Heft 4 (4. Quartal) 1990, 27.

133

Vizepräsidenten[232] kein Zweifel: *Sir Leon Brittan* wurde zu Zeiten, als er noch in Margret Thatchers Kabinett saß, in einer renommierten britisch-jüdischen Zeitschrift lauthals als einer von Zions Vorposten in der britischen Regierung gefeiert[233]. Wer nähere Angaben wünscht, kann sie haben: «Er ist der Sohn eines 1927 aus Litauen eingewanderten jüdischen Arztes. Sein ältester Bruder, *Samuel Brittan*, ist einer der *einflußreichsten Wirtschaftspublizisten Englands* und spinnt seine Fäden bei der *Financial Times*[234]. Leon Brittan ist derzeit «Wettbewerbskommissar» der Europäischen Gemeinschaft[235] und somit in der Brüsseler «Kommission» - entgegen den verlogenen offiziellen Beteuerungen - für die Abschaffung des Wettbewerbs und die Beschleunigung der Monopolbildung im europäischen Maßstab zuständig. Außerdem sind seiner Obhut - wiederum typischerweise - die «Finanzinstitutionen» Maastricht-Europas anvertraut[236].

Der «Rheinische Merkur - Christ und Welt» machte sich am 27. April 1990 einen Spaß daraus, seine ohnedies permanent für dumm verkauften Leser noch zusätzlich zu verulken. Einen - oben schon zitierten - Bericht über die *Trilateral Commission*, einen halbgeheimen freimaurerisch-zionistischen Elite-Club der Dirigenten der Weltpolitik, der das Licht der Öffentlichkeit gewöhnlich scheut, leitete das logenkontrollierte, ehemals «katholische» Wochenblatt mit einem anspielungsreichen Zitat des spanischen Schriftstellers *José Ortega y Gasset* ein: «Was mit uns passiert, ist, daß wir nicht wissen, was mit uns passiert, und genau das ist es, was mit uns passiert.» Der Spott war vermutlich für fünfundneunzig Prozent der Leser zu hintergründig, aber er traf ins Schwarze. Über «Sir» *Leon Brittan* als Euro-Kommissar und Kommissions-Vizepräsidenten steht häufig etwas in den Zeitungen, aber über dieselbe Person als Mitglied der *Bilderberger* - Parallelorgan zur *Trilateral Commission* - natürlich kein Wort. Aber Leon Brittan hat vom 21. bis 24. April 1992 an der von der Öffentlichkeit strikt abgeschirmten Jahrestagung der *Bilderberger* im französischen Luxus-Badeort *Evians-les-Bains* teilgenommen und dort mit einer ganzen Reihe hoch- bis höchstrangiger Logenbrüder, ja sogar mosaischer Glaubensbrüder konferiert; er traf dort nämlich u.a. den Präsidenten des jüdischen internationalen

---

[232] *DT*, 3. 11. 1990 (dpa/vwd).
[233] Vgl. dazu Bd. 2 meiner Trilogie *Die kommende «Diktatur der Humanität»*.
[234] *Grün/Foresta* a.a.O. 128.
[235] *DT*, 24. 10. 1992 (dpa/vwd).
[236] *Grün/Foresta* a.a.O. 143.

Finanzimperiums Warburg, *Lord Roll of Ipsden*, den amerikanischen Botschafter in der GUS *Robert S. Strauss*, den ehemaligen Gouverneur der seit 1913 vollständig zionistisch gelenkten US-Zentralbank *Paul A. Volcker*, den Rockefeller-Intimus *Henry A. Kissinger* und den einem sephardischen Geschlecht entstammenden Statthalter der *Rothschilds* in der Neuen Welt, *David Rockefeller* persönlich[237]. Welche Direktiven für den «Europäischen Markt» er dort im elitären Kreis der internationalen Hochfinanz mitbeschlossen und/oder erhalten hat, das geht die europäische «demokratische» Öffentlichkeit nichts an, denn die viertägigen «Beratungen» liefen wie stets hinter fest verschlossenen Türen ab und hinterließen im internationalen Blätterwald ebensowenig Spuren wie in Rundfunk und Fernsehen!

Die Herrschaften sind sich ihrer Sache bereits so sicher, daß sie sich recht vollmundig über die «Unausweichlichkeit» des europäischen Superstaats und die «Undenkbarkeit» eines Fortbestehens der bisherigen Zustände vernehmen lassen. So der inoffizielle Chef der an ihrer auffallenden Symbolik erkennbaren Logenpartei FDP (ihr baden-württembergischer Landesvorsitzender ist der Bundestagsabgeordnete *Kohn*) und damalige Außenminister *Hans-Dietrich Genscher* auf dem internationalistischen «World Economic Forum» im schweizerischen Davos am 3. Februar 1991, als er im deutschen Namen ankündigte: «Wir werden die auf uns zugekommene größere Rolle nicht in einem überholten nationalstaatlichen Interesse - geleitet von nationalem Machtstreben - wahrnehmen, sondern als gute Europäer und im Verbund der Europäischen Gemeinschaft.»[238] So auch «Paneuropa Deutschland»-Redakteur *Dirk H. Voß* 1989, als er die Europa-Gegner indirekt als Wahnsinnige hinstellte (!): «Wer immer in Bonn, Paris oder andernorts wegen der einen oder anderen Entscheidung zum Fernstraßenbau, zur Gesundheitsreform oder zur Finanzpolitik die Existenz der Bundesrepublik Deutschland oder der Französischen Republik in Frage stellte, könnte kaum damit rechnen, politisch ernst genommen zu werden. Was auf einzelstaatlicher Ebene problemlos zwischen antistaatlich-anarchistischem Sektierertum und herkömmlichem Wahnsinn angesiedelt würde, hält man beim Thema Europa leider oft genug fürs Normale.»[239] Ein deutlicher Fingerzeig, in welche Schublade Zion

---

[237] *Der Insider*, 15. 11. 1992.
[238] *Bulletin*, 6. 2. 1991, 94.
[239] *Dirk H. Voß* in: *Paneuropa Deutschland* Nr. 2 (2. Quartal 1989), 27.

künftig die Gegner seiner Herrschaft über Europa zu stecken gedenkt!

Erst recht kein Blatt vor den Mund nahm der (inzwischen zum «PEN-Weltvorsitzenden» aufgerückte![240]) ungarische Jude *György Konrád* bei der Verleihung des «Friedenspreises des Deutschen Buchhandels» 1991 in der Paulskirche in Frankfurt (Main) am 13. Oktober 1991; er konnte umso freier sprechen, als die Tagespresse ihn durchwegs wahrheitswidrig als «deutschstämmigen Ungarn» oder dergleichen präsentierte. Konrád gab also die folgenden Parolen Zions aus: «Der Nationalismus, aggressiv von Grund auf, ist eine Ideologie des Hasses und eine Europäische Krankheit. Der Nationalismus hindert die Menschen Europas, Europäer zu werden. Das Zusammenwachsen zu einer europäischen Nation, unter einem Weltrecht, muß das Ziel der gegenwärtigen Nationen sein. Das Europa von morgen ist nur als eine multinationale, multikulturelle Einheitskonstruktion vorstellbar. Nicht die Nation, die Person ist die Stärke Europas. Kommunismus und Nationalismus entspringen der gleichen Wurzel, dem Etatismus.»[241] Wenn sich seine Worte auf den *hebräischen* Nationalismus bezogen hätten, hätte die Diagnose der «Europäischen Krankheit» ins Schwarze getroffen . . ., in welchem Fall allerdings die vorgeschlagene Therapie überhaupt keinen Sinn gemacht hätte.

Wo die Ideologie grauenhaftesten nationalistischen, ja rassistischen Hasses tatsächlich beheimatet ist, läßt sich erahnen, wenn man in dem Buch eines gewissen *Samuel Roth* mit dem Titel «Jetzt und Immer» aus dem Jahre 1925 folgende Sätze liest: «Dann wird ein Mann kommen, ein Mann der Rache. Er wird Europa in eine gelbe Wolke hüllen. Die Völker werden dahinsterben. In Rußland werden nur Säuglinge und Analphabeten verschont werden. Polen und die Ukraine sollen zur Wüste werden. Alle Weiber in den Ländern sollen zuerst geschändet werden, bevor man sie tötet, zur Erinnerung daran, was einst einem schutzlosen Volke in ihrer Mitte angetan wurde . . .» - «In Belgien und Deutschland wird man ein solches Abschlachten veranstalten, daß man um Holland herum größere Deiche bauen muß, damit der Gestank von dem Hinmetzeln dort nicht wahrgenommen werden kann . . .»[242] Man kann nur hoffen, daß derartiger

---

[240] *DT*, 8. 4. 1993.
[241] *UN*, Nr 1/1992, 4; dort zit. n. *Nation und Europa*, Nr. 12/1991.
[242] Zit. n. *Ritter* a.a.O. 32f.

Blutdurst durch den 2. Weltkrieg einigermaßen befriedigt worden ist, denn die «mündigen» Wahlbürger Europas sind, wenn es denn sein muß, durchaus imstande, es den allerdümmsten Kälbern gleichzutun und sich ihre Metzger selber zu wählen . . .

Vorerst wird die europäische Milchkuh aber nicht geschlachtet, sondern «bloß» gemolken. «EG-Beschlüsse werden immer unlogischer», befand vor einiger Zeit der österreichische Nachrichtendienst «inter info». Doch was auf den ersten Blick keinen Sinn macht, erweist sich bei näherem Zusehen - d.h. angesichts der in Brüssel mit *Delors* und *Brittan* schon nahezu abgeschlossenen zionistischen Machtergreifung - als etwas von nachgerade verblüffender Logik: «So beschloß die EG, Israel einen Kredit in der Höhe von 160 Millionen ECU zum Effektivzinssatz von 2,5% einzuräumen, obwohl Israel gar nicht in Europa liegt. Darüber hinaus erhält Israel von der EG einen nicht rückzahlbaren Zuschuß von 82 Millionen ECU. Israel subventioniert mit diesem Zuschuß unter anderem den Anbau von Citrusfrüchten und Tomaten und kann dadurch auf dem freien Markt Europas die ohnehin armen Bauern in den EG-Staaten Italien, Griechenland und Spanien unterbieten. Italien, Griechenland und Spanien wurden von billigen israelischen Citrusfrüchten überschwemmt, während die Produktion der einheimischen Bauern deponiert werden mußte und verrottete, weil sie unverkäuflich war.»[243] Nicht *un*logischer werden die EG-Beschlüsse, nein, sie werden immer *logischer*!

12. Das «christliche» Europa

Weil Zion den ganz überwiegend *christlichen*, ja mehr als zur Hälfte sogar *katholischen* Europäern realistischerweise kein *jüdisches* Europa als Zukunftsperspektive offerieren konnte, mußte es halt notgedrungen ein «christliches» sein. In dem Maße, in dem die bestens kontrollierten Massenmedien für eine fortschreitende Entchristlichung sorgten, verlor die Betonung des «christlichen» Aspekts zwar rasch an Bedeutung. Aber der *Satan* fürchtet selbst ein ihm und seinen Plänen widerstrebendes *dezimiertes* Christentum immer noch so sehr, daß ihm alles daran gelegen ist, die verbliebenen Christen und hier namentlich die kirchlich straff

---

[243] *Inter info*, Nr. 9 (September) 1992.

organisierten *Katholiken* bis zuletzt in Illusionen zu wiegen; mehr noch als er fürchtet *seine Synagoge* die Macht des Christentums, das fast zweitausend Jahre hindurch die Durchsetzung ihres antichristlichen Weltherrschaftsanspruch mit fester Hand vereitelte. Demzufolge muß selbst die längst von der Spitze her perfekt unterwanderte Kirche des II. Vatikanums bis zum letzten Augenblick die Trommel für Paneuropa rühren, eifriger als alle anderen christlichen «Kirchen» Europas zusammen.

Begonnen hatte die Kampagne für ein «christliches Europa» frühzeitig mit der Gewinnung solcher Muster-Katholiken wie *Robert Schuman*, von dem wir oben schon vernahmen, daß er in Paris kaum einmal die allmorgendliche Meßfeier versäumte. Ein noch größerer Glücksfall war Zion vergönnt, als sich der letzte Sproß der europaweit, unter Katholiken zumindest, hochangesehenen katholischen Habsburger-Monarchie, *Otto von Habsburg*, willig vor den Karren der Loge spannen ließ. Dieser fromme Kaiser-Sohn beklagte noch Anfang Januar 1992 pflichtgemäß in der katholischen «Deutschen Tagespost» den bedauerlichen Umstand, daß der Text des Maastrichter Unions-Vertrags nicht einmal den Namen *Gottes überhaupt* (vom *dreifaltigen Gott* der Christenheit - mit Habsburg - ganz zu schweigen) erwähnte! «Zur Stunde läuft ein Antrag im Europäischen Parlament, doch noch eine Berufung auf den Allmächtigen, etwa nach der Formel der deutschen Bundesverfassung, in den geplanten Gemeinschaftsvertrag einzubringen. Der Schlußtag für den Antrag, den über die Hälfte der Abgeordneten unterschreiben müssen, ist der 3. Februar. Soweit bisher feststellbar, sind die Aussichten gering, denn viele Mandatare, vor allem der Linksparteien, weigern sich, zu unterzeichnen.»[244] Sie haben sich in der Tat standhaft geweigert, diese Abrahamssöhne und ihre ergebenen Diener, und sie konnten das mittlerweile praktisch risikolos tun, denn das Fehlen des Namens Gottes im Unions-Vertrag fällt von 100 (Konzils-)Katholiken 98 gar nicht mehr auf, so sehr haben sie sich an die laizistische «Demokratie» gewöhnt, und von den beiden übrigen, denen das eventuell auffällt, bildet sich garantiert mindestens einer immer noch ein, das habe nichts zu bedeuten und tue dem christlichen Paneuropa keinerlei Abbruch.

Dafür, daß das Maastricht-Europa christlich wird, sorgt ja immer noch die «christliche» Paneuropa-Union, nicht wahr?

---

[244] *Otto von Habsburg* in: DT, 4. 1. 1992.

Deren deutsche Sektion raffte sich im Frühjahr 1991 sogar zu einer «Entschließung . . . zum geistigen Inhalt der Europäischen Gemeinschaft und zur Herausbildung eines europäischen Patriotismus» mit ein paar schlappen und schlaffen «Forderungen» auf, von denen jedermann wissen konnte, daß sie in ihrem ersten Teil in Brüssel, Maastricht, New York, Jerusalem und sonstwo noch weniger ernst genommen werden würden, als sie gemeint waren (und das will schon etwas heißen!). Da hieß es also: «Die Paneuropa-Union appelliert an das Europäische Parlament, den Rat und die Kommission der Europäischen Gemeinschaft und die eingesetzten Regierungskonferenzen, bei der Gestaltung der künftigen Verfassung des geeinten Europa nicht die unseren Kontinent prägenden geistigen Grundlagen zu vernachlässigen. Insbesondere fordert die Paneuropa-Union, auch im Hinblick auf die Völker und Volksgruppen in Mittel- und Osteuropa: - Die Verankerung der christlichen Grundwerte im europäischen Verfassungsrecht sowie in den Verfassungen der EG-Mitgliedsstaaten und ihrer Länder. - Die Vermittlung der christlichen Grundwerte im Unterricht und in den Medien.» - Tja, das war's schon, und die restlichen Forderungen galten dann allesamt der Förderung einer Sache, die dem berühmten viereckigen Kreis mühelos Konkurrenz machen kann: des «europäischen Patriotismus», der ohnedies bereits gefördert wird, was das Zeug hält. Nachdem der famose «Appell» zur Folge hatte, daß man in Maastricht sogar auf dem geduldigen Papier restlos ohne Gott auskam, wollte die ach so christliche «Paneuropa Deutschland» natürlich nicht mehr auf diesem Punkt beharren; für den «europäischen Patriotismus» setzt sie sich aber immer noch wacker ein . . .

A propos «*Pan*-Europa»: man sollte diesen in der Loge ausgebrüteten Neologismus eigentlich nur mit Bindestrich schreiben. Dann käme man auch leichter dahinter, wieso die *Paneuropa-Union* so eminent «christlich» ist. Zwei ihrer deutschen Funktionäre, die schon mehrfach erwähnten Herren *Martin Posselt* und *Dirk Voß*, ließen nämlich die Katze aus dem Sack, als sie es unternahmen, dem Durchschnittsbürger die Bedeutung des etwas fremdartig klingenden Namens zu erläutern. «Pan», zitierten sie aus einem Lexikon, «griechischer Wald- und Weidegott, Sohn des Hermes und einer Nymphe. Bei seiner Geburt ist Pan am ganzen Körper behaart, hat Ziegenbeine und Ziegenhörner. Seine Mutter erschrickt und flieht; sein Vater bringt das Kind jedoch in den Olymp, wo die versammelten Götter, besonders aber Dionysos, an dem Kleinen ihre Freude haben. Pan erfindet die Hirten-

flöte aus Schilfrohr. Pan, in Arkadien beheimatet, ist ein alter Gott der Hirten und Jäger, den man ursprünglich in Gestalt des Ziegenbockes verehrte. ... In der philosophisch-mystischen Spekulation führt sein Name durch den Anklang an pan = alles, ganz, jedes, zur Interpretation des Pan als Allgott.»[245]
So ausführlich wollte man es allerdings gar nicht wissen; ein knapper philologischer Hinweis auf die Deutung des altgriechischen Wortes «pan» = «alles» oder «ganz» hätte vollauf genügt. Aber die beiden Autoren fühlten sich bemüßigt, durch die beigefügte, von *Posselt* persönlich angefertigte Zeichnung eines behaarten Wesens mit Ziegenbeinen und Ziegenkopf das Gesagte auch noch zu «illustrieren»[246], und in diesem Augenblick beginnt man sich natürlich zu fragen, ob das bloße Spielerei ist oder nicht vielleicht doch Methode hat. Um das herauszufinden, ist der Griff zu einem unverdächtigen «Lexikon der Symbole» hilfreich; dort liest man unter dem Stichwort «Bock» folgendes: «Der Bock war im griechischen Mythos das Reittier der Aphrodite, des Dionysios, des Pan - alles Hinweise auf seine Verkörperung der natürlichen Zeugungskräfte. In einer verschärften Negativierung dieses Zusammenhangs wurde er zum unreinen, stinkenden, nur auf Befriedigung sexueller Instinkte bedachten Wesen, damit zum Symbol der Übeltäter, der Verdammten im Endgericht (Matth. 25,31ff.). Dem Mittelalter stellt sich der Teufel in der Gestalt eines Bocks dar und ist auch an seinem scharfen Geruch erkennbar. . . . Der Bock kann auch Symbol der Synagoge werden. Wie der Stier ist er ein Opfertier des mosaischen Gesetzes, um als "Sündenbock" die Sünde und Unreinheit des Volkes auf sich zu nehmen (3. Mose 16,15f.). Außer dem geopferten "Sündenbock" gibt es auch den, dem man alle Vergehen des Volkes auflädt, um ihn in die Wüste "zum Teufel" zu schicken und dort zu verlassen (3. Mose 16,5-10). . . .»[247] Der Ziegenbock also nicht bloß als der heidnische Götze *Pan*, sondern auch als Symbol des *Satans* ebenso wie der *Synagoge*. Eine Organisation zur Förderung der europäischen Einigung, die sich ihn zum «Namenspatron» erkoren hat, muß fürwahr eine höchst «christliche» sein.

Wer das alles für böswillige Wortklauberei hält, sei auf die Enthüllungen eines «Wissenden» verwiesen. Der französische

---

[245] *Posselt/Voß* a.a.O. 7.
[246] Ebd. 6.
[247] *Gerd Heinz-Mohr*, Lexikon der Symbole. Bilder und Zeichen der christlichen Kunst, 2. Aufl. Düsseldorf - Köln 1972, 54f.

Hochgradfreimaurer *J. Marquès-Rivière* wandte sich um 1930 herum enttäuscht von der Loge ab und veröffentlichte 1931 im Pariser Verlag *Editions des Portiques* ein Werk mit dem Titel «La Trahison spirituelle de la F∴M∴» - zu deutsch: «Der geistliche Verrat der Freimaurerei». Darin druckte er auf den Seiten 175-177 auch einen Text ab, den er einer nur Hochgradbrüdern zugänglichen Logen-Zeitschrift entnommen hatte. Es genügt, den ersten und den letzten Satz dieses aufschlußreichen Textes wiederzugeben: «Das Reich Luzifers, von dem symbolisch in mehreren heiligen Büchern - vor allem in der Apokalypse - die Rede ist, steht sehr nahe bevor. . . . Der Große Pan wird auferstehen, damit das Rosenkreuz endgültig zusammengefügt und die Natur gänzlich durch das Feuer erneuert werde.»[248] Da haben wir nun *Luzifer* = Satan als den «*Großen Pan*» vor uns. Was jedoch fast noch bemerkenswerter ist: Auch das magisch-okkulte «*Rosenkreuz*» taucht als eindeutig luziferisches Symbol auf. Dazu paßt nun das beinahe zeitgleiche Zeugnis des gleichfalls aus der Loge ausgetretenen österreichischen 33°-Freimaurers *Konrad Lerich* (alias *Reichl*): «Vom "Kapitel 'Mozart' im Tale von Wien", das vom "Suprême Conseil pour la France" eingesetzt wurde, war seinerzeit die paneuropäische Idee ausgegangen, da der Urheber dieser Bewegung, Nikolaus Coudenhove-Kalergi, Mitglied der österreichischen Hochgrade war. Das Kreuz, welches das Wahrzeichen der Paneuropäischen Vereinigung in seinem Kreisfelde trägt, ist in der Symbolik des Rosenkreuzerkapitels vorgebildet.»[249] Was genau damit gemeint ist, erhellt aus einem in *Fraktur* angestellten Bildvergleich zwischen esoterischen Darstellungen des *Rosenkreuzes* und dem (durch die «christliche» «Europa-Bruderschaft» nur minimal abgewandelten!) *Paneuropa*-Signet[250]: letzteres beschreibt dem Pentagramm-Kranz der *Europa-Flagge* ein rotes Kreuz auf gelbem kreisförmigem Feld ein, wodurch ein stilisiertes, aber gleichwohl unschwer als solches erkennbares *Rosenkreuz* entsteht. Das alles hindert den Präsidenten der deutschen Paneuropa-Sektion *Siegbert Alber* MdEP jedoch nicht, die braven Katholiken weiterhin für dumm zu verkaufen (Motto: Frechheit siegt!): «Die Paneuropa-Union hat bewußt das Kreuz Christi in

---

[248] Zit. n. *Georges Lacordelle*, Jean XXIII & Vatican II sous les feux de la Pentecôte luciférienne, in: *Le règne social de Marie* Nr. 4-5 (Januar/Februar) 1985, 1-40, hier: Anhang S. 43f.
[249] *Konrad Lerich*, Der Tempel der Freimaurer . . ., 2. Aufl. Bern 1937 [Reprint Bremen 1988], 33.
[250] Vgl. *Fraktur*, 28. 6. 1992, 5.

den Mittelpunkt der zwölf Sterne Europas gestellt, denn Europa wird christlich oder es wird nicht sein.»[251]

Was folgt aus alledem? Nichts weiter als das, was von Anfang an gesagt wurde: «*Pan*-Europa» konnte, kann und wird niemals christlich sein können, da es sich um ein von A bis Z von der antichristlichen *Synagoge Satans*, ja vom «Großen Pan» selber inspiriertes und geleitetes Projekt handelt!

Für die Haltung, die die seit Jahrzehnten zionistisch unterwanderte und seitdem um 180 Grad gedrehte (Konzils-)Kirche gegenüber dem Paneuropa-Projekt einnimmt, ist folgende Meldung charakteristisch: «Drei Tagen vor dem französischen Referendum über die Maastricht-Verträge hat die Vatikanzeitung "L'Osservatore Romano" deren Ratifizierung als eine Probe höchster Wichtigkeit für die Staaten der europäischen Gemeinschaft auf dem Weg zur Einheit bezeichnet. Der Weg zu mehr sozialem und wirtschaftlichem Fortschritt in Europa werde zweifellos mit einer teilweisen Preisgabe von Souveränität seitens der einzelnen Staaten im Namen des Gemeinwohls bezahlt werden müssen, heißt es in der Donnerstagsausgabe der Zeitung. Die katholische Kirche habe seit dem Ende des Zweiten Weltkrieges nie aufgehört, zum Aufbau Europas zu ermutigen, schreibt das Blatt. Dessen Identität gründe sich auf dem gemeinsamen kulturellen und spirituellen Erbe, das aus dem Christentum stamme.»[252]

In der Tat hat die Kirche seit damals «nicht aufgehört»; allerdings hat sie auch damals *erst begonnen*, für Paneuropa einzutreten. «Die Kirche», das beschränkte sich anfangs auf den Pacelli-Papst, der infolge seiner höchstwahrscheinlich jüdischen Abkunft und seiner langjährigen intensiven Betreuung durch den Hochgradfreimaurer *Mariano Kardinal Rampolla*[253] das Steuerruder des «Schiffleins Petri» behutsam nach links zu drehen begann, sobald er 1939 den Thron bestiegen hatte. Auf ihn konnte sich der Freimaurer *Agostino Kardinal Casaroli* in einer einschlägigen Rede vom 10. Januar 1992 berufen: «Es gilt also der Wunsch, den Pius XII. am 11. November 1948 vor den Delegierten des II. Internationalen Kongresses der "Europäischen Föderalistenunion" ausspruch. "Zu Recht erwartet man von den europäischen Nationen, daß sie von ihrer vergangenen Größe abzusehen wissen, um

---

[251] *Siegbert Alber* in: *DT*, 6. 5. 1993.
[252] *DT*, 19. 9. 1992.
[253] Vgl. zum Ganzen unbedingt das bahnbrechende Werk von *Mary Ball Martínez* «Die Unterminierung der katholischen Kirche», Durach 1992.

sich in eine höhere politische und wirtschaftliche Einheit einzuordnen." (Wobei der Papst realistisch hinzufügte, sie würden das "viel lieber tun, wenn sie nicht dazu . . . auf gewaltsamer Ebene gezwungen werden".)»[254] Letzteren Hinweis dürfte Zion umso bereitwilliger beherzigt haben, als sich der Papst durch die Wahl des Datums, einen 11. 11., hinreichend deutlich als «Eingeweihter» zu erkennen gab. Die Katholiken indes haben davon selbst dann nichts begriffen, als Pius XII. wenige Jahre später, 1944, in einer Radio-Botschaft zum Weihnachtsfest der über Europa hinausgehenden *One World* seinen apostolischen Segen erteilte.

Manche Oberhirten, wie z.B. Bischof *Rudolf Graber* von Regensburg, mögen aufrichtig auf ein *christliches* Europa gehofft haben[255], wenngleich das von einer beklagenswerten Unwissenheit über die Drahtzieher der internationalen Politik zeugte. In jüngerer Zeit häufen sich jedoch Äußerungen (konzils-)katholischer Hierarchen, die sich gar keine Mühe mehr geben, ihr Wissen um und ihr Einverständnis mit dem in Wahrheit *jüdischen* Charakter Paneuropas zu verbergen. Da «würdigte» im Dezember 1991 Kardinal *Camillo Ruini* vor der Presse - eigentlich ohne ersichtlichen Grund - «den Beitrag der Juden zum Aufbau Europas»[256], von dem die Masse der Europäer kaum etwas ahnt! Indessen hatte er durchaus einen Anlaß zu dieser Würdigung, denn er berichtete den Journalisten über die Resultate der gerade zu Ende gegangenen «Europa-Sondersynode». Die wiederum publizierte, wie es sich heutzutage gehört, pünktlich zum Monats-*Dreizehnten*, ein offizielles Abschlußdokument, in dem es unter Nr. 8 hieß:

«Beim Aufbau einer neuen Ordnung in Europa und in der Welt ist das Gespräch zwischen den Religionen von größter Bedeutung, besonders mit den "älteren Brüdern", den Juden, deren Glaube und Kultur ein konstitutiver Teil der Entwicklung der europäischen Humanität sind. . . . Eingedenk des geistigen Vermächtnisses, besonders der Heiligen Schrift, die sie mit dem Judentum verbindet, möchte die Kirche in der gegenwärtigen Lage in Europa dazu beitragen, daß in den gegenseitigen Beziehungen ein neuer Frühling aufbricht. Denn die gemeinsame

---

[254] *OR*, 10. 1. 1992, 7.
[255] Vgl. *Rudolf Graber*, Ein Bischof spricht über Europa. Vorträge, Ansprachen und Predigten, Regensburg 1978.
[256] *DT*, 10. 12. 1991.

Bemühung von Christen und Juden in verschiedenen Bereichen, unter Beachtung der Unterschiede und eigenen Lehren beider Religionen, kann höchste Bedeutung haben, die für die religiöse und gesellschaftliche Zukunft Europas zu beachten ist und Europas Aufgabe am übrigen Teil der Welt.»[257] Ganz auf der Linie dieser merkwürdigen Erklärung hob dann kaum zwei Monate später der «Vizepräsident der Päpstlichen Kommission für die religiösen Beziehungen mit dem Judentum, Erzbischof Pierre Duprey, . . . die große Bedeutung des Gesprächs der katholischen Kirche mit den Juden beim Aufbau einer neuen Ordnung in Europa hervor . . . . Alle Formen des Antisemitismus in Europa müßten zurückgewiesen werden, sagte er in einer . . . im Vatikan veröffentlichten Erklärung.»[258] Einen, wenn auch vagen, Zusammenhang zwischen Paneuropa und Judentum stellte sogar ein gutes halbes Jahr danach der Hildesheimer Bischof *Josef Homeyer* her: «"Wir stehen offenkundig in einem Prozeß, den Glauben wieder tiefer und authentischer zu verstehen und angesichts des neuen Europas neu auszulegen", sagte Homeyer . . . Gleichzeitig seien die christlichen Kirchen dabei, ihr Verhältnis zum Judentum und zum Islam zu überdenken.»[259] Offenbar steht für ihn die im angeblich «neuen Europa» fällige «Neuinterpretation» des Glaubens in Verbindung mit dem «Überdenken» des Verhältnisses zum an erster Stelle genannten *Judentum*.

Während sich die Masse der Bevölkerung des katholischen Österreich noch tapfer gegen den von Zion längst beschlossenen Paneuropa-Beitritt sträubt, geben sich die Hierarchen der Konzilskirche schon redlich Mühe, ihre Schäflein auf das Unabänderliche einzustimmen: «Wien mit seiner kosmopolitischen Tradition kann heute seine Rolle als europäische Haupstadt wiederbeleben und ein Modell jenes "gemeinsamen Hauses" werden, dem der europäische Kontinent zustrebt. So zitiert der italienische "L'Osservatore Romano" den Wiener Weihbischof Dr. Christoph Schönborn . . . Bischof Schönborn verwies gegenüber der Vatikanzeitung darauf, daß auch das kirchliche Wien gesamteuropäisch ausgerichtet ist.»[260] Niemand zweifelt daran.

Im frommen Bayernland, der Heimat von Paneuropa-Bischof Stimpfle, besinnen sich nach dem hohen Klerus nun auch die

---

[257] *DT*, 19. 12. 1991, inoffizielle Übersetzung.
[258] *DT*, 11. 2. 1992.
[259] *DT*, 12. 9. 1992.
[260] *OR*, 19. 3. 1993, 4.

konzilskatholischen «Laien» auf ihre Pflicht zur Förderung eines «christlichen» Paneuropa. Von daher folgende Meldung: «Der Landkreis und die Stadt Dillingen an der Donau haben gemeinsam einen "Europäischen St. Ulrichspreis" gestiftet. Die Auszeichnung ist mit 10000 Mark dotiert und soll alle zwei Jahre an Persönlichkeiten aus Politik, Kirche, Wissenschaft, Wirtschaft und Kultur verliehen werden, die sich "herausragende Verdienste um die Einheit Europas erworben haben". Wie das Landratsamt Dillingen mitteilte, will die Heimat des heiligen Ulrichs, der Bistumspatron der Diözese Augsburg ist, mit dem Preis an die über tausendjährige christliche Tradition Europas erinnern [Das war Rettung aus höchster Not; beinahe hätten wir sie doch wahrhaftig vergessen!] und den Prozeß der europäischen Einigung fördern. Der Preis wird erstmals im Herbst dieses Jahres vergeben.»[261] Bei Redaktionsschluß des vorliegenden Buches war leider noch nicht öffentlich bekannt, welcher treue Zionsknecht in den erstmaligen Genuß dieses tausendundersten Paneuropa- bzw. Eine-Welt-«Preises» gekommen war.

Doch zurück zur Konzilskirche: die redet nicht bloß, nein, sie *tut* auch etwas für das jüdische Europa! Darüber informiert uns der folgende Bericht von *Jürgen Liminski*, zu dem wir uns weitere Erläuterungen sparen können:

«Vor vier Jahren wurde sie noch belächelt. Jetzt ist die Schule in der Rue de l'Association, Straße der Vereinigung Nummer 32, in Brüssel Anlaufstelle für Politiker, Würdenträger, Journalisten und Professoren. . . . Die etwa zwei Dutzend postgraduierten Studenten im EMS (European Media Studies - Institut Robert Schuman) haben ein Intensivprogramm. In neun Monaten wird den jungen Leuten aus wenigstens acht Nationen Europas das Handwerkszeug für Zeitung, Funk und Fernsehen beigebracht. . . . Marcel Bauer, der Direktor der Journalistenschule, legt größten Wert auf Professionalität. Der aus Eupen stammende Profi hat etliche Filme für das deutsche Fernsehen gedreht und war viel für Missio tätig. . . . Warum so eine Schule und warum gerade in Brüssel? Marcel Bauer ist schon oft danach gefragt worden: "Weil es noch keine Journalistenschule gibt, die ganz auf der europäischen Idee fußt. Das ist umso erstaunlicher, als die Medien doch eine zentrale Rolle beim Bau des europäischen Hauses spielen, bei der Europäisierung der Kultur in Ost und

---

[261] *DT*, 18. 2. 1993.

West, bei der Durchdringung der nationalen Mentalitäten mit dem europäischen Ferment." Und Brüssel, "weil es nach Washington die Stadt mit den meisten akkreditierten Journalisten auf der Welt ist, mittlerweile mehr als sechshundert Korrespondenten. Weil hier mit Nato und Europäischer Gemeinschaft zwei supranationale Institutionen ihren Sitz und globale Funktionen haben. Weil die geographische Lage als Schnittpunkt zwischen Nord-, Süd-, Ost- und Westeuropa und eben als Sitz multinationaler Firmen und Institutionen zahllose Entscheidungsträger durch diese Stadt spült, Menschen, die man befragen kann, von denen man neues erfahren kann." - Brüssel, das ist konzentrierte Weltläufigkeit, Weltwirtschaft und Weltpolitik. Der weltoffene, universale und allgemeine Charakter, das sei auch katholisch. So wollen Initiatoren und Gründer der Schule das Attribut katholisch verstanden wissen, das sie dieser Schule bewußt beigegeben haben. Kirche in Not/Ostpriesterhilfe und die Stiftung Lumen 2000 des Niederländers Piet Derksen finanzieren den Großteil der Mittel. Das Demokratische Forum für Europa, eine politische Bewegung, jedoch keine Partei, interessiert sich für die Schule, von Organisationen wie der Konrad-Adenauer-Stiftung kommen Stipendien, Kooperation gibt es mit der Hanns-Seidel-Stiftung in München. Auch deutsche Bischöfe überlegen, wie sie diese Schule fördern könnten.»[262]

Da sind alle beisammen: Schuman, Adenauer[263], die «katholische» CSU mit ihrer Hanns-Seidel-Stiftung, die deutschen Bischöfe und der berühmte, gefeierte «Speckpater» *Werenfried van Straaten* mit seinem zigmillionenschweren Hilfswerk «Kirche in Not/Ostpriesterhilfe», das also längst Zwecken dient, von denen sich der Großteil seiner Spender vermutlich nichts träumen läßt: «Bau des europäischen Hauses», «Europäisierung der Kul-

---

[262] *Jürgen Liminski* in: *DT*, 16. 5. 1992.
[263] Wie die oben schon erwähnte Zusammenarbeit von Konrad-Adenauer-Stiftung und B'nai B'rith-Loge funktioniert, erhellt aus der Prager «Politika» vom 27. 8. - 2. 9. 1992, wo auf Seite 2 der Programmentwurf für eine von beiden gemeinsam in Prag veranstaltete «Internationale Konferenz über christlich-jüdische Zusammenarbeit» abgedruckt wurde. Termin: ein kabbalistisch perfekt gewähltes Datum - *elfter* bis *dreizehnter Neunter* 1992!! Grußworte kamen vom Vorsitzenden der Konrad-Adenauer-Stiftung und thüringischen Ministerpräsidenten sowie CDU-Landesvorsitzenden *Bernhard Vogel*, vom rührigen Direktor des kontinental-europäischen Distrikts von B'nai B'rith, *Ernst Ludwig Ehrlich* und natürlich von *Vaclav Havel*. Dauerthema der «Konferenz» waren wie immer und stets der sogenannte «Antisemitismus» nebst den «jüdischen Wurzeln des Christentums» - ein theologischer Unfug, falls mit *jüdisch* das *nach*- und damit *anti*christliche Judentum gemeint sein soll! Die tschechischen Massenmedien verschwiegen das Ereignis, die deutschen gleichfalls.

tur» (ungefähr dasselbe wie «Quadratisierung des Kreises»!) und «Durchdringung der nationalen Mentalitäten mit dem europäischen Ferment», was weiter oben von jemand anderem nur wenig unsensibler als «Senken der Europa-Idee in Millionen von Hirnen» umschrieben wurde. Was das mit «Kirche in Not» oder mit «Ostpriesterhilfe» zu tun haben soll, dazu wäre der Speckpater seinen gutgläubigen Spendern wohl doch noch eine Erklärung schuldig.

Obwohl die auch ein bißchen blöd sein müssen, wenn sie nicht allmählich merken, wem sie da ihre Spargroschen in den «Millionenhut» schütten oder ihre Häuser und Grundstücke vererben. Denn schließlich endete die letzte Jahrestagung des in Königstein/Taunus ansässigen (Paneuropa-)Hilfswerks im November immerhin mit einer «Königsteiner Entschließung '92», in der es unumwunden hieß: «Wir sollen nicht klagen über eigene Probleme, die meist gering sind gegen jene im Osten, sondern froh die neue Herausforderung annehmen, vor die Gott uns gestellt hat: gemeinsam ein neues Europa zu bauen.»[264]

Dieser nun wirklich vorbildliche Euro-«Patriotismus» des belgischen Prämonstratenserpaters durfte nicht länger unbelohnt bleiben und es wurde höchste Zeit für folgende Meldung: «Werenfried van Straaten (80), Gründer des internationalen katholischen Hilfswerks "Kirche in Not/Ostpriesterhilfe", und der FDP-Ehrenvorsitzende und langjährige Bundesaußenminister Genscher (64) werden am Samstag in Antwerpen in den Europäischen Ehrensenat aufgenommen. Das kündigte "Kirche in Not" am Donnerstag in Königstein unter Berufung auf die "Bewegung für die Vereinigten Staaten von Europa" an, die Träger des Europäischen Ehrensenats ist. Mit dem Ruf in den Ehrensenat, hieß es bei "Kirche in Not", solle das Leben für grenzenlose und grenzüberschreitende Nächstenliebe des als "Speckpater" bekannten van Straaten gewürdigt werden. Dem Ehrensenat gehören Persönlichkeiten an, die sich um Frieden und Einheit in Europa verdient gemacht hätten, unter anderen Mutter Theresa und Jelena Bonner.»[265] Der treukatholische Speckpater sitzt also fortan in trauter Eintracht mit dem Hochgradmaurer *Genscher*, der Jüdin *Bonner* und einem ganzen Sack voller ähnlicher Gestalten im paneuropäischen «Ehrensenat»! Spendet brav weiter, ihr christkatholischen Europäer!

---

[264] *OR*, 13. 11. 1992.
[265] *DT*, 13. 2. 1993.

Eng befreundet ist der Speckpater mit dem obersten Förderer Paneuropas in der Konzilskirche, Johannes Paul II. Mit hohen Euro-Funktionären pflegt der, wenig beachtet von seinen Schäfchen, über die Jahre hinweg enge Kontakte; am 31. Oktober 1990 z.B. erhielt der *Präsident des Europäischen Parlaments des Europa-Rates*, *Anders Bjorck,* die einzige Privataudienz des Tages, am 17. November desselben Jahres gab es ein Gespräch unter vier Augen mit der *Generalsekretärin des Europarats, Catherine Lalumière*[266]. Für Johannes Paul II. diente denn auch im Juni 1992 das sinnige internationalistische «Katholiken»tags-Motto «Europa bauen in der einen Welt» als willkommener Aufhänger, für Paneuropa und dessen künftige Herrscherkaste zugleich zu plädieren. Ich zitiere aus seiner offiziellen Katholikentagsbotschaft[267]:

«"Eine neue Stadt ersteht - Europa bauen in der Einen (sic!) Welt." - Dieses Leitmotiv des 91. Deutschen Katholikentages in Karlsruhe ist eine glückliche Fortsetzung jener Botschaft, die im vergangenen Dezember die Sondersynode der Bischöfe für Europa verkündet hat. . . . Europäische Geschichte ist innerlich verflochten mit der Geschichte jenes Volkes, dem Jesus selbst entstammt. In Europa wurde dem jüdischen Volk unaussprechliches, existenzbedrohendes Unrecht angetan, und wir können nicht unbedingt davon ausgehen, daß alle Wurzeln dieses Unrechtes unwiederbringlich ausgerissen sind. Aussöhnung zwischen Juden und Christen gehört unabdingbar auf die Tagesordnung des neuen Europa. - Das Licht des Lammes ist uns nicht allein dazu gegeben, daß wir einander nur in Europa mit neuen Augen sehen. Das Gotteslamm hat die Schuld der Welt getragen und hinweggenommen, der Friede Christi ist Friede für die ganze Welt. Europa kann sich nicht in sich selbst verschließen, Europa lebt in der einen (sic!) Welt und hat am Werden und Wachsen der einen (sic!) Welt eine hohe Verantwortung. . . . - Es könnte den Anschein haben, als ob die vielen Pflichten und Aufgaben, die uns unwillkürlich in den Sinn kommen, wenn wir an den Aufbau eines neuen Europa in der einen Welt denken, uns überfordern könnten. . . . Ich lade gerade die jungen Menschen auf dem 91. Deutschen Katholikentag dazu ein, sich dem Dienst der Versöhnung im Bemühen um die Einheit Europas und der ganzen Welt großherzig zur Verfügung zu stellen.»

---

[266] *OR,* 7. 12. 1990, 3 u. *OR,* 21. 12. 1990, 3.
[267] Laut Dokumentation in *OR,* 26. 6. 1992, 7f.

Warum für den deutschen «Katholiken»tag wie auch für den Papst der Konzilskirche Paneuropa so unabtrennbar mit der *Einen Welt* verknüpft ist, wird im folgenden Kapitel näher zu untersuchen sein. Zuvor wenden wir uns noch kurz jener schon zu Eingang dieses Buches erwähnten Autorengruppe zu, der schon in den vierziger Jahren gleichfalls die Schaffung Paneuropas *und zugleich* die «Weltorganisierung» ein Herzensbedürfnis war.

13. Die «Organisatoren» Europas

Es empfiehlt sich, am Ende dieses Kapitels noch einen Blick auf jenen oben schon erwähnten Personenkreis zu werfen, der sich da im Jahre 1944 in den USA an die Arbeit gemacht hatte, um «Nachkriegsaspekte der globalen Beziehungen Europas» (Untertitel) zu untersuchen, und das unter dem beherrschenden Gesichtspunkt von «Regionalismus und Weltorganisierung». Das in Buchform publizierte Resultat dieser Studien lautete nämlich dahingehend, ganz Europa müsse nach dem Krieg zu einer von mehreren *Welt*-«Regionen» zusammengefaßt werden, sozusagen zu einem «Bundesland» eines «föderativen» *Weltstaats*. Eine sicherlich hochinteressante These, die es rechtfertigt, nachzuforschen, *wer* denn da die erstaunliche Unbefangenheit besaß, angesichts einer nach Milliarden zählenden Menschheit *in einem lächerlichen Zehnerhäuflein* politische und wirtschaftliche Pläne für ganz Europa, ja für den ganzen Globus zu schmieden, Pläne obendrein, die nach knapp fünfzig Jahren wie durch ein Wunder mit einem Mal tatsächlich greifbare Gestalt anzunehmen beginnen!

Herausgegeben wurde der Sammelband von einem (oder einer) *M. B. Schnapper*, der/die jedoch, abgesehen von knappen Angaben zur Person der Autoren, nicht mehr weiter in Erscheinung tritt. Das Wälzen einschlägiger Lexika zeigt, daß der anscheinend recht seltene[268] Name vereinzelt als jüdischer vorkommt[269], woraus sich aber nicht mit Sicherheit auf die ethnische Identität des Herausgebers schließen läßt. Der Verdacht verdichtet sich gleichwohl fast zur Gewißheit, wenn man in der biogra-

---

[268] Obwohl offensichtlich vom deutschen Wort «schnappen» herkommend, ist er z.B. im Kölner Telefonbuch 1991/92 mit seinen 1264 Seiten nicht ein einziges Mal vorhanden.
[269] Das *Jüdische Lexikon* (Berlin 1930) verzeichnet einen *Isaak Schnapper*, die *Encyclopaedia Judaica* (Jerusalem 1972ff) einen *Ber Schnapper*.

phischen Literatur über das Haus *Rothschild* auf die bestens bezeugte Tatsache stößt, daß die Gattin *Meyer Amschel Rothschilds*, des Stammvaters dieser legendären Bankier-Dynastie, den Geburtsnamen Gudula (Gutele) *Schnapper*[270] trug und die Tochter eines - gleich Meyer Amschel - in der Frankfurter Judengasse angesiedelten Händlers namens *Wolf Salomon* Schnapper war . . . Lassen wir jedoch nun die übrigen neun Herren sowie die einzige Dame des Autorenkreises in alphabetischer Reihenfolge an uns vorüberziehen.

1) *Clarence A. Berdahl* hat einen Artikel «Der Völkerbund wiederhergestellt» beigesteuert; gemäß Schnappers Angaben war er Professor für Politikwissenschaft an der Universität von Illinois. Aus amerikanischen *Who's Who*-Ausgaben erfährt man, daß er 1890 geboren wurde und - der freimaurerischen Geheimgesellschaft *Phi Beta Kappa* angehörte. Lesern der Trilogie über die künftige «Diktatur der Humanität» ist erinnerlich, daß fast die Hälfte, nämlich acht der siebzehn Unterzeichner des One-World-Manifests *The City of Man* von 1940 gleichfalls in dieser Logen-Organisation anzutreffen waren.

2) *Arnold Brecht* hatte sich - laut Schnapper - vor 1933 als «Direktor der Abteilung für Verfassung und Verwaltung im deutschen Innenministerium» befunden und landete nach seiner Emigration prompt als «Professor für Politikwissenschaft an der Graduierten Fakultät der New School for Social Research» in New York, wo er einigen Fachkollegen begegnen konnte, die sich an *The City of Man* beteiligt hatten! Wie vertraut er mit den One-World-Plänen war, beweist der Titel seines Beitrags: «Regionalismus im Rahmen der Weltorganisierung». Der 1884 als Sohn einer *Marie Weishaupt* geborene und erst 1977 verstorbene Brecht dürfte wegen seiner jüdischen Abstammung aus dem NS-Deutschland emigriert sein; auch der Geburtsname seiner Frau - Clara Ernestine *Berg* - deutet in diese Richtung. Ein weiteres Indiz: Seit 1928 war Brecht Vorstandsmitglied der *Walther-Rathenau*-Gesellschaft gewesen! Gastprofessuren führten ihn in die Logen-Hochburgen *Yale* und *Harvard*; nach 1945 wurde er (laut *Who's Who in America* 1954-55) Mitglied im Forschungsrat des *Institute of World Affairs* («Institut für Welt-Angelegenheiten»!). Eigens erwähnt wird im *Biographischen Handbuch der deutschsprachigen Emigration nach 1933, Bd. I, München - New*

---

[270] * 1753, + 1849.

York - London - Paris 1980 seine *Korrespondenz* mit *Erich Koch-Weser*. Der kam, wie dasselbe Handbuch festhält, 1875 als Sohn einer gewissen *Minna Lewenstein* zur Welt (!), war von 1928 bis 1930 «geschäftsführender Vizepräsident des Deutschen Komitees der Paneuropa-Bewegung» (!), ging 1933 nach Brasilien und starb dort 1944. Demnach hatte *Brecht* also intensiven Kontakt zu einem hochrangigen deutsch-jüdischen Paneuropa-Funktionär, was seine Mitarbeit an Schnappers einschlägigem Sammelwerk mehr als hinreichend begründet.

3) Adolf B. Drucker wird uns als «ehemaliger stellvertretender Unterstaatssekretär im österreichischen Staatsdienst» vorgestellt, der 1944 an der *American University* in Washington D.C. dozierte. «Regionale Wirtschaftsprinzipien und -probleme» waren sein Thema in Schnappers Sammelband. Offenbar handelt es sich dabei um jenen als «katholisch» firmierenden Adolph *Bertram Drucker* des *Emigranten-Handbuchs*, der in amerikanischen Nachschlagewerken nicht auftaucht, wohl aber sein Sohn *Peter Ferdinand Drucker*. Von dem liest man in *Who's Who in America 1958-59*, daß er 1909 als Adolphs Sohn in Wien geboren wurde und 1933 (offenbar mit seinem Vater) nach England emigrierte, wo er bei der jüdischen Handelsbank Ernst Freedberg u. Co. unterkam, bevor er 1937 (offenbar wieder mit seinem Vater) in die USA ging, um dort als Banker und Geschäftsmann in großen Firmen Karriere zu machen. Der Name Drucker ist anerkanntermaßen jüdisch[271] und die genannten Daten lassen praktisch keinen Zweifel an Adolph Druckers hebräischer Abkunft mehr zu.

4) Imre Ferenczi war «für viele Jahre Auswanderungsexperte des Genfer Stabs des Internationalen Arbeitsbüros», einer Unterorganisation des zionistisch beherrschten Genfer *Völkerbunds*. Ob er selbst mosaischen Glaubens war, muß dahingestellt bleiben, da sein ungarisch klingender Name nirgends verzeichnet ist. Bekannt ist lediglich ein einziger *israelitischer* Träger dieses Namens: Siegmund Freuds wichtigster Mitarbeiter *Sándor Ferenczi*, der jedoch eigentlich *Fränkel* hieß. Ferenczi befaßte sich im Rahmen des Symposions über die «Weltorganisierung» mit «Neue(n) Faktoren bei Auswanderung und Ansiedlung».

---

[271] Die *Bibliographia Judaica. Verzeichnis jüdischer Autoren deutscher Sprache*, München 1981 listet Salo, Ernst, und Peter *Drucker* auf, das Emigrations-Handbuch nennt einen als jüdisch bezeichneten Paul *Drucker*, die Encyclopaedia Judaica einen Daniel Charles und einen Norman *Drucker*.

5) *Josef Hanc* präsentiert Schnapper als «Direktor des Tschechoslowakischen Wirtschaftsdienstes» und «ehemaligen Dozenten an der Fletcher-Hochschule für Recht und Diplomatie». (Diese Elite-Akademie ist *die* Kaderschmiede für den US-amerikanischen Diplomatennachwuchs!) Er taucht in keinem mir zugänglichen amerikanischen oder europäischen biographischen Lexikon auf. Zu fragen bleibt natürlich bei ihm wie bei allen übrigen Europäern unter den Autoren, was sie allesamt nach 1933 so plötzlich in die Neue Welt getrieben hat. Hanc bearbeitete «Trends in Mittel- und Osteuropa».

6) *Jan Hostie* ist gleichfalls dem Vergessen anheimgefallen, trotz seiner - wie man von Schnapper erfährt - einflußreichen Posten als «ehemaliger Generalsekretär der Zentralkommission für die Rheinschiffahrt» und später als «Mitglied des ständigen Rechtskomitees für Kommunikation und Transit-Organisation des Völkerbunds». Jedenfalls war er als Völkerbund-Funktionär genügend mit der internationalistischen Planung vertraut, um sich im Rahmen der «Regionalisierung» der Welt um «Gebiets- und Verfassungsfragen» zu kümmern.

7) *Oscar Jászi* wird uns lediglich als «Professor für Politikwissenschaft am Oberlin-College» und als «Minister für nationale Minderheiten in Ungarn 1918 als Mitglied von Graf Michael Karolyis Regierung» vorgeführt. Daß Karolyi der ungarische Kerenski war und die Macht alsbald dem grausamen Kommunisten *Bela Kun* übergab, daß Jászi auch noch unter Bela Kun im «Kabinett» saß und ebenso wie Kun jüdischer Abstammung war, bleibt bei Schnapper selbstverständlich unerwähnt. Es kann jedoch in der *Encyclopaedia Judaica* und wohl auch in anderen derartigen Lexika ausführlich nachgelesen werden. Jászi war einer der 17 Verfasser und Unterzeichner von *The City of Man* und im übrigen derjenige von den zehn Autoren in Schnappers Buch, der mich überhaupt auf dieses Werk aufmerksam werden ließ. Sein Beitrag handelt über «Nationalismus und Nationalitäten».

8) *Frank Lorimer* wurde (gemäß *Who's Who*) 1894 in den USA geboren, studierte in Yale, an der University of Chicago und an Rockefellers berüchtigtem *Union Theological Seminary*, wo auch mehrere Autoren von *The City of Man* wirkten (!), lieferte seine Dissertation in Columbia bei dem notorischen Interna-

tionalisten *John Dewey* ab[272] und war laut Schnapper 1944 «Professor für Bevölkerungsstudien an der American University, Washington D.C.», hatte also dort den Juden *Adolph B. Drucker* zum Kollegen. «Wechselnde Bevölkerungen und neue internationale Probleme» behandelt sein Aufsatz.

9) Bertram Pickard, «Mitglied des Komitees des Instituts für Weltorganisierung» (!), schrieb das «Vorwort» zu dem Sammelwerk. Über ihn ist nirgends etwas zu erfahren, aber sein Name erfreut sich in allen möglichen Schreibweisen großer Beliebtheit unter den Söhnen Abrahams, so daß eine gewisse Wahrscheinlichkeit für seine hebräische Nationalität spricht[273].

10) Sarah Wambaugh, das einzige weibliche Wesen in der erlauchten Runde, hatte sich ihre Sporen als vormaliges «Mitglied der Minderheiten-Sektion des Völkerbunds und Technische Beraterin und bevollmächtigtes Mitglied der Saar-Volksabstimmungs-Kommission» verdient. Sogar in verschiedenen Ausgaben von *Who's Who* wurde sie verewigt, aber für uns interessant an dieser Funktionärin des zionistischen «Völkerbunds» sind nur ihre Lebensdaten (1882-1955) und ihre Mitgliedschaft in der *Phi Beta Kappa*, die sie mit *Clarence Berdahl* und einer Reihe von Autoren des One-World-Programms *The City of Man* teilte.

Resümee:

Es ergibt sich im wesentlichen ein ähnliches Bild wie beim schon früher analysierten Autoren- und Unterzeichnerkreis des Insider-Werks *The City of Man*: Rund die Hälfte der Verfasser waren Hebräer[274], einer davon hatte Anteil an beiden Büchern,

---

[272] Vgl. dazu ausführlich *Paolo Lionni/Lance J. Klass*, Die Leipzig Connection. Ursprung und Verbreitung der Erziehungs-Psychologie, 2. überarb. Aufl. Wiesbaden 1983.

[273] Man findet die Schreibweisen *Picard* 5x, *Pickard* 1x und *Pickardt* 1x in der erwähnten *Bibliographia Judaica*. Die *Encyclopaedia Judaica* führt *Picard* 3x, und *Picart* 1x auf.

[274] Von den siebzehn Verfassern des Werkes *The City of Man* habe ich schon früher einen (*Thomas Mann*) als mit einer Jüdin verheiratet sowie vier weitere (*Frank Aydelotte, Hermann Broch, Oskar Jászi, Hans Kohn*) als Israeliten identifiziert. Meine seitherigen Nachforschungen haben ergeben, daß auch *Herbert Agar* und *Lewis Mumford* jüdischer Abstammung sind. Agars 1960 in London herausgekommenes Buch «The Saving Remnant. An Account of Jewish Survival since 1914» erweist ihn m.E. als Hebräer, obwohl er im Nachwort den «Christen» zu spielen versucht. Über den erst 1990 verstorbenen *Mumford* hieß es in der Sendung von Michael Trabitzsch «Stadt am Abgrund» im zweiten Hörfunkprogramm des Hessischen Rundfunks am 18. 6. 1991 um 21.00 Uhr: «Zudem ist Mumford Enkel jüdisch-deutscher Einwanderer, christlich erzogen, aber halbjüdischer Abstammung.»

ein Teil der Autoren gehörte der freimaurerischen[275] *Phi Beta Kappa* an, man kannte sich von den «großen» Universitäten her, Mitglieder beider Autorengruppen lehrten und/oder lernten am *Union Theological Seminary* bzw. an der *New School for Social Research*, praktisch alle entstammten einem nachweislich bzw. notorisch zionistisch geprägten Umfeld (z.B. *Völkerbund*). Wir sind also berechtigt, in dem Buch «Regionalismus und Weltorganisierung» eine jener 1940 in dem programmatischen Werk *The City of Man* ausdrücklich angeregten Nachfolgestudien zu erblicken, und zwar eine solche, die sich auf den von Zion und seiner Loge zu bewerkstelligenden «Aufbau» Nachkriegseuropas konzentrierte. Dabei darf nicht vergessen werden, daß auch das Redaktionskomitee von *The City of Man* sich nach eigenem Bekunden zeitweise «Komitee für Europa» nannte! Das zu einer «Region» vereinte *Paneuropa* spielte damals (und spielt auch heute!) unzweifelhaft eine, ja *die* zentrale Rolle in den Planungen und Vorbereitungen der *Einen Welt*; dem ausführlichen Nachweis dieser Tatsache widmet sich das folgende Kapitel, in dem wir dem soeben präsentierten Autorenkollegium erneut begegnen werden.

---

[275] *Thomas Mann*, Mitverfasser von *The City of Man*, schreibt in einem Brief an Erich von Kahler vom 30. März 1941: «Auch die freimaurerische Aufnahme in das Chapter von Phi Beta Kappa (Philosophia bioy Kybernetes) war höchst dignified.» (*Erika Mann (Hrsg.)*, Briefe von Thomas Mann, Band II, 1937-1947, Frankfurt/Main 1979, 184). Wie Manns nach jüdischem Gesetz als Jüdin geltende Tochter Erika eigens dazu erläutert, ist die Phi Beta Kappa die «älteste amerikanische akademische Verbindung (gegründet 1776), in die jedes Jahr die Glanzstudenten der Universitäten (Stanford, Chicago, Harvard) und einige sehr ausgesuchte Ehrenmitglieder aufgenommen werden» (ebd. 647). Ein anonymer Autor brachte 1838 in Leipzig eine Schrift mit dem Titel «Ritual und Aufdeckung der Freimaurerei, der Gesellschaften der Oranienmänner und seltsamen Gesellen; mit vielen Bildern, einem Schlüssel zu dem Phi Beta Kappa, so wie auch einer Darstellung des an William Morgan, wegen Enthüllung der Geheimnisse der Maurerei begangenen Menschenraubes und Mordes» heraus, in der (296f) Frau Manns Angaben im wesentlichen bestätigt werden. Ganz richtig deutet der Verfasser den Namen der Geheimorganisation, der übersetzt soviel besagt wie: «Die Philosophie ist die Regentin des Lebens», als antireligiöses und damit im damaligen christlichen Amerika auch *antichristliches Programm* (ebd. 297f): «Der Sinn ist, daß man die *Philosophie*, nicht die Religion, als Lebensregel betrachten solle. . . . Man kennt keine geheime Gesellschaft, was immer ihr Vorgeben sei, welche nicht Unglauben zu ihrer Grundlage hätte, oder deren Grundsätze, wenn befolgt, den Eingeweihten nicht auf dem geradesten Wege zu diesen schaudervollen Ergebnissen führten.»

III. Kapitel

Das wahre Ziel: die Eine Welt

1. «Europa bauen in der Einen Welt»

Man versichert es uns seit Jahren allenthalben und bei jeder sich bietenden Gelegenheit: Wer A sagt, muß auch B sagen. Zum Einen Europa gehört die Eine Welt, zum europäischen *Superstaat* der allumfassende *Weltstaat*. Aber die Masse ist schwerfällig. Zwar hört sie die Botschaft, allein ihr fehlt der Glaube. Vielleicht liegt die erstaunliche Lethargie, um nicht zu sagen Apathie der Völker Europas angesichts der ihnen fortlaufend angedrohten politischen «Globalisierung» auch bloß darin begründet, daß Zion und seine Vasallen noch nicht recht deutlich zu werden wagen. Die in Gestalt ihrer Rassegenossen Freud, Adler und Frankl Hauptbegründer der modernen Psychologie setzen nämlich - psychologisch geschickt - auf die unterschwellige Assoziierung von «Einheit Europas» und «Einheit der Welt» in den Köpfen der mündigen Bürger, indem sie ihnen immer wieder beides in einem einzigen Atemzug vorsetzen. Was für eine «Einheit der Welt» das *näherhin* sein soll und sein wird, das jedoch bleibt gewöhnlich offen. Die Betroffenen werden es noch früh genug erfahren; für jetzt reicht es aus, daß sie sich überhaupt an «globales Denken» gewöhnen . . .

Wer von ihnen wirklich nachdächte, dem ginge rasch auf, daß eine ständig zur Einheit *Europas* in Parallele gesetzte Einheit der *Welt* doch wohl von gleicher Art sein muß wie die europäische Einheit, nämlich *politischer* Natur. Aber auf ein derart konsequentes «globales Denken» der Europäer sind Zion und seine Loge derzeit gar nicht sonderlich erpicht; je verschwommener seine Konturen vorderhand bleiben, desto weniger Widerstand gegen den «Großen Plan» wird sich regen. Eindeutigen Vorrang hat also die vom Medienkonsumenten gar nicht bemerkte Manipulation seines natürlichen Volks-Bewußtseins, das sich unter der Hand in einen künstlichen «europäischen» Patriotismus verwandeln und Hand in Hand damit bereits hin zu einem «globalen» Bewußtsein verschieben soll. Gearbeitet wird mit Wort-, aber auch mit raffinierten Bild-Assoziationen, für deren flächendeckende Verbreitung sich in erster Linie das allgegenwärtige Fernsehen anbietet. Da spielt sich dann beispielsweise folgendes ab:

«Es ist Sonntag, der 26. November 1989, Totensonntag. Das erste Programm des deutschen Fernsehens (ARD) strahlt seine Sendung "Wir über uns" aus. Mit einem stilisierten Globus, das Wort "Welt" ersetzend, steht auf hellblauem Hintergrund das Thema der Sendung: "Eine Welt für alle!" - Der Sprecher davor kündigt für den Mai 1990 einen besonderen Programmschwerpunkt an, den sich ARD und ZDF gesetzt haben: Der Umgang mit unserer Welt. . . . . - Weitere europäische Anstalten hätten sich zwischenzeitlich zur Teilnahme entschlossen, führt der Sprecher aus, und im Hintergrund wechselt das Hell- zum kräftigen Blau der Europafahne und in dem liegend abgebildeten Sternenkranz steht aus massiven Blöcken geschichtet: ONE WORLD!»[1]

Perfekt, diese kommentarlose und ästhetisch sogar ansprechende Bild-Wort-Verknüpfung von Europa-Flagge und EINE WELT-Schriftzug auf der Mattscheibe! Das prägt sich dem Unterbewußtsein ein, zumal alle treuen Diener Zions auch außerhalb der schönen neuen Bildschirm-Welt ihr Bestes geben, um die der *europäischen* «Integration» immer noch widerstrebenden Völker bereits sanft, aber bestimmt auf ihre weitergehende «Integration» in die endgültige, *kosmopolitische* Ausbaustufe einzustimmen.

Da waren etwa die europäischen und nordamerikanischen Staats- und Regierungschefs, die 1990 mit großem öffentlichem Aufwand namens der KSZE[2] eine «Charta von Paris für ein neues Europa» fabrizierten, in der auch folgender Passus stand: «Das Schicksal unserer Nationen ist mit dem aller anderen Nationen verbunden. Wir unterstützen uneingeschränkt die Vereinten Nationen und die Stärkung ihrer Rolle bei der Förderung von

---

[1] *Roland Rösler,* ONE WORLD Fragmente. Gedanken, Fakten, Meinungen und Dokumente zu der EINEN WELT FÜR ALLE (Unveröffentlichtes Manuskript 1990), 5.
[2] «Konferenz für Sicherheit und Zusammenarbeit in Europa».

Frieden, Sicherheit und Gerechtigkeit in der Welt. Wir bekräftigen unser Bekenntnis zu den in der Charta verankerten Grundsätzen und Zielen der Vereinten Nationen und verurteilen jede Verletzung dieser Prinzipien. Wir stellen mit Genugtuung fest, daß die Vereinten Nationen in der Weltpolitik eine wachsende Rolle spielen und dank der verbesserten Beziehungen zwischen unseren Staaten an Wirksamkeit gewinnen.»[3] Es klang alles noch ein wenig nebulös, aber der Hinweis auf das angeblich *gemeinsame Schicksal aller Nationen* und die Begrüßung des wachsenden Einflusses der UNO, also der «Organisation der *Vereinten Nationen*» (!), auf die *Welt*politik ließen doch aufhorchen.

Der damalige deutsche Außenminister *Hans-Dietrich Genscher* freilich hatte bereits Ende Februar 1990 kaum noch ein Blatt vor den Mund genommen, als er das Eine Europa und die Eine Welt auf folgende Weise miteinander verknüpfte: «Mit der Überwindung des Ost-West-Konflikts wird der Blick frei für die Chancen einer neuen Weltordnung. Die Teilung Europas und der West-Ost-Konflikt haben über Jahrzehnte unsere Kräfte gebunden. Wir wollen sie nun gemeinsam für Europa und für die Welt einsetzen. - . . . Die eine Welt, in der wir leben, verlangt nach neuen Strukturen der Kooperation und der Friedenssicherung, regional und global.»[4] Durch die Verwendung des Illuminaten-Ausdrucks *«neue Weltordnung»* gab Genscher sich als in die Planungen Eingeweihter zu erkennen. Daß alle Menschen in einer einzigen Welt leben, ist eine so lächerliche «Binsenweisheit», daß es bis vor wenigen Jahren kein Mensch jemals für nötig gehalten hätte, sie auszusprechen. Wenn man uns inzwischen mit einer Penetranz ohnegleichen vom Morgen bis zum Abend daran erinnert, wir lebten alle in der einen (oder Einen!) Welt, dann hat das natürlich einen tieferliegenden Grund; es soll dem Gedanken eines weltumspannenden Menschheitsstaats Bahn brechen. «Gemeinsam für Europa und für die Welt» sollten wir also unsere Kräfte einsetzen, mahnte damals Genscher. Da er sich zu diesem Zeitpunkt auf nichts anderes mehr beziehen konnte als auf das *politisch zu integrierende* «Europa», muß er zwangsläufig auch eine *politisch zu einende* «Welt» gemeint haben!

Was Ende 1990 in der zitierten *Pariser Charta für ein neues Europa* befehlsgemäß proklamiert wurde, hatten natürlich die einzelnen Staats- und Regierungschefs auf nationaler Ebene in

---

[3] Zit. n. d. auszugsweisen Abdruck in *Das Parlament*, 30. 11. 1990, 3.
[4] Wochenzeitung *Das Parlament*, Nr. 9/1990, 4.

mehr oder weniger konkrete Politik umzusetzen. Schon Anfang 1991 trat also der deutsch-jüdische Kanzler Kohl-Kohn vor den Deutschen Bundestag mit einer interessanten «Regierungserklärung», bei der es nicht schwer fiel, zwischen den Zeilen zu lesen: «Ganz Deutschland hat jetzt die Chance, sein inneres Gleichgewicht, seine Mitte zu finden. Dazu gehört, daß sich auch in Deutschland entfalten kann, was in anderen Nationen selbstverständlich ist: gelebter Patriotismus - ein Patriotismus in europäischer Perspektive, ein Patriotismus, der sich der Freiheit verpflichtet. - Es geht jetzt darum, daß das vereinte Deutschland seine Rolle im Kreis der Nationen annimmt - mit allen Rechten und mit allen Pflichten. Dies wird zu Recht von uns erwartet - und wir müssen dieser Erwartung gerecht werden. - Es gibt für uns Deutsche keine Nische in der Weltpolitik. Es darf für Deutschland keine Flucht aus der Verantwortung geben. Wir wollen unseren Beitrag leisten zu einer Welt des Friedens, der Freiheit und der Gerechtigkeit. Das ist unsere Vision: eine neue Ordnung für Europa und die Welt . . . »[5] Abgesehen von der kleinen Unwahrheit, *ganz* Deutschland habe jetzt seine Chance, fällt ins Auge, daß der deutsche Patriotismus nur ein solcher «in europäischer Perspektive» sein darf, vor allem aber, daß unvermittelt von *Europa* auf die *Welt* umgeschaltet wird. Sobald dann das Logen-Stichwort von der «Vision» fällt, sind alle Eingeweihten ganz Ohr, und wenn gemäß Kohls hehren Worten diese Vision eine «neue Ordnung» für Europa *und die Welt* umfaßt, darf man daraus sicherlich schließen, daß die Vereinigung Europas lediglich als einer von mehreren Bestandteilen der umfassenderen «neuen *Welt*ordnung» konzipiert ist. Und *wer* da *«zu Recht* von uns erwartet»*,* daß wir uns dieser Vision nicht versperren, muß das überhaupt noch gesagt werden? Wie man sieht, sind Regierungserklärungen keineswegs immer nur solche Papiertiger, wie die zionistischen Medien, die uns von Zion selber auferlegte Demokratur zynisch karikierend, oft genug «beklagen» . . .

Etwas zu konkret wurde dann aber der langjährige Mitterand-Intimus *Jacques Attali* im April 1991 bei der Eröffnung der neugeschaffenen «Europäischen Bank für Wiederaufbau und Entwicklung» in London. Als frischgebackener Präsident dieses Instituts zur finanziellen Aufpäppelung der vom Bolschewismus zugrundegerichteten Länder Osteuropas durfte Attali die Begrü-

---

[5] Regierungserklärung von *Helmut Kohl* am 30. 1. 1991 vor dem Deutschen Bundestag; *Bulletin*, 31. 1. 1991, 76.

ßungsrede halten. Im Überschwang der Gefühle ging er dabei zu weit, so daß Herr Adelbert *Weinstein*, der es ja wissen muß, bedauerte: «Jacques Attali hat sich selbst keinen Gefallen getan, auch dem kommenden Europa nicht.» Tja, und warum nicht? «Er behauptete, seine Bank sei die erste "Institution einer neuen Weltordnung", schweifte dann lyrisch ab in die Gefilde einer Zukunft, die ganz im Zeichen seiner Bank stehe, ja erklärte diese zu einer Basis, aus der nun Europa wachse.»[6] Er hatte also aus dem Nähkästchen geplaudert, der Gute, und was er da über Europa und die «Neue Weltordnung» zum Besten gab, war nicht etwa falsch, wohl aber zu vorlaut. Man hat ihm seine Geschwätzigkeit jedoch verziehen, denn er durfte seinen Posten bis zum Sommer 1993 behalten.

Wenn man es ein klein wenig «verblümt» sagt, hat man übrigens gar nichts zu befürchten. Der Bilderberger[7] und portugiesische Außenminister *Joao de Deus Pinheiro* etwa bewies das dafür nötige Fingerspitzengefühl, als er gemäß dem Wiener «Standard» vom 10. Dezember 1991 verlauten ließ, der europäische Unions-Vertrag von Maastricht bedeute «die Geburt einer universellen Zivilisation»[8], mit anderen Worten, leite definitiv den Aufbau des Welt-Einheitsstaats ein.

Ein Kopenhagener Geschäftsmann namens *Jörgen Rossen* hatte 1991, übrigens noch vor der für Zion ernüchternden dänischen Volksabstimmung, die zündende Idee, den großen Märchendichter Hans Christian Andersen zu europäischen, ja weltweiten Ehren zu bringen. Er regte die Stiftung eines Andersen-Preises an, der in vier verschiedenen Sparten vergeben werden sollte, deren vierte da lautete: «Europa und globales Denken». Sinnigerweise wollte der illuminierte Herr erst einmal «bei internationalen Großunternehmen Kapital für den Preisfonds einwerben»[9], bevor im April 1993 die ersten Preisträger ausgezeichnet werden sollten.

Und dann war da im Oktober 1992 noch das «erste Sängerfest auf der Wartburg seit der politischen Wende in Ostdeutschland» (soll heißen: Mitteldeutschland). Wer immer es wieder ins Leben rief, hatte glänzend kapiert, worauf die politische «Entwicklung»

---

[6] *Adelbert Weinstein* in: *DT*, 20. 4. 1991.
[7] Er nahm z.B. an der strikt geheimen Bilderberger-Konferenz vom 10. bis 13. Mai 1990 in New York teil.
[8] *Grün/Foresta* a.a.O. 66.
[9] *DT*, 11. 2. 1991.

hinausläuft, denn er versäumte nicht, das Kulturereignis unter einen «Leitgedanken» zu stellen, der primitiver, aber genau deshalb auch eindeutiger kaum noch hätte sein können: «Es gibt nur eine Erde, wir singen in Europa»[10]! Umwerfend logisch, nicht wahr? Wie gut, daß man uns darauf aufmerksam macht, denn von selbst wären wir niemals darauf gekommen ...

Ganz versessen darauf, uns den Sinn des taktischen Manövers «Einigung Europas» im größeren Rahmen der strategischen Operation «Eine Weltregierung» nahezubringen, ist die nicht mehr katholische, dafür aber umso ökumenischere *Konzilskirche*, und das auf allen Kommandoebenen. So ist man förmlich überrascht, den ägyptischen (Konzils-)Jesuiten *Henry Boulad* anläßlich eines Europa-Besuchs Klartext reden zu hören: «In Europa müsse man etwas begreifen, was die Zukunft der Erde betreffe: das Zeitalter der Nationen gehe zu Ende. Immer dichter seien die einzelnen Länder und Kontinente miteinander verwoben, immer mehr halte ein weltumspannendes System alle Menschen zusammen. Nach Boulad soll sich der Europäer der Zukunft als Weltbürger fühlen. Seine Aufgabe sei die Mitwirkung an der Neuordnung der Welt.»[11] Das bedarf keines Kommentars.

Vom Hochgradmaurer *Agostino «Kardinal» Casaroli* erwartet man anders als von Boulad solche Redensarten schon eher, hat man ihm doch im Frühjahr 1991 seitens der Katholischen Universität von Mailand «wegen seiner "großen Verdienste für die Menschheit"» einen neuerlichen Ehrendoktorhut aufs bereits vieldekorierte Haupt gesetzt. Namentlich ging es darum, seinen «Einsatz für eine friedlichere, vereinte und freiere Welt» endlich einmal so recht zu würdigen[12]. Immerhin hatte er tatsächlich schon mehrfach wortgewaltig die One World als probates, ja unverzichtbares Mittel zur Erreichung des Weltfriedens angepriesen und sich auch nicht gescheut, als Vertreter des «Heiligen Stuhls» bei der KSZE seinen illuminierten Redebeitrag zur Abfassung der *Pariser Charta für ein neues Europa* beizusteuern: «Die Teilung Europas war noch bis vor kurzem ein Zeichen der Aufteilung der Welt in zwei gegnerische Blöcke. Diese Spaltung verschwindet von der Landkarte des alten Kontinents. Symbol dafür war der Fall der Berliner Mauer im November 1989. Das läßt in den Herzen die Hoffnung keimen, daß man auch erleben wird, wie die

---

[10] *DT*, 8. 10. 1992.
[11] *Martin Faatz* in: *DT*, 15. 11. 1990.
[12] *OR*, 8. 3. 1991, 4.

noch auf der Erde bestehenden ideologischen Spaltungen schließlich vernarben.»[13] Aha, wie also die ja nicht bloß ideologische, sondern handfeste politisch-geographische Teilung Europas bezeichnenderweise «von der Landkarte» (!) verschwindet, so werden auf der Weltkarte demnächst auch die noch verbliebenen Staatsgrenzen ausradiert werden.

Von der breiten deutschen Öffentlichkeit anscheinend genausowenig begriffen wie alles andere wurde das Motto des deutschen (Konzils-)«Katholikentags» im Juni 1992, das ich diesem Abschnitt als Überschrift vorangestellt habe: «Europa bauen in der einen Welt». Das absolut kümmerliche Echo, das dieses Motto inner- wie außerhalb der Konzilskirche fand, macht begreiflich, wieso die Planer im Hintergrund sich seit geraumer Zeit genötigt sehen, ein wahres Trommelfeuer ähnlicher Parolen aus illuminierten Mündern und Federn zu veranlassen, damit wenigstens unterschwellig in die Köpfe Eingang findet, was sich anders kaum vermitteln läßt, wenn man nicht ganz brutal die Maske fallen lassen will - aber genau das will man eben gegenwärtig noch nicht.

Zu einem deutschen Katholikentag, auch einem konzilskirchlichen, gehört traditionsgemäß ein päpstliches Grußwort, und der Papst der Konzilskirche hatte keinerlei Schwierigkeiten damit, sich dem internationalistischen Motto vollinhaltlich anzuschließen: «Ich lade gerade die jungen Menschen auf dem 91. Deutschen Katholikentag dazu ein, sich dem Dienst der Versöhnung im Bemühen um die Einheit Europas und der ganzen Welt großherzig zur Verfügung zu stellen.»[14] Wie schon einmal gesagt: Da am politischen Charakter der «Einheit Europas» längst kein Zweifel mehr bestehen kann, bleibt auch kein Zweifel an dem Sinn, in dem hier zum «Bemühen um die Einheit der ganzen Welt» *eingeladen* wurde.

Rotarierbischof *Karl Lehmann* stand seinem römischen Vorgesetzten in der konzilskirchlichen Hierarchie nicht nach, sondern sekundierte ihm beim abschließenden «Hauptgottesdienst» pflichtschuldigst: «Zugleich ist uns durch das Mitwirken so vieler Schwestern und Brüder aus der ganzen Welt bewußt geworden, daß wir das neue Europa nur dann in den wahren Ausmaßen richtig bauen, wenn wir uns als Bürger der Einen Welt verste-

---

[13] Dokumentation des Wortlauts der gesamten Réde (!) in: *DT*, 27. 11. 1990.
[14] *OR*, 26. 6. 1992, 8.

hen.»[15] Jawohl, der *Osservatore Romano*, die angebliche «Zeitung des Papstes», schrieb in ihrer Dokumentation von Lehmanns «Predigt» das Wörtchen «Einen» tatsächlich groß . . . Genauso großgeschrieben wurde dasselbe Wörtchen in einer KNA-Meldung vom April 1993. «Europa habe nur dann Überlebenschancen und eine Existenzberechtigung», hatte nämlich soeben in Kameruns Hauptstadt Yaounde der Limburger Bischof *Franz Kamphaus* - und nun wörtlich - beteuert, «"wenn es das Interesse der Einen Welt wahrnimmt" und sich nicht zu einer festen Burg entwickele.»[16] Er schien sich dessen recht gewiß zu sein.

Das sogenannte «oberste Laiengremium» der deutschen Katholiken, das «Zentralkomitee» nämlich, in dem - wie in allen «demokratisch» zustandegekommenen Gremien deren «Wähler» - die deutschen Katholiken auch schon vor dem Konzil niemals wirklich vertreten wurden, hat einen «Rektor», und der heißt zur Zeit *Wilfried Hagemann*. Der Name tut wenig zur Sache, aber der besagte Herr gibt mit dreister Miene stellvertretend für die deutschen (Konzils-)Katholiken Stellungnahmen wie diese hier (vor dem «University Forum» in Helsinki) ab: «Um eine Solidarität auf der ganzen Welt herbeizuführen, reichten wirtschaftliche und technische Einheit nicht aus. Richtig verstandene Evangelisierung wolle nicht frühere Verhältnisse eines christlichen Europa wiederherstellen, sie sei vielmehr ein "liebendes, teilendes dialogisches Unterwegssein zur einen Welt".»[17] Diesmal hat man sie kleingeschrieben, die eine Welt, doch es ist unverkennbar dieselbe Eine Welt Lehmanns, Kamphaus' und des römischen Oberhaupts der Konzilskirche.

Letzteres nahm die Gelegenheit des inzwischen bereits sechsten ökumenischen Gebetstreffens der «Weltreligionen für den Frieden» in der designierten Hauptstadt von Maastricht-Europa, Brüssel, zum Anlaß, erneut mit Zions Zaunpfahl zu winken. In einer «päpstlichen» Botschaft an den mit der Durchführung des skandalösen Treffens betrauten Kardinal *Edward Cassidy* hieß es wörtlich: «Es wird aber nicht möglich sein, ein neues Europa zu bauen, ein gemeinsames europäisches Haus, ohne sich gleichzeitig um den gesamten Planeten zu sorgen, der das gemeinsame Gut der ganzen Menschheit ist.» Und weiter: «Der soziale und wirtschaftliche Abgrund, der die reichen Länder des Nordens von

---

[15] Ebd. 1.
[16] *DT*, 3. 4. 1993 (DT/KNA).
[17] *DT*, 11. 7. 1992, KNA-Meldung.

den armen Ländern des Südens trennt, muß überwunden werden, wenn wir eine neue Weltordnung nicht unmöglich machen wollen.»[18] Wer wird denn die unmöglich machen wollen, wenn selbst «Seine Heiligkeit» sie befürwortet? Nun, diese seltsame Heiligkeit wurde ihren - in diesem Punkt zugegebenermaßen etwas wortkargen - Biographen zufolge von einer Mutter mit dem polonisierten Namen *Katz* geboren, was ihr Engagement für den Bau Europas in der Einen Welt nicht wenig zu beflügeln scheint.

Was heute über «Europa in der Einen Welt» in eben diese Welt hinausposaunt wird, ist natürlich so wenig neu wie alles, was Zion und seine Loge zur jeweils gegebenen Zeit aus dem Zylinder zaubern. Bei der deutschen Sektion der *Paneuropa-Union* hat man aus dem uralten Plan zur Unterwerfung erst Europas und anschließend der ganzen Erde durch die «Adelsrasse von Geistesgnaden» seit Jahren kein Hehl gemacht, wenngleich man auch dort mit der vollen Wahrheit nur schrittweise herausrückte. In seiner ausführlichen Darstellung des Lebens und Wirkens von Graf Coudenhove-Kalergi schrieb *Martin Posselt* 1989 in der Zeitschrift *Paneuropa Deutschland* über des Weltordners Pläne während dem 2. Weltkrieg: «Für die Welt von morgen entwarf der Paneuropäer eine dreistufige Ordnung: - "1. Einen universalen, aber unpolitischen Völkerbund, der die ganze Welt umfaßt, mit wirtschaftlichen, wissenschaftlichen, medizinischen, moralischen und technischen Aufgaben, der die erfolgreiche nichtpolitische Aktivität des früheren Völkerbundes fortsetzt. - 2. Eine Atlantische Union, organisiert als System politischer, ökonomischer, militärischer und monetärer Kooperation zwischen einem reformierten Panamerika, einem reorganisierten britischen Commonwealth und einem organisierten Pan-Europa, als Wächter des internationalen Friedens und westlicher Zivilisation. - 3. Die Vereinigten Staaten von Europa, die den europäischen Kontinent mit seinen Kolonien in einen Bundesstaat verwandeln, errichtet nach dem demokratischen Beispiel der Schweiz." - Diese vielschichtige Konstruktion hebt sich von der Monomanie des Nationalsozialismus, aber auch von den eindimensionalen Konzepten weltföderalistischer Prägung deutlich ab.»[19] Sie hebt sich auch ab von dem, was der Hochgradmaurer in früheren Jahren an Weltordnerischem von sich gegeben hatte. Seine soeben vorgestellte Konzeption war nämlich nur eine modifizierte, taktische Zwi-

---

[18] *OR*, 25. 9. 1992, 4.
[19] *Posselt 1989* a.a.O. 45.

schenlösung, näherhin der Versuch, «nur das Vereinbare zu vereinen, das Unvereinbare durch Trennung zu neutralisieren, das Zerstörerische (hier: Sowjetrußland)) durch (westliche) Vorherrschaft einzudämmen», wie Posselt durchaus zutreffend anmerkt. Dafür, daß das scheinbar Unvereinbare nun doch vereinbar und das Zerstörerische plötzlich nicht mehr zerstörerisch ist, hat indessen Zion durch den 1989 inszenierten «Fall der Mauer» gesorgt, und infolgedessen treten jetzt nicht die veralteten, sondern die jüngsten Planspiele des logengesteuerten Grafen in Kraft, die im wesentlichen mit denjenigen aus seiner Paneuropa-Gründerzeit übereinstimmen[20]: der europäische Super-Staat als taktische Vorstufe wie als Kern des allumfassenden Weltstaats!

Für die eingeweihten Redakteure des deutschen Paneuropa-Organs war es natürlich nicht ganz einfach, ihrem großenteils recht unbedarften Publikum nach dem Fall der Mauer das neue-alte Ziel des *Weltstaats* nahezubringen. Aber sie fanden den Dreh. Sie publizierten - ohne ersichtliche aktuelle Bezugnahme zwar - einen Artikel mit der fetten Überschrift «Wider den Weltstaat». Die halbherzige Ablehnung, die dem Weltstaat darin zuteil wurde, hatte freilich nur einen einzigen Zweck: eine bis dahin nicht vorhandene, jedoch heiß ersehnte «Diskussion» «auszulösen» und in deren Rahmen nun auch die «andere Seite», die Weltstaatsbefürworter, ausgiebig zu Wort kommen zu lassen, nunmehr allerdings unwidersprochen, versteht sich! «Wider den Weltstaat» griff also im 2. Quartal 1991 im hinteren Teil der Zeitschrift *Stephan Baier* zur Feder[21], «Für den Weltstaat» im 4. Quartal desselben Jahres im vorderen Teil *Richard Beiderbeck*[22]! Und letzterer hatte selbstredend die weitaus besseren Argumente, denn er konnte des langen und breiten den Gründer seiner Organisation zitieren, diesmal mit unzweideutigen Äußerungen aus seinen letzten Lebensjahrzehnten. Ich möchte meinen Lesern die wichtigsten Passagen dieses Artikels von Beiderbeck nicht vorenthalten, weil sie einen hervorragenden Einblick in die planerischen Eine-Welt-Bezüge des Maastrichter Paneuropa gewähren, einen Einblick, den man auf Seiten Zions und der Logen der Masse der europäischen Bevölkerung aus «guten» Gründen bis dato nicht gewähren will und kann:

---

[20] Woraus eigentlich nur gefolgert werden kann, daß man ihn schon vor Jahrzehnten von dem künftigen Verschwinden des «Eisernen Vorhangs» in Kenntnis gesetzt hat . . .
[21] *Paneuropa Deutschland* Heft 2 (2. Quartal) 1991, 47f.
[22] *Paneuropa Deutschland* Heft 4 (4. Quartal) 1991, 21f.

«Sollten wir da nicht die Sätze des Begründers der Paneuropa-Bewegung [Anm.: Richard Coudenhove-Kalergi] ernstnehmen, die im gleichen Buch [Anm.: "Vom ewigen Krieg zum großen Frieden", 1956], nur einige Seiten weiter, stehen? "Nur eine Weltregierung kann auf Dauer den Weltfrieden sichern. Diese Regierung muß föderalistisch sein: als Spitzenorganisation der großen Föderationen der Erde . . . Ihre Tätigkeit muß sich auf die Sicherung des Friedens beschränken, sonst droht der Menschheit das Gespenst einer totalitären Weltdiktatur. Die Prüfung für die Voraussetzungen für eine Weltregierung kann nie früh genug beginnen; plötzlich kann die Welt vor einer Situation stehen, die eine Verwirklichung des Friedensbundes ermöglicht." Ich meine, diese Situation ist nun eingetreten. . . . Der Völkerbund war so eine Totgeburt. Vor diesem Hintergrund suchte Coudenhove-Kalergi einen Weg, doch noch eine funktionsfähige Weltfriedensordnung zu schaffen. Seine Idee war, die Welt in Großräume aufzugliedern und zunächst diese Weltregionen friedlich zu vereinen. Wenn dies gelungen war, sollten sich die fünf Weltregionen unter einem gemeinsamen Dach zusammenschließen. Eine Weltorganisation sollte an Stelle der Weltanarchie treten. - Vom Weltstaat träumten damals viele. Aber mehr als andere war Coudenhove-Kalergi ein Realist, der einsah, daß die Politik die Kunst des Möglichen ist. Es war nicht möglich, alle Staaten der Welt in einem Staat zu vereinen. Deshalb mußte die Zwischenstufe Paneuropa (bzw. Panamerika, Ostasien etc.) eingefügt werden. Und Coudenhove-Kalergi machte sich daran, seine Weltregion, eben Europa, zu einen, indem er die Paneuropa-Bewegung ins Leben rief. - In Europa ist die Erreichung des Zwischenziels der Einigung unserer Weltregion in greifbare Nähe gerückt. Aber das Ziel der Schaffung eines Weltstaates dürfen wir nie aus den Augen verlieren. "Die Vision eines größeren Europa, eines wahren Paneuropa - von Wladiwostok bis San Francisco[23] - ist das Vermächtnis der alten Paneuropa-Bewegung an die junge Generation", schrieb Coudenhove-Kalergi 1964 (in: Die Wiedervereinigung Europas). . . . Nachdem in der Dritten Welt die Menschenrechte und die demokratischen Freiheiten etabliert worden sind, wäre der nächste Schritt, die Länder der Dritten Welt allmählich an das "wahre Paneuropa" heranzuführen und schließlich Vollmitglieder, d.h. gleichwertige und gleichberechtigte Partner,

---

[23] Man hole einen Weltatlas herbei und sehe nach, wo sich diese beiden Städte befinden . . . !

werden zu lassen, so daß aus Paneuropa schließlich eine Weltgemeinschaft würde.»[24]

2. Die Herren der Einen Welt

Sie sind nicht ganz zufällig dieselben, die als künftige Herrscherkaste Europas in den Startlöchern hocken, nicht mehr, um einen langen Wettlauf zur Macht anzutreten, sondern, um in der Stunde X triumphierend ihre bislang größtenteils kaschierte völkische Identität zu enthüllen und ihre längst schon geheime Herrschaft dann offen zu proklamieren. Es fehlt zwar weltweit nicht an Autoren, die sämtliche Hühneraugen gewaltsam zukneifen, um irgendjemanden anderes denn Zion als den oder die One-World-Aspiranten auszumachen: der Österreicher *Karl Steinhauser* in allen seinen einschlägigen Werken «die Geheimpartei der Freimaurer», der Argentinien-Deutsche *Juan Maler* in seinen sämtlichen Büchern ebenfalls die «Internationale Freimaurerei» als solche, die das zionistische Judentum lediglich für ihre Zwecke «mißbrauche» (so daß also der Schwanz mit dem Hund wedeln würde), der US-Amerikaner *W. Cleon Skousen* «eine Gruppe internationaler Banker»[25], die Franzosen *Jean-Claude Lozac'hmeur* und *Bernaz de Karer* die aus den «Eingeweihten» aller Völker und Zeiten bestehende «Gegenkirche»[26], als deren gegenwärtige Repräsentantin wiederum nur «die Maurerei» betrachtet wird, etc. etc. Die Werke aller dieser Autoren sind desungeachtet sehr aufschlußreich und wertvoll - wenn und sofern der Leser um ihre gewollte Beschränkung auf eine entweder *allgemeinere Rahmenbetrachtung* (so die genannten Franzosen) oder auf einen, wenn auch sehr gewichtigen, *Teilaspekt des umfassenderen Ganzen* (so die übrigen genannten Verfasser) weiß und sie bei der Lektüre in Rechnung stellt. *Gewollt* ist diese Beschränkung ganz unzweifelhaft, selbst wenn diese Autoren gelegentlich sogar beteuern, es gebe keine «zionistische Weltverschwörung» o.ä., denn angesichts ihres wirklich *enormen* Wissens um die Ge-

---

[24] Ebd.
[25] *W. Cleon Skousen*, The Naked Capitalist. A Review and Commentary on Dr. Carroll Quigley's Book: Tragedy And Hope - A History of the World In Our Time, Selbstverlag, 10. Aufl. Salt Lake City 1972 (abgek. *Skousen*), passim.
[26] *Jean-Claude Lozac'hmeur/Bernaz de Karer*, De la Ré-volution. Essai sur la Politique Maçonnique, Vailly-sur-Sauldre 1992 (abgek. *Lozac'hmeur/de Karer*), passim.

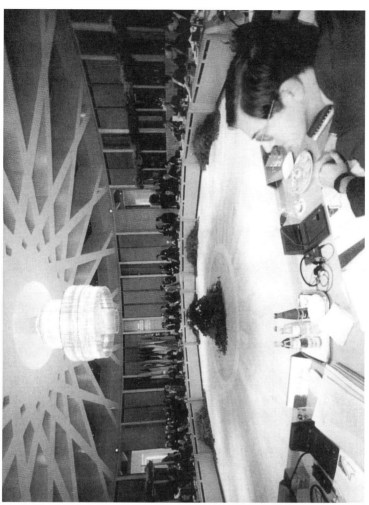

Abb. 1. Der «Verhandlungs»saal von Maastricht. In dieser monströsen Runde von Polit-Statisten wurde die Endlösung für Europa «beschlossen», die tatsächlich bereits vor rund siebzig Jahren im kleinen Kreis geheimer Logen-Zirkel ausgeheckt worden war.

Abb. 2. Richard Coudenhove-Kalergi, Hochgradfreimaurer und Gründer der Paneuropa-Union.

Abb. 3. Die paneuropäische – scheinheilige – Dreifaltigkeit: Adenauer, De Gasperi, Schuman, verewigt auf einer ECU-Münze.

Abb. 4. Zwei «Architekten» Europas! Oben: Charles de Gaulle begrüßt Konrad Adenauer mit echt maurerischem Händedruck. Unten: De Gaulles in Richtung Paneuropa ausgestreckter Zeigefinger weist ihn und seinen deutschen (?) Kompagnon als Werkzeuge der «Geheimen Oberen» aus.

Abb. 5. Damals noch *Bischof,* heute Erzbischof Josef Stimpfle im Herbst 1988 zu Besuch bei Otto von Habsburg «zu einem langen Gedankenaustausch über die politische Situation in Ungarn und im übrigen Mittelosteuropa». Ob die beiden illustren Paneuropäer damals bereits um den bevorstehenden gesteuerten «Zusammenbruch» des kommunistischen Ostblocks wußten? Ihr Gesprächsthema deutet in diese Richtung ...

Abb. 6. Zeitungsphoto vom Berliner «Katholikentag» des Jahres 1990. Zu sehen ist jedoch nicht etwa eine katholische Prozession, sondern ein «Sühnemarsch» vom Jüdischen Gemeindehaus in der Fasanenstraße zur Synagoge in der Pestalozzistraße. An vorderster Front marschieren von links nach rechts: *Rabbi Levinson*, Generalvikar *Tobei* (Westberlin), der eigens zu diesem erhabenen Anlaß seine verstaubte Soutane aus der Mottenkiste hervorgekramt hat, der «wahrhaft paneuropäische Bischof» *Josef Stimpfle*, ein erklärter und bewährter Freund der Juden, *Heinz (Shmuel) Galinski* vom jüdischen Zentralrat sowie Stimpfles «evangelisches» Gegenstück, «Bischof» *Kurt Scharf.* Man würdige gebührend die ernsten Büßermienen dieser frommen Christen!

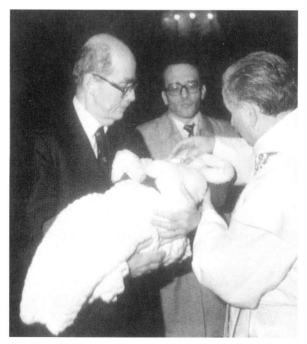

Abb. 7. Der Vorzeige-Katholik Otto von Habsburg. Oben: Nach einer katholischen Meßfeier im oberschlesischen Lubowitz. Unten: Als Pate bei einer katholischen Taufe.

Abb. 8. Der Judaist Otto von Habsburg. Oben: Bei der Entgegennahme der Ehrendoktorwürde der Hebräischen Universität von Jerusalem 1990. Unten: Bei der Porträtierung durch den Wiener jüdischen Maler und Satanisten («Schöpfer» u.a. der grauenhaft blasphemischen «Rosenkranz-Geheimnisse» von Wien-Hetzendorf!) *Ernst Fuchs* im September 1969.

Abb. 9. Ehemaliger «Tempelraum» der Prager Loge «Wahrheit und Eintracht» am Altstädter Ring 21. Der überdimensionale Davidsstern an der Decke gibt beredt Auskunft darüber, wem die Logen zu Diensten stehen.

Abb. 10. Klement Gottwald, früherer jüdischer Sowjetstatthalter in Prag.

Abb. 11. «Euro»-Briefmarke der CSFR unter Vaclav Havel; sie zeigt insgesamt 26 Pentagramme. 26 ist der Zahlenwert des hebr. Gottesnamens JHWH.

Die Osteuropäer erwarten klare Zeichen aus Brüssel

Prag liegt in Europas Mitte

Abb. 12. Der designierte Präsident Paneuropas, *Vaclav Havel.* Oben: Der Hochgradmaurer Havel in trauter Runde mit dem Hebräer *Jiri Dienstbier* und dem Paneuropäer Otto von Habsburg. Mitte: Durch solche Parolen ebnen die Medien (hier eine Schlagzeile aus dem CDU-Parteiorgan «Deutsches Monatsblatt») Havel den Weg zur Paneuropa-Präsidentschaft. Unten: Der frischgewählte israelitische Regierungschef *Vaclav Klaus* erklärt Havel mit ausgestrecktem Zeigefinger (!), was er zu tun und zu lassen hat …

Von KURT FORSTER

KOBLENZ. Die Bonner Regierungskoalition hat sich in der Frage der Pflegeversicherung aufeinander zu bewegt, doch ein klarer Kompromiß ist nicht in Sicht. Im Interview mit unserer Zeitung plädiert der rheinland-pfälzische CDU-Bundestagsabgeordnete und Sozialexperte Heribert Scharrenbroich für eine Lösung nach dem Blüm-Modell.

Für Formel „Dort pflegeversichert, wo krankenversichert": Heribert Scharrenbroich. Foto: Archiv

Mit erhobenem Zeigefinger kündigte Eduard Schewardnadse seinen Rücktritt als Außenminister an. Foto: dpa

Im Gespräch: Rainer Eppelmann.

Abb. 13. Logen-Signale in den gelenkten Medien. Oben: Was Scharrenbroich sagt (Bildunterschrift!), ist von den Logen-Oberen abgesegnet worden, das signalisiert der genau auf das Auge weisende Zeigefinger. Obwohl der Mann in der Redaktion persönlich interviewt wurde, mußte die Rhein-Zeitung ein *passendes* Photo aus dem *Archiv* holen! Links: Weil der steil nach oben gestreckte Zeigefinger nicht deutlich genug hervorsticht, weist der Text eigens darauf hin! Schewardnadses «besorgter» Rücktritt war also ein Logen-Manöver. Rechts: Wieder der Fingerzeig aufs Auge! Was Eppelmann hier sagt, kommt von den Logen-Oberen. Und was verkündet er? Die Unumgänglichkeit der innerdeutschen Umverteilung! «Teilen heißt ärmer werden», hat das CDU-Organ «Deutsches Monatsblatt» denn auch das Interview betitelt.

Abb. 14. CDU-Generalsekretär *Peter Hintze* vertritt keine unmaßgebliche Privatmeinung, sondern eine gebieterische Maxime Zions, wenn er die CDU zur deutschen «Europa-Partei» erklärt; das verrät allen «wissenden» Lesern des CDU-Parteiorgans «Deutsches Monatsblatt» der Zeigefinger!

»*Die CDU ist und bleibt die Europa-Partei in Deutschland. Europa ist für Deutschland eine Schicksalsfrage.*«

Abb. 15. Ein besonders «sprechendes» Signalphoto, «geschossen» von AP. Helmut Kohls Zeigefinger deutet exakt auf George Bushs zum Reden geöffneten Mund, um allen Logenbrüdern unzweideutig klarzumachen: Was Bush hier und jetzt sagt, ist ein Befehl von ganz oben. Und was stand unter dem Bild (Bush bei Kohl zu Besuch in Ludwigshafen-Oggersheim)? «Bush sagte, das vereinte Deutschland müsse in der Welt eine größere Führungsverantwortung übernehmen.» Somalia läßt grüßen!

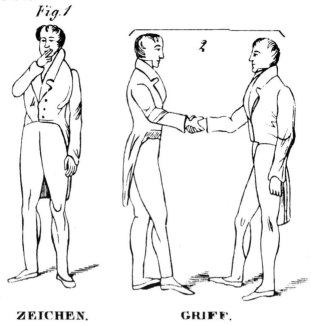

Abb. 16. Geheimzeichen und Medaille der freimaurerischen Phi Beta Kappa-Gesellschaft. Auf der quadratischen Medaille fehlt der ausgestreckte Zeigefinger nicht. Die Zeichnungen stammen aus einem 1838 publizierten Werk!

Die Wappen der führenden Logen in Belgien.

Abb. 17. Veröffentlicht wurden diese Logen-Embleme im Rahmen eines großangelegten freimaurerfreundlichen Artikels im ostbelgischen «Grenz-Echo» im Dezember 1992. Man beachte besonders das Winkelmaß und - rechts unten - das durch den in Winkelform herabhängenden Maurer-Schurz gebildete «M»!

Versöhnung über den Gräbern: Mit Frankreichs Staatspräsident François Mitterrand in Verdun

Abb. 18. Die deutsch-französische «Versöhnung», das Kernstück der «europäischen Einigung», im Zeichen des großen «M» vorgeführt von dem Hochgradmaurer Mitterrand und dem Krypto-Israeliten Helmut Kohl alias Kohn.

Abb. 19. Die Einbandgraphik dieses im CDU-Parteiorgan empfohlenen Buches mit dem Titel «Nachdenken über Europa» setzt sich aus genau sechs Freimaurer-Winkeln zusammen. Nicht zufällig gehören zu den Autoren die jüdische Europa-Spitzenpolitikerin Simone Veil und der Multikultur-Propagandist Heiner Geißler.

Abb. 20. Ein Blick ins Innere der Aachener Freimaurerloge. In Aachen wird alljährlich der «Karlspreis» an freimaurerische paneuropa-beflissene Politiker vergeben. Wie man sieht, haben auch die «Tempel» der Satanssynagoge ihre «Altäre». Auf dem vorderen «Altar» Zirkel und Winkelmaß, die symbolischen Werkzeuge der «Architekten» Paneuropas bzw. der «Einen Welt».

In der Frankfurter Ausstellung: „Freimaurer" von Conrad Felixmüller Foto Historisches Museum

Abb. 21. In Frankfurt fand im Sommer 1992 eine der Sympathiewerbung dienende «Freimaurer»-Ausstellung statt. Die FAZ vom 30. 7. 92 nutzte die günstige Gelegenheit, sich in eher folkloristischer Weise eines Themas anzunehmen, dem sie ansonsten geflissentlich aus dem Weg geht. Bemerkenswert an dieser Typisierung «des» Freimaurers: der symbolbehaftete (visionäre?) «Blick» *nach oben,* durch den sich die Brüder Maurer einander gerne zu erkennen geben.

Abb. 22. Der letzte tschechische Großmeister vor dem 2. Weltkrieg, Br. Karl Weigner - natürlich mit «Blick».

Abb. 23. Der «wissende» Karikaturist der FAZ vom 23. 8. 91 stellte den geheimen Hebräer Michail Gorbatschow alias Kohn allen in die maurerische Symbolik Eingeweihten als Logenbruder vor - mit dem charakteristischen «Blick». Auch Lenin und Trotzki waren Hochgradfreimaurer.

Abb. 24. Bundespräsident Heinrich Lübke, aus damals aktuellem Anlaß in der «katholischen» Monatszeitschrift «Mann in der Zeit» vom November 1965 auf der Titelseite in Großformat abgebildet mit Maurer-Blick. Bildunterschrift: «Bundespräsident Heinrich Lübke hat die Neuformierung in Bonn nicht als passiver Zuschauer erlebt.» Sondern offenbar als aktiv Mitwirkender bei der Ausführung von Logenbeschlüssen!

Abb. 25. Kanzler, Paneuropäer und Krypto-Israelit Helmut Kohl auf der «Internationalen Automobilausstellung (IAA) Nutzfahrzeuge» im Mai 1992 in Hannover, wo er sich den Vertretern der bankenkontrollierten Automobilindustrie in Freimaurer-Pose präsentierte.

Abb. 26. Die «Wirtschafts-Woche» empfiehlt sich Neu-Abonnenten mit einem Konterfei Helmut Kohls als Logenbruder und verrät uns damit, in welchen Kreisen sie hauptsächlich gelesen wird …

Abb. 27. Auch Bundespräsident Richard von Weizsäcker demonstriert immer wieder neu, wie erstaunlich perfekt er die Freimaurer-Signale beherrscht, hier nach einer Rede vor dem tschechoslowakischen Parlament, applaudiert von dem undurchsichtigen Alexander Dubcek.

Ruud Lubbers: » Müssen Politik auf altem Kontinent neu definieren«.

Abb. 28. Der maurerische Augenaufschlag soll dem paneuropäischen Bekenntnis des niederländischen Regierungschefs im CDU-Parteiblatt größeren Nachdruck verleihen.

Abb. 29. Jacques Delors als Rothschild-Zögling, Kryptohebräer, französischer Präsidenten«berater» und EG-Kommissionspräsident weiß gleichfalls, wohin er zu blicken hat, wenn die Photographen sich anschicken, auf den Auslöser zu drücken.

Abb. 30. Wer auf das Polit-Chamäleon Schönhuber, einen halbherzigen Paneuropa-Gegner, seine Hoffnung setzt, sollte öfter die «Stuttgarter Zeitung» zur Hand nehmen, die den Bundesvorsitzenden der Republikaner schon am 31. Januar 1989 ausgiebig porträtierte und ihr Porträt mit diesem merkwürdigen AP-Photo schmückte.

Abb. 31. Einem weniger bekannten «Architekten» Paneuropas und der Einen Welt, dem Bilderberger Franz *Josef Strauß,* setzten seine Maurer-Brüder nach seinem auffallend plötzlichen Ableben dieses ungewöhnliche Denkmal im «Kölner Stadtanzeiger».

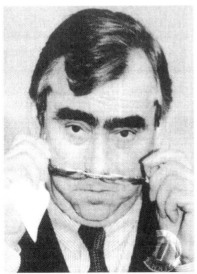

Abb. 32. Dieses unverdächtige Freimaurer-Signal – Blick über die Brille hinweg – kommt nur für Brillenträger wie den Strauß-Nachfolger *Theo Waigel* in Betracht. Waigel hat in Maastricht die Währungsunion mit «ausgehandelt».

Abb. 33. Die drei Preisträger des «Konrad-Adenauer-Preises» 1992 (v.l.n.r. Jens Feddersen, Gabriele Wohmann, Michael Wolffsohn). Auch des großen Paneuropäers Sohn *Max Adenauer* (ganz rechts) könnte - wie Preisträger Wolffsohn - jüdischen Geblüts sein. Zur Preisverleihung vgl. S. 42f.

Beim Euro-Gipfel in Bonn: Der Leiter der Mainzer Forschungsgruppe Europa, Professor Werner Weidenfeld (rechts), mit Henry Kissinger. Zahlreiche Politiker sprachen über das Europa der Zukunft.

Abb. 34. Was mag bloß der Wahl-Amerikaner Henry Kissinger alias Abraham Ben Alazar in paneuropäischen Festschriften oder auch - wie hier im Bild - auf paneuropäischen Planungszusammenkünften wie dem «Internationalen Bertelsmann Forum» (vgl. S. 200) zu suchen haben?

Abb. 35. Ein Sohn Abrahams, der gar den Namen seines Stammvaters führt, in vorderster Front bei der (hier noch symbolischen) Beseitigung der europäischen Grenzen ... Knut Abraham (rechts) ist führender Funktionär der deutschen Sektion der Paneuropa-Union Coudenhove-Kalergis.

Sägten für die deutsche und europäische Wiedervereinigung: MdB Michael von Schmude und Knut Abraham.

Abb. 36. Ein vermutlich in der gesamten Weltpresse verbreitetes Signalphoto, von dpa sogar an Provinzblätter wie in diesem Fall die «Esslinger Zeitung» (8.5.1992) weitergeleitet. «Gorbi» verleiht seiner öffentlichen Forderung einer Weltregierung durch den Brillenblick höchste Logenautorität.

In Fulton (Missouri), an historischer Stätte, fordert der frühere Sowjet-Präsident Michail Gorbatschow die Aufnahme Deutschlands und Japans in den UN-Sicherheitsrat und die Errichtung einer globalen Regierung aller Staaten Foto: dpa

Abb. 37. Zur Abwechslung eine Insider-Karikatur aus dem FAZ-Konkurrenzblatt «Die Welt», übernommen vom «Deutschen Monatsblatt» der CDU. Die Marionette Gorbatschow konnte die Idole des Marxismus-Leninismus nur im Auftrag der Spitzen der Satanssynagoge vom Sockel stürzen; verglichen mit dem Riesen-Zeigefinger, der ihm den nötigen «Anstoß» gibt, ist «Gorbi» ein Zwerg ... Marx und Lenin jedoch strecken noch im Fall weiterhin ihre Zeigefinger aus - der «Kommunismus» ist nicht «tot»!

Bücher
für das paneuropäische Zeitalter jetzt im Paneuropa-Verlag

Abb. 38. Unter dieser anspielungsreichen Rubrik bot die Paneuropa-Union in ihrem Magazin «Paneuropa Deutschland» 1992 zu wiederholten Malen an *erster Stelle* Jelzins Buch an. Der heimliche Jude Jelzin alias Elzmann signalisiert den Logenoberen, daß er ihnen - entgegen dem heuchlerischen Untertitel - keinesfalls Unbequemlichkeiten bereiten wird, ganz im Gegenteil ...

Schreckensgemälde "Festung Europa" **Zeichnung: Ali Kuhn**

Abb. 39. Paneuropa ist nur Übergangsstufe für eine Weltregierung. Das symbolisieren beide Bilder auf unterschiedliche Weise. Das Maastrichter Europa darf keine «Festung» sein, sondern muß sich dem «Welthandel», der «Multikultur», den UNO-Direktiven etc. etc. «öffnen»; das deutet der offenbar jüdische Karikaturist Kuhn (alias Kohn, Cohn, Cohen?) in «Paneuropa Deutschland» an. Die kreisförmig nach außen strebenden Pentagramme – eine Graphik in einer Werbebroschüre des Bundeswirtschaftsministeriums für den «Binnenmarkt '92» – spielen auf Paneuropa als *Kernland* und *Ausgangspunkt* des geplanten «Zusammenschlusses» aller Staaten der Erde zur *Einen Welt* an.

Abb. 40. Die «Europa-Partei» CDU betreibt mit allerchristlichsten Symbolen massive Propaganda für Paneuropa. Hier Ausschnitte aus ihrem im Mitglieder-Magazin «Deutsches Monatsblatt» vorgestellten Programm. Bekanntlich muß ein Eiskratzer keineswegs zwangsläufig Dreiecksform besitzen, um funktionstüchtig zu sein, und auch nicht unbedingt *elf* Zacken haben ...

● Eiskratzer
Bestell-Nr.: **9890**
Mindestabnahme: 100 Stück
Preis pro Verpackungseinheit: 60,– DM

Katholikentag: Europa bauen in der einen Welt

Abb. 41. Dieses angebliche oder tatsächliche Photo vom Karlsruher «Katholiken»tag 1992 fand sich in der deutschen Wochenausgabe des *Osservatore Romano* vom 19. Juni 92 auf der Titelseite unter der oben (stark verkleinert) wiedergegebenen Aufmacher-Schlagzeile! Man beachte das zentrale Objekt des Bildes! Ob eine solche Pyramide auf der total manipulierten konzilskirchlichen Veranstaltung tatsächlich vorhanden war, bliebe noch nachzuprüfen.

Die badische Stadt Karlsruhe ist, für fast fünf Tage Zentrum des deutschen Katholizismus.

Abb. 42. Anzeige des vorgeblich «katholischen» Brüsseler Instituts zur paneuropäischen und kosmopolitischen Indoktrination junger Journalisten, finanziert unter anderem von dem «Speckpater» Werenfried van Straaten und seinem Hilfswerk «Kirche in Not». Das wegkippende Kreuz macht sich wirklich prächtig in diesem Kranz von exakt *neun* Drudenfüßen …

Abb. 43. Wie dieses im November 1990 von KNA verbreitete Photo andeutet, steht der Konzilskirchenpapst dem Hochgradmaurer Gorbatschow in der Kenntnis der geheimen Pläne der Satanssynagoge in nichts nach, sondern vermag ihm sogar per Zeigefinger den weiteren Weg zu weisen. Mit diesem neuartigen Heiligengemälde hat, wie KNA damals mitteilte, ein (zweifellos illuminierter) Kapuzinerpater «die Decke der Kirche Sacro Cuore in Terni, 100 Kilometer von Rom», ver(un)ziert. Wieso KNA auf die Idee kam, ausgerechnet in diesem so gut wie unbekannten italienischen Nest auf Photomotiv-Suche zu gehen, ist eine interessante Frage, die noch der Lösung harrt.

Abb. 44. Martin Luthers Siegel: das Rosenkreuz. Die Reformation war der erste große Schlag gegen die Einheit des christlichen Abendlandes.

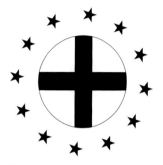

Abb. 45. Das Emblem der Paneuropa-Union: ein stilisiertes Rosenkreuz, das in dreister Manier als «christliches» Symbol ausgegeben wird.

Abb. 46. Was das Kreuz im Kreis wirklich bedeutet, machte u.a. die Düsseldorfer «didacta 91» deutlich …

PAN

Abb. 47. Unter den Schutz dieser «Gottheit» möchte Paneuropa-Unions-Funktionär und Hobby-Zeichner Martin Posselt das «christliche Europa» gestellt sehen, für das er sich nach Kräften einsetzt. Martins Bruder und Paneuropa-Unions-Spitzenfunktionär Bernd Posselt schreibt auch gelegentlich für die «katholische» «Deutsche Tagespost».

Abb. 48. So vordergründig karikierte der jüdische Zeichner Thomas Theodor Heine 1919 im satirischen Magazin «Simplicissimus» den Kapitalismus. Kaum noch trefflicher hätte er ja vom Kern des Übels, dem Zins-Wucher, ablenken können ... Auch der schlitzohrige «Anti-Kapitalist» Karl Marx hütete sich, die Zins-Herrschaft der Banken jemals zum Gegenstand seiner Angriffe zu machen.

schichte, Strukturen, Verflechtungen, Pläne und Aktivitäten der zahlreichen okkulten Geheimbünde und Logen muß man, wie bei dem berühmten Eisberg, zwangsläufig von dieser sichtbaren «Spitze» auf die übrigen acht Neuntel schließen, die unter der «Wasseroberfläche» verborgen bleiben.

Selbstverständlich war und ist es der Drucklegung und Verbreitung ihrer Bücher sehr förderlich, die zionistische «Komponente» in vornehmer Weise auszuklammern, stillschweigend zu übersehen oder lauthals zu leugnen, denn bekanntlich pflegen getroffene Hunde zu bellen und gar nicht so selten auch zu beißen. Verglichen mit Zion ist aber die Loge nur ein Schoßhündchen, dessen Gekläff man kaum zu fürchten braucht. Es gibt nun mal kein in den Strafgesetzbüchern verankertes Delikt des «Antifreimaurerismus», wohl aber in den allermeisten Ländern der Erde mittlerweile ein solches (geschrieben oder gar ungeschrieben!) des «Antisemitismus» . . . Daraus dürfte sich vieles, wenn nicht alles erklären.

Die *ganze* Wahrheit jedoch steht bereits im letzten Buch der Heiligen Schrift geschrieben, komprimiert zu einem inhaltsschweren Doppelbegriff, demjenigen der «*Synagoge Satans*» (Offb 2,9), wobei der hl. Johannes im selben Vers hinzufügt, diese Synagoge bestehe aus solchen, «die sich Juden nennen und es nicht sind», eine beziehungsreiche Anspielung. Selbstverständlich besteht die satanische «Gegenkirche», theologisch-prinzipiell gesehen, bereits seit dem Sündenfall der ersten Menschen, als von einer «Synagoge» noch gar keine Rede war und sein konnte. Indessen hat sich die Synagoge spätestens seit den Tagen ihrer Zerstreuung im Jahre 70 nach Christus zur nicht bloß ideologischen internationalen Führungsspitze dieser Gegenkirche aufgeschwungen und beherrscht sie vollständig, seit sie sich ausgangs des 18. Jahrhunderts das Weltfinanzmonopol zu sichern vermochte. Aber nur gemach, ihr entrüsteten Philosemiten, ich übergebe sogleich das Wort an die Betroffenen selbst, die uns freimütig sagen werden, wem ihrer bescheidenen Ansicht nach die Eine Welt von morgen unterworfen sein wird.

Um nicht gar zu weit auszuholen, lasse ich zunächst den britischen Journalisten Douglas Reed den wesentlichen Inhalt eines Buchs des jüdischen Schriftstellers und Zionisten *Leo Pinsker*, verlegt in Berlin 1882, zusammenfassen: «Er [Pinsker] wollte, daß die Juden eine Nation mit einem eigenen Land werden; aber er wollte nicht, daß diese Nation das Land selbst bewohne. Er wollte nur, daß sich "der Überschuß" von Juden dorthin begebe. Die andern sollten bleiben, wo sie waren. Für die Juden forderte er nationale Rechte, die er andern aber nicht geben wollte. Er behauptete, die Juden seien nicht Staatsangehörige der Länder, in denen sie lebten, mit einem eigenen Glauben, sondern Glieder einer andern Nation. Trotzdem aber seien sie berechtigt, die Staatsbürgerschaft der respektiven Gaststaaten voll und ganz zu genießen. Diese Forderung war in der Geschichte etwas Einmaliges und bisher nur von bewaffneten Siegern an versklavte Völker gestellt worden. . . . Seine Vorschläge wurden begeistert aufgenommen. "Die Freunde Zions" hielten ihr erstes Treffen 1884 in Kattowitz ab.»[27]

Pinskers unerhörtes Konzept wurde u.a. 1921 von *Elijahu Ben-Zion Sadinsky* erneut aufgegriffen und der verdutzten deutschen Öffentlichkeit als etwas sozusagen Selbstverständliches präsentiert. Wie exakt Sadinsky sich an Pinsker orientierte, mag schon die folgende, auf den ersten Seiten seines Werks anzutreffende Schlüsselpassage belegen, die man aufmerksam und nötigenfalls mehrmals lesen sollte:

«Aber die Unabhängigkeit des jüdischen Volkes in Palästina kann seine nationalen Aspirationen nur zum Teil befriedigen. Während der langen Zeit seines Exils hat es überall große Massenansiedelungen geschaffen, die es aus ökonomischen und nationalen Gründen nicht zerstören kann. Das Schwergewicht seiner Massen liegt in der Diaspora. Und dieses Schwergewicht wird sich nicht verschieben lassen; denn es kann nur von ökonomischen Notwendigkeiten bewegt werden. Und vorläufig und für Generationen hinaus sind die jüdischen Massen durch ökonomische Notwendigkeiten an die Diaspora gebunden. Denn vorläufig und für Generationen hinaus kann Palästina nur einen Bruchteil des jüdischen Volkes aufnehmen. . . . Die Judenfrage ist die *Verbindung* des Problems der Schaffung einer selbständigen ökonomischen Existenzbasis und einer unabhängigen kulturellen und politischen Heimat für die jüdische Nation in Palästina *mit* der Frage der Schaffung der vollkommensten nationalen Unabhängigkeit für die verbleibenden Volksteile in der Diaspora auf der Grundlage eines organischen *politischen Zusammenhanges* des

---

[27] *Douglas Reed*, Der große Plan der Anonymen, Zürich 1952 (Reprint Bremen o.J.; abgek. *Reed*), 284f. Der Titel von Pinskers Buch lautet: «Auto-Emanzipation. Eine Warnung eines russischen Juden an seine Rasse»; auf den unverhohlen rassistischen Anstrich dieses Buchtitels sei aus aktuellen Gründen eigens aufmerksam gemacht.

169

nationalen palästinensischen Zentrums mit allen Gliedern der jüdischen Nation in allen Teilen der Welt. - Die Lösung der Judenfrage kann deshalb nicht durch mechanische Loslösung des jüdischen Volkes aus seiner Verknüpfung mit den übrigen Völkern bewirkt werden.... Ihre Lösung ist untrennbar mit der Lösung des gesamten nationalen Problems *der werdenden* Menschheit verbunden.»[28]

Daß hier eine doch schon seit eh und je *vorhandene* Menschheit dennoch als eine «*werdende*» bezeichnet wurde, das läßt sich sinnvoll nur als ein sanfter Wink Sadinskys in Richtung der Nichtjuden interpretieren, sich seelisch-moralisch ganz allmählich auf eine *politisch geeinte* Menschheit einzustellen. Deren «Unabtrennbarkeit» vom «organischen *politischen Zusammenhang* (es ist Sadinsky selbst, der jeweils hervorhebt!) . . . der jüdischen Nation in allen Teilen der Welt» läßt sich in seiner praktischen Realisierung schwerlich anders vorstellen denn als eine, ausgehend vom palästinensischen universalen Machtzentrum, in jüdisch verwaltete Satrapien aufgeteilte Welt[29].

Im selben Jahr 1921 publizierte Sadinskys Rassegenosse *Alfred Nossig* in einem großen internationalen jüdischen Verlag seine «neunzig Thesen» als «Richtlinien für ein Programm des Weltsozialismus»[30]; 1922 ließ er das noch tieferschürfende Buch

---

[28] *Sadinsky* a.a.O. 12f.
[29] Es so unverblümt zu formulieren, schien Sadinsky wohl nicht opportun, obwohl es sich, wie gezeigt, logisch zwingend aus seinen umständlichen Darlegungen ergibt. Weiter unten im Text (ebd. 37-41) stellte dieser geriebene Zionist jedoch noch folgende Forderungen auf: «Die Souveränität der organisierten jüdischen Nation erstreckt sich mithin über das gesamte Gebiet der Erde. Die Staaten sind autonome Verwaltungskreise der jüdischen Nation.... In allen Staaten ist die jüdische Nation in allen Legislativ- und Exekutivbehörden und in der gesamten Beamtenschaft des Staates, des Verwaltungskreises oder -bezirks und der Territorialgemeinde, proportionell ihrer Zahlenstärke in jedem der betreffenden Gebiete, vertreten. - Ist dem jüdischen *Nationalbürger* die Möglichkeit sichergestellt, überall in der Welt im jüdischen nationalen Kulturkreise zu leben und zu schaffen, so ist durch den nationalen Proporz auf dem Gebiete des Staates auch dem jüdischen *Staatsbürger* das Recht gewährleistet, sich überall am Staatsleben zu beteiligen.» Ich weise darauf hin, daß die «jüdische Nation» im hier definierten Sinne wie durch ein Wunder heute in fast allen Staaten der Erde um das Zehn- bis Hundertfache (und - etwa in den USA - teilweise noch weit darüber hinaus) *über*proportional zu ihrer jeweiligen Zahlenstärke «in allen Legislativ- und Exekutivbehörden und in der gesamten Beamtenschaft des Staates, des Verwaltungskreises oder -bezirks und der Territorialgemeinde» vertreten ist.
[30] *Alfred Nossig*, Richtlinien für ein Programm des Weltsozialismus. Neunzig Thesen, Wien - Berlin - Warschau - London - New York 1921 (abgek. *Nossig 1921*).

«Integrales Judentum»[31] folgen. Im ersteren Werk behauptete er in der 6. These, daß «die Weltausdehnung das Endziel des Sozialismus, gleichzeitig aber die Voraussetzung des vollen Ausbaues und der vollen Auswirkung der sozialistischen Gesellschaftsordnung bildet»[32]. Im letzteren identifizierte er zu wiederholten Malen in epischer Breite den Weltsozialismus mit dem «Mosaismus». Es würde zu weit führen, sämtliche Texte anzuführen; ich beschränke mich auf *eine* Kostprobe, in der Nossig zugleich die schon damals bestehende jüdische *Über*proportionalität in der Politik zu rechtfertigen bemüht war:

«Auch im Bereiche des Weltwirkens der Juden wird sich jetzt in immer höherem Maße die Synthese zwischen Mosaismus und Sozialismus vollziehen. Die Öffentlichkeit kannte früher nur eine Kategorie von jüdischen Sozialisten: solche, die alle Beziehungen zum Judentum durchschnitten hatten. Aber selbst diese assimilierten Sozialisten werden unter dem Einflusse der aufklärenden Tätigkeit der bewußten Vertreter des mosaischen Bundes ihren unlöslichen Zusammenhang mit dem alten Stamm und der alten Lehre immer mehr verstehen lernen. Wir begreifen ihre geschichtliche Rolle vielleicht besser als sie selbst. Es wird heute der Vorwurf gegen die jüdischen Sozialisten erhoben, daß sie in den Regierungen der sozialistischen Staaten mit einem unverhältnismäßig starken Prozentsatz vertreten sind. Gewiß mag das Verhältnis hier und da ein übermäßiges sein, wenn man die prozentuale Bevölkerungszahl der Juden zugrunde legt; aber es ist ein richtiges, wenn man die Zusammenhänge zwischen Judentum und Sozialismus in Betracht zieht. - Es darf nicht übersehen werden, daß die Juden zu den Vätern und Wegbahnern des Sozialismus gehören, daß schon ihre Urahnen für diese Ideale gekämpft haben. Wenn sie heute an leitende Stellen gelangt sind, so ist es deshalb, weil wir heute ein Vorspiel jener messianischen Zeiten erlebt haben, da nach dem Worte des Propheten Sacharia zehn Männer aus allerlei Ländern einen jüdischen Mann beim Zipfel erfassen und ihm sagen werden: "Wir wollen mit dir gehen!" Nicht nach ihrer Zahl sind die jüdischen Sozialisten zu messen, sondern nach ihrem Werte, ihrer Berufung und ihrem Verdienst. Wollen die Völker wirklich fortschreiten, dann müssen sie ihre mittelalterliche Scheu, ihre reaktionären Vorurteile im Verhältnis

---

[31] *Alfred Nossig*, Integrales Judentum, Wien - Berlin - New York 1922 (abgek. *Nossig 1922*).
[32] *Nossig 1921* a.a.O. 9.

zu den Juden abstreifen. Sie müssen in ihnen endlich das erkennen, was sie in Wahrheit sind: die aufrichtigsten Vorkämpfer der Entwicklung, die treuesten Helfer zum Aufstieg in Wohlfahrt und Kultur.»[33]

Da bot also bereits damals ein Vertreter der neuen europäischen «Adelsrasse von Geistesgnaden» namens eben dieser Adelsrasse deren Dienste an - nicht bloß den Europäern, sondern «den Völkern» insgesamt. Wohl hatte er zuvor vorsichtshalber alle herrschaftspolitischen Ambitionen des Judentums verneint, jedoch mit einer wirklich seltsamen Doppelbödigkeit:

«Der Mosaismus ist eine Menschheits-, eine Weltlehre. Gleichzeitig aber ersehen wir schon aus diesem Aufbau des Bundes, daß der Mosaismus, ähnlich wie der Sozialismus, trotz seiner auf Weltverständigung und Weltfrieden gerichteten Bestrebungen, nicht etwa die Vermischung der Völker und die Aufhebung der Nationalstaaten verlangt. Nur die *Völkerverbrüderung* ist das Ideal der großen Propheten und die Umrisse eines Völkerbundes werden von ihnen mit überraschender Klarheit gezeichnet.»[34] - Worauf sollte denn eine allgemeine «Völkerverbrüderung» im Zeichen des «Mosaismus» als der ihr zugrundeliegenden «Menschheits- und Weltlehre» anders hinauslaufen als auf einen jüdischen Weltstaat[35]?

In seinem 1965 publizierten aufsehenerregenden Werk über den «Niedergang des Judaismus in unserer Zeit» rechnete *Moshe Menuhin*, Vater des weltberühmten Geigers Yehudi Menuhin, hart mit den berühmtesten Zionisten der Jahrhundertwende ab[36]. Weder Peretz Smolenskin noch Leo Pinsker, Nahum Sokolow, Chaim Weizmann, Theodor Herzl oder selbst Achad Ha'am

---

[33] *Nossig 1922* a.a.O. 79.
[34] Ebd. 65.
[35] Vgl. den ähnlichen «Zwiesprech» schon auf Seite 5 desselben Buches. Einerseits behauptet Nossig: «Das ist der wahre, einzige Sinn der Auserwähltheit der Hebräer: Nicht zu äußerem Glanze, nicht zur irdischen Herrschaft sind sie berufen, sondern nur zu schwerster, strengster Erfüllung der kosmischen Gebote, zu leidvollem Wirken im Dienste des geistigen Fortschrittes und der moralischen Vervollkommnung der Menschheit.» Andererseits hieß es nur wenige Zeilen danach: «Ebenso wie die Stammes-Exklusivität nur ein Mittel zur sichereren Erreichung der Menschheitsziele ist, soll das nationale Gemeinwesen in Palästina nicht Selbstzweck und Endzweck sein, sondern bloß Form und Mittel zur Verfolgung höherer, kosmischer Zwecke.» Was das für «höhere kosmische Zwecke» sein sollten, wollte Nossig leider nicht präzisieren.
[36] *Moshe Menuhin*, The Decadence of Judaism in Our Time. In Two Parts. I. Palestine, the Jews and the Arabs. II. The Case of the Jews and of Judaism Versus «Jewish» Political Nationalism, New York 1965, vor allem 26-68.

fanden in seinen gestrengen Augen Gnade. Aber warum? Weil sie sich für einen separaten Staat Israel eingesetzt und seine Errichtung durchgedrückt hatten, während er, *Moshe Menuhin*, «ein Jude des zwanzigsten Jahrhunderts», sich «als ein Mann meiner Zeit, der sich rasch entwickelnden nuklearen und universalen Einen Welt (one-world)»[37] fühlte! Und weil er nicht begreifen konnte, daß, «während ein Präsident der Vereinigten Staaten am Unabhängigkeits-Tag in der Unabhängigkeits-Halle in Philadelphia eine internationale Verflochtenheit (interdependence) konstatiert, das viertausend Jahre alte Judentum, das seine ganze Geschichte hindurch den Tag universaler Brüderlichkeit erbetet und erhofft hat, jetzt dahingehend untergraben wird, zu abgesonderten Volksangehörigen der "souveränen Autorität des jüdischen Heimatlandes" zu werden . . .»[38]! Ich muß gestehen, daß mich diese Aussagen eines jüdischen Zionisten«gegners» in meiner Interpretation obenstehender Texte führender Zionisten eher bestärken denn wankend machen. Und ich fürchte sogar ein bißchen, daß es meinen Lesern ähnlich ergehen wird . . .

Der 1990 verstorbene *Josef G. Burg* war seiner Abstammung nach Jude, bekannte sich auch stets zu dieser Abstammung, verstand sich gleichwohl als deutscher Patriot und bekämpfte von daher in zahlreichen Büchern den One-World-Zionismus. Sein Buch «Majdanek in alle Ewigkeit», das Buch eines *Juden* also, das sich äußerst kritisch mit der historischen Wirklichkeit des sogenannten *Holocaust* auseinandersetzte, fiel sogar der staatlichen Zensur zum Opfer: obwohl bereits gedruckt, durfte es nicht mehr ausgeliefert werden. Wo sich jemand seinen finsteren Plänen in den Weg stellt, macht *Zion* zwischen Juden und Gojim keinerlei Unterschied! Dem Juden Josef Burg nun verdanken wir die beiden folgenden original jüdischen Antworten auf die Frage, wem die geplante Eine Welt untertan sein soll:

Aus dem 1934 publizierten Buch «Das Recht der überlegenen Rasse» (!) eines gewissen *Isaac Blumchen* führte Burg folgende Sätze an: «. . . mit dem 20. Jahrhundert ist das jüdische Zeitalter angebrochen: wir herrschen, und die Welt soll es wissen . . . Die Überlegenheit der jüdischen Rasse und ihr Recht, die Herrschaft auszuüben, sind durch die Tatsache selbst begründet, daß wir diese Herrschaft bereits ausüben. Die Besiegten beugen sich eben vor dem Unvermeidlichen.» Und der Titelseite des amtlichen Or-

---

[37] Ebd. VI.
[38] Ebd. VIII.

gans der zionistischen Vereinigung von Belgien «L'avenir Juif» («Die jüdische Zukunft») in seiner Ausgabe Nr. 191 vom 16. Februar 1940 entnimmt er eine dazu passende Prognose: «Am Ende des gegenwärtigen Krieges wird man sagen können, daß alle Straßen nach Jerusalem führen . . .»[39]

Es war denn auch der durch gewaltige Kriegslieferanten-Manipulationen und -Spekulationen als Dollar-Multimillionär aus den beiden Weltkriegen hervorgegangene «Berater» mehrerer amerikanischer Präsidenten *Bernard Baruch*, der im Juni 1946 vorgeschickt wurde, einen ersten Anlauf zur sofortigen Schaffung einer Quasi-Weltregierung zu nehmen. Douglas Reed berichtete wenig später, 1948, darüber als zeitgenössischer Beobachter: «Bei einer Tagung der "Vereinigten Nationen" in New York machte der Delegierte der Vereinigten Staaten für Atom-Angelegenheiten, Bernard Baruch, einer von Präsident Roosevelts Ratgebern, den Antrag, eine Körperschaft zu ernennen, die den Namen "Atomic Development Authority" führen sollte. . . . Die Ziele dieser Kommission sollten sein: 1. Ein Weltmonopol für die Atombombe; 2. eine sich über die ganze Welt erstreckende Aufsichtsgewalt, um die Herstellung von Atombomben seitens jeder anderen Macht zu verhindern; 3. die Befugnis, die "Zähne" (lies: Atombomben) gebrauchen zu dürfen zur sofortigen, raschen und nachhaltigen Bestrafung aller, welche die zwischen den Völkern geschlossenen Übereinkommen verletzen. - Dies war der herrlich verwegene, offene Plan für eine Weltdiktatur, welche diesen Planeten durch Atomterror beherrschen sollte.»[40]

Der Coup scheiterte einzig am Veto Stalins, der es zeit seiner Herrschaft über die Sowjetunion an Loyalität gegenüber seinen mosaischen Glaubensbrüdern resp. hebräischen Rassegenossen im «Kapitalismus» fehlen ließ, sobald ihre Pläne auf eine Schwächung seiner eigenen Machtposition hinausliefen, obgleich er ansonsten prächtig mit ihnen kooperierte. Im übrigen jedoch waren Baruch und Konsorten nur einer «Einsicht» des jüdischen Physikers und Miterfinders der Atombombe *Albert Einstein* gefolgt, die da knapp und präzise lautete: «Die Antwort auf die Atombombe ist eine Weltregierung.»[41] Daß er nicht bloß als Privatper-

---

[39] *J.G. Burg*, Sündenböcke. Großangriffe des Zionismus auf Papst Pius XII. und auf die deutschen Regierungen, 3. Aufl. München 1980 (abgek. *Burg, Sündenböcke*), 576.
[40] *Reed* a.a.O. 126f. Reeds Werk erschien in der englischen Originalausgabe bereits 1948!
[41] So zitiert von - *Otto von Habsburg* (!) in seinem Buch «Einen - und nicht tren-

son, sondern im Namen seiner «Rasse» gesprochen hatte, mag eine 1970 vom damaligen Europa-Präsidenten der mächtigen jüdischen B'nai B'rith-Loge *Georges M. Bloch* schriftlich geäußerte Einschätzung belegen: «Es ist kein Zufall, daß die drei großen Beweger unserer Zeit: Marx, Freud und Einstein, aus dem jüdischen Volk hervorgegangen sind.»[42]

Im Jahre 1965 machte *Henry Kissinger* alias *Abraham Ben Alazar* deutlich, daß das zionistische «Endziel» (!) sich um keinen Millimeter verschoben hatte, denn er gab zu Protokoll: «Das Endziel einer supra-nationalistischen Weltgemeinschaft wird nicht schnell erreicht werden . . . aber es ist nicht zu früh, uns auf diesen Schritt über den Nationalstaat hinaus vorzubereiten.»[43] Er meinte mit «wir» offenbar weniger die Amerikaner denn seine Volksgenossen in aller Welt.

Auch der Vorsitzende einer der einflußreichsten öffentlich agierenden hebräischen Lobbys, des «Jüdischen Weltkongresses», *Nahum Goldmann*, fand 1978 in seinem Buch «Das jüdische Paradox» deutliche Worte: «Ich bin überzeugt, daß in fünfzig oder hundert Jahren der Begriff des souveränen Staates verschwunden sein wird. Nur so können ein atomarer Weltkrieg und der Untergang der Zivilisation verhindert werden. - Als die Vereinten Nationen gegründet wurden, hätte man die Souveränität der Staaten abschaffen oder es zumindest versuchen sollen, um an ihre Stelle eine Art Weltmacht zu setzen.»[44] Nun, es war ja versucht worden, mehr als einmal, und man braucht Goldmann seine noch so treuherzig gespielte diesbezügliche Ahnungslosigkeit nicht unbedingt abzunehmen. Doch hören wir ihn weiter: «Wenn ich von der Abschaffung des Staates spreche, meine ich die Abschaffung des politischen Staates und nicht der kulturellen Einheit, die der darstellt . . . Aber das jüdische Ideal sollte darin bestehen, an die Spitze derer zu treten, die den Staat bekämpfen. Dies scheint mir die große revolutionäre Bewegung von morgen zu sein, und nicht eine, die sich auf den Marxismus beruft und heute schon im Zeichen des Verfalls steht und in fünfzig Jahren

---

nen» (Moers 1987) auf Seite 190. Ich übernehme das Zitat und diese Quellenangabe von *Homuth* a.a.O. 4.

[42] Zit. n. einer ebd. 113-125 (Blochs Feststellung auf S. 114) in Faksimile reproduzierten offiziellen Schrift, die in Wien in 3. Auflage anläßlich mehrerer B'nai B'rith-Buchausstellungen in Berlin, München, Düsseldorf und Hamburg verlegt worden war.

[43] *Donald S. McAlvany* in: *CODE*, Nr. 6/1991, 28.

[44] *Goldmann, Paradox* a.a.O. 147.

verschwunden sein wird . . . Der souveräne Staat ist übrigens kein ewiger Begriff; er stammt von Hegel, der, meiner Meinung nach, in dieser Hinsicht der Vorläufer Hitlers war. . . . In einigen Generationen werden die souveränen Staaten überlebt und durch ein System supranationaler Einheiten ersetzt sein . . .»[45] Eine dieser in das weltumspannende «System» zu integrierenden «supranationalen Einheiten» ist ganz unverkennbar das Paneuropa von Maastricht! Der nicht erst fünfzig, sondern schon zwanzig Jahre später «verschwundene» Marxismus läßt befürchten, daß Goldmann auch mit seinen «einigen Generationen», nach denen sich die «souveränen Staaten überlebt» haben sollen, bei weitem zu hoch gegriffen hat - zumal (siehe oben!) Isaac Blumchen schon 1934 diese Souveränität für nicht mehr existent hielt!

An das von Goldmann formulierte «jüdische Ideal», das ihm zufolge darin besteht, «den Staat», nämlich den *souveränen Nationalstaat*, zu bekämpfen, hielt sich u.a. «The Jewish Chronicle» vom 23. Februar 1990, wenn dort behauptet wurde: «Es wird fast zu einer von selbst einleuchtenden Wahrheit, daß unsere zukünftige kollektive Sicherheit - vor einer wirtschaftlichen und ökologischen Katastrophe ebenso wie vor einer militärischen - nur durch das beschleunigte Vorantreiben einer Einen Welt gewährleistet werden kann.»[46]

Schließlich sind da (um nur diese beiden zu nennen!) die Krypto-Israeliten *Konrad Löw* und *Adelbert Weinstein*, die in jüngerer Zeit unisono nach einer «Weltpolizei» rufen bzw. sie pointiert ins Gespräch bringen. Löw ist Politologe an der Universität Bayreuth und hielt dort - zufällig oder nicht - am *13.* Februar 1991 einen offenbar vielbeachteten Vortrag, über den die «Deutsche Tagespost» berichtete: «Zuletzt nennt Löw das Ziel, eine Weltfriedensordnung zu propagieren, die mittels einer internationalen "Weltpolizei" erzwungen und garantiert werden solle. Zu ihren Aufgaben solle auch die Überwachung von Abrüstungsvereinbarungen und die Durchsetzung einer Ächtung von ABC-Waffen in der ganzen Welt zählen, meinte Löw.»[47] Der «katholisch»-jüdische Professor kramte also einen alten «Vorschlag» wieder hervor, mit dem sein Volksgenosse Bernard Baruch schon 1946 in den USA an die Öffentlichkeit getreten war. Besonders

---

[45] Ebd. 148f.
[46] Zit. n. *W.G. Finlay* in: *The Covenant Message* [Südafrika], 58. Jg. Nr. 1/März 1992, 11.
[47] *DT*, 9. 3. 1991.

würdigen sollte man in Löws Ausführungen die für Leute seines Schlages typische, wirklich vorbildlich demokratische Rücksichtnahme auf das Selbstbestimmungsrecht der Völker: er möchte die «Weltfriedensordnung» (d.h. die *eine* Weltregierung) schlicht «erzwingen»! Weinstein seinerseits bemüht sich seit einigen Monaten, den Ausdruck «Weltpolizei» in den Spalten der «Deutschen Tagespost» heimisch zu machen (was natürlich auch in der übrigen kontrollierten Presse geschieht); im Dezember 1992 beispielsweise fragte er provokativ: «Die Bundeswehr als ein Element der Weltpolizei?» und gab auch selbst die Antwort: «Ein deutsches Kontingent in Somalia ist gleichbedeutend mit einer Zusage unserer Regierung, den Auftrag zu übernehmen, Element einer Weltpolizei zu werden.»[48] Ob seine «Weltpolizei» gleichfalls eine «Weltfriedensordnung» «erzwingen» soll, dazu hat er bisher noch nicht eindeutig Stellung bezogen; jedenfalls setzt sie begrifflich (mindestens) Nahum Goldmanns «System supranationaler Einheiten» voraus . . .

Der Krypto-Hebräer *Michail Gorbatschow* alias *Kohn*[49] (Woraus nicht voreilig auf Blutsverwandtschaft mit Bundeskanzler Helmut Koh[l,n] geschlossen werden kann: *Kohn* ist ein hebräischer Allerweltsname vergleichbar dem deutschen Namen *Müller*!) hält auch nicht mehr hinter dem Berg mit seiner Vorliebe für die One World, seit er den Präsidentenstuhl der Ex-UdSSR bzw. Rußlands dem Krypto-Hebräer *Boris Jelzin* alias *Elzmann* überlassen hat. «Die Wahrheit ist», so schrieb er Anfang 1992 in der sozialistischen französischen Tageszeitung «Liberation»[50], «daß wir uns im Osten wie im Westen auf eine neue Zivilisationsform hinbewegen. Es ist so, als ob sich verschiedene Kräfte von verschiedenen Teilen der Welt her auf ein Ziel hinbewegen, das dem sozialistischen Ideal nicht unähnlich ist.» Das war ausnahmsweise tatsächlich einmal die Wahrheit. Er sagte sie im Mai 1992 sogar noch lauter und deutlicher, wenn man der «Esslinger Zeitung» glauben darf, die den früheren KGB-Chef und Ex-Generalsekretär der KPdSU mit einem freimaurerischen Signalfoto (Griff zur Brille) abbildete und darunter schrieb: «In Fulton (Missouri), an historischer Stätte, forderte der frühere Sowjet-Präsident Michail Gorbatschow . . . die Errichtung einer globalen Regierung aller Staaten»[51].

---

[48] *DT*, 22. 12. 1992.
[49] *Mehr Licht* Nr. 5/6 (März) 1991; *Der Insider*, 15. 5. 1991.
[50] Zit. n. *Fraktur*, 15. 3. 1992, 2.
[51] *Esslinger Zeitung*, 8. 5. 1992.

Es ist im Prinzip egal, wo man hinblickt: der innigste Zusammenhang zwischen Zion und der Einen Welt tritt überall zutage. Da bringt der seit Jahrzehnten (krypto-)jüdisch geführte Herder-Verlag[52] 1991 ein Buch mit dem famosen Titel «*Worte für die eine Welt*» auf den Markt, herausgegeben von einem gewissen *Irwin Abrahams*[53]. Da beginnt in dem im Juni 1992 präsentierten Entwurf eines neuen Parteiprogramms der zu diesem Zeitpunkt noch von dem Israeliten *Gregor Gysi* präsidierten PDS (vormals SED) ein Satz ganz selbstverständlich mit den Worten: «Die sich herausbildende Weltgesellschaft . . .»[54] Lassen wir es bei diesen im übrigen nahezu beliebig vermehrbaren Beispielen bewenden.

3. «*Regionalismus und Welt-Organisierung*»

Glaubt man dem Paneuropa-Funktionär und Coudenhove-Biographen Martin Posselt, so hätte das Werk mit diesem schönen Titel in den USA des Jahres 1944 gar nicht erscheinen dürfen. «Das große Zauberwort in diesen [«den letzten beiden Kriegs-»] Jahren aber hieß "One World", nicht Paneuropa. Roosevelts Vision eines Weltfriedens unter amerikanisch-sowjetischer Oberaufsicht, der sich auch die Staaten Europas zu unterwerfen hätten, stand den Bemühungen Coudenhoves um die Errichtung eines unabhängigen, handlungsfähigen Europa diametral entgegen.»[55] Ja und Nein. Der Errichtung eines *wirklich* unabhängigen, handlungsfähigen Europa stand und steht die «One World» nun freilich «diametral entgegen», nicht aber derjenigen eines bloß *scheinbar* «unabhängigen, handlungsfreien» Europa! Das ist nicht etwa *meine* These, sondern diejenige von *Jan Hostie*, einem der Autoren der Insider-Studie «Regionalism and World Organization» persönlich:

---

[52] Vgl. *Diethelm Brüggemann* in: *Fraktur*, 31. 5. 1992, 5: «Die Aufweichung des Verlages begann schon im Jahre 1913, als ein Mann namens Philipp Dotterweich Teilhaber des Verlegers Hermann Herder wurde. Der Sohn Theophil des Philipp Dotterweich heiratete 1925 die einzige Tochter Hermann Herders, Elisabeth. Die Familie führt nach der Änderung des Namens Dotterweich in Dorneich den Namen Herder-Dorneich.» Ein Sproß der Familie Dorneich/Dotterweich ist noch heute Chef des ehemals größten *katholischen* Verlags im deutschsprachigen Raum.
[53] Besprochen und empfohlen - in der *DT* vom 9. 5. 1992: «So vermittelt dieses Buch durch die ausgewählten Worte aus 91 Jahren - von Albert Schweitzer über Mutter Teresa bis Michail Gorbatschow [!] - zukunftsweisend Perspektiven für das friedliche Zusammenleben der Menschen in der einen Welt.»
[54] Zit. n. *Fritz Schenk* in: *DT*, 13. 6. 1992.
[55] *Posselt 1989* a.a.O. 47.

«... die internationalen Institutionen müssen so gebaut werden, daß sie wenigstens den wahrscheinlichsten und gewichtigsten der vorhersehbaren politischen Verschiebungen ebenso standhalten wie dem von außen und von innen kommenden Ansturm der Feinde der Weltorganisation. *Ein europäisches Ganzes innerhalb des Rahmenwerks einer Weltorganisation* erfüllt am ehesten diese Bedingungen.»[56] Zwar stimmt es, daß die zionistisch-freimaurerischen Planer der Einen Welt sich damals noch nicht restlos einig über den einzuschlagenden Weg waren; der Umweg über die Schaffung einiger weniger Großregionen, darunter an erster Stelle Paneuropa, wurde jedoch beispielsweise von sämtlichen Mitverfassern des Schnapperschen Sammelbands als der aussichtsreichste beurteilt[57]. Dafür nur vier besonders sprechende Beispiele.

Bertram Pickard vom «Institut für Weltorganisierung» meinte[58]: «Miteinander verzahnte Abmachungen zwischen einander überlappenden Regionen, die die ganze Welt abdecken und durch universale internationale Autorität koordiniert werden, würden als ebenso notwendig wie wünschenswert erscheinen.» *Sarah Wambaugh* schloß sich dieser Einschätzung an und machte im übrigen deutlich, daß die zu schaffenden «Regionen» keineswegs *unabhängig* und *(selbständig) handlungsfähig* sein dürften: «Das große Erfordernis ist nicht, daß die Sicherheit auf ein regionales System gegründet werden, sondern daß es ein universales System geben sollte, daß es keiner Macht von irgendwelcher Bedeutung erlaubt sein sollte, unter dem Vorwand der Neutralität außerhalb davon zu bleiben, und daß alle, große und kleine, darauf verpflichtet werden sollten, zumindest prinzipiell wirtschaftliche und selbst militärische Sanktionen mitzutragen, falls solche von

---

[56] *Schnapper* a.a.O. 58; Hervorhebung von mir.
[57] Vgl. dazu die folgende Übersicht von *Arnold Brecht* (*Schnapper* a.a.O. 11): «Die gegenwärtig gemachten Vorschläge für internationale Organisation können in vier Hauptkategorien eingeteilt werden. Wir dürfen sie zweckmäßigerweise die Vorschläge von Universalisten, Großregionalisten, Kleinregionalisten und ideologischen Unionisten nennen. Die Universalisten wollen eine weltweite Organisation, die Großregionalisten empfehlen Bündnisse von kontinentalem Zuschnitt, die Kleinregionalisten schlagen gruppenweise Zusammenschlüsse kleinerer Länder vor und die ideologischen Unionisten befürworten eine Konföderation von Demokratien oder eine Liga der Vereinten Nationen. – In Wahrheit ist es töricht, diese Ideen einander entgegenzusetzen, als ob sie sich wechselseitig ausschlössen. Alle vier Arten von übernationaler Organisation sind notwendig. Zumindest muß man für sie alle Raum lassen; welche von ihnen auch immer zuerst verwirklicht werden wird, sie sollte so errichtet werden, daß die anderen drei nicht ausgeschlossen werden.»
[58] *Schnapper* a.a.O. 8.

der zentralen Autorität oder der entsprechenden regionalen Autorität verlangt werden. . . . Die internationale Autorität sollte eine ständige internationale Polizeimacht besitzen. . . . Diese Macht sollte nach Regionen, vielleicht nach Kontinenten unterteilt werden und regionalen Behörden unterstehen, aber diese sollten die Internationale (sic!) Autorität repräsentieren und gemäß ihren Richtlinien und Bestimmungen handeln.»[59] Mrs. Wambaugh war, wie man sieht, nicht gerade zimperlich in ihren Forderungen. Länder wie Österreich oder die Schweiz, deren Bevölkerung sich derzeit noch der Eingliederung in die kontentinale Region *Paneuropa* widersetzt, müssen also wissen, daß Zion es ihnen nicht gestatten wird, sich unter Hinweis auf ihre traditionelle *Neutralität* von Maastricht-Europa zu absentieren . . . Bemerkenswert aktuell klingt auch das aus dem Jahre 1944 stammende Diktat, dem sich gegenwärtig, allen verfassungsrechtlichen Problemen zum Trotz, auch Deutschland beugen muß: «zumindest prinzipiell wirtschaftliche *und selbst militärische Sanktionen* mitzutragen, falls solche von der zentralen Autorität oder der entsprechenden regionalen Autorität verlangt werden»!

Doch hier zwei weitere Plädoyers von damals für die Weltregionalisierung. «Es ist auch möglich», stellte *Adolph Drucker* in Aussicht, «Prinzipien für die *Übertragung nationaler Souveränität auf regionale Körperschaften* aufzustellen und für die künftige Einsetzung höherer und schließlich globaler Autoritäten auf wirtschaftlichem Gebiet Vorsorge zu treffen.»[60] Daß das «möglich» ist, hat man uns bezüglich der Region «Paneuropa» in Maastricht plastisch vor Augen geführt, wo man die Möglichkeit gleich in die Tat umsetzte. Jetzt warten wir nur noch auf die förmliche «Einsetzung» de facto längst eingesetzter «globaler Autoritäten» . . . Speziell an eine global überwachte großräumige Regionalisierung der damals noch weitgehend «imperialistisch» regierten heutigen «Entwicklungsländer» dachte 1944 bereits *Frank Lorimer*: «Die fortgeschrittenen imperialen Nationen können radikale Revisionen der Kolonialpolitik entwickeln, die diesen Bedürfnissen genügen werden. Die Antwort mag durch die Etablierung regionaler Autoritäten unter internationalem Beistand gefunden werden, mit Verwaltungsbehörden, die irgendeiner Zentralagentur oder einer Weltorganisation verantwortlich sind und aufgrund von Prinzipien handeln, die durch die Versammlung der Weltor-

---

[59] Ebd. 53.
[60] Ebd. 115; Hervorhebung von mir.

ganisation aufgestellt worden sind und der Revision durch einen internationalen Gerichtshof unterliegen. Auf jeden Fall besteht ein klares Bedürfnis für die Errichtung internationaler Agenturen zur Formulierung und Ausführung von Plänen für die koordinierte Entwicklung jener Regionen, die gegenwärtig weitgehend von der Rohstoffproduktion abhängen, zur Regulierung der Vermarktung solcher Produkte, zur Begünstigung von Maßnahmen, die ein größeres wirtschaftliches Gleichgewicht zwischen verschiedenen Regionen herbeiführen, und zur Förderung des technologischen Fortschritts und der Erziehung.»[61]

Die politisch-wirtschaftliche *Regionalisierung*, d.h. Einteilung der Welt in ein paar als Superstaaten konzipierte Großregionen war offensichtlich die unverdächtigste Methode der Anbahnung einer einzigen Weltregierung. Sie ist es heute noch, da z.B. der *europäische* Durchschnittsbürger das Paneuropa von Maastricht auch im Jahre 1993 noch keineswegs als die unmittelbare Vorstufe zur Einen Welt durchschaut hat. Einer der Welt-Organisatoren, *Clarence Berdahl*, konzentrierte denn auch 1944 seine Überlegungen vorwiegend darauf, welche Taktik und Strategie zu befolgen sei, um möglichst unmerklich und damit auch widerstandslos den Weltstaat zu etablieren. Es dürfte für die inzwischen erfolgreich Übertölpelten nicht ohne Interesse sein, anhand von Berdahls damaligen offenherzigen Ratschlägen Rückschau auf ein halbes Jahrhundert paneuropäischer Politik zu halten. Hinter der offiziell propagierten «europäischen Einigung» stand - soviel wird deutlich - für Zion und seine demokratisch gewählten Hofschranzen unausgesprochen immer nur das Ziel der Einen Welt, zu deren Errichtung die Region «Europa» nicht mehr als einen Baustein liefern sollte:

Berdahl optierte damals, 1944, lebhaft für das, was dann ja auch geschah: für eine «Beibehaltung» des «Systems des Völkerbunds», wenngleich unter dem neuen Namen der «Vereinten Nationen». Warum? Weil «die allgemeinen Prinzipien, auf die er gegründet ist, wie ich denke, klarerweise für die Gesamtheit der Nationen leichter zu akzeptieren sind als die alternativen Prinzipien oder Vorschläge, sei es nun Herrn Streits Bundesunion, Herrn Nicholas Domans Weltstaat oder irgendein anderer Plan, der wesentlich über das Völkerbundsystem in seiner allgemeinen Natur und mit seinen Vollmachten hinausgeht. Ich bekunde hier nicht meine persönlichen Vorlieben betreffs internationaler Orga-

---

[61] Ebd. 155f.

nisation; es sollte mich freuen, einen sehr machtvollen Weltstaat zu sehen - und ich würde nicht an der Souveränität der Vereinigten Staaten herumtüfteln. Aber ich will sehr viel lieber etwas als gar nichts auf dem Weg zu einer internationalen Ordnung. Ich kann keinen Hinweis darauf entdecken, daß irgendeine bedeutende Nation, am wenigsten unsere eigene, überhaupt gewillt ist, mit irgendetwas mitzuziehen, was sich drastisch vom Völkerbund unterscheidet, und ich sehe wenig Nutzen darin, auf etwas zu drängen, was offensichtlich unerreichbar ist.»[62]

Klare Worte, die aber auch niemals für die breite Öffentlichkeit gedacht waren, sondern im Rahmen eines «wissenschaftlichen» Symposions fielen! Hören wir den freimaurerischen Politologen weiter: «In gewissem Sinn ist die Schwäche des Völkerbunds seine Stärke, sofern nämlich Nationen, die um ihre Souveränität und Unabhängigkeit fürchten, eher bereit sind, dem schwachen Völkerbund beizutreten, als einer stärkeren Union.» Berdahl weiß also im Jahre 1944 - wie seine Auftraggeber - ganz genau, «daß die Nationen der Welt noch nicht bereit sind, ein dem Völkerbund drastisch vorauseilendes System zu akzeptieren». Darum sein Rat an Zion und Konsorten: «Einige Änderungen muß und - daran zweifle ich nicht - wird es geben; aber diese Änderungen werden meiner Meinung nach viel leichter durch den Prozeß stetiger und relativ unmerklicher Evolution etablierter Institutionen und Praktiken zu erlangen sein als durch eine wohlüberlegte Anstrengung, das Ideal durch eine positive Aufgabe der gegenwärtigen Doktrin zu erreichen. Die Geschichte des Völkerbunds beweist das Wirken des Evolutionsprozesses in der Vergangenheit, und es gibt keinen Grund zu der Annahme, daß dies in der Nachkriegs-Zukunft nicht anhalten wird, vielleicht in beschleunigtem Tempo.»[63] Und nochmals: «Auf jeden Fall bin ich bezüglich der Weltorganisation wie bezüglich der meisten Dinge eher für das Prinzip evolutionärer als für das revolutionärer Entwicklung. Ich sollte eigentlich schnell und weit voranschreiten wollen, aber ich bin recht sicher, daß eine größere Zuverlässigkeit des Fortschritts gegeben ist, wenn wir langsamer vorgehen und vorsichtig auf der soliden Erfahrung der Vergangenheit und auf den Institutionen aufbauen, die diese Erfahrung geliefert haben.»[64]

---

[62] Ebd. 33.
[63] Ebd. 35f.
[64] Ebd. 43.

Als Lockvogel für die Zustimmung zu einer Weltregierung diente damals in den USA, wenn und sofern man zu dieser Zeit öffentlich darüber redete, der auch heute wieder bemühte «bedrohte Weltfriede». Als erforderlich, «wenn das Völkerbundsystem funktionieren soll», bezeichnete Berdahl «die Aufstellung einer irgendwie gearteten internationalen Polizeimacht. Wir behaupten nicht, daß wir eine nationale oder häusliche Ordnung ohne Macht hinter dem Gesetz aufrechterhalten können, und es scheint mir klar zu sein, daß Macht sogar noch notwendiger ist, um eine weniger gut etablierte Weltordnung aufrechtzuerhalten.»[65] Gerechtfertigt wurde sein Ansinnen angeblich durch «die vollkommen gesunde Doktrin von der Unteilbarkeit des Friedens - das heißt, eines universalen Systems, das nach dem Grundsatz arbeitet, daß ein irgendwo stattfindender Krieg überall von Belang ist»[66]. Uns Heutigen ist, den Medien sei Dank, dieses Prinzip längst in Fleisch und Blut übergegangen; so mußte der rheinische Karneval 1990 wegen des von den USA in zionistischer Regie ausgelösten «Golfkriegs» ausfallen, 1993 machte man den Karnevalisten erneut wegen des Kriegs in Bosnien ein schlechtes Gewissen. Und was 1944 von dem Insider *Jan Hostie* als Patentrezept zur Abschaffung aller Kriege angepriesen wurde: «Eine Analyse . . ., die den Ursprung von Kriegen Ideologien, wirtschaftlichen Zwängen, dem Nationalismus, Militarismus, Imperialismus und den Komplexen von Haß, Angst und Rache zuschreibt, geht der Sache nicht auf den Grund. Eine tiefer wurzelnde Ursache des Krieges ist das Fehlen einer übernationalen Regierung»[67], das steht heute kurz vor seiner endgültigen Verwirklichung, in Paneuropa wie auf dem ganzen Globus. Aktionen wie der von der UNO befohlene Golfkrieg oder der von ihr am Kochen gehaltene sogenannte jugoslawische Bürgerkrieg sollen jene psychologische Zermürbung der Weltbevölkerung vollenden helfen, die sich z.B. Mrs. *Wambaugh* schon 1944 vom noch tobenden 2. Weltkrieg für den benötigten Bewußtseinswandel insbesondere in den USA versprach[68]:

«Der Zweite Weltkrieg hat eine große Zahl von ehemals isolationistisch eingestellten Amerikanern überzeugt, daß die Vereinigten Staaten ihren vollen Teil an Verantwortung für die Aufrechterhaltung des Weltfriedens durch Zusammenarbeit mit

---

[65] Ebd. 40.
[66] Ebd. 41.
[67] Ebd. 60.
[68] Ebd. 49.

gleichgesinnten Mächten tragen müssen. Das gibt uns Hoffnung, wenngleich keine Sicherheit, daß genügend Mitgliedern des Senats ein Licht aufgegangen ist, um den Vereinigten Staaten zu erlauben, ein Abkommen zu treffen, daß sie im Falle drohender Aggression ihren vollen Beitrag zu einem beträchtlich verstärkten System wirtschaftlicher und militärischer Sanktionen leisten werden.»

Aber zurück zur «Regionalisierung» der Welt als jenem von Berdahl dringend empfohlenen evolutiven Prozeß, für den sich Zion schließlich entschied: Einer der bekanntesten Zionisten im engeren Sinne, Israels erster Staatspräsident *David Ben Gurion*, erwies sich spätestens 1962 auch als Zionist im universalen Sinne, als er in seinem berühmt-berüchtigten Interview mit dem amerikanisch-jüdischen Magazin «Look» jene gleichfalls berühmt-berüchtigte «Prophezeiung» vom Stapel ließ, die nur ein in die intimsten Geheimnisse der Synagoge Satans Eingeweihter in so kategorischer Weise formulieren konnte: «Es wird keine Kriege mehr geben. - In Jerusalem werden die Vereinten Nationen (die wahren Vereinten Nationen) einen Tempel der Propheten bauen, um der Weltallianz aller Kontinente zu dienen. Hier wird der Sitz des höchsten Gerichts der Menschheit sein, wo alle Kontroversen der vereinigten Kontinente entschieden werden.»[69] Ich habe nur jene Sätze angeführt, aus denen Ben Gurions Kenntnis von der geplanten Regionalisierung hervorgeht: er sprach damals nicht bloß von den «Vereinten Nationen», sondern von der «Weltallianz der Kontinente» bzw. von den «vereinigten Kontinenten»! Unverkennbar fügt sich *Paneuropa* als politisch-wirtschaftliche Zusammenfassung des gesamten *europäischen Kontinents* exakt in diesen Rahmen ein.

Ob es nun wirklich genau *fünf* kontinentale Großregionen sein müssen, oder ob man auch mit *dreien* auszukommen gedenkt (wobei das wirtschaftlich, politisch und militärisch gleichermaßen vernachlässigbare Schwarzafrika sowie einige andere «Entwicklungsländer» vorerst links liegen blieben, weil man sich ihrer ohnedies sicher ist), das sei dahingestellt. *John Springfield* war 1990 letzterer Ansicht, die er so begründete: «Die Vereinigten Staaten von Westeuropa sollen 1992 als eine dieser Regionalregierungen entstehen; der North American Common Market einschließlich Kanada, USA und Mexiko eine weitere. Die "Japane-

---

[69] Hier zitiert nach *Vertrauliche Mitteilungen* (Büsingen), 5. 2. 1991.

se-Pacific-Rim-Community" dann die dritte. Dies paßt nahtlos zur "Trilateral Group of North America, Europe and Japan" von Zbigniew Brzezinski. Seltsamer Zufall: Auch George Orwells "1984" hatte drei regionale Regierungen - Ozeania, Eurasia und Ostasia.»[70] Unter wirtschaftlichen Gesichtspunkten, denen die Satanssynagoge als Anbeterin des Götzen «Mammon» ja vorrangig huldigt, ist das eine durchaus plausible These.

Je nach Bedarf wurden und werden von Zion und seinen Bediensteten in der Tat neben dem bedrohten Weltfrieden auch die angeblich zu erhoffenden wirtschaftlichen und finanziellen Vorteile einer Weltregionalisierung unter einer einzigen Weltregierung herausgestellt. So schon 1921 bei *Elijahu Ben-Zion Sadinsky*, der allerdings das Regionalisierungskonzept noch nicht kannte[71]; so auch 1989 bei dem deutschen Altbundeskanzler und (als Trilateraler) allzeit treuen Diener seiner hebräischen Herren, dem heutigen Herausgeber der trilateralen Desinformationspostille «Die Zeit» *Helmut Schmidt*, der die großregionale *europäische Währungsunion* (im Maastrichter Vertrag inzwischen festgeschrieben!) lediglich als Übergangsstufe zu einem «verbesserten» *Weltwährungssystem* verstanden wissen wollte, natürlich unter Hinweis auf das dann zu erwartende bessere Funktionieren der «Weltwirtschaft»: «Ein anhaltendes Wirtschaftswachstum kann nicht in einer monetären Umgebung erreicht werden, die von hoher Inflation und unberechenbaren Wechselkursschwankungen gekennzeichnet ist. Das künftige Weltwährungssystem muß deshalb disziplinierende Wirkungen auf die nationale Wirtschaftssteuerung ausüben, die mit enger internationaler Zusammenarbeit einhergehen. - Das Europäische Währungssystem (EWS) zeigt, daß stabilere Bedingungen erreichbar sind. Eine Stärkung und Ausweitung dieses Systems könnte schließlich den Weg zu einer Reform des Weltwährungssystems ebnen.» Wie

---

[70] *John Springfield* in: *CODE*, Nr. 12/1990, 24.
[71] Vgl. *Sadinsky* a.a.O. 82: «Hat der Staat einen Teil seiner territorialen Souveränität an die interterritoriale Nation abgetreten, so werden auch die wirtschaftlichen Gemeinschaftsinteressen der Staaten nicht mehr durch zwischenstaatliche Institutionen geregelt werden, sondern einzig und allein durch die Zentralorgane der Nationen: den Großen Rat und den Bundesrat der Nationen. *Die künftige Menschheit wird sich organisatorisch nach Nationen gliedern und nicht nach Staaten.* . . . Der Staat wird nur als *wirtschaftlicher Verwaltungskreis* einer *weltwirtschaftlichen Union der Nationen* weiterbestehen. Die zentralen Organe der Weltwirtschaft werden aber in den Händen des Weltbundes der Nationen liegen. *Die Dialektik der Entwicklung wird von der nationalen Union der Staaten zur weltwirtschaftlichen Union der Nationen führen!* - Am Tage aber, an dem die weltwirtschaftliche Union der Nationen ins Leben treten wird, wird die Menschheit geworden sein.»

konkret das gemeint war, verdeutlicht ein Blick auf den Titel der von ihm verantworteten Studie «Facing One World»[72] - «Im Angesicht der Einen Welt». . . .

Auf der wirtschaftlichen «Schiene» fuhr man seinerzeit bei Gründung der «Europäischen *Wirtschafts*gemeinschaft»; auf ihr fuhr man auch bei der inzwischen bewerkstelligten Schaffung einer nordamerikaweiten (Kanada, die USA und Mexiko umfassenden) *Freihandelszone,* d.h. einer weiteren Großregion. Daß hier kein isolierter Vorgang vorliegt, kommentierte *Patrick Foltin* zutreffend, «sondern ein Teil einer internationalen Gesamtstrategie, ist ziemlich offensichtlich: Kurz vorher, im März, hatten sich die vier südamerikanischen Länder Argentinien, Brasilien, Paraguay und Uruguay zum gemeinsamen Markt "Mercosur" zusammengeschlossen, der schon 1995 voll funktionsfähig sein soll. Ähnlich wie bei der Gründung der EG als EWG - also als Europäische Wirtschaftsgemeinschaft - die Absicht späterer politischer Vereinigung verschwiegen wurde, wird auch im Falle von "Mercosur" behauptet, eine politische Union sei nicht vorgesehen. Daß aber im Zuge der EineWelt-Planung hier der Ansatz auch einer politischen Einigung vorliegt, ist sonnenklar und geht auch daraus hervor, daß die "Politik der Mitgliedsstaaten in internationalen Gremien koordiniert wird" ("Stuttgarter Zeitung", 27. 3. 91).»[73]

Dieselbe Feststellung machte sogar - auf seine Weise - *Jürgen Liminski* von der gelenkten Presse[74]: «Ein globaler Trend zur wirtschaftlichen Einigung ist zu beobachten. . . . Neben dem EWR formieren sich weltweit drei andere große Wirtschaftsblöcke. Nordamerika - Kanada, die Vereinigten Staaten, Mexiko - dürfte die größte Konkurrenz für die Europäer darstellen. Die unter Führung der Japaner im ostasiatischen Raum sich bildende Wirtschaftsgruppe und die unter Führung Chiles in Südamerika entstehende Gemeinschaft sind noch zu sehr mit sich selbst beschäftigt, als daß sie eine Gefahr für die Europäer sein könnten. Die Formierung der großen Blöcke aber zeigt an, wohin die Reise nach dem Zusammenbruch des Kommunismus geht. Die Ideologie dankt ab. Geographie und Markt entscheiden die näch-

---

[72] *Helmut Schmidt (Hrsg.),* Facing One World. Report by an Independent Group on Financial Flows to Developing Countries, Chairman Helmut Schmidt, 1. Juni 1989 (abgek. *Schmidt*), 19.
[73] *Patrick Foltin* in: *Fraktur,* 21. 7. 1991, 1.
[74] Er schreibt neben der DT auch im trilateral kontrollierten *Rheinischen Merkur/Christ und Welt.*

ste Zukunft.»[75] Man beachte die vorsichtige Formulierung von der «*nächsten* Zukunft», denn was die *etwas fernere* Zukunft bestimmen wird, ist sehr wohl eine Ideologie, die zionistische. Daß der «globale Trend» kein Trend, sondern ein planmäßig gesteuerter Ablauf ist, darf in der kontrollierten Presse natürlich nicht gesagt werden. Das durfte noch 1991 nicht einmal *Ingo Friedrich* von der Paneuropa-Union andeuten, der jedoch das internationalistische Regionalisierungskonzept als solches sehr anschaulich darzustellen wußte: «Die Neugründung des EWR vollzieht sich in einem Umfeld der Globalisierung der Wirtschaft, des Handels und der Politik. Die Welt wird wirtschaftlich praktisch zu einem Dorf, dessen Häuser allen zugänglich sind.»[76] Die ganze Welt ein Dorf, in dem eines der wenigen Häuser die Hausnummer «Paneuropa» trägt . . .

Auch die Konzilskirche ist hinreichend in die Planungen der Synagoge Satans eingeweiht, um sich - nach Zions Willen - zu deren Sprachrohr zu machen. Besonders deutlich wurde das wiederum beim Karlsruher sogenannten «Deutschen Katholikentag» vom Juni 1992. In rund achtzigtausend ein halbes Jahr vorher verschickten Anmeldeprospekten lud «die Präsidentin des Zentralkomitees der deutschen Katholiken, Waschbüsch, dazu ein, den Katholikentag zu nutzen, "um zusammen mit Christen aus Europa und anderen Kontinenten den Blick auf die gemeinsame europäische Zukunft in der Einen Welt zu richten"»[77]! Später las man dann über das Programm der pseudokatholischen Mammutveranstaltung: «Der diesjährige Katholikentag steht nach dem Willen der Veranstalter - Zentralkomitee der deutschen Katholiken und Erzdiözese Freiburg - im Zeichen des Zusammenwachsens - in Deutschland, in Europa und in der Welt. Unter dem Motto "Eine neue Stadt ersteht", das auf das himmlische Jerusalem Bezug nimmt (vgl. Apk 21,10-12), möchten Veranstalter und Teilnehmer der Frage nachgehen, wie das Zusammenwachsen konkret geschehen kann und wie sich christliche Verantwortung für das Europa von morgen umsetzen läßt. . . . Die Notwendigkeit weltweiter Solidarität kommt in dem Themensektor "Unterwegs zur einen Welt" zur Sprache.»[78] Daß man in Karlsruhe darüber hinaus auf geradezu penetrante Weise die «neue Stadt» mit

---

[75] *Jürgen Liminski* in: *DT*, 24. 10. 1991.
[76] *Ingo Friedrich* in: *Paneuropa Deutschland* Heft 4 (4. Quartal) 1991, 15.
[77] KNA-Meldung in: *DT*, 25. 1. 1992.
[78] *OR*, 12. 6. 1992. 6.

der «Stadt des Menschen»⁷⁹ zu identifizieren suchte, kam für aufmerksame Beobachter kaum noch überraschend: gemeint war dasselbe, was Ingo Friedrich oben weniger bombastisch ein «Dorf» nannte!

Außenminister Kinkel schließlich erweist sich von Tag zu Tag mehr als Genschers würdiger Nachfolger. Daß die vorerst noch mittels «Regionalisierung» vorangetriebene Schaffung der Einen Welt ihm ein Herzensbedürfnis ist, erfuhr man im November 1992, als er gegenüber dem Südwestfunk erklärte, «die KSZE müsse in die Lage versetzt werden, als *regionale Unterorganisation* der Vereinten Nationen "ihre wehrhaften Arme Nato und WEU auch bewegen zu können"»⁸⁰.

Man sieht - es läuft alles bestens «nach Plan» . . .

4. «Ordnung aus dem Chaos»

«*Ordo ab Chao*, "Die Ordnung entspringt der Unordnung", ist eine spezifisch maurerische Devise. Das Chaos, die Erste Materie, wird durch den Maurer organisiert. Die dem Steinbruch entnommenen Steine werden behauen und dienen zur Konstruktion des Gebäudes. Auf der anderen Seite ist der gewöhnliche Mensch, der Profane, das "Chaos", sofern er nicht die Einweihung empfangen hat, sofern er nicht in den Orden⁸¹ eingetreten ist.» Diese interessante Feststellung des französischen Hochgradfreimaurers *Jules Boucher*⁸² bedarf noch einer kleinen Präzisierung. In vermutlich unfreiwilliger Doppelsinnigkeit erklärt Boucher, der Freimaurer selbst «organisiere» das Chaos. Er möchte natürlich dahingehend verstanden werden, der Maurer bringe durch sein Organisationstalent Ordnung in ein bereits vorgefundenes Chaos. Tatsächlich jedoch «organisieren» die Loge und ihre Hintermänner das Chaos in genau dem Sinne, daß sie es *erst schaffen*.

Da ich mir indes nicht vorwerfen lassen möchte, mit böswilligen Unterstellungen zu operieren, reiche ich diesen Vorwurf lie-

---

⁷⁹ Hierzu verweise ich nochmals auf das One-World-Manifest und -Programm «The City of Man» von 1940, über das ich in meiner Trilogie «Die kommende Diktatur der Humanität» berichtet habe.
⁸⁰ *DT*, 17. 11. 1992 (dpa).
⁸¹ Im französischen Originaltext *l'Ordre*, ein Wortspiel, denn *l'Ordre* bedeutet sowohl «Ordnung» als auch «[Freimaurer-]Orden»!
⁸² *Jules Boucher,* La symbolique maçonnique, 2. Aufl. Paris 1953, 341.

ber gleich an meinen Gewährsmann weiter, an *Nahum Goldmann* persönlich. Der nämlich war im Jahre 1915 gerade erst einundzwanzig Jahre alt und zeichnete sich durch eine für die unverdorbene Jugend ja so charakteristische treuherzige Unbefangenheit aus, daß er mitten im 1. Weltkrieg eine (übrigens erstaunlich selbständige, reife und scharfsinnige) Schrift herausbrachte, die den Titel «Der Geist des Militarismus» trug. Im Geleitwort stellte ihn der Herausgeber als einen «von Geburt russischen Juden» vor, der jedoch «in früher Jugend nach Deutschland gekommen» und darum «in seinem Denken und Empfinden ein so guter Deutscher geworden» sei, «daß er diese schöne Schrift für Deutschland schreiben konnte»[83].

Über die «Schönheit» der Broschüre bzw. ihres Inhalts kann man - nicht bloß als Deutscher - gewiß unterschiedlicher Meinung sein, aber sie ist jedenfalls frei von jenem Anflug von Verschlagenheit, den man beispielsweise in Goldmanns Alterswerk «Das jüdische Paradox» (veröffentlicht 1978, im Alter von 84 Jahren!) antrifft. «Der Geist des Militarismus» ist ein *ehrliches* Werk eines jungen idealistischen Juden[84], den man aufgrund seiner überragenden Intelligenz bereits ein gutes Stück weit in die geheimen Planungen eingeführt hat. Den «Militarismus» charakterisiert er in seiner Schrift als eine typisch deutsche Eigenschaft, die die Deutschen dazu befähigen werde, über kurz oder lang die Weltherrschaft anzutreten. Es ist das wohl die einzige größere Unwahrhaftigkeit, die er sich zuschulden kommen läßt, denn der Militarismus, *wie er ihn definiert*, ist in Wirklichkeit nichts anderes als die jahrhundertealte Strategie der Satanssynagoge. Der «Militarismus» im Goldmannschen Verständnis verbindet nämlich miteinander zwei einander in idealer Weise ergänzende politische Prinzipien: das *uniformistische* und das *aristokratische*. Ersteres uniformiert die breite Masse der Völker und macht sie dadurch problemlos *beherrschbar*; letzteres bringt nur die zur Herrschaft *auch befähigte* Elite der Völker an die Macht. Goldmann wagte damals als Jude noch nicht offen zu formulieren, was genau zehn Jahre später der Goj und Hochgradmaurer Coudenhove-Kalergi viel unbefangener äußern konnte: die These vom

---

[83] *Nahum Goldmann*, Der Geist des Militarismus (Der Deutsche Krieg. Politische Flugschriften. Herausgegeben von Ernst Jäckh. Zweiundfünfzigstes Heft), Stuttgart - Berlin 1915 (Reprint Bremen 1985), 5.
[84] Und nicht etwa eines Deutschen. *Goldmann* hat später, als 84jähriger, bekannt (*Paradox* a.a.O. 31): «Ich konnte problemlos mein jüdisches Bewußtsein und meine Pflicht, dem jüdischen Volk mit meiner ganzen Energie zu helfen, mit meiner Anpassung an die deutsche Kultur in Einklang bringen.»

europäischen Judentum als der kommenden europäischen «Adelsrasse von Geistesgnaden». Aber die Bezüge zu Coudenhoves Vorstellungen sind zu auffallend, um sich aus dem bloßen «Zufall» zu erklären.

Goldmann beschränkt seine Ausführungen im wesentlichen auf *Europa*, das er «die Kulturmenschheit» nennt, und wir haben daher in seiner drastischen Erklärung der Funktionsweise des maurerischen Prinzips «Ordo ab Chao» zunächst den zionistisch-freimaurerischen Plan für die Schaffung der einheitlichen Großregion «Paneuropa» zu erblicken. Daß die von ihm erläuterten Grundsätze jedoch darüber hinaus auch einmal in weltweitem Maßstab Anwendung finden könnten, schließt er nirgends aus. Doch überlassen wir ihm nun endlich selbst das Wort; alle Hervorhebungen stammen von ihm[85].

«Man kann den *Sinn und die historische Mission unserer Zeit* in einem zusammenfassen: ihre Aufgabe ist es, die *Kulturmenschheit neu zu ordnen*, an die Stelle des bisher herrschenden gesellschaftlichen Systems ein neues zu setzen. . . . Alle Um- und Neuordnung besteht nun in zweierlei: in der Zerstörung der alten Ordnung und dem Neuaufbau der neuen.» Da ist also tatsächlich, wie ich oben behauptete, in einem ersten Schritt die alte Ordnung in Unordnung, in ein *Chaos* zu verwandeln: «Zunächst einmal müssen alle Grenzpfähle, Ordnungsschranken und Etikettierungen des bisherigen Systems beseitigt und alle Elemente des Systems, die neu geordnet werden sollen, als solche, gleichwertig untereinander, auseinandergelegt werden. Sodann erst kann das zweite, die Neuordnung dieser Elemente, begonnen werden. So besteht denn die erste Aufgabe unserer Zeit in der *Zerstörung*: alle sozialen Schichtungen und gesellschaftlichen Formungen, die das alte System geschaffen hat, müssen vernichtet, die einzelnen Menschen müssen aus ihren angestammten Milieus herausgerissen werden; keine Tradition darf mehr als heilig gelten; das Alter gilt nur als Zeichen der Krankheit; die Parole heißt: was war, muß weg.» In so entwaffnender Offenheit hat man es wohl kaum jemals *öffentlich* von einem Vertreter der Satanssynagoge vernommen, *Sadinsky* vielleicht ausgenommen[86];

---

[85] Ebd. 37-40.
[86] Hier nochmals seine bereits oben zitierten Worte (*Sadinsky* a.a.O. 79): «Der Sturm aber, den die letzten zuckenden Kräfte einer zusammenbrechenden Welt auslösen, reinigt den Boden, aus dem das Neue hervorwächst, mit unwiderstehlicher Gewalt von all diesen die weitere Entwicklung vergiftenden Überresten des Alten.»

wie schon gesagt, wir verdanken es Goldmanns blühender Jugend
... Doch weiter im Text:

«Die Kräfte, die diese negative Aufgabe unserer Zeit ausführen, sind: auf dem wirtschaftlich-sozialen Gebiete der Kapitalismus, auf dem politisch-geistigen die Demokratie. Wieviel sie bereits geleistet haben, wissen wir alle (!); aber wir wissen auch, daß ihr Werk noch nicht ganz vollbracht ist. Noch kämpft der Kapitalismus gegen die Formen der alten traditionellen Wirtschaft, noch führt die Demokratie einen heißen Kampf gegen alle Kräfte der Reaktion. Vollenden wird das Werk der militaristische Geist.» Den deutschen Bergbau- und Stahlarbeitern, die dem immer noch weitergetriebenen kapitalistischen Konzentrationsprozeß zum Opfer fallen, den französischen, ja überhaupt den europäischen Bauern, denen man reihenweise die Existenzgrundlage entzogen hat und immer noch weiter entzieht, um statt dessen gigantische, vom Großkapital finanzierte Agrarfabriken aus dem Boden zu stampfen, und ungezählten anderen Opfern der heute so gut wie geschlagenen Schlacht «gegen die Formen der alten, traditionellen Wirtschaft» müßten diese 1915 niedergeschriebenen Worte eigentlich wie kalter Hohn in den Ohren klingen. Zumal das Schlimmste noch bevorsteht:

«Dann aber erst erhebt sich die andere, größere und schwierigere Aufgabe: der *Aufbau der neuen Ordnung*. Die Glieder, die nun aus ihren alten Verwurzelungen und Schichtungen herausgerissen sind und ungeordnet, anarchisch herumliegen, müssen zu neuen Formungen und Kategorien geschlossen werden; wurden bei der Lösung der ersten Aufgabe alle zunächst einmal für gleich erklärt (!), so müssen die Menschen nun wieder geteilt und differenziert (!): ein neues pyramidales (!), hierarchisches System muß errichtet werden. Auch diese Aufgabe versuchte der Kapitalismus zu lösen; wir wissen mit welchem Mißgeschick. . . . Auch diese zweite Aufgabe wird nur der militaristische Geist lösen können kraft seines anderen großen Leitprinzips der Subordination. Er wird den wahren aristokratischen Grundsatz zur Herrschaft bringen: Herrschen soll, wer herrschen kann. (!) Nicht Herkunft und Name, nicht Vermögen und Macht entscheidet, sondern das Talent zum Herrschen.» Diejenigen, die wohl nach Goldmanns unausgesprochener und Coudenhoves ausdrücklicher Ansicht dieses «Talent» besitzen, sind jedoch - rein zufällig natürlich - genau diejenigen, die sich auf «Herkunft und Name» ungeheuer viel einbilden und zudem - nochmals rein zufällig - als internationale

Großkapitalisten und Hochfinanziers über «Vermögen und Macht» zugleich verfügen . . .

«Ist aber dieses beides durchgeführt, das alte System zertrümmert (!) und die neue Ordnung errichtet, dann gilt es ein Drittes zu leisten, ohne das dieses ganze Werk unvollendet wäre, durch das erst die neue Ordnung sich als der alten überlegen, als die höhere erweisen wird: es wird nötig sein, *die neue Gesellschaft nun zu einem einheitlichen, geschlossenen Organismus zu gestalten*. . . . Wir wissen es heute alle, daß diese Aufgabe die größte und bedeutsamste ist; wir pflegen sie nur anders zu bezeichnen: wir nennen sie die *Lösung der sozialen Frage*. . . . All die Vorschläge und Richtungen, die die soziale Frage lösen wollen, bewegen sich in dieser einen Richtung. Genossenschaftsbewegung, Sozialismus, Kommunismus, sie laufen alle auf dies eine hinaus: nur die Idee des Organismus kann die Lösung der sozialen Frage bringen; dies aber bedeutet: nur der Geist des Militarismus wird sie uns bringen.»

Damit ist der «Geist des Militarismus» als der «Geist des Sozialismus» bzw. des Kommunismus erwiesen, den wir oben den Hebräer *Alfred Nossig* im Jahre 1922 als identisch mit dem *mosaischen Geist* verherrlichen hörten. Der erste Prototyp des von Goldmann 1915 für Europa und die Welt in Aussicht gestellten «Organismus» dieser kommunistisch-mosaischen Art sollte nur zwei Jahre danach in Rußland das Licht der Welt erblicken, ein mißgestaltetes, monströses Scheusal, das uns für die Zukunft von Maastricht-Europa, das aus dem selben Geist geboren wurde und im selben Geist gestaltet werden wird, wahrhaftig die lieblichsten Hoffnungen hegen läßt, uns uniformierte Basis eines pyramidalen Systems, an dessen Spitze längst jene «Aristokraten» stehen, die zu herrschen verstehen und uns dies zunehmend fühlen lassen werden. Seien wir versichert, daß sich Zions Pläne nicht geändert haben. Genau derjenige, der sie uns in seinem jugendlichen Leichtsinn enthüllt hat, wurde später im gesetzten Alter für würdig befunden, an die Spitze des *Jüdischen Weltkongresses* zu treten, obwohl (oder gar genau deshalb, weil?) er behauptete, sich selber stets treu geblieben zu sein: «Ich bin nicht Zionist geworden, ich bin es immer gewesen.»[87]

---

[87] *Goldmann, Paradox* a.a.O. 29.

5. Die Dialektik der Entwicklung . . .

Die Satanssynagoge hat sich zu jeder Zeit alle Optionen offengehalten. Die Ungeduld ihrer treibenden Kräfte ließ nichts unversucht, den Weg zur zionistisch-satanistischen Weltbeherrschung abzukürzen. Man hatte seit der Etablierung des «Kommunismus in einem Land» 1917 die Wahl zwischen zwei Vorgangsweisen: der kommunistisch-revolutionären und der dialektischen. Man betrieb sicherheitshalber bis 1989 beide nebeneinander, obwohl die erstere zuletzt immer mehr an Bedeutung verlor.

Die kommunistisch-revolutionäre Welteroberung hätte darin bestanden, von der Sowjetunion aus den Rest der Erde dem Kommunismus zu unterwerfen, teils mit direkter militärischer Gewalt, teils durch Gründung und Finanzierung mächtiger kommunistischer Parteien in allen Ländern, die man militärisch noch nicht zu erobern vermochte, um dort bei der ersten sich bietenden Gelegenheit durch einen kommunistischen Staatsstreich der Sache Zions - Nossigs «mosaischem Ideal» - zum Durchbruch zu verhelfen. Als Lenins und Stalins nicht eingeplante Widerborstigkeit die rasche sowjetische Eroberung ganz Europas hintertrieben hatte und die westlichen Alliierten unter Führung des Hebräers *Franklin D. Roosevelt* alias *Rosenfeld* und des notorischen Hochgradfreimaurers *Winston Churchill* im 2. Weltkrieg nur die Osthälfte des Kontinents dem sowjetischen Moloch hatten opfern können, konzentrierten sich die Anstrengungen in den fünfziger und sechziger Jahren auf die kommunistische Unterwanderung des gesamten US-Regierungsapparats. Senator Joseph McCarthy und später Cleon W. Skousen, noch später Gary Allen vermochten trotz gegen sie entfachter fürchterlicher Verleumdungskampagnen in den zionistisch beherrschten Massenmedien die Amerikaner jeweils kurzzeitig heilsam aufzuschrecken und die Ausführung der Pläne für ein kommunistisches Amerika ein gutes Stück weit zurückzuwerfen. Im Rest der Welt gelang es - bis auf wenige Ausnahmen: China, Vietnam, Kambodscha, Laos, Kuba, Angola - nicht, auf «demokratischem» Weg dauerhaft kommunistische Regime zu etablieren. Insbesondere mißlang das in Europa insofern, als sozialistische bzw. kommunistische Regierungen in einem Land abgewählt wurden, wenn sie in einem anderen gerade den Sprung zur Macht geschafft hatten; es war aber zu riskant, in nur *einem* westeuropäischen Land ein totalitäres kommunistisches Regime zu installieren, wenn die anderen

Länder nicht gleichzeitig «mitziehen» konnten. Kurz und gut: man ließ nichts unversucht[88], machte sich aber auch keine falschen Hoffnungen, sondern setzte auf den gleichzeitig betriebenen, langsameren, dafür jedoch idiotensicheren «dialektischen» Prozeß.

Die Dialektik, eine diabolische Taktik, die längst vor Hegel und Marx «erfunden» war, wofür *Lozac'hmeur* und *de Karer* jüngst einen frappierenden Beweis geliefert haben[89], stellt, um ans erstrebte Ziel zu gelangen, einer extremen *These* eine ebenso extreme *Antithese* entgegen, woraufhin sie eine «gemäßigte» *Synthese* vorschlägt, in der These und Antithese «aufgehoben» sind. *Karl Marx* alias *Mordechai Levi* hat, gehorsam seinen Rothschildschen Auftraggebern, aber unabhängig davon auch persönlich zutiefst engagiert, den dialektischen Plan für die Erringung der zionistischen Weltherrschaft ausgearbeitet und publiziert, offen, unter den Augen einer stupiden, nichts begreifenden christlichen Bevölkerung Europas. Der bereits vorhandenen *These* des Kapitalismus stellte er die erst noch zu schaffende *Antithese* des Sozialismus entgegen; aus dem historischen Kampf beider sollte als *Synthese* der Kommunismus (im engeren spezifischen Sinne) als angeblich «klassenlose Gesellschaft» hervorgehen. Letzteres war eine zur Betörung der Gojim erforderliche Lüge, die jedoch schon der junge Nahum Goldmann (siehe oben!) korrigierte: der Kommunismus wird in Wirklichkeit eine äußerst krasse Zweiklassen-Gesellschaft sein, die sich aus der Herrscherkaste und den rücksichtslos Beherrschten zusammensetzt. Doch ansonsten hatte es mit der marxistischen «Prognose» (sprich: *Planung*) des Geschichtsverlaufs weitgehend seine Richtigkeit. Seit 1917 wurde die Geschichte unseres Jahrhunderts vom glänzend geschauspielerten Antagonismus zweier zionistisch nahezu perfekt kontrollierter Prinzipien (und «Weltmächte») bestimmt: hier östlicher

---

[88] Daß sich Zion bis zuletzt *beide* Optionen offenhielt, läßt sich beispielsweise Adelbert Weinsteins vorgeblichem «Erschrecken» über folgende jüngste «Entdeckungen» entnehmen (*DT*, 20. 3. 1993): «Aus dem jetzt gesichteten Material, das Sachkenner der Bundeswehr den vorgefundenen Unterlagen der Volksarmee entnommen haben, geht hervor, daß Moskau und Honecker bis zur letzten Einzelheit die Invasion Westdeutschlands vorbereitet hatten. Neue Straßenschilder waren gefertigt worden, Stadtpläne waren ausgegeben, auf denen alle Ortsveränderungen eingetragen waren. Die roten Soldaten wußten, wo die Schlachthäuser, die Raffinerien, die Banken und Telefonzentralen lagen. Besatzungsgeld wäre sofort in Zahlung gegeben worden. Das Transportsystem hätte in wenigen Stunden zum Nutzen der Roten Armee umgestellt werden können.» Etc. etc.!
[89] *Lozac'hmeur/de Karer* a.a.O. 44f.

«sozialistischer» oder «kommunistischer» Bolschewismus, dort westlicher Kapitalismus.

Die unerhörte Raffinesse der anonymen Führungsspitze der Satansynagoge brachte das schier Unglaubliche zuwege, der «Weltöffentlichkeit» einen sogenannten «kalten Krieg» zwischen These und Antithese vorzugaukeln, während sie *gleichzeitig* in den westlichen kapitalistischen Ländern alles nur Menschenmögliche unternahm, um diese Länder kommunistisch zu infiltrieren. Als sich jedoch zeigte, daß die Infiltration schwieriger zu bewerkstelligen war, als erwartet, setzte man verstärkt auf die Dialektik und begann, nach jahrzehntelangen eindrucksvollen Schaukämpfen zwischen Kapitalismus und Kommunismus die *Synthese* anzubahnen: den sozialistischen Weltstaat. Es begann mit der «neuen» Politik der sogenannten «Friedlichen Koexistenz» (übrigens eine Vokabel, die den wahren Sachverhalt *seit 1917* verblüffend exakt beschreibt!) und endete nach «Glasnost» und «Perestrojka» mit dem «Zusammenbruch» der Sowjetunion bzw. des kommunistischen Ostblocks.

Wo aber hat in dieser «dialektischen Entwicklung» der Geschichte des zwanzigsten Jahrhunderts die von *Nahum Goldmann* offengelegte Strategie: *Zerstörung der alten (christlichen, nationalstaatlichen) und Aufbau einer neuen (antichristlichen «Welt»-) Ordnung*, ihren Platz? Nun, sie hat ihn nicht etwa *innerhalb* dieser Dialektik, sondern steht *über* ihr, lenkt und regiert sie! Während die dialektische «These», der *Kapitalismus*, die alte Ordnung durch Industrialisierung, Landflucht und Verstädterung, internationale Monopolisierung von Landwirtschaft, Industrieproduktion, Handel, Kommunikation, Information, Kapital und Finanzwesen sowie durch Völkervermischung, Demokratisierung und (als Zwischenlösung) Schaffung kontinentaler Superstaaten, vor allem jedoch durch fortschreitende Zersplitterung der Christenheit, schleichende Unterminierung der katholischen Kirche, Auflösung der christlichen Moral und Erstickung bzw. Pervertierung der christlichen Kunst und Kultur *allmählich, mit sanfter Verführungsgewalt, evolutiv* zerstörte, bewerkstelligte die dialektische «Antithese», der *Kommunismus*, dasselbe *mit einem Schlag, mit brutaler Gewalt, revolutionär*. Und entgegen Goldmanns etwas vereinfachender Darstellung arbeitete die Satanssynagoge bereits in dem Augenblick an der dialektischen *Synthese*, in dem sie das zerstörerische Scheingefecht zwischen «These» und «Antithese» beginnen ließ. Man könnte es mit einem spielenden

Kind vergleichen, das ein aus Bauklötzen errichtetes Schloß Stück für Stück wieder abbricht, um mit den weggenommenen Klötzen sogleich ein anderes Bauwerk zu beginnen. Doch hinkt auch dieser Vergleich in einem wichtigen Punkt: Nochmals entgegen des jungen *Goldmann* und aller Mitläufer der Satanssynagoge naiver Vorstellung ist die angestrebte «neue (Welt-)Ordnung» keine *Ordnung* und kann es nicht sein, sondern ganz im Gegenteil der Versuch einer *Festschreibung des dialektisch angerichteten Chaos* - eine unvermeidliche Konsequenz jedes Projekts, das sich *Satan*, den großen *Durcheinanderwürfler* (griechisch «*diabolos*»!), den «Geist, der stets verneint» (so Goethes *Mephisto* über sich selbst!), zum Schirmherrn erkoren hat . . .

Desungeachtet steht mittlerweile längst vorrangig die Vollendung der *Synthese* auf dem Programm, überall, weltweit, im Kleinen wie im Großen. Diese *Synthese*, Endstufe und eigentliches Ziel des *dialektischen* «Prozesses», läuft weltanschaulich-religiös auf eine «ökumenische» Weltreligion eines pseudochristlich verbrämten Pseudo-Humanismus hinaus, der sich am Ende als blanker Satanismus entpuppen wird. Politisch-wirtschaftlich besteht dieselbe *Synthese* in einer weltweiten, gigantischen Umverteilung, durch die *alle* ärmer werden, mit Ausnahme allein der Angehörigen der «Adelsrasse von Geistesgnaden», die sich im Zuge dieses letzten großen Manövers der Weltherrschaft ebenso wie der Weltreichtümer zu bemächtigen gedenken[90]. Es beginnt im Kleinen, z.B. im wiedervereinigten Deutschland, wo der reiche Westen den armen Osten plötzlich mit Hunderten von DM-Milliarden aufpäppeln soll und darüber - das kann gar nicht anders sein - selbst in eine massive Wirtschaftskrise schlittert. Es setzt sich fort in der Schaffung Maastricht-Europas, in dem gleichfalls die reichen nördlichen Länder Europas zugunsten der armen südlichen Länder ausgeplündert werden, dadurch in eine steile wirtschaftliche Talfahrt geraten, die alsbald auch die südlichen Länder mitreißen wird, etc. - ein bewußt vorprogrammierter Teufelskreis. Der wird sich rasant beschleunigen, sobald die völlig ruinierten ehemaligen Satellitenstaaten der ehemaligen Sowjetunion dem Maastrichter Vertrag beigetreten sein werden, ein Beitritt, der offensichtlich ein ganz wesentliches, ja sogar *das*

---

[90] Vgl. dazu *Samuel Roth*, Jews must live, New York 1934, 73 (zit. n. *Burg, Sündenböcke*, 575): «Die Juden wollen niemanden zum Judentum bekehren, weil sie fest davon überzeugt sind, daß sie letzten Endes die Welt erobern: und sie wollen nicht soviel Menschen haben, die bei dieser Welteroberung Ansprüche stellen.»

zentrale Element der *Synthese* von westlichem Kapitalismus und östlichem Kommunismus darstellt . . . Dasselbe Bild auf dem nordamerikanischen Kontinent, wo die neugeschaffene «Freihandelszone» zwischen Kanada, den USA und Mexiko aus unterschiedlichen, aber restlos vorhersagbaren Gründen alle drei Volkswirtschaften gleichermaßen schädigt: die USA werden kontinuierlich ärmer, Kanada und Mexiko dadurch jedoch keineswegs reicher. Am fürchterlichsten wird sich die dialektische «Synthese» des seit langen Jahren und kein bißchen zufällig gerade von der *Sozialistischen Internationale* ständig beschworenen «Nord-Süd-Konflikts» zwischen reichen Industrie- und armen Entwicklungsländern auswirken, sobald man die gerade erst künstlich geschaffenen Großregionen von extrem unterschiedlicher Wirtschaftskraft zur Einen Welt zusammengezwungen haben wird.

Mitten durch Europa verlief jahrzehntelang die dialektische Trennmauer zwischen kapitalistischer These und kommunistischer Antithese. Der «Fall» des «Eisernen Vorhangs» hat infolgedessen das plötzlich wiedervereinigte Europa zur Keimzelle des sozialistischen Weltstaats gemacht. Nach dem Willen der zionistischen One-World-Planer hätte jedoch die Großregion «Paneuropa» *in jedem Fall* die Ausgangsbasis für die Eine Welt abgegeben, wie sich aus den Thesen der in den USA 1944 aktiven Welt-Organisierer unschwer entnehmen läßt! So rechtfertigte schon im Vorwort des Schnapperschen Sammelbands *Bertram Pickard* vom «Institut für Weltorganisation» den auf Europa bezüglichen Untertitel des Werks folgendermaßen:

«In vollem Bewußtsein der wachsenden Bedeutung von Europas künftigen Beziehungen zur Welt wurde für die Erörterung auf der zweiten Jahresversammlung des Instituts für Weltorganisation auf dem Campus der Amerikanischen Universität das Thema "Regionalismus und Weltorganisation" gewählt. Obgleich die Wichtigkeit anderer Regionen nicht heruntergespielt wurde, waren die mit dem Institut verbundenen Personen doch der Überzeugung, daß die Lösung der Probleme Europas hinsichtlich seines mutmaßlichen Einflusses auf die Probleme der Weltorganisation als ganzer von vorrangigem Interesse war.»[91]

Weil das kriegszerstörte und annähernd zur Hälfte dem geheimen Hebräer Stalin in die Hände zu spielende Europa aus

---

[91] *Schnapper* a.a.O. 5.

eigener Kraft kaum so bald zu einer politischen Einheit zusammenfinden würde, mußte die Initiative, der dialektische Prozeß - von US-Amerika und der UdSSR, von These und Antithese ausgehen! Eine Farce übelster Sorte, wenn man das Gefasel vom «demokratischen Selbstbestimmungsrecht der Völker» als Maßstab anlegt, aber eine machtpolitisch vollkommen logische Maßnahme, wenn man - wie der Welt-Organisierer *Arnold Brecht* - Zions Weltherrschaftspläne zugrundelegt: «Es erscheint als höchst unwahrscheinlich, daß am Ende der Feindseligkeiten alle Länder, Freunde wie Feinde, frei sein werden, ihre eigenen Grenzen festzulegen und über übernationale Organisationen zu verhandeln, wie sie es für richtig halten. Es gibt keinen allgemein akzeptierten Ausgangspunkt für solche spontane Verhandlungen. Sollte es der status quo von 1939, von 1938 oder von 1937, von 1919 oder von 1914 sein? Und, selbst angenommen, es gäbe einen solchen Ausgangspunkt, es wäre höchst unwahrscheinlich, daß multilaterale Verhandlungen befriedigende Ergebnisse zeitigen würden, ohne daß die grundlegenden Bestandteile irgendeiner künftigen über-nationalen Organisation im voraus festgelegt würden. Die historische Aufgabe, die Fundamente zu legen und die erforderliche Maschinerie in Gang zu setzen, fällt in der Anfangsphase den Siegern zu, wieviel Zusammenarbeit sie auch immer, selbst in diesem frühen Stadium, von allen betroffenen Ländern weise zu erhalten suchen mögen.»[92] «Die Sieger» - das waren aus seiner Sicht offenkundig nur die USA und Stalins Sowjetunion!

Bemerkenswert auch, wie man die Schaffung «europäischer Institutionen» aus rein psychologisch-taktischen Erwägungen heraus diskutierte: «Die Türen eines Europäischen Gerichtshofs für den individuellen Menschen zu öffnen, insbesondere mit Vollmachten, gegen seinen eigenen Staat zu klagen, ist jedoch ein gewichtiger Schritt, selbst wenn der Zugang zu diesem Gerichtshof erfordern würde, daß zuvor alle verfügbaren nationalen Mittel ausgeschöpft wurden. Es würde darüber hinaus einen sehr großen Schritt über die gegenwärtige Lage im internationalen Recht hinaus und eine Beschneidung nationaler Souveränität von erster Größenordnung darstellen.»[93] Als einziges bedeutenderes Hindernis für die Erzeugung Paneuropas aus der Retorte erschien den damaligen Planern ein tatsächlich bis heute ungelöstes Pro-

---

[92] Ebd. 25f.
[93] *Jan Hostie* in: Ebd. 80f.

blem: dasjenige der nicht vorhandenen europäischen *Einheits-Sprache*. Ganz richtig gab diesbezüglich *Jan Hostie* zu bedenken:

«Der Mensch und insbesondere der Durchschnittsmensch, der gewöhnlich auf eine einzige Sprache beschränkt ist, ist der Gefangene der in seiner Umgebung vorherrschenden Sprache. Für die Europäer bedeutet Nationalität vor allem anderen Kulturgemeinschaft, und für den Durchschnittsmenschen beschränkt sich diese Kultur im allgemeinen auf die Bücher, Zeitungen und Rundfunksendungen in seiner Muttersprache. . . . Kurz gesagt, es ist der Sprachunterschied, der gewöhnlich die Grundlage dessen bildet, was in Europa die Nationalität ausmacht. . . . Die einzige Weise, in der ein wirklicher Über-Staat, etwas in der Art der Bundesregierung der Vereinigten Staaten oder der UdSSR, entstehen könnte, wäre die weit verbreitete Annahme einer einzelnen Sprache für die allgemeine Verständigung.»[94] Er sollte sich täuschen, der Gute! Man hat das Sprachenproblem mittlerweile still und heimlich unter den großen Teppich der angestrebten europäischen *Multikultur* gekehrt, indem man von dem babylonischen Sprachgewirr in Brüssel möglichst wenig, von der schönen neuen Multikultur dafür aber umso mehr redet. Für den Text des Maastrichter Vertrags ließ man sich eine pragmatische Notlösung einfallen, die im letzten Artikel des Vertragswerks selbst, in *Artikel S*, festgeschrieben wurde: «Dieser Vertrag ist in einer Urschrift in dänischer, deutscher, englischer, französischer, griechischer, irischer, italienischer, niederländischer, portugiesischer und spanischer Sprache abgefaßt, wobei jeder Wortlaut gleichermaßen verbindlich ist . . .» Ein so richtig «multikulturell» aus einem Mischmasch der zehn angeführten Sprachen zusammengerührter Vertragstext scheint den Beteiligten und ihren Hintermännern denn doch nicht behagt zu haben . . .

Ein Gebilde mit gewissen «demokratischen» *Mindest-Standards* sollte das 1944 als kontinentale Großregion der One World konzipierte Paneuropa sein. Dazu paßten jedoch nach *Arnold Brechts* Auffassung weder das «faschistische» Spanien noch die stalinistische Sowjetdiktatur, weshalb er vorschlug[95]: «Innerhalb kontinentaler Regionen können Mindeststandards viel höher angesetzt werden als in weltweitem Maßstab. Falls die faschistischen Systeme verschwinden sollten, wäre es nicht schwierig, in Europa Mindeststandards einzuführen, die ein faires Maß an Re-

---

[94] Ebd. 62ff.
[95] Ebd. 19.

spekt für alle garantieren. Falls die Sowjetunion nicht gewillt ist, solche Standards und ihre kontinentweite Kontrolle zu akzeptieren, sollte sie nicht Bestandteil irgendeines europäischen Zusammenschlusses sein. Dasselbe sollte für Spanien gelten. Bloße Lippenbekenntnisse sind nicht genug. Der quasi-kontinentale Charakter eines europäischen Zusammenschlusses würde durch die Abwesenheit von Spanien und Rußland nicht ernsthaft berührt. Das sollte natürlich die Sowjetunion nicht daran hindern, vertragliche Beziehungen zu Großbritannien oder irgendeinem anderen Bündnismitglied aufrechtzuerhalten.»

Auch diese Feststellungen eines Insiders aus dem Jahre 1944 zeigen, daß damals die einzuschlagende Strategie - kriegerische Revolution oder dialektische Evolution - noch nicht definitiv festgelegt war. Gleichwohl durften aus der paneuropäischen Vorstufe der Einen Welt selbstredend weder Spanien noch die Sowjetunion dauerhaft ausgeklammert werden. Mit Spanien würde man später handelseinig werden, indem man Francos designierten Nachfolger, Kronprinz *Juan Carlos*, kaufte. Die Sowjetunion schließlich zerfiel nach 1989 rasch in ihre Bestandteile, als sie nun ihrerseits dem dialektischen Prozeß von Zerstörung und anschließendem Neuaufbau unterworfen wurde. Schon 1948 hatte *Douglas Reed* als wachsamer Beobachter und scharfsinniger Analytiker der zionistischen Schachzüge auf dem europäischen Schachbrett notiert: «In Europa herrscht eine widernatürliche Zweiteilung, die ebenso wenig anhalten kann, als der Mond seinen Lauf plötzlich einstellt. Sie muß entweder durch einen Rückzug des Sowjetimperiums in die früheren Grenzen oder durch dessen Vormarsch zum Atlantik ein Ende nehmen.»[96] Er hätte damals wohl kaum geglaubt, daß die Insider ihre Entscheidung für eine der beiden genannten Alternativen noch vier volle Jahrzehnte hinauszögern würden, aber er sollte nichtsdestoweniger Recht behalten: Da es so, wie es war, nicht ewig bleiben konnte, ließ man exakt zweihundert Jahre nach dem «Ausbruch» der «französischen» Revolution und genau 72[97] Jahre nach seiner «Gründung» das Sowjetimperium in sich zusammenbrechen, um seine europäischen Bruchstücke nach einer kurzen Übergangsphase dem Maastrichter Paneuropa einverleiben zu können.

Um darüber zu beratschlagen, wie man die «europäische Integration» der ehemaligen Ostblock- sowie der baltischen Staaten

---

[96] *Reed* a.a.O. 295.
[97] $72 = 6 \times (6 + 6)$; vgl. dazu unten Kapitel VII,1!

samt der Ukraine bewerkstelligen könne, traf sich im Juni 1992 eine hochrangige Internationalistenriege in Bonn. Eine sogenannte «Forschungsgruppe Europa der Universität Mainz» hatte auftragsgemäß ein «Diskussionspapier» vorgelegt. Darin erörterten «die Forscher unter der Leitung von Professor Werner Weidenfeld auch Formen der Integration für Räume des Kontinents, die sie auch langfristig für nicht beitrittsfähig halten». Außerdem gaben sie «Empfehlungen für die Neuorganisation der Sicherheit in Europa und Vorschläge für eine weltpolitische Rolle der Staaten Europas», womit offenbar die Rolle Paneuropas bei der Errichtung des Weltstaats umschrieben wurde. Die Koblenzer *Rhein-Zeitung*[98], der ich das alles entnehme, berichtete weiter:

«Rund 50 Staatsmänner, Parlamentarier, Vertreter aus Wirtschaft und den Medien debattierten auf dem Bonner Petersberg die Optionen der Forschungsgruppe Europa. Teilnehmer an diesem ersten Internationalen Bertelsmann Forum waren unter anderem Bundeskanzler Helmut Kohl, der spanische Ministerpräsident Felipe Gonzales, der schwedische Regierungschef Carl Bildt, sein niederländischer Kollege Ruud Lubbers, der italienische Außenminister Gianni de Michelis, der Sicherheitsberater des amerikanischen Präsidenten, Scowcroft, und der Präsident der EG-Kommission, Jacques Delors. Aus Mittel- und Osteuropa waren unter anderem der Präsident der Ukraine, Leonid Krawtschuk, der tschechoslowakische Finanzminister Vaclav Klaus, der slowakische Ministerpräsident sowie der ehemalige polnische Ministerpräsident Bielecki der Einladung Horst Teltschiks gefolgt. Unter den Experten befanden sich Henry Kissinger ebenso wie der russische Wirtschaftsreformer Grigorij Jawlinski . . . Die Forschungsgruppe Europa wird auch künftig die alljährlichen Konferenzen des Internationalen Bertelsmann Forums mit ihren Studien vorbereiten.»

Da hat man also tatsächlich einen neuen «Denktank» und ein neues internationalistisches «Forum» für die möglichst prompte Umsetzung von dessen Planungsentwürfen ins Leben gerufen, ganz im Dienste der großen dialektischen *Synthese* West- und Osteuropas! Und führende israelitische Köpfe wie *Kissinger, Delors, Kohl-Kohn* oder auch *Klaus* sitzen da in trauter Runde mit ihren ergebenen Vasallen zusammen, die sie bereits von den geheimen und halbgeheimen alljährlichen Versammlungen der

---

[98] *Rhein-Zeitung*, 9. 6. 1992.

Bilderberger und der Trilateral Commission her kennen. Während jedoch die erwähnte «Forschungsgruppe Europa» lächerlicherweise noch von der Existenz «beitrittsunfähiger Räume» redet (als *lebten* wir nicht längst allesamt im *Einen* Europa und in der *Einen* Welt!), gibt es für die *Internationale Paneuropa-Union* derlei Bedenken nicht; ihr Präsident Prinz Otto von Habsburg drängt zu raschem und rücksichtslosem Vorgehen, ganz gleich, wie desolat der Zustand gewisser vom zionistischen Bolschewismus restlos abgewirtschafteter «Räume» Osteuropas auch immer sein mag. Seine Kaiserliche Hoheit geruhten beispielsweise, schon im November 1990 in einem Leitartikel zu räsonnieren:

«Die dynamische Entwicklung in Mittel- und Osteuropa zwingt unsere Staaten im Osten ebenso wie im Westen, darüber nachzudenken, wie die europäische Reintegration am günstigsten durchgeführt werden kann. Seinerzeit, im Jahre 1989, waren die Westmächte auf das Ausmaß und das Tempo der Wiedervereinigung nicht vorbereitet. Heute sind sie bestrebt, einen Weg zu finden, wenigstens die europäische Wiedervereinigung in den Griff zu bekommen. Verschiedentlich wird hierzu die Idee vorgetragen, daß Zwischenstrukturen den Übergang der Staaten Mittel- und Osteuropas in die Europäische Gemeinschaft ordnen und erleichtern könnten. . . . Doch verschiedene regionale Abkommen in Mittel- und Osteuropa, so auch eine Donauföderation, entsprechen in einer ständig schrumpfenden Welt [!] und in der Nachbarschaft einer imperialistischen Hegemonialmacht nicht mehr dem Gebot der Stunde. ... Bei der Neuregelung auf unserem Erdteil sollte man sich darüber im klaren sein, daß im Zeitalter der Interkontinentalraketen nur mehr gesamteuropäische Lösungen langfristigen Wert haben. Wer andere Konstruktionen sucht, hat sich von den Schlacken der Vergangenheit noch nicht befreit. . . . Doch neue zentraleuropäische Bünde können nicht die europäische Einigung ersetzen. Versuche, etwas anderes zu schaffen, sind zum Scheitern verurteilt. Das bezieht sich auch auf die häufig geäußerte Ansicht, daß die Sowjetunion auch in Zukunft noch eine Großmacht sein werde. Wer die Zeichen der Zeit erkennt, weiß, daß dies nicht der Fall sein wird. Die Sowjetunion ist wirtschaftlich ein Entwicklungsland, politisch eine verfallene Konstruktion und machtpolitisch auf dem Weg in die zweite Reihe. Wer daher noch immer an eine bipolare Welt Amerika/Sowjetunion denkt, hat den Sinn für die Realität verloren. Es gibt keine andere Lösung mehr als ein wirklich geeintes Europa.»[99] Er kennt sich wirklich aus, dieser Herr kaiserlichen Geblütes, in den Plänen der Spitze der Satans-Synagoge; das verrät nicht zuletzt seine apodiktische Sprache.

Übrigens wies die Paneuropa-Union im Frühjahr 1991 darauf hin, daß für sie die EG «immer der Ausgangspunkt für das größere Europa war und ist»[100]. Kein Wunder also, daß diese Logen-Frontorganisation auch ausersehen war, im ersten Akt der Tragikomödie «Die Selbstauflösung des Ostblocks» eine Protagonisten-Rolle zu übernehmen. Wenn er nicht gerade eben Märchen für die lieben Kleinen erzählt, kann Prinz Otto von Habsburg auch eine der Wirklichkeit erheblich näher kommende Darstellung dessen geben, wie es zu dem kam, was sich 1989 an der ungarischen Grenze buchstäblich ab«spielte»:

«Begonnen hatte alles am 19. Juni 1989, dem Tag nach der dritten Direktwahl zum Europaparlament, bei einem Abendessen im ostungarischen Debrecen. Noch herrschten die Kommunisten. - Nach einer Versammlung der damaligen Oppositionsbewegung und heutigen Regierungspartei "Magyar Demokrata Forum" schlug mir der jetzige Parlamentsabgeordnete dieser Gruppierung, Lukáscs Szabo, vor, ein grenzüberschreitendes Fest zur Überwindung des "Eisernen Vorhangs" zu veranstalten. Der reformerische Flügel der ungarischen kommunistischen Regierung hatte sich im Sinne einer Liberalisierungspolitik bereitgefunden, die Grenzanlagen aus Stalins und Rákosis Zeiten abzubauen. - Der entsprechende Akt sollte mit Hilfe der Paneuropa-Union und des Demokratischen Forums durchgeführt werden. Das war durchaus logisch, da erstere als einzige Europa-Organisation stets großeuropäisch eingestellt war und die Jalta-Linie niemals als Grenze betrachtet hatte, auch zu einer Zeit, da sich andere Europaverbände breitwillig mit dem "status quo" abfanden. - Das Demokratische Forum wiederum, damals noch keine Partei, sondern eine halb-legale Sammlungsbewegung von Gegnern des kommunistischen Einparteienstaates, hatte von Anfang an für Ungarns Eintritt in die Europäische Gemeinschaft geworben, eine Zusammenarbeit bot sich also förmlich an. Bei den Planungen konnte noch niemand ahnen, daß das Picknick vom 19. August weltweit Schlagzeilen machen würde. . . . Der Zusammenbruch des SED-Staates ermöglichte auch den Umsturz in Prag, wo beim Generalstreik auf dem Wenzelsplatz am 27. November 1989 die

---

[99] *DT*, 15.11.1990.
[100] *Paneuropa Deutschland* Heft 2 (2. Quartal) 1991, 16.

Paneuropa-Flagge wehte - kein Wunder, wenn man bedenkt, daß die tschechischen Paneuropäer Untergrundgruppen und Untergrundzeitschriften gegründet hatten, die in der Oppositionsbewegung eine besondere Rolle spielten.»[101]

Das berühmte «Paneuropa-Picknick» war also doch keine so spontane Angelegenheit, wie uns Märchenonkel Otto andernorts weismachen wollte; vielmehr spricht Prinz Otto hier auf einmal wörtlich von «Planungen» und davon, daß die Schlüsselaktion «mit Hilfe» der Paneuropa-Union «durchgeführt» werden «sollte», was ja unweigerlich auf jemanden schließen läßt, der von ihm nicht näher bezeichnet wird, der jedoch der eigentlich Planende und Durchführende war und sich lediglich der *Hilfe* der Paneuropa-Union bediente! Daß es nicht einfach der «reformerische Flügel der ungarischen kommunistischen Regierung» gewesen sein kann, liegt auf der Hand, da diese Regierung mit allen ihren Flügeln bis 1989 nichts anderes als den verlängerten Arm Moskaus darstellte, wo bekanntlich Zion regierte und immer noch regiert. Es muß demnach wohl oder übel die Führungsspitze der Satanssynagoge höchstselbst gewesen sein, die dafür sorgte, daß sich in der von unzähligen Spitzeln des allgegenwärtigen Geheimdienstes durchseuchten Tschechoslowakei gleichwohl eine *paneuropäische* «Untergrundbewegung» etablieren und ausbreiten und im kaum weniger rigide kontrollierten Ungarn eine «halblegale» (?) *oppositionelle* Sammlungsbewegung ungeschoren Pläne für ein «Paneuropa-Picknick» mit weitreichenden Folgen schmieden konnte. Wenn schließlich Prinz Otto erklärt, bei den Planungen habe «noch niemand ahnen» können, «daß das Picknick vom 19. August weltweit Schlagzeilen machen würde», so ist das nicht einmal gelogen: Wer von den wahren Urhebern dieser Pläne nichts wußte, konnte nun freilich auch nichts von deren Reichweite ahnen; wer hingegen - wie z.B. Prinz Otto selbst - befehlsgemäß «schon immer das größere Europa» anvisiert hatte, der *ahnte* nicht mehr etwas, sondern *wußte* um die Auswirkungen, die dieses «Picknick» haben würde!

In der Durchführung solcher Scheingefechte wie des Abrisses des bösen kommunistischen «Eisernen Vorhangs» hat sich ein altgedienter Internationalist wie Seine Kaiserliche Hoheit im Lauf der Jahre eine derartige Routine erworben, daß er im Juni 1991 ein weiteres spektakuläres Schattenboxen veranstaltete, ausge-

---

[101] Ebd. 14 (*Otto von Habsburg* im Rahmen eines Interviews).

rechnet gegen - Jacques Delors!! In der Presse las sich das so: «Scharfe Angriffe gegen die Kommission der Europäischen Gemeinschaft . . . hat am Sonntag der Präsident der internationalen Paneuropa-Union, der Europaabgeordnete Otto von Habsburg, bei der Abschlußkundgebung der siebzehnten Paneuropatage in Dresden in der Semper-Oper gerichtet. Vor mehr als tausend Teilnehmern aus 22 Nationalitäten beschuldigte er den Präsidenten der Kommission der Europäischen Gemeinschaft, Delors, "in diesen Stunden hinter verschlossenen Türen Verhandlungen zu führen, aufgrund deren die Staaten Mittel- und Osteuropas aufs Abstellgleis geschoben werden sollen". Diese hätten jedoch nach der Befreiung vom Kommunismus ebenso das Recht auf volle Mitgliedschaft in der Europäischen Gemeinschaft wie sie für die neuen deutschen Bundesländer bereits verwirklicht sei.»[102] Als ob er dieses paneuropäische Evangelium ausgerechnet einem Hebräer auf dem EG-Kommissions-Präsidentensessel hätte predigen müssen! Selbstverständlich brauchte der sich in keinster Weise angegriffen zu fühlen; vielmehr richtete sich die Botschaft ausschließlich an die verschlafene paneuropäische Bevölkerung, die es auf die Dinge, die da kommen sollen, gehörig einzustimmen und, soweit möglich, sogar einzuschwören galt. Mehr als ein Aufmerksamkeit heischender Reklame-Trick waren diese «scharfen Angriffe» nicht, zumal Delors auf seinem Brüsseler Posten selbst ohne jüdischen Abstammungsnachweis exakt denselben Drahtziehern der Europa- und Weltpolitik hörig wäre, denen auch Otto von Habsburg hörig ist. Vermutlich um Delors und zahllose andere europabeflissene Logenfreunde nicht unnötig zu verwirren, ritt von Habsburg seine Attacke denn auch vor einem multikulturellen paneuropäischen Auditorium, das sich aus nicht mehr und nicht weniger als exakt 22 (= 2 x 11) «Nationalitäten» zusammensetzte . . .

Im übrigen ist die neue dialektische *Synthese* «Paneuropa» selbstredend ein ebenso herrliches Paradies wie die alte marxistisch-dialektische *Synthese* der «klassenlosen Gesellschaft» es war, zumal aus Sicht der obersten «Wissenden» beide einander gleichen wie ein Ei dem andern. Zumindest das, was die höchstrangigen KSZE-Vertreter den Europäern in ihrer «Charta von Paris für ein neues Europa» am 21.11.1990 verhießen, klang nach eitel Wonne und Sonnenschein:

---

[102] *DT*, 18. 6. 1991.

«Wir, die Staats- und Regierungschefs der Teilnehmerstaaten der Konferenz über Sicherheit und Zusammenarbeit in Europa, sind in einer Zeit tiefgreifenden Wandels und historischer Erwartungen in Paris zusammengetreten. Das Zeitalter der Konfrontation und der Teilung Europas ist zu Ende gegangen. Wir erklären, daß sich unsere Beziehungen künftig auf Achtung und Zusammenarbeit gründen werden. - Europa befreit sich vom Erbe der Vergangenheit. Durch den Mut von Männern und Frauen, die Willensstärke der Völker und die Kraft der Ideen der Schlußakte von Helsinki bricht in Europa ein neues Zeitalter der Demokratie, des Friedens und der Einheit an. - Nun ist die Zeit gekommen, in der sich die jahrzehntelang gehegten Hoffnungen und Erwartungen unserer Völker erfüllen: unerschütterliches Bekenntnis zu einer auf Menschenrechten und Grundfreiheiten beruhenden Demokratie, Wohlstand durch wirtschaftliche Freiheit und soziale Gerechtigkeit und gleiche Sicherheit für alle unsere Länder.»[103] Nun kann uns also endgültig nichts mehr passieren, außer dem Zusammenschluß unseres europäischen Paradieses mit den anderen regionalen Paradiesen zur «schönen neuen (Einen) Welt» von *Aldous Huxley*, zum noch unvergleichlich entzückenderen Universal-Paradies, von dessen Lieblichkeit uns *Alexander Solschenizyn* in seinem Buch «Der Archipel GULAG» ja bereits einen Vorgeschmack ganz eigener Art geliefert hat . . .

6. Was man uns morgen sagen wird

Man sagt es uns heute noch nicht: daß sich Paneuropa bereits in dem Augenblick überlebt hat, in dem es glücklich zustandegekommen ist. Man schwärmt uns zwar etwas vor von der Einen Welt, in der wir doch alle leben, aber es wäre gar zu ungeschickt und würde Zions so schlau eingefädelte Pläne noch im vorletzten Augenblick unnütz gefährden, fiele man jetzt schon mit der Tür ins Haus. Dennoch, wir wissen ganz genau, was man uns frischgebackenen Paneuropäern morgen sagen wird: das glatte Gegenteil von dem, was man uns noch heute sagt. Heute ist angeblich nur das politisch vereinte Maastricht-Europa in der Lage, den uns allen ja gemeinsamen «Herausforderungen der Zukunft» gerecht zu werden. Schon morgen wird das Europa von Maastricht plötzlich seine Probleme nicht mehr zu lösen vermögen, es sei denn in

---

103 Zit. n. d. *auszugsweisen Abdruck* in: *Das Parlament*, 30. 11. 1990, 3.

Unterordnung unter eine Weltregierung! Wir wissen das, denn alle «Argumente» gegen ein souveränes Paneuropa und für eine Weltregierung, die man uns morgen «servieren» wird, haben die rührigen Welt-Organisatoren schon vorgestern, 1944, fertig «angerichtet»! Hier sind sie:

1) «Die letzten dreihundert Jahre hindurch war eines der grundlegenden Prinzipien der politischen Wissenschaft und Praxis, daß die Weise, in der Angelegenheiten eines Landes von seiner eigenen Regierung behandelt werden, nur dieses spezielle souveräne Land etwas angeht. Obwohl dieser Standpunkt zu später Stunde im Hinblick auf sogenannte nationale Minderheiten geringfügig abgeändert wurde, muß er aus universalen und regionalen Gründen gänzlich aufgegeben werden.»[104] Es wird also kein «Prinzip der Nichteinmischung» in Europas innere Angelegenheiten geben! So wie sich heute die Brüsseler EG-Kommission massiv «aus regionalen Gründen» in die nationalen Belange der europäischen Völker bzw. ihrer (im Maastrichter Vertrag faktisch bereits abgeschafften!) Staaten einmischt, wird sich morgen die Jerusalemer Weltregierung «aus universalen Gründen» um Europas Belange kümmern! Einfach so, «aus universalen Gründen», über die man uns nicht einmal Rechenschaft schuldig ist.

2) «Die Vollmacht der einzelnen europäischen Staaten, Verträge zu schließen, wird sicherlich auf das von der Mitgliedschaft in einer weltweiten Organisation erforderte Maß beschränkt werden müssen, wenn gemeinsame Sicherheit und Wohlstand Wirklichkeit werden sollen.»[105] Bereits der Maastrichter Vertrag schränkt die Vollmacht der einzelnen europäischen «Mitglied»-Staaten zur Vertragsschließung erheblich ein (Artikel J), aber noch längst nicht genügend, um *weltweit* «gemeinsame Sicherheit und Wohlstand Wirklichkeit werden» zu lassen; dafür wird besser eine einzige Weltregierung sorgen, nach deren Errichtung Verträge zwischen ehemaligen Staaten sehr rasch vollkommen überflüssig geworden sein werden . . .

3) «Die Gründe, warum kontinentale oder quasi-kontinentale Organisationen in dichtbevölkerten Gebieten benötigt werden, kann man in vier Rubriken klassifizieren: Technologie, Wirtschaft, Menschlichkeit und Sicherheitsbedürfnis. Alle diese Gründe sind natürlich von wesenhaft politischem Charakter. Si-

---

[104] *Arnold Brecht* in: *Schnapper* a.a.O. 16.
[105] *Jan Hostie* in: Ebd. 82.

cherlich, den betreffenden Problemen kann nicht ausschließlich durch quasi-kontinentale Organisationen begegnet werden. In mancher Hinsicht rufen sie nach über-kontinentalen (weltweiten) Instrumenten . . .»[106] Augenblicklich ist davon noch nicht viel zu hören, aber morgen wird man uns exakt dieselben «Probleme», zu deren Lösung gegenwärtig das Maastricht-Europa angeblich unverzichtbar ist, als einzig lösbar im Rahmen eines Weltstaats präsentieren, besonders das «Umweltproblem» und den immer noch «atomar bedrohten Weltfrieden». Bevor man aber diese «Probleme» kannte, hatte man - 1944 - andere, die sich ebensogut vorschieben ließen:

«Es gibt indessen manche Probleme, für die kontinentale Organisationen nicht die passenden Körperschaften sind und die unmittelbar von der Weltorganisation in Angriff genommen werden sollten: zum Beispiel die Ausstellung von Identifikationspapieren für Personen ohne Nationalität, die Frage jüdischer Wanderung von Region zu Region, Konflikte zwischen Regionen etc. Die weltweite Organisation würde ihre Aufmerksamkeit natürlich auf alle jene Probleme konzentrieren, die klar erkennbar globale Wichtigkeit und Bedeutung besitzen.»[107] Daß «jüdische Wanderungen» in Kreisen der Welt-Organisierer schon damals als ein Problem von «klar erkennbar globaler Wichtigkeit und Bedeutung» eingestuft wurden, wundert uns nicht, handelte es sich doch um Wanderungen ausgerechnet der künftigen Inhaber der geplanten Weltherrschaft! Und wie man es fertigbringt, als «Person ohne Nationalität» auf die Welt zu kommen, das sollen uns nach Zions Willen demnächst die Sprößlinge der amorphen multikulturellen Rassenmixtur lehren, die man in Europa wie in den USA auf jede erdenkliche Weise zu fördern nicht müde wird. Fürwahr, die Probleme von «klar erkennbar globaler Wichtigkeit und Bedeutung» werden uns Paneuropäern unweigerlich über den Kopf wachsen . . .

4) «Politische, wirtschaftliche und strategische Interessen können nicht in Regionen aufgeteilt werden. Wie der Friede selber sind sie unteilbar. . . . Die Erfahrung scheint anzuzeigen, daß regionaler Zusammenschluß ohne die Möglichkeit, seine Zuflucht zu einer starken universalen Kontrolle zu nehmen, die schwerwiegende Gefahr internationaler Spannung und geringe Aussicht

---

[106] *Arnold Brecht* in: Ebd. 14.
[107] Ebd. 23.

auf Sicherheit beinhalten würde.»[108] Und das trotz der «Konferenz für Sicherheit und Zusammenarbeit in Europa» und ihrer «Charta von Paris für ein neues Europa»? Aber gewiß - zeigt sich das nicht gerade in Jugoslawien!? Wo heute noch Eingeweihte wie Otto von Habsburg nach dem Eingreifen eines «starken Europa» rufen, werden dieselben oder andere Herrschaften morgen Europas anhaltende Schwäche bejammern und Abhilfe durch die UNO verlangen - aber was sage ich? Geschieht das nicht bereits heute?

5) «Zudem ist es nicht selbstverständlich, daß die Mehrheit der gegenwärtigen Einwohner irgendeines gegebenen Teils des Globus dieses Gebiet als ihr Eigentum betrachten oder über seine natürlichen Rohstoffe und seine Schönheit verfügen kann, deren Erhaltung und/oder Schutz demnächst im gemeinsamen Interesse der Menschheit als ganzer liegen möchten.»[109] Die Devise «Deutschland den Deutschen!» gilt als neonazistisch. Aber auch das Motto «Europa den Europäern!» fand also bereits 1944 keine Gnade in den Augen der Washingtoner One-World-Architekten. Nur «Palästina den Juden!» durfte man damals wie heute ungestraft rufen. Sei dem, wie es sei: Abschotten gilt nicht, und sollen Paneuropas Schönheit wie auch seine Rohstoffe wirklich der ganzen Menschheit zugute kommen, kann natürlich nicht die Brüsseler EG-Kommission (die diesbezüglich ungeachtet ihrer jüdischen Exponenten als «Partei» betrachtet werden muß), sondern nur eine unparteiische Weltregierung das sicherstellen.

6) «Selbst in seiner Gesamtheit würde Europa (ein Pan-Europa ohne Rußland) das Ziel verfehlen, eine selbstgenügsame wirtschaftliche Einheit zu bilden. Europa würde immer noch sechsundvierzig Prozent aller seiner materiellen Bedürfnisse außerhalb einkaufen und sechsunddreißig Prozent seiner Exporte im Ausland absetzen müssen. Man sollte in diesem Zusammenhang darauf hinweisen, daß der Grad wirtschaftlicher Abhängigkeit der einzelnen Nationen oder besonderer Nationengruppen in Europa von anderen Kontinenten noch größer ist und sogar noch deutlicher in die Richtung der Erwünschtheit einer Weltwirtschaftsorganisation zeigt.»[110] Klar, daß die zionistischen Weltordner um Europas wirtschaftliches Wohlergehen viel besorgter sind als die meisten Europäer selbst; die wissen noch gar nicht, wie gut der Hebung ihres Wohlstands das Schalten und Walten einer

---

[108] *Sarah Wambaugh* in: Ebd. 50f.
[109] *Jan Hostie* in: Ebd. 69.
[110] *Adolph Drucker* in: Ebd. 110.

traditionell umverteilungserfahrenen israelitischen Weltregierung tun wird . . . Der uns Europäern dank seiner ehemaligen Wiener Heimat offenbar besonders wohlgesonnene Israelit *Adolph Drukker* ließ jedoch bereits 1944 in diesem Punkt nicht locker: «Wirtschaftliche Analyse und Kritik führt uns also zu der Schlußfolgerung - und bestätigt ein aus den Kriterien des internationalen Rechts abgeleitetes Urteil -, daß kein regional begrenztes Abkommen den betroffenen Völkern sämtliche möglichen Vorteile des Handels und der politischen Sicherheit sichern kann, wenn ein solches Abkommen nicht im Rahmen einer weiteren, ja weltweiten Wirtschaftsorganisation konstruiert wird.»[111] Das erinnert lebhaft an die jüngsten Verhandlungen über ein «Internationales Zoll- und Handelsabkommen» (GATT), das beispielsweise den europäischen Bauern den unschätzbaren Vorteil bringen soll, künftig ihre Scholle schon mangels Rentabilität gar nicht mehr bebauen zu müssen . . . Nein, mit den Bauern und den ihnen zugedachten Vorteilen wird man - ausnahmsweise - auch morgen *nicht* argumentieren, denn es wird sie dann dank weltweiter weltstaatlicher Wirtschafts- und Handelsorganisation gar nicht mehr geben!

7) «Regionale Gruppierungen werden so gut wie sicher scheitern, wenn sie nicht einer universalen Organisation angegliedert werden. Wenn sie erfolgreich sein sollen, müssen sie mit einem weltweiten internationalen System verbunden und ihm untergeordnet werden, das der künftigen politischen Sicherheit und wirtschaftlichen Wohlfahrt dient.»[112] Das ist kein neues Argument mehr, kann uns aber gerade deshalb eine Vorstellung von der unsäglichen, aus stupiden Wiederholungen des immer Gleichen bestehenden Kampagne geben, mittels deren man morgen den Paneuropäern die Eine Weltregierung schmackhaft machen wird.

Nein, man redet gegenwärtig meist noch keinen Klartext, aber was der «Wissende» *Otto von Habsburg* als Sprachrohr Zions heute zu bedenken gibt: «. . . verschiedene regionale Abkommen in Mittel- und Osteuropa . . . entsprechen in einer ständig schrumpfenden Welt . . . nicht mehr dem Gebot der Stunde»[113], das wird er vielleicht schon morgen so formulieren: «Die kontinentale Region Paneuropa entspricht in einer ständig schrumpfenden Welt nicht mehr dem Gebot der Stunde»!

---
[111] Ebd. 112.
[112] *Josef Hanc* in: Ebd. 128.
[113] S.o. Anm. 96.

Einer der Wenigen, die so etwas jetzt bereits sagen dürfen (wobei sie lediglich in die Ausdrucksweise der Welt-Organisatoren von 1944 zurückfallen!), ist der Freimaurer und Kardinal der Konzilskirche *Agostino Casaroli*. Er nämlich «unterstrich» in einem Anfang 1992 in Wien gehaltenen Vortrag «die Notwendigkeit einer übernationalen, ja Welt-Autorität, die mit ausreichenden Vollmachten ausgestattet ist, um Probleme von weltweiten Ausmaßen bewältigen zu können» und «verwies darauf, daß diese Überzeugung "von den Päpsten unserer Zeit" oft wiederholt worden sei. Die ganze Menschheitsfamilie müsse sich immer mehr ihrer Einheit in den lebenswichtigen Problemen und Bedürfnissen und daher auch der Notwendigkeit des Zusammenschlusses bewußt werden.»[114] Wie schon gesagt, morgen werden derartige Parolen über alle europäischen Mattscheiben flimmern und in allen europäischen Zeitungen stehen.

Was Casaroli (immer noch etwas kryptisch) eine «mit ausreichenden Vollmachten ausgestattete Welt-Autorität» zu nennen beliebt, kann nur als eine *universale Diktatur* gedacht werden, der auch jede etwaige «kontinentaleuropäische» staatliche *Souveränität*, wenn es sie denn gäbe, zum Opfer fallen würde. Bereits 1948 hatte Douglas Reed über die dem Nachkriegseuropa und der ganzen Welt vorgegaukelte Alternative: «Entweder *Demokratie* oder *Diktatur*» gespottet[115]: «Die Diktatoren werden im Falle eines Sieges bestimmt überall die Diktatur einführen und diese Weltkommunismus nennen; die "Demokraten" werden im Falle eines Sieges ebenfalls überall die Diktatur einführen und diese Weltregierung nennen. "Die Menschheit" wird also "vor eine Wahl gestellt", wo es in Wahrheit gar keine Wahl gibt.» Professor *Alexander von Senger* war 1966 in einem Göttinger Universitäts-Vortrag auch nicht optimistischer[116]: «Die schon heute als Uno-Polizeitruppe funktionierende Weltpolizei ist als wirkliche Weltmacht nur unter einer Voraussetzung denkbar: sie muß als einzige Truppe nuklear gerüstet und international organisiert, einer desorganisierten, haltlosen, ungegliederten Weltbevölkerung gegenüberstehen, die nicht nur militärisch, sondern auch geistig entwaffnet ist. Eine derart amorphe Masse, in Wirtschaftsprovinzen eingeteilt, ohne Vergangenheit, ohne Zukunft, ohne Vaterland und ohne Gott, wird zum wahren Nährboden für

---

[114] *OR*, 7. 2. 1992.
[115] *Reed* a.a.O. 280.
[116] *Alexander von Senger*, gedruckter Vortrag über den *Dadaismus*, gehalten an der Universität Göttingen im Frühjahr 1966.

die Diktatur der Hochfinanz, die vermittels der ihr allein zustehenden Kontrolle des Geldumlaufs eine Weltbevölkerung, bei der überhaupt alles käuflich geworden ist, in absoluter sklavenhafter Abhängigkeit halten kann.»

In der Tat «verkauft» man uns auf Seiten Zions und seiner Loge das Maastricht-Europa exakt als das «Europa der Konsumenten» und als den (zusammen mit den EFTA-Staaten) «mit 380 Millionen Konsumenten größten Markt der Welt». Paneuropa ist anscheinend für die breite Masse nur noch als ein «Markt», ein Treffpunkt von Käufern und Verkäufern, wo jeder gute Geschäfte zu machen hofft, interessant und vermittelbar! Was aber die erwähnte «sklavenhafte Abhängigkeit» betrifft, so wurde sie nicht einmal von den Welt-Organisatoren des Jahres 1944 in Abrede gestellt, wenn einer von ihnen bekannte: «Politisch ist der Staat eine Realität, eine fürchterliche Realität fürwahr, ein Leviathan.»[117] Das war noch nicht einmal ausdrücklich auf den projektierten Weltstaat gemünzt, auf den es jedoch potenziert zutrifft!

Was die kommende Weltregierung, dieser Super-Leviathan, mit jenen zu tun gedenkt, die sich ihm entgegenzustellen wagten, läßt sich schon aus der drohend klingenden Feststellung *Jan Hosties* entnehmen, jene, «die offen oder verdeckt internationale Zusammenarbeit und eine internationale Regierung bekämpfen», befänden sich «sozusagen "außerhalb der Verfassung"»[118] des Weltstaats, seien also - mit anderen Worten - als *vogelfrei* zu betrachten! Für seinen Kollegen *Frank Lorimer* wäre «der Versuch, zu der alten Welt isolierter, rivalisierender Nationen zurückzukehren», sogar «offenkundig psychopathisch»[119]. Machen wir uns also angesichts des dem kaum geborenen Paneuropa schon im Nacken sitzenden *Leviathans* auf einiges gefaßt . . .

---

[117] *Jan Hostie* in: *Schnapper* a.a.O. 80.
[118] Ebd. 56.
[119] *Frank Lorimer* in: Ebd. 162.

IV. Kapitel

Die wahre Regierung: die Zentralbank (I)

1. «Ach wie gut, daß niemand weiß...»

«... daß ich Rumpelstilzchen heiß'!» So lautet bekanntlich das triumphierende Lied des hochgemut um ein Feuer tanzenden Zwergs, dessen Macht in seiner Anonymität besteht. Der Zufall will es, daß ausgerechnet im Märchen vom Rumpelstilzchen Stroh zu Gold «gesponnen» wird und niemand den Namen des geheimnisvollen Männchens kennt, das dieses magische Kunststück zuwegebringt. Auch diejenigen, die seit Jahrhunderten in allen zivilisierten Ländern der Erde immer unvorstellbarere Mengen von Geld aus dem Nichts hervorzaubern, freuen sich diebisch darüber, daß der berühmte «Mann auf der Straße» weder ihre Namen kennt noch von ihrem ausbeuterischen Treiben und dessen gewaltigem Ausmaß die geringste Ahnung hat. «Das bestgehütete Geheimnis der Menschheitsgeschichte», sagt Ernst van Loen treffend, «ist die Herrschaft des *Götzen Mammon*, des Widersachers der Schöpfung von Anbeginn, über "alle Reiche und Güter dieser Welt"».[1] Aber nicht nur der «kleine Mann» läßt sich nicht träumen, auf welche Weise man ihn mittels der «modernen» Geldwirtschaft fortwährend betrügt und fortschreitend versklavt. So beklagt Herbert Schweiger, «daß fast alle intelligenten, dynamischen Unternehmer, Kaufleute, Techniker und Facharbeiter . . . überhaupt keine Ahnung haben, wer das Geld herstellt und unter welchen Bedingungen es in die Wirtschaft einfließt. Es ist einfach da, und zwar so geheimnisvoll, als würde dies der "liebe Gott" persönlich veranlassen.»[2] Karl Steinhauser schließlich zitiert den

---

[1] In: *Johannes Kleinhappl*, Christentum und Kapitalismus. Analysen, Essays und Fragmente aus dem Nachlaß. Herausgegeben und eingeleitet von Ernst van Loen, Innsbruck - Wien 1992 (abgek. *Kleinhappl, Kapitalismus*), 22.
[2] *Herbert Schweiger*, Geld und Weltpolitik, Graz 1984 (abgek. *Schweiger*), 85.

amerikanischen Großindustriellen Henry Ford mit einer ähnlich resignierenden Feststellung aus dem Jahre 1920: «Eigentlich ist es ganz gut, daß die Menschen der Nation unser Banken- und Währungssystem nicht verstehen. Würden sie es nämlich verstehen, würden wir eine Revolution vor morgen früh haben.»[3]

Ob die Wirtschaftsjournalisten der kontrollierten Massenmedien bei der Behandlung aktueller und grundsätzlicher Währungsfragen ihr argloses Publikum gewollt verdummen oder lediglich die eigene Unwissenheit dokumentieren, läßt sich pauschal gar nicht beantworten; vermutlich jedoch liegt in der großen Mehrzahl der Fälle keine Bosheit, sondern Ahnungslosigkeit vor, so auch in den folgenden, zum Lachen reizenden Sätzen des dpa-Journalisten Günther Voss, geschrieben anläßlich des 35jährigen Bestehens der *Deutschen Bundesbank*: «"Inflation ist Betrug am Sparer", lautete der Grundsatz des ersten Bundesbankpräsidenten Karl Blessing. Seine Nachfolger hielten dieses Motto bis heute hoch. Die "Bank der Banken" konnte sich nie mit der These "lieber fünf Prozent Inflation als fünf Prozent Arbeitslosigkeit" anfreunden. Sie sah sich im Zweifel immer - ihrem Gesetzesauftrag folgend - dem Geldwert verpflichtet. Dennoch verlor die Deutsche Mark in den vergangenen 35 Jahren aufgrund steigender Preise mehr als siebzig Prozent ihres Wertes.»[4] Lächerlich ist nicht die genannte Tatsache, sondern die beigefügte Begründung «aufgrund steigender Preise». Denn steigende Preise sind *niemals* Ursache, sondern immer nur Wirkung der Inflation, und wo so grundlegende Dinge wie Ursache und Wirkung miteinander verwechselt werden, muß zwangsläufig gröbste Unwissenheit hinsichtlich der jeweiligen ursächlichen Zusammenhänge vermutet werden.

Ob die Masse der Mitglieder der (s.o.!) jüdisch-freimaurerischen Frontorganisation «Paneuropa-Union» über den wahren Charakter einer jeden sogenannten «Zentralbank» und über deren einzigen Zweck, die von ihr «betreute» Volkswirtschaft möglichst gründlich und unauffällig zugleich auszuplündern, informiert ist, muß man füglich bezweifeln. Anders dürfte es sich etwa beim deutschen Bundesvorstand derselben Paneuropa-Union, oder zumindest bei den in ihm (unerkannt) vertretenen Logenbrüdern verhalten; wie sonst wäre es diesem Bundesvorstand in den Sinn gekommen, im Frühjahr 1991 namens der *Paneuropa-Union*

---

[3] *Steinhauser* a.a.O. 113.
[4] *Günther Voss* in: *DT*, 1. 8. 1992.

Deutschland e.V. einen Appell in Form eines ganzen Forderungskatalogs an «das Europäische Parlament, den Rat und die Kommission der Europäischen Gemeinschaft, die Regierungen sowie an die eingesetzten Regierungskonferenzen» zu richten und im Rahmen dieses Appells nicht zuletzt folgendes zu verlangen: «Die Einführung des ECU als europäische Währung unter der Kontrolle einer unabhängigen Europäischen Zentralbank»[5]?!

Ein leises Ahnen davon, wer und was die Verantwortlichen der deutschen Sektion der *Paneuropa-Union* seinerzeit zu dieser interessanten «Forderung» inspiriert haben mag (mit der man natürlich fast überall offene [Logen]Türen einrannte), kann uns vielleicht der amerikanische Franziskanerpater Giles Butler vermitteln: «Warum sind so viele Länder verschuldet? Bei wem sind sie verschuldet? Es muß eine "Regierung" oder eine Macht hinter den Regierungen geben, bei der so gut wie alle Regierungen Anleihen aufnehmen und somit verschuldet sind. Wenn jede Regierung ihre eigene Währung ausgäbe und vernünftig regulierte und diesen Vorgang von privaten Händen fernhielte, gäbe es keinen Grund für die Staaten, hoch verschuldet zu sein. Tatsächlich gäbe es für ein solches Land keinen Grund, überhaupt verschuldet zu sein.»[6]

Um indes wirklich zu verstehen, daß, wieso und inwiefern die Staatschulden (nicht nur, aber eben auch) der Länder «Paneuropas» nicht etwa bei der sparenden Bevölkerung, sondern vielmehr in der Hauptsache bei den nationalen Zentralbanken und den hinter ihnen stehenden privaten Großbanken zu Buche schlagen, die auch das Gros der enormen Zinsen einheimsen, und daß darum eine künftige «Europäische Zentralbank» über die gebündelte, unwiderstehliche finanzielle, wirtschaftliche und politische Macht eines unerbittlichen monopolistischen Gläubigers ganz «Paneuropas» verfügen wird, über die bisher schon auf nationaler Ebene mehr oder weniger die nationalen «Zentralbanken» verfüg(t)en, daß sich endlich die finanzielle Ausbeutung der Wirtschaftskraft der europäischen Völker unter der Ägide einer «Europäischen Zentralbank» in erhöhtem Maße fortsetzen wird, um alles das also vollständig begreifen zu können, kommen wir um ein knappes Studium der grundsätzlichen Funktion des Geldes und des Bankwesens wie auch der geschichtlichen Entwicklung beider nicht herum.

---

[5] *Paneuropa Deutschland*, Heft 2 (2. Quartal) 1991, 16.
[6] *P. Giles Butler OFM* in: *The Seraph*, September 1989, 12.

2. Der Geldwert

Darüber, was nun eigentlich den Wert des Geldes bzw. einer Währung ausmacht, kursieren selbst unter Gebildeten die sonderbarsten Vorstellungen. Unausrottbar ist namentlich die irrige Meinung, eine Währung müsse durch *Gold*, *Silber*, *Kupfer* oder dergleichen «gedeckt» sein, damit das Geld etwas wert sei. Andere bilden sich ein, Grund und Boden seien das Maß für den Geldwert. Nichts von alledem ist wahr. Woher rührt dann aber das verbreitete Mißverständnis von der angeblichen Notwendigkeit einer Gold-, Silber- oder sonstigen derartigen «Deckung» des Geldes? Nun, Geld ist, wie wir gleich sehen werden, seiner Idee nach ein pures (standardisiertes) *Tauschmittel* für menschliche Arbeit bzw. deren Erzeugnisse. Um nun auf der Hand liegende mögliche Mißbräuche dieses Tauschmittels durch arbeitsunwillige Subjekte zu vermeiden, mußte das Geld, wie sich nach seiner «Erfindung» rasch zeigte, unbedingt so beschaffen sein, daß es nicht in beliebiger Menge zur Verfügung stand: es mußte Seltenheitswert besitzen, um seinen Tauschwert zu behalten.

Gold war lange Jahrhunderte und Jahrtausende der Menschheitsgeschichte hindurch das ideale Tauschmittel, weil es (abgesehen von seiner chemischen Beständigkeit) von Natur aus hinreichend selten war, um eine Inflation in nennenswertem Umfang erst gar nicht entstehen zu lassen. Wer wirklich irgendwo irgendwann einmal ein paar zusätzliche Stücke Gold finden und in den Verkehr bringen würde, ohne dafür eine gesellschaftlich nützliche Arbeitsleistung erbracht zu haben, würde dadurch die Menge des umlaufenden Gold-«Geldes» nur unwesentlich erhöhen und somit auch nur unwesentlich entwerten. Später nahmen sich die Könige das Recht, aus Gold und - weil die vorhandene Menge dieses seltenen Metalls nicht mehr ausreichte - anderen, weniger edlen Metallen *Münzen* zu prägen. Dadurch trat an die Stelle *naturgegebener* Seltenheit eine *künstlich herbeigeführte*, aber grundsätzlich ebenso wirksame Seltenheit des Geldes: nur (Edel-)Metallstücke mit einer *ganz bestimmten*, künstlerisch anspruchsvollen (also kaum nachzuahmenden) Form wurden als Tauschmittel akzeptiert. Nicht mehr der natürliche Seltenheitswert des *Materials*, sondern der staatlich verordnete und kontrollierte Seltenheitswert der praktisch kaum kopierbaren und überdies gesetzlich geschützten *Form* sorgte nun dafür, daß das Geld seinen Wert behielt, auch wenn es nicht mehr aus Gold bestand.

An diesem Prinzip hat selbst die Erfindung des Papiergeldes nicht das Geringste geändert. Solange eine zentrale staatliche Instanz die Herausgabe und damit den Umlauf des Tauschmittels «Geld» auf eine sinnvolle Höhe, das heißt auf eine hinreichende Seltenheit, begrenzt, spielt es überhaupt keine Rolle, aus welchem Material das Geld konkret besteht. Solange die Bürger eines Staates ebensowenig die kunstvoll gestalteten Banknoten nachzeichnen, nachdrucken oder sonstwie kopieren können, wie sie sich Gold aus den Rippen zu schlagen vermögen, sind Goldmünzen - hinsichtlich ihrer Funktion als *Geld* - kein bißchen wertvoller als papierene Banknoten.

Eine Bedingung dafür, daß das Geld etwas wert ist, ist also seine Seltenheit; aber die ist eben wirklich nur eine Bedingung und macht noch keineswegs den Wert selbst aus. Dieser Wert liegt vielmehr offenbar darin begründet, daß man sich für Geld etwas kaufen, d.h. etwas Lebensnotwendiges oder Nützliches oder Angenehmes eintauschen kann, das andere Menschen produziert haben bzw. als Dienstleistung erbringen. Natürlich braucht man überhaupt nur in einer arbeitsteilig organisierten Gesellschaft Güter und Dienstleistungen wechselseitig einzutauschen; nur in einer solchen Gesellschaft wird auch ein Tauschmittel benötigt.

Den wechselseitigen Austausch von Gütern und Dienstleistungen bzeichnet man als *Wirtschaft*, und je nachdem, ob lediglich lebensnotwendige, oder auch über den Grundbedarf hinausgehende bloß nützliche oder gar bloß angenehme (*Luxus-*)Güter erzeugt und getauscht werden, spricht man von einer *Versorgungs-, Bedarfsdeckungs-* oder *Subsistenzwirtschaft* im ersteren und von einer *Erwerbswirtschaft* im letzteren Fall. Der tiefgreifende Unterschied zwischen beiden Wirtschaftstypen liegt darin, daß bei der Versorgungswirtschaft die Befriedigung elementarer Bedürfnisse, bei der Erwerbswirtschaft hingegen die Aneignung von möglichst viel Geld im Mittelpunkt steht, das ehemalige pure Tauschmittel somit gleichsam zum Selbstzweck wird. «Die Bedarfsdeckung», konstatiert der Volkswirtschaftler *Johannes Kleinhappl*, «ist für das Kapital nur Mittel zum Zweck. Der Bedarf wird gedeckt, aber auch geweckt um des Profits willen. Wo kein Profit, dort auch keine Bedarfsdeckung, und wenn der Bedarf noch so dringend und lebensnotwendig wäre!»[7] Daß die im

---

[7] *Johannes Kleinhappl*, Christliche Wirtschaftsethik. Analysen, Essays und Fragmente aus dem Nachlaß. Herausgegeben und eingeleitet von Ernst van Loen, Wien 1991 (abgek. *Kleinhappl, Wirtschaftsethik*), 108.

christlichen Mittelalter noch durchwegs intakte, naturgemäße Versorgungswirtschaft beginnend mit der Renaissance in eine unnatürliche Erwerbswirtschaft pervertiert wurde, die man treffend als «Kapitalismus» zu bezeichnen pflegt, hat Gründe, auf die wir noch zu sprechen kommen werden.

«Die Subsistenz- oder Versorgungswirtschaft», erläutert der international angesehene Schweizer Nationalökonom *Hans Christoph Binswanger*, «ist ausgerichtet auf die Befriedigung der physischen Bedürfnisse des Menschen; diese sind ersättlich. Die Subsistenz- oder Versorgungswirtschaft hat daher endliche Zwecke. Die Erwerbswirtschaft dagegen zielt auf die imaginären Bedürfnisse, die durch die Phantasie des Menschen stets ausgeweitet werden können; sie sind unersättlich. Der Erwerbswirtschaft wohnt daher ein unendliches Streben inne. Sie folgt aus dem Geldstreben, weil das Geld durch die Geldschöpfung (Papiergeld!) schneller und leichter vermehrbar ist als die Güter, die mühsam aus dem Material der Welt gewonnen werden müssen. Daher besteht die Tendenz, zuerst Geld zu produzieren und dann, durch den Geldgewinn verlockt oder angelockt, diesem Geld als Geldkapital durch entsprechende Ausweitung des imaginären Bedarfs und der dazugehörigen Güterproduktion zusätzlich Geltung zu verschaffen.»[8]

Aus dieser Überlegung leitet *Iring Fetscher*[9] eine weitere wichtige Erkenntnis ab: «Die belebende Wirkung der Papiergeldschöpfung geht auf Imagination und Impression zurück. Auf die Hoffnung, künftig gegen dieses Papiergeld Güter erwerben zu können ... Voraussetzung ist, daß die Produktion ständig wächst und morgen wirklich so viel Güter bereitstellt, wie "heute" Gegenwert in Papiergeld "geschöpft" worden ist. Das Papiergeld ist ein Bemächtigungsmittel für künftige Güter.» Doch nicht bloß das neu in Umlauf gebrachte Papiergeld und nicht bloß das Papiergeld überhaupt, sondern *alles Geld* ist ganz wesentlich «Bemächtigungsmittel für künftige Güter»; es ist, wie Binswanger richtig feststellt, «seiner Natur nach eine Anweisung auf die Zukunft, auf das, was man in der Zukunft kaufen kann, wenn man das Geld ausgibt ... Man kann daher geradezu sagen: "Geld ist Zukunft".»[10]

---

[8] *Hans Christoph Binswanger*, Geld und Magie. Deutung und Kritik der modernen Wirtschaft anhand von Goethes *Faust*, Stuttgart - Wien 1985 (abgek. *Binswanger*), 134.
[9] In seinem Nachwort zu *Binswangers* Buch ebd. 179.
[10] *Binswanger* ebd. 133.

Damit ist die eine Seite des Geldes als eines Tauschmittels geklärt: das Geld steht symbolisch für das, was man künftig dafür eintauschen kann. Unabtrennbar damit zusammen hängt jedoch die andere Seite: Geld ist zugleich, wie Johannes Kleinhappl immer wieder betont, «geronnene Arbeit(sleistung)», steht also auch symbolisch als Tauschwert für bereits geleistete produktive oder sonstwie notwendige bzw. nützliche Arbeit. Von daher gilt, was auch Schweiger unterstreicht: «Nicht Gold ist Geld, sondern Arbeit ist Geld»[11]. Dasselbe hat schon *Adam Smith*, der bekanntlich die klassische Volkswirtschaftslehre begründete, bekräftigt, und zwar «in seinem berühmten 1776 erschienenen Buch über den *Reichtum der Nationen*: "Der wirkliche Preis einer jeden Sache, d.h. das, was die Erwerbung irgendeiner Sache dem, der sie erwerben will, wirklich kostet, ist die Mühe und Beschwerde, welche die Erwerbung bedingt. . . . Was durch Geld oder Gut erkauft wird, das wird ebenso durch Arbeit erkauft, als wenn wir es mit unseren Händen erarbeitet hätten; denn jenes Gut oder jenes Geld erspart uns dieser unserer Hände Arbeit . . . Arbeit war der erste Preis, das ursprüngliche Kaufgeld, das für alle Dinge bezahlt wurde. Nicht für Gold und Silber, sondern für Arbeit ist aller Reichtum der Welt ursprünglich gekauft worden." - Diese Auffassung», kommentiert Binswanger, «ist in der heutigen Nationalökonomie zwar dahingehend modifiziert worden, daß neben der Arbeit auch das Kapital und der technische Fortschritt als selbständige Größen erscheinen. Alle drei Produktionsfaktoren aber werden als Resultat menschlicher Leistungen gedeutet: die Arbeit als Leistung des Fleißes, das Kapital als Leistung des Konsumverzichts (des Sparens) und der technische Fortschritt als Leistung des Lernens und Forschens. Im Grundsätzlichen ist daher bis heute die Nationalökonomie der klassischen Auffassung von der Wertschöpfung durch Leistung, und nur durch Leistung, treu geblieben.»[12]

Letzteres - Wertschöpfung erfolgt nur durch (Arbeits-)Leistung - muß unbedingt festgehalten werden, auch wenn Binswanger die drei angeblichen Produktionsfaktoren leider nicht ganz korrekt aufgezählt und gewürdigt hat. Der technische Fortschritt verdient bei wirklich grundlegender Betrachtung nicht als eigener Produktionsfaktor genannt zu werden, weil er zweifellos direkt unter die menschliche Arbeitsleistung zu subsumieren ist. Das Kapital gilt zwar nach gängiger Auffassung als ein weiterer «Pro-

---

[11] *Schweiger* a.a.O. 40.
[12] *Binswanger* a.a.O. 22f.

duktionsfaktor» neben der menschlichen Arbeit; seine bloße «Bereitstellung» läßt sich aber, entgegen Binswanger und nahezu der gesamten modernen Nationalökonomie, nicht wirklich als «Leistung» betrachten, weil bloß negativer Konsum«verzicht» als solcher rein gar nichts Produktives leistet, keinerlei Arbeit darstellt. Besser noch als Binswanger hat darum der bekannte österreichische Volkswirtschaftstheoretiker *Anton Orel* (1881-1959) die ausschließliche Begründung des Geldwertes in der *menschlichen Arbeit* aufgezeigt:

«Ausgehend vom Naturrecht und biblisch-christlicher Tradition erkennt schon die mittelalterliche Wissenschaft - Scholastik und Kanonistik - in voller Klarheit und Bestimmtheit als eine Grundthese: Der arbeitende *Mensch* allein ist Produzent oder causa principalis, Grund- und Hauptursache des Arbeitserzeugnisses. Alles andere, was bei der Gütererzeugung Verwendung findet, ist wohl *Wirtschaftsmittel*, nicht aber "Produktionsfaktor", nicht Erzeuger. Und zwar, einerseits Natur, Naturkräfte und -stoffe, die der Mensch nicht erzeugen, sondern nur als Gottesgeschenk entgegennehmen kann; andererseits, wie schon die alten römischen Juristen sagten: *instrumentum*: die vom Menschen aus der Natur durch Arbeit erzeugten Werkzeuge, Maschinen, Gebäude, Geld und andere Verkehrsmittel. *Natur und Instrumente werden selbstverständlich als Hilfsmittel der Produktion anerkannt, niemals aber als Erzeuger, als Produktionsfaktoren*. Faktor *der Erzeugung ist nur der arbeitende Mensch*. . . . Gegen diese traditionelle Lehre vom arbeitenden Menschen als einzigem wahren Produktionsfaktor ist die liberal-kapitalistische *Vulgärökonomie* mit ihrer neuen Lehre von den sog. "drei Produktionsfaktoren: Boden, Kapital und Arbeit" gerichtet, um aus der Arbeitsfrucht, aus dem von der Arbeit geschaffenen Wert, dem Boden die *Grundrente*, dem Kapital den *Zins* zusprechen und dem allein produzierenden Arbeitsmenschen bloß den um Rente und Zins *verkürzten* restlichen *Arbeitslohn* übrig lassen zu können.»[13]

Daß allein die menschliche Arbeitsleistung *wirtschaftliche* Werte schafft, d. h. Werte, die mittels des Geldes getauscht werden können, ist auch für Iring Fetscher keine Frage, wenngleich er aus ökologischer Sicht mit leicht kritischem Unterton formuliert: «Freilich gilt für die marktwirtschaftliche Produktion, daß für sie nur das Wert besitzt, was aufgrund von vorgetaner oder

---

[13] Zit. von *Ernst van Loen* in: *Kleinhappl, Kapitalismus* a.a.O. 61f.

lebendiger Arbeit entstanden ist. Die unberührte, nicht angeeignete (nicht bearbeitete oder erschlossene) Natur hat (ökonomisch) keinen Wert. Sie bekommt ihn erst in dem Maße, wie sie künstlich (also durch Arbeit) beschafft werden muß.»[14]

Der Geldwert ist also mit dem ökonomischen Wert, d.h. mit dem Wert menschlicher Arbeitsleistung bzw. der von ihr geschaffenen Produkte *identisch*, so daß anstelle des Tauschmittels «Geld» prinzipiell genausogut *unmittelbar die einzutauschenden Arbeitsleistungen bzw. Güter* treten können: «Die wirtschaftliche Handlung als Ganzes beginnt mit der Erzeugung beziehungsweise der Bereitstellung der Dienste, die die einzelnen wirtschaftenden Menschen auf den Markt bringen beziehungsweise dort anbringen wollen. Sie ist dann abgeschlossen, wenn sie dafür das eingetauscht haben, was sie sich zu beschaffen wünschen. Ob sie das unmittelbar in Sachgütern oder Diensten oder in Gestalt von Geld erhielten, das macht keinen wesentlichen Unterschied . . .»[15] Ausgetauscht mittels des Geldes werden demnach immer nur bestimmte Quanten menschlicher Arbeitsleistung, und «Geldeswert» ist - so Kleinhappls zwingende Logik - einzig und allein diese Arbeitsleistung:

«Für alle Kräfte und Stoffe, die der Mensch aus der außermenschlichen Umwelt an sich zieht, verlangt weder der liebe Gott noch die Mutter Erde irgendein Entgelt. Diese werden ihm umsonst gegeben. Deswegen darf auch der Mensch, so er sittlich und logisch richtig handeln will, von anderen Menschen nichts dafür verlangen. Will nun der Mensch die Kräfte und Stoffe der Natur so in seine Verfügungsgewalt bringen, daß sie geeignet werden, seine Bedürfnisse zu befriedigen, bedarf es dazu nur der Orts- und Gestaltsveränderung. Um diese durchzuführen, bedarf es keines anderen Aufwandes als jenes der lebendigen menschlichen Arbeit, der Hand- und Kopfarbeit. Diese und nur diese kann er beim Tausch von anderen verlangen, so er gesonnen ist, gesellschafts-wirtschaftlich sachlich und sittlich richtig zu handeln.»[16] Daß die Menschen in ihrer Gesamtheit bzw. überwiegenden Mehrheit niemals gesonnen waren und sind, irgendwelche objektiven sittlichen Normen ohne wenigstens gelegentliche oder zeitweise Übertretungen zu befolgen, ist nur zu gut bekannt, und so darf es uns nicht wundern, daß zu allen Zeiten sowohl für die unbearbeitete Natur als auch für das bloße, in und an sich wert-

---

[14] In: *Binswanger* a.a.O. 181f.
[15] *Kleinhappl, Wirtschaftsethik* a.a.O. 258.
[16] *Kleinhappl, Kapitalismus* a.a.O. 317.

lose Tauschmittel «Geld» («Kapital») dennoch (weiteres) Geld, also menschliche Arbeitsleistung gefordert wurde, in Gestalt von Kaufpreisen für Grundstücke, Schürf- und Erschließungsgebühren für Bodenschätze, Pachtgebühren für Landwirtschaft, Jagd und Fischerei, Zinsen für ausgeliehenes Geld etc. Man hat sich so sehr an die vermeintliche Fraglosigkeit und Rechtmäßigkeit all dieser naturrechtswidrigen Praktiken und somit sittlichen Entartungserscheinungen auf wirtschaftlichem Gebiet gewöhnt, daß man Kritiker der kapitalistischen Marktwirtschaft, denen man selten genug begegnet, nur noch mit großen verwunderten Augen anstarrt, als kämen sie von einem fremden Stern. Desungeachtet verbaut man sich vollständig den Weg zur Erkenntnis jenes Mechanismus, der Zion den Weg zur diktatorischen, ja gnadenlos tyrannischen Weltbeherrschung geebnet hat, solange man sich weigert, jene Kühe zu schlachten, die man bisher für heilig gehalten hat ...

Vertiefen wir nun noch ein wenig unsere Überlegungen zur Tauschmittel-Funktion des Geldes. «Die erste und wesentliche Feststellung ist» gemäß *Herbert Schweiger*[17] «die Erklärung, daß das *Geld keine Ware* sein darf, die auf dem Markt und der Börse spekulativ gehandelt wird. Das Geld hat lediglich einen Symbolwert mit der Zweckrichtung, die Arbeitsteilung und den Austausch von Gütern innerhalb der Volkswirtschaft zu vereinfachen. Die Geldwertgrundlage kann daher nur die Leistung sein. Die gedruckte Banknote ohne Deckung durch ein produktives Wirtschaftsgeschehen hat nur den Wert eines Zeitungspapieres.» Inwiefern die Einführung und Benutzung von Geld den Austausch von Gütern vereinfacht, liegt auf der Hand. Wo nur Güter und Dienstleistungen direkt gegeneinander getauscht werden, erwachsen mit zunehmender Arbeitsteiligkeit erhebliche Probleme aus der Ungleichartigkeit wie auch aus der unterschiedlichen Intensität und Häufigkeit der verschiedenen Bedürfnisse und der angebotenen Arbeitsleistungen: man kann nicht immer dasjenige, was man eigentlich braucht oder gerne hätte, überhaupt oder doch in der gewünschten bzw. benötigten Menge eintauschen. Außerdem ist es ohne Geld meist viel schwieriger, den gerechten, objektiven Tauschwert (= Arbeitswert) der verschiedenen Güter und Dienstleistungen gegeneinander abzuwägen. Anders als konkrete Güter oder Dienstleistungen ist Geld gleichsam ein «Joker» oder eine «Variable» für alles, was überhaupt auf dem Markt angebo-

---

[17] *Schweiger* a.a.O. 95.

ten wird. Man ist dank des Geldes nicht mehr genötigt, Eier gegen Brot zu tauschen, wenn der Bäcker Eier haben will, sondern kann sich von dem für die Eier erhaltenen Geld irgendetwas Beliebiges anderes kaufen. Auch aus diesem Umstand erhellt so klar der *rein symbolische, stellvertretende* Wert des Geldes, daß, angefangen von den vorchristlichen griechischen Philosophen über die antike römische Jurisprudenz und das scholastische Mittelalter bis hinauf zur dieser Tradition verpflichteten Soziallehre konsequent denkender katholischer Gelehrter unserer Tage, Einigkeit über die wesenhafte Identität von Arbeitswert, Warenwert und Geldwert besteht. So faßte etwa der westfälische katholische Pfarrer und Nationalökonom *Wilhelm Hohoff* (1848-1923) im Jahre 1913 zusammen:

«Was aber ist alles unter dem Worte "Geld" zu verstehen? Auf diese Frage antwortet *Aristoteles*: "Geld nennen wir allen Besitz, dessen *Wert nach Geld gemessen wird.*" Dasselbe sagen die großen römischen Juristen, so z.B. *Ulpian*: "Das Wort Geld umfaßt nicht bloß bares Geld, sondern alles Geld überhaupt, d.h. alle körperlichen Sachen; denn niemand wird zweifeln, daß auch die körperlichen Sachen unter der Benennung Geld begriffen werden." Dasselbe sagt der *hl. Augustinus*, der *hl. Thomas*, das kanonische Recht, der gefeierte Lehrer der Philosophie und Theologie *Dominikus Soto* usw. "Alle wirtschaftlichen Güter und das Geld", sagt *Knies*, "haben gemeinsam die Werteigenschaft; sie treten im Verkehr als Äquivalente auf, die gegeneinander umgesetzt werden. Alle wirtschaftlichen Güter haben Tauschwert, also auch Geldeswert." *Aller Gelderwerb aus tauschwertigen Dingen aber ist, nach der Lehre der Vorzeit, nicht eine Frucht dieser Dinge, sondern lediglich eine Frucht der menschlichen Arbeit - andernfalls ist er Wucher, Übervorteilung, Ausbeutung.*»[18]

Die Identität von Arbeits-, Waren- und Geldwert weist *Johannes Kleinhappl* (+ 1979) näherhin so nach: «Was die Menschen tauschen, ist im Grunde nur ihre Arbeit. Daß diese Arbeit das eine Mal in Sachgütern auftritt und das andere Mal als reiner Dienst verkörpert ist, ändert am Wesen der Sache nichts und spielt auch weiter keine Rolle. Der Tauschwert ist erst aus der Tatsache der gesellschaftlichen Arbeitsteilung heraus voll verständlich. Dieser Umstand allein legt es von vornherein nahe, daß Arbeit und Wert aufs engste miteinander verknüpft sind. - Daß Arbeit und Wert zusammengehören, ergibt sich auch noch

---

[18] Zit. v. *van Loen* in: *Kleinhappl, Kapitalismus* a.a.O. 57.

aus einer anderen Beobachtung. Wird die zur Erstellung einer Ware notwendige Arbeit geringer, pflegt auch der Preis zu sinken. Dies ist an sich ein Anzeichen dafür, daß auch ihr Wert gesunken ist. Umgekehrt: wird mehr Arbeit notwendig, steigt auch der Preis, was an sich auch ein Steigen des Wertes bedeutet. Die sachlichen Eigenschaften können in beiden Fällen bestehen bleiben.»[19]

Kleinhappl weiß, warum er zweimal einschränkend «an sich» sagt. Obwohl eben *an und für sich*, d.h. gerechterweise, der *Preis* einer jeden Ware und Dienstleistung mit ihrem (Arbeits-) *Wert* identisch sein sollte und müßte, wird in der Praxis nur allzuoft das Gegenteil beobachtet. Vielfach werden Menschen gezwungen, ihre Arbeitsleistung oder deren Früchte «unter Wert» zu verkaufen; vielfach werden Menschen auch gezwungen, Produkte fremder Arbeit zu überhöhten, den Wert der darin steckenden Arbeitsleistung übersteigenden Preisen zu kaufen. Was selten ist, hat oft auch «Seltenheitswert» und wird darum zu weit überhöhten «Liebhaberpreisen» angeboten, die zu seinem sehr viel geringeren *ökonomischen* Wert in keinem Verhältnis mehr stehen[20]. Unter Ausnutzung der Notlage anderer Menschen werden bisweilen lebenswichtige Güter künstlich verknappt, um ihren «Seltenheitswert» zu erhöhen und ökonomisch nicht gerechtfertigte Preise dafür erzielen zu können. Umgekehrt werden künstliche «Überangebote» erzeugt, um die Preise unter den ökonomischen Wert der Waren zu drücken. In solchen Fällen sind steigende oder fallende Preise natürlich keine Anzeichen für höhere oder niedrigere Arbeitsleistung.

Überhaupt darf der tatsächliche *Preis* einer Ware oder Dienstleistung niemals mit ihrem objektiven *ökonomischen Wert* verwechselt werden, denn: «Im Gegensatz zum Wert hat das menschliche Wünschen oder Wollen beim Preis einer Ware, eines Gutes, sowie eines Dienstes, weitgehenden Einfluß. Es steht jedem frei, eine Ware, ein Gut weit *unter* seinem Wert abzugeben, wie es auch einem jeden frei steht, eine Ware, ein Gut, weit *über* seinen Wert zu bezahlen. - Aber dennoch ist auch heute noch der

---

[19] *Kleinhappl, Kapitalismus* ebd. 125.
[20] Selbst venn Vincent van Gogh an seinen berühmten *Sonnenblumen* ein ganzes Jahr lang gemalt hätte - was natürlich mitnichten der Fall ist -, dürfte das Gemälde entsprechend seinem Arbeitswert nach heutigen Preisen keinesfalls mehr als ca. 50 000 Mark kosten. Tatsächlich wird das Kunstwerk jedoch gegenwärtig für zweistellige Millionenbeträge gehandelt! Ökonomisch ein Riesen-Unfug, der sich auch nicht mit dem Feigenblatt einer kulturbeflissenen Attitüde zudecken läßt.

Wert für den Preis, für die Volkswirtschaft überhaupt, von Bedeutung. Wird für eine Ware oder einen Dienst ein Preis geboten oder gegeben, der tief unter dem Wert liegt, und geschieht dies längere Zeit, so wird diese Ware oder dieser Dienst aus dem Markt verschwinden. Wird für eine Ware oder für einen Dienst ein Preis weit über dem Wert gefordert, so werden sie nicht abgesetzt, und in weiterer Folge eben auch auf dem Markt nicht mehr auftauchen können. - Der Preis wird immer um den wirklichen Wert pendeln. Der Wert ist die Kraft, die den Preis anzieht. Diese Anziehungskraft bleibt dem Wert erhalten.»[21]

Fassen wir nun unsere bisherigen Erkenntnisse thesenartig zusammen:

1) Geld ist ein reines Tauschmittel, in die arbeitsteilige Gesellschaft eingeführt zu dem Zweck, unterschiedliche menschliche Arbeitsleistungen (Güter und Dienste) möglichst gleichmäßig und gerecht untereinander auszutauschen.

2) Als reines Tauschmittel ist das Geld (abgesehen von der in seine Herstellung selbst investierten menschlichen Arbeit natürlich, abgesehen auch von seinem etwaigen technisch relevanten Material- oder kulturell relevanten künstlerischen Wert) *als solches, an und für sich*, völlig wertlos.

3) Als reines Tauschmittel steht das Geld symbolisch oder stellvertretend für menschliche Arbeitsleistung bzw. deren Produkte.

4) Darum besteht der ganze Wert des Geldes *als solchen* in der ihm entsprechenden, von ihm vertretenen, von ihm symbolisierten menschlichen Arbeitsleistung, in dem, was man mit ihm an Gütern und Dienstleistungen eintauschen kann; das Geld hat nur (mit dem Arbeitswert größenmäßig identischen) *Tauschwert*.

5) Alles Geld repräsentiert jeweils eine doppelte menschliche Arbeitsleistung: erstens eine solche, für die jemand es erworben (eingetauscht) hat, und zweitens eine solche, für die er es wieder ausgeben (austauschen) wird.

6) Soll das Geld seinen Tauschwert behalten, muß jene Arbeitsleistung, für die es erworben wurde, exakt derjenigen entsprechen, für die es wieder ausgegeben werden wird.

Mit dieser letzten These sind wir indessen schon beim nächsten Thema angekommen:

---

[21] *Kleinhappl, Kapitalismus* a.a.O. 302.

3. Geldmenge und Inflation

Es liegt in der Natur der Sache, daß der Tauschwert nicht zwar des Geldes an sich, wohl aber jeder einzelnen konkreten *Währung*, manipulierbar ist. Solche Manipulationen haben notwendig Auswirkungen auf die Wirtschaft insgesamt, sobald ihr Funktionieren vom Tauschmittel «Geld» abhängig geworden ist. In allen modernen Volkswirtschaften liegt eine nahezu vollständige Abhängigkeit vom Tauschmittel «Geld» längst vor; entsprechend große Aufmerksamkeit verdienen die möglichen und tatsächlichen Manipulationen des Geldwerts, deren gesamtwirtschaftliche Folgen so gut wie immer schädlicher Art sind.

Prinzipiell kann der Geldwert sich nur in zwei Richtungen verändern; nach oben oder nach unten. Die Erhöhung des Geldwerts heißt *Deflation*, die Verringerung des Geldwerts heißt *Inflation*. Weil der Wert des Geldes in seinem Tauschwert besteht, ist eine bestimmte Menge Geld immer soviel wert, wie sich damit an menschlicher Arbeitsleistung oder deren Produkten eintauschen läßt. Bleibt nun in einer Volkswirtschaft die Menge und Qualität der in ihr insgesamt geleisteten menschlichen Arbeit konstant, während die Menge des *umlaufenden Geldes* - von wem auch immer - erhöht wird, sinkt der Wert der Währung insgesamt genau in dem Maß, in dem die Geldmenge ansteigt. Mathematisch betrachtet stellt das Verhältnis zwischen aktuell geleisteter Arbeit[22] und aktuell umlaufender Geldmenge eine Division bzw. eine Bruchrechnung dar, deren Resultat exakte Auskunft über Wertkonstanz, Wertsteigerung oder Wertverfall einer Währung gibt. Wählen wir zur Veranschaulichung ein willkürlich erfundenes Modell:

In einer bestimmten Volkswirtschaft wird jede geleistete Arbeitsstunde durchschnittlich mit 1 Taler abgegolten. Täglich im Durchschnitt geleisteten 100 000 Arbeitsstunden steht also eine umlaufende Geldmenge von 100 000 Talern gegenüber. Das Verhältnis *Arbeitsleistung/Geldmenge*, gemessen in *täglichen Arbeitsstunden/umlaufenden Talern* beträgt somit 1:1 oder, als Bruch ausgedrückt, $1/1$. Solange dieses Verhältnis gewahrt bleibt, ist der Wert der Taler-Währung dieser Volkswirtschaft konstant. Für diese Konstanz tut es nichts zur Sache, ob 100 000 Arbeits-

---

[22] Es sollte längst klargeworden sein, daß wir in diesem ganzen Kapitel unter «menschlicher Arbeit» immer nur volkswirtschaftlich sinnvolle rationelle produktive und tatsächlich nachgefragte Arbeitsleistungen verstehen!

stunden 100 000 Taler oder 120 000 Arbeitsstunden 120 000 Taler gegenüberstehen, denn in beiden Fällen beträgt das mathematische Verhältnis 1:1.

Gestört wird die konstante Relation 1:1 zwischen Arbeitsleistung (in Stunden pro Tag) und Geldwert (in umlaufenden Talern) entweder 1) *inflationär* durch a) eine Zunahme der Menge umlaufender Taler bei gleichbleibender Zahl täglich geleisteter Arbeitsstunden oder b) eine Abnahme der täglich geleisteten Arbeitsstunden bei gleichbleibender Menge der umlaufenden Taler oder 2) *deflationär* durch a) eine Abnahme der Menge umlaufender Taler bei gleichbleibender Anzahl täglich geleisteter Arbeitsstunden oder b) eine Zunahme der täglich geleisteten Arbeitsstunden bei gleichbleibender Menge umlaufender Taler. Damit sind alle vier Möglichkeiten einer Manipulation des Geldwerts *erschöpfend* aufgezählt!

Spielen wir die vier Möglichkeiten nun anhand unserer kleinen Modell-Volkswirtschaft durch. Werden durch Zuwanderung arbeitender Menschen statt bisher 100 000 nunmehr 120 000 Arbeitsstunden täglich geleistet, ohne daß die Menge der umlaufenden Taler sich erhöht, tritt Deflation, d.h. eine Steigerung des Geldwerts ein, denn das Verhältnis zwischen Arbeit und Geldmenge klettert auf 1,2:1 oder $1^1/_5$, d.h. für einen Taler erhält man jetzt den Gegenwert von nicht bloß 1, sondern 1,2 Arbeitsstunden. Wird umgekehrt bei unveränderten 100 000 Arbeitsstunden täglich die umlaufende Geldmenge auf 80 000 Taler gekürzt, resultiert daraus ein Verhältnis Arbeit/Geldmenge von 1:0,8 = 1,25:1, so daß der Geldwert um 25 % oder ein Viertel auf $1^1/_4$ seines vorherigen Werts steigt: jeder Taler besitzt nun einen Tauschwert von 1,25 Arbeitsstunden.

Werden in unserer Volkswirtschaft wie bisher 100 000 Arbeitsstunden täglich absolviert, denen aber durch staatlich veranlaßte zusätzliche Geldausgabe plötzlich nicht mehr 100 000, sondern 150 000 Taler als Äquivalent entsprechen, so tritt eine Inflation ein. Der Geldwert verringert sich entsprechend dem neuen Verhältnis zwischen Arbeitsleistung und Geldmenge 1:1,5 auf $2/_3$ seines bisherigen Tauschwerts; jeder Taler steht nur noch symbolisch für zwei Drittel einer Arbeitsstunde. Ähnlich wird das Geld entwertet, wenn im Zuge eines großenteils befolgten Generalstreiks täglich nur noch 50 000 statt der bisherigen 100 000 Arbeitsstunden geleistet werden, ohne daß die umlaufende Geldmenge von 100 000 Talern sich verringert. In diesem Fall liegt die Relation zwischen Arbeitsleistung und Geldmenge bei 0,5:1

= 1:2, mit anderen Worten, das Geld ist nur noch genau die Hälfte wert, weil man gegen einen Taler keinen größeren Gegenwert eintauschen kann als den einer halben Arbeitsstunde.

Es ist für alles Nachfolgende von größter Wichtigkeit, den glasklaren, strikt mathematischen Charakter des quantitativen Verhältnisses zwischen Arbeitsleistung und Geldmenge restlos begriffen zu haben; andernfalls wird man sich beim Thema «Inflation» von den massenmedialen Desinformateuren total verwirren lassen. Obwohl der simple Mechanismus einer Veränderung des Mengen-Verhältnisses zwischen nationalökonomischer Gesamtarbeitsleistung und nationaler Währung nie ein Geheimnis war und allgemein bekannt ist[23], lassen sich die meisten Menschen doch immer wieder für dumm verkaufen, wenn es in den Massenmedien darum geht, die wahren Ursachen für die jahrzehntelangen immerwährenden Inflationsschübe und/oder kurzzeitigen Deflationsphasen in allen möglichen Volkswirtschaften der Erde - nicht etwa beim Namen zu nennen, sondern kunstfertig zu verschleiern.

Als besonders wirksam hat sich immer wieder der Uralt-Trick der gesteuerten Medien wie auch der zionistisch kontrollierten Politiker erwiesen, eine von den Gewerkschaften angeblich mit (fast) jedem neuen Tarifvertrag erneut in Gang gesetzte «Lohn-Preis-Spirale» als - wenn schon nicht alleinige, so doch hauptsächliche - Inflationsursache an die Wand zu malen. Weitere vorgebliche Ursachen sind «steigende Ölpreise», «verteuerte US-Importe» und dergleichen mehr[24]. Sobald sich das vernünftige Den-

---

[23] Hier nur wenige Beispiele. In Ausgabe Nr.23 (1991) der Zeitschrift *P.M. Perspektive* (*Themenheft «Geld»*) wurde auf S. 53 bekräftigt, «daß für den Werterhalt des Geldes nicht die Deckung entscheidend ist, sondern die Beschränkung der Geldmenge» (wobei man wohl hinzuzufügen vergaß, daß jede noch so rigorose Beschränkung der Geldmenge den Geldwert nicht zu retten vermag, wenn nicht mehr gearbeitet wird!). *Der Insider* (1. 2. 1993) sagt dasselbe «vereinfacht ausgedrückt: Eine Inflation entsteht, wenn die Regierung zuviel Geld drucken läßt und in Umlauf bringt», *zuviel* im Verhältnis zur *aktuell* geleisteten Arbeit und der ihr *bisher entsprechenden* Geldmenge. Ebenso weiß ein in Rußland stationierter, nicht namentlich genannter «West-Diplomat», den der Reuter-Journalist Christian Burckhardt (in der *DT* vom 30. 1. 1993) anführt, genau um die alleinige Inflationsursache in Rußland wie überall sonst, wenn er beklagt: «Es gibt viele Leute, die nicht glauben, daß die Inflation vom Geldangebot abhängt. Sie glauben, daß monopolistische Warenerzeuger die Preise in die Höhe treiben.»

[24] Im «Konjunkturbericht» des «Deutschen Sparkassen- und Giroverbandes» von Anfang Juni 1993 (*DT*, 5. 6. 93, *Reuter*) z.B. wurde diese Version des immergleichen Märchens aufgetischt: «. . . die Inflation liege weiter über vier Prozent. Der Preisauftrieb werde durch steigende Mieten sowie weitere Steuer- und Abgabenerhöhungen verursacht . . .»

ken von solchen medialen Suggestivbehauptungen freizuschwimmen beginnt, fliegt der ganze Schwindel auf: Woher nehmen denn z.b. die Unternehmer eigentlich die immer größeren Geldmengen, die sie benötigen, um alljährlich wiederkehrende Gewerkschaftsforderungen nach Lohnsteigerungen zu erfüllen? Irgendwann müßte die Spirale doch zum Stillstand kommen, wenn einer keineswegs gewachsenen (sondern kontinuierlich geschrumpften!) Arbeitsstundenleistung eine konstante insgesamt verfügbare Geldmenge entspräche. Die Unternehmer würden bei konstanter Geldmenge rasch verarmen und darum nicht mehr bereit oder auch bloß in der Lage sein, die Löhne zu erhöhen[25] . . . wenn ihnen nicht der Ausweg einer allgemeinen nationalökonomischen Geldmengenerhöhung durch praktisch unbegrenzt mögliche Kreditaufnahme offenstünde . . . Doch darauf werden wir noch ausführlicher zu sprechen kommen müssen.

Hier sei nur noch angemerkt, daß ein gewisser Helmut Faßbender in einem Leserbrief auch nicht bis zur wahren Inflationsursache vordrang, wenn er vor einiger Zeit vermutete: «Gemeinhin führt man Inflation auf zu hohe Tarifabschlüsse zurück; diese setzen die Lohn-Preis-Spirale wieder in Bewegung. Wie, wenn es aber auch umgekehrt wäre? Der Staat braucht zur Erfüllung seiner fortlaufend höheren Verpflichtungen ständig mehr Geld. Dieses bringt er in Form von Tariferhöhungen, damit höheren Steuereinnahmen, unter die Leute. Schließlich kann Herr Waigel sich nicht auf die Straße stellen und jedem Passanten Geldscheine in die Hand drücken oder sie den Erwerbstätigen einfach mit der Post zustellen. Danach würden die Gewerkschaften freiwillig die Rolle des Buhmanns übernehmen, und die Tarifautonomie wäre inzwischen nur noch eins der Schwindeldogmen des Liberalis-

---

[25] Den Sachverhalt klar erkannt und beim Namen genannt hat schon seinerzeit *Gary Allen*, der in seinem berühmten Werk «Die Insider» (8. Aufl. Wiesbaden 1980 [1. amerik. Aufl. 1971; abgek. *Allen*], 165) erläuterte: «Tatsache ist, daß zwischen Inflation und Lohn-Preis-Spirale ein Unterschied besteht. Ein Defizit der Regierung wird behoben, indem neues Geld in Umlauf gebracht wird. Diese Maßnahme treibt die Löhne und Preise in die Höhe. Dies ist leichter zu verstehen, wenn man sich unsere Wirtschaft als eine große Auktion vorstellt. Wenn die Bieter plötzlich mehr Geld zur Verfügung haben, werden sie es dazu verwenden, ihre Angebote zu erhöhen und damit die Preise in die Höhe zu treiben. Inflation ist in Wirklichkeit eine Steigerung der Geldversorgung. Die Lohn-Preis-Spirale ist nur eine sekundäre Erscheinung - in ihr wird jedoch meist fälschlich die eigentliche Inflation gesehen. Eine Lohn-Preis-Spirale ist nur möglich, wenn vorher die Geldversorgung gesteigert wurde. Dieses volkswirtschaftliche Gesetz kann man auch physikalisch veranschaulichen: Ein Viertelliter Milch reicht nicht aus, eine Literflasche zu füllen.» Es sei denn, man verdünnte den Viertelliter allmählich durch ständige Hinzugabe von Wasser . . .

mus.»[26] Woher das «Mehr» an Geld wirklich kommt, ist damit nicht geklärt, abgesehen davon, daß - wie meist - zu Unrecht die Regierung als treibende Kraft der Inflation betrachtet wird[27]; doch dazu später.

Um einem weiteren verbreiteten Mißverständnis vorzubeugen: Produktivitätserhöhung durch Rationalisierung und technischen Fortschritt darf nicht als eine Steigerung des *ökonomischen Wertes der auf solche Weise produzierten Güter* angesehen werden. Wohl wird ein (durch gesteigerte Produktionszahlen bei gleichbleibender menschlicher Arbeitsleistung bzw. -zeit) erhöhter Nutz- und Gebrauchswert erzielt, der sich aber nicht in einem erhöhten Geldwert ausdrücken darf, sondern vielmehr in einem niedrigeren Geldwert ausdrücken muß, da auf die erzeugten Waren durchschnittlich weniger menschliche Arbeitszeit bzw. -leistung entfällt und einzig diese menschliche Arbeitsleistung, nicht aber der (quantitativ oder auch qualitativ) erhöhte Nutzwert der erzeugten Produkte den Tauschwert des Geldes ausmacht! Daß höhere Produktivität der menschlichen Arbeitsleistung *unmittelbar* auch einen höheren *in Geld ausgedrückten* Lohn verdiene, ist also ein gewerkschaftlicher Irrtum. Vielmehr tritt bezüglich der vermehrt und/oder verbessert erzeugten Waren eine Deflation des Geldes ein: man kann für dasselbe Geld wie vorher jetzt mehr kaufen, weil durch gleichbleibende menschliche Arbeitsleistung mehr produziert wurde. Nur aus praktischen Gründen wird es bei ständig steigender Warenproduktion, bedingt durch exponential wachsende industrielle Automation, von Zeit zu Zeit notwendig sein, die umlaufende Geldmenge zu erhöhen, damit eine angemessene Preisgestaltung möglich bleibt[28]. In der Praxis ist dieses Problem jedoch wohl nie ernsthaft aufgetreten, weil die künstlich herbeigeführten Deflationsphasen in allen Volkswirtschaften immer nur von kurzer Dauer waren und ansonsten inflationäre Tendenzen dauerhaft das Bild bestimmten.

Kurz und gut, ganz allgemein gilt für die Stabilhaltung des Geldwerts in einer Volkswirtschaft folgendes Rezept, das ausnahmsweise einmal ein «Patentrezept» genannt zu werden ver-

---

[26] *CODE*, Nr. 5/1992, 66.
[27] Und daß sie, wenn sie es wäre, keine Gewerkschaften und keine erhöhten Löhne, sondern nur eine eigene Notenpresse benötigen würde, um mehr «Steuern» einzunehmen!
[28] Beispiel: Wenn Unterhemden durch Automation so günstig hergestellt werden könnten, daß sie im Dutzend nur noch einen Pfennig kosteten, würde es höchste Zeit, die Geldmenge auf mindestens das Zwölffache zu erhöhen, damit, wer nur ein einziges Unterhemd erstehen wollte, das auch für einen Pfennig tun könnte!

dient: «*Allgemeine Preiserhöhungen müssen . . . durch währungstechnische Mittel verhindert werden, weil sie nur aus einem Geldüberhang entstehen können.* Erhöhtes Warenangebot als Ergebnis der Technisierung, begleitet von der Verbilligung der Produkte, bedarf somit erst [Anm.: wenn überhaupt!] dann einer erhöhten Geldausgabe, wenn der allgemeine Durchschnittsindex fallende Tendenz zeigt. Wo allgemeine Preissteigerungen eintraten und die Kaufkraft des Geldes herabsetzen, sollte die einmalige *Anpassung der Arbeitseinkommen* den alten Zustand wiederherstellen, jedoch niemals die *Abwälzung auf die Preise* nach sich ziehen können.»[29]

Es bedarf kaum einer gesonderten Erwähnung, daß die exakte Größenordnung einer bestimmten Währung für ihre Stabilität ebensowenig eine Rolle spielt wie ihr Name. Ob ein Ei zwanzig Pfennig, fünfzehn Cents, sechzig Centimes oder 200 Lire kostet, ist im Prinzip völlig egal, wenn es nur (unter gleichbleibendem zur Erzeugung von Eiern erforderlichem Arbeitsaufwand) *immer* soviel kostet. Solange weder die umlaufende Geldmenge willkürlich erhöht noch die fortwährend geleistete Arbeit willkürlich reduziert wird, wird sich der Geldwert einer jeden Ware und Dienstleistung rasch von selbst einstellen und konstant halten[30].

Von Interesse sein dürfte noch ein Blick auf das Phänomen der sogenannten «galoppierenden Inflation». Dieses Endstadium einer wie stets künstlich durch übermäßige Geldschöpfung herbeigeführten Geldentwertung hat seine Ursache im rapiden Vertrauensverlust der gesamten wirtschaftenden Bevölkerung in die inflationäre Währung. Daraus ergibt sich ein dramatischer Rück-

---

[29] *Kleinhappl, Kapitalismus* a.a.O. 254; Hervorhebungen original.
[30] Vgl. ebd. 124: «Der Tauschwert ist eine Erscheinung, die allein der Wirtschaft einer Gesellschaft mit Sondereigentum und mit freiem Wettbewerb angehört. Das Gebundensein des Wertes an die Gesellschaft dieser Art ist auch von ausschlaggebender Bedeutung für die Arbeit, die den Inhalt des Wertes ausmacht. Der Wert der Sach- und Dienstleistungen richtet sich nicht nach dem Aufwand an Arbeit, den irgend ein beliebiger einzelner Mensch macht. Er stellt sich vielmehr nach dem Aufwand, der ganz allgemein auf Grund der gegebenen sachlichen Bedingungen des Erzeugungsverfahrens sowie des räumlichen Verkehres usw. notwendig ist. Mit anderen Worten, in der bekannten Fassung ausgedrückt: der Wert der Leistungen wird einzig bestimmt durch die gesellschaftlich notwendige Arbeit. - In unserer gedachten Gesellschaft wird sich nur diese auf Dauer und im Durchschnitt durchsetzen können. Verlangt jemand mehr als die Erstattung der gesellschaftlich notwendigen Arbeit, so wird er dieses nicht erhalten, weil jeder sich die Leistung um diesen Preis entweder selbst erstellen oder bei freiem Wettbewerb diese sich von einem anderen verschaffen kann. Will jemand nicht soviel geben, so wird er die Leistung von niemandem bekommen, da keiner bereit ist, sie zum eigenen Schaden abzugeben.»

koppelungseffekt, der sich so verständlich machen läßt: Wenn in einer Volkswirtschaft mit funktionierender Währung die arbeitende Bevölkerung plötzlich dazu überginge, 50 Prozent aller Arbeitsleistungen *direkt*, ohne Verwendung von Geld, untereinander auszutauschen (obwohl sie das Geld besäße), würde die nationale Währung auch exakt um 50 Prozent entwertet (inflationiert), weil sie nur noch den Tauschwert jener 50 Prozent Arbeitsleistungen besäße, die mittels des Geldes überhaupt noch getauscht würden. Unter normalen Umständen liegt jedoch die Rate jener Güter und Dienstleistungen, die ohne Geld getauscht werden, weit unter einem Prozent, denn niemand mag ernstlich die Vorteile der Verwendung einer kaufkräftigen Währung missen. In dem Augenblick jedoch, in dem sich ein spürbarer und anhaltender Kaufkraftverlust des Geldes bemerkbar macht, setzt zunächst eine «Flucht in die Sachwerte» und (wenn diese knapp werden, weil niemand für die Entlohnung mit Inflationsgeld mehr arbeiten will) eine direkte Tauschwirtschaft, vorbei am inflationären Geld, ein. Das Geld verliert infolgedessen rasch weiter an Wert, stimuliert jedoch dadurch erst recht den direkten Tausch von Gütern und Dienstleistungen, der erneut inflationstreibend wirkt, etc. etc., ein wahrer Teufelskreis also, aus dem es kein Entrinnen mehr gibt, zumal die Notenpressen mit dem Drucken nicht mehr nachkommen. Als dritter Faktor neben konstanter Arbeitsleistung und konstanter Geldmenge ist also das Vertrauen in die Kaufkraft des Geldes unerläßliche Bedingung für seinen Werterhalt. Sind die beiden ersten (physischen) Bedingungen gegeben, ist von selbst auch diese dritte (psychologische) erfüllt. Und solange sie erfüllt ist, lohnt sich nach allgemeiner Ansicht das Anhäufen und Horten des Tauschmittels *Geld*, das Sparen. Damit rückt bereits ein weiterer hochwichtiger Aspekt der Geldwirtschaft ins Blickfeld, nämlich

4. Der Geldumlauf

Geld wird, gemäß einer gängigen Redeweise, «in Umlauf gebracht» - indem man es «ausgibt». Wenn «Wirtschaft» definitionsgemäß den *gegenseitigen Austausch* von lebensnotwendigen und sonstigen nützlichen Gebrauchsgütern und Dienstleistungen bedeutet, floriert eine Volkswirtschaft genau in dem Maß, in dem Güter tagtäglich ausgetauscht werden (was natürlich voraussetzt, daß die auszutauschenden Güter auch fortwährend in genügender Menge und Qualität produziert bzw. die auszutauschenden

Dienstleistungen ständig angeboten und erbracht werden). Mit anderen Worten: Eine gut funktionierende Wirtschaft - auch «Konjunktur» genannt - lebt vom kontinuierlichen, ununterbrochenen Umsatz. Eine moderne, auf dem Tauschmittel «Geld» aufgebaute Volkswirtschaft lebt folglich davon, daß ständig gekauft und verkauft wird, daß also das Geld ständig «die Runde macht». Wenn alle zwar produzieren bzw. Dienstleistungen anbieten, niemand jedoch etwas beim anderen kaufen bzw. fremde Dienstleistungen in Anspruch nehmen will (Generalstreik!), wenn also das Geld nicht mehr *umläuft*, kommt die Wirtschaft völlig zum Erliegen.

Aus dem gerade Gesagten folgt evidentermaßen, daß jede Wirtschaft genau in dem Maß «lahmt», in dem sich der Geldumlauf verringert oder - was auf dasselbe hinausläuft - verlangsamt. Wodurch aber verlangsamt sich der Geldumlauf? Dadurch, daß die potentiellen Käufer (und das sind *alle* in einer Volkswirtschaft lebenden Personen) beim Geldausgeben «Zurückhaltung üben», wie es immer so schön heißt. Warum aber üben sie Zurückhaltung? Die Antwort ist ganz einfach: weil sie es sich leisten können! Und damit stoßen wir auf ein selten durchschautes *Grundübel* der modernen Wirtschaft: sie ist keine *Versorgungs*wirtschaft mehr, sondern eine *Erwerbs*wirtschaft. In ihr werden eine Unmenge von Gütern und Dienstleistungen produziert bzw. erbracht, die weder lebensnotwendig noch wenigstens von erheblichem Nutzen sind, so daß niemand leichten Herzens darauf verzichten mag[31]. Wie es zu dieser, ab einem bestimmten Zeitpunkt sozusagen zwangsläufigen Entwicklung hin zur Erwerbswirtschaft kam, wird später untersucht werden. Hier sollen uns nur die außerordentlich tiefgreifenden Konsequenzen des Umsteigens auf eine Erwerbswirtschaft für den Geldumlauf beschäftigen.

Anders als in einer den natürlichen, begrenzten Bedürfnissen des Menschen angepaßten Subsistenzwirtschaft, die im wesentlichen nur das produziert und tauscht, was alle Menschen dringend benötigen, und davon auch nur unwesentlich mehr bereithält, als die Menschen jeweils auf absehbare Zeit benötigen, produziert die Erwerbswirtschaft notgedrungen immer neue künstliche «Be-

---

[31] Niemand wird etwa die regelmäßige Korrektur der Haarfrisur und das regelmäßige Stutzen des Bartes als strikt lebensnotwendig bezeichnen wollen, und dennoch gab es in jeder antiken wie mittelalterlichen Subsistenzwirtschaft den Beruf des Friseurs bzw. Barbiers, während das Betreiben von Bodybuilding-Centers, Bräunungsstudios etc., deren Dienste garantiert nur ein kleiner und schwankender Bruchteil der Bevölkerung in Anspruch nehmen wird, unserer künstlich aufgeblähten Erwerbswirtschaft vorbehalten blieb!

dürfnisse», um diese anschließend «befriedigen» zu können. Leider lassen sich künstliche Bedürfnisse jedoch, im Gegensatz zu den naturgegebenen, nicht in allen Menschen gleichermaßen hervorrufen. Auf alles, was man nicht unbedingt braucht, kann man relativ leicht verzichten. Man wird also das den «überschüssigen» (= nicht unbedingt benötigten) Gütern entsprechende «überschüssige» (= nicht unbedingt benötigte) Geld relativ problemlos «auf die hohe Kante legen» und dem Wirtschaftskreislauf entziehen können - sofern nur ein genügender Ansporn zu solchem «Konsumverzicht» existiert.

Natürlich ist das Bedürfnis, zu *sparen*, so alt wie die Menschheit selbst. Als es noch kein Geld gab, das man hätte sparen können, legte man sich *Vorräte* an: Nahrungsmittel, Textilien, Brennholz etc. Allerdings war solche Vorratshaltung anfangs weitestgehend durch den Wechsel der Jahreszeiten mit ihren großen klimatischen Schwankungen bedingt: was im Sommer an Nahrungsmitteln gesammelt worden oder auf den Feldern gewachsen war, mußte bis zur nächsten Ernte ausreichen. Daran änderte sich prinzipiell nichts, als das Geld «erfunden» war: Der Bauer, der im Sommer seine Getreideernte verkaufte, mußte den finanziellen Erlös erst einmal sparen und dann langsam aufzehren, um bis zur nächsten Ernte das täglich Lebensnotwendige kaufen zu können. Auch für eine größere Anschaffung, die man wenigstens dann und wann einmal tätigte, war es wohl zu allen Zeiten nötig, sich etwas oftmals förmlich «am Munde abzusparen», um zur gegebenen Zeit die benötigte größere Kaufsumme auf den Tisch legen zu können. Gegen solche bescheidene Formen des *Sparens* ist umso weniger etwas einzuwenden, als sie erstens unvermeidlich sind und zweitens den Geldumlauf nicht nennenswert beeinträchtigen. Das Geld wird ja nicht gespart, um damit auf Kosten anderer zu spekulieren, um es anderen gegen Zins auszuleihen, um damit die Wirtschaft gezielt in Unordnung zu bringen, um damit hintergründig politische Macht auszuüben, etc., sondern lediglich, um es mit einer gewissen, aus praktischen Gründen unumgänglichen Verzögerung wieder in den Wirtschaftskreislauf einfließen zu lassen.

Bereits in der Subsistenzwirtschaft muß allerdings unbedingt ein gewisser, begrenzter Waren- und Dienstleistungsüberschuß (zumindest gemessen am Existenzminimum der Bevölkerung!) und der ihm entsprechende begrenzte Geldüberschuß vorhanden sein, damit überhaupt ein noch so bescheidenes Sparen möglich wird. Wer täglich nur so viel verdient, daß er sich davon gerade die Menge Brot kaufen kann, ohne die er vor Schwäche akut arbeitsunfähig würde und somit verhungern müßte, ist offenbar absolut außerstande, irgendetwas zu sparen. Falls sich in einer bestimmten Volkswirtschaft ausnahmslos alle Menschen in diesem beklagenswerten Zustand befänden, könnte kein einziger von ihnen auch bloß einen Pfennig sparen. Selbst in noch so primitiven Subsistenzwirtschaften erbringt jedoch gewöhnlich die menschliche Arbeit einen weit höheren Ertrag an Gütern, als das nackte Existenzminimum erfordern würde.

Gemessen am erforderlichen Existenzminimum und sogar gemessen an einem darüber hinausgehenden bescheidenen Auskommen aller Bürger herrscht nun aber in den kapitalistischen, auf Erwerb ausgerichteten Volkswirtschaften neuzeitlichen Zuschnitts ein riesiger Überhang an nicht unbedingt benötigten Waren, Dienstleistungen und dem sie repräsentierenden Geld. Dieser enorme Überschuß ermöglicht nicht bloß ein exzessives Sparen im herkömmlichen Sinne (periodische vorausschauende Sicherung der unabdingbaren *und* darüber weit hinausgehender Lebensbedürfnisse, Planung größerer, oft luxuriöser Anschaffungen) für breiteste Kreise der Bevölkerung, sondern auch ein an sich *volkswirtschaftlich außerordentlich schädliches spekulatives Sparen in enormem Umfang*.

Inwiefern kann Sparen volkswirtschaftlich schädlich sein? Nun, Geld, das nicht ausgegeben, sondern statt dessen gespart wird, wird dem Wirtschaftskreislauf entzogen und nutzlos angehäuft - *nutzlos* deshalb, weil es außerhalb dieses Kreislaufs seine einzige legitime Funktion, diejenige eines Tauschmittels, nicht mehr erfüllt. Die Erwerbswirtschaft ist nun aber für ihr reibungsloses Funktionieren prinzipiell genauso auf einen kontinuierlichen und konstanten Geldumlauf angewiesen wie die Subsistenzwirtschaft. Nur fehlt in ihr größtenteils der naturgegebene Zwang zum Kaufen und Verkaufen, weil heutigentags schätzungsweise 80-90 % der produzierten Güter und Dienstleistungen zur Deckung künstlich geschaffener «Bedürfnisse» dienen sollen, auf deren «Deckung» die Menschen aber wenigstens teilweise verzichten können. Wer nun zwar selbst arbeitet, jedoch nicht seinen ganzen Arbeitslohn[32] wieder ausgibt, d.h. seine gesamte in Geld ausgedrückte Arbeitsleistung gegen gleichviel fremde Arbeitsleistung eintauscht, sorgt - gemeinsam mit vielen anderen - dafür, daß ein Überangebot an unverkäuflichen Waren bzw.

---

[32] Hier genommen im *weitesten Sinne* des Wortes entsprechend der Tatsache, daß Arbeitswert und Geldwert quantitativ identisch sind.

Dienstleistungen entsteht, das irgendwann die Arbeitslosigkeit derjenigen zur Folge hat, deren Arbeitsleistung einfach nicht mehr in Anspruch genommen wird. In der Folge wird dann, bedingt durch das Ausscheiden dieser Arbeitslosen aus der Wirtschaft, weniger produziert bei gleichbleibender umlaufender[33] Geldmenge. Daraus resultiert eine Geldentwertung, und zwar unmittelbar deshalb, weil weniger gearbeitet wird, jedoch mittelbar deshalb, weil der durch spekulatives Sparen künstlich verringerte Geldumlauf Arbeitskräfte aus der Wirtschaft hinausgedrängt hat! Das früher, vor der kapitalistisch-industrialistischen Umkrempelung der westlichen Volkswirtschaften praktisch unbekannte Phänomen zwar periodisch zu- und abnehmender, jedoch nie völlig zu überwindender Arbeitslosigkeit hat hierin seinen *tiefsten* Grund, obgleich das ihn überlagernde sekundäre[34] Phänomen der technischen Rationalisierung und Automatisierung noch verstärkend hinzutritt.

Überhaupt wird, wie man sofort sieht, jede in der kapitalistischen Erwerbswirtschaft beinahe regelmäßig zyklisch eintretende «Wirtschaftskrise» («Konjunkturflaute», «Rezession», «Depression») durch eine systemwidrige Kaufzurückhaltung ausgelöst. Allerdings macht die immer zitierte *private* Konsum-Zurückhaltung davon nur den kleineren Teil aus, zumal sie im statistischen Mittel aller privaten «Konsumenten» gewöhnlich nur um einen sehr geringen Betrag von einer längst austarierten Relation zwischen (nur in unterschiedlichen Volkswirtschaften unterschiedlich hoher) privater «Sparrate» und privatem «Konsum» abweicht. Weitaus nachhaltiger wirkt sich die «Investitionszurückhaltung» der (vorrangig Groß-)Industrie[35] aus. Woher ihre gewaltigen Finanz-Kapitalien stammen, die sie der Wirtschaft zeitweise zu entziehen vermag, wird im nächsten Abschnitt zu erörtern sein. Und woher ihre merkwürdige, periodisch auftretende Manie rührt, riesige Geldsummen aus dem Wirtschaftskreislauf abzuziehen und dadurch eine Absatzflaute mit anschließender Arbeitslosigkeit, nunmehr verstärktem Konsumrückgang etc. zu provozieren, werden wir später eingehend untersuchen müssen.

Hier sei nur noch dargetan, daß der ständige Umlauf möglichst des gesamten ausgegebenen Geldes unter den Teilnehmern

---

[33] Hier wie oben im Kapitel über die Inflation im *weitesten Sinne* genommen, so daß natürlich auch *alles* gesparte Geld, das ja theoretisch jederzeit wieder in Umlauf gebracht werden kann, darunter fällt!
[34] Jedoch davon strikt abzuleitende, wozu später!
[35] Im weitesten Sinne, Agrarindustrie und Großhandelskonzerne inbegriffen!

an einer Volkswirtschaft von allen ernstzunehmenden Nationalökonomen seit eh und je als das A und O jeder stabilen Konjunktur erkannt ist. Vor Jahren las ich ein hochinteressantes Buch des österreichischen alternativen Volkswirtschaftlers *Silvio Gesell*, in dem er die Einführung «rostender Banknoten» als probates Mittel zur Sicherstellung eines kontinuierlichen Geldumlaufs vorschlug: Je länger man diese Banknoten auf die Seite legen würde, desto mehr würden sie - staatlich festgelegt - an Wert einbüßen, so daß jegliches Motiv, Geld ohne Not aus dem Verkehr zu ziehen, wegfiele und sogar im Gegenteil ein starker Anreiz bestünde, möglichst alles verdiente Geld alsbald wieder in Umlauf zu bringen.[36]

Herbert Schweiger regte vor einigen Jahren (in einer Weise allerdings, die angesichts der realexistierenden Machtverhältnisse nur als utopisch bezeichnet werden kann) für deutsche Verhältnisse den Ersatz der Deutschen Bundesbank durch einen «Bundesfinanzrat» an, für dessen gedachte künftige Arbeit er folgende Maxime formulierte: «Entscheidend ist, daß die vom Bundesfinanzrat festgelegte Geldmenge im Wirtschaftskreislauf bleibt, weil sie die Aktivität desselben bestimmt. Dazu bedarf es eines Gesetzes, welches ein stilles Zurücklegen von Geldscheinen verhindert, denn jeder aus dem Kreislauf herausgezogene Geldschein ist Ursache einer Umsatzverringerung. Die Verwaltungstechnik des Geldes muß daher mit einer Durchführungsbestimmung versehen sein, die im Sinne des "gotischen Schwundgeldes" (der Geldverruf) erlassen wird.»[37]

---

[36] Was dadurch nicht behoben wäre, sondern sogar noch gefördert würde, wäre die «Flucht» der Kapitalisten in die «Sachwerte», also auch und vor allem in Grund und Boden, Miethäuser und - Eigentum an Produktionsmitteln zur Bewirtschaftung (Verzinsung) der Arbeit anderer! Bloße Vermeidung von *Geld*zinsen hätte also keineswegs den Wegfall auch anderer Formen des Zinses (Bodenrente, Kapitalprofit) zur Folge. Aus diesem Grund äußern *Kleinhappl* wie *van Loen* berechtigte Kritik an der Unvollständigkeit von Gesells volkswirtschaftlichem Reformkonzept (vgl. *Kleinhappl, Wirtschaftsethik* a.a.O. 316, 345, 365). Demgegenüber macht *Kleinhappl* (ebd. 333) darauf aufmerksam, daß ohne Bodenrente und Kapitalprofit auch der Darlehenszins nicht mehr existieren kann: «Das heutige sogenannte "Produktivdarlehen" ermöglicht es dem Darlehensgeber, besitzlose und freizügige Arbeit [indirekt!] zu bewirtschaften und so Gewinn zu erzielen. Nach dem Gesetz verlangt der Darlehensgeber einen Anteil am Gewinn, den er durch das Darlehen ermöglicht hat, eben den Zins. Wenn der Arbeit jedoch ihr voller Ertrag zukommt [weil jeder über eigene Produktionsmittel verfügt], gibt es nur noch reine Arbeitseinkommen, aber keinen Mehrgewinn; daher erlischt auch der Zins, ohne daß er noch verboten werden müßte.»

[37] *Schweiger* a.a.O. 98; ebd. gibt Schweiger auch konkrete Anregungen für ein praktikables Konzept «rostender Banknoten»: «Helmut Creutz schreibt z.B. in seiner Broschüre "Die fatale Rolle des Zinses im gegenwärtigen Wirtschafts-

Und *Johannes Kleinhappl* zitiert zustimmend den «ehemalige(n) Bankdirektor der Reichskreditgesellschaft Berlin, *Wilhelm Radecke (+ 1978),* als Gegner des ehemaligen Reichsbankpräsidenten Dr. Hjalmar Schacht» mit einer ganz ähnlichen grundsätzlichen Stellungnahme: «Unser Geld darf kein Schatzmittel sein. Es hat nur die wichtige Aufgabe, als Tauschmittel zwischen Konsum und Produktion seine Arbeitsdienstpflicht zu erfüllen. Wenn es sich dieser Pflicht nicht entziehen kann, wozu die institutionelle Zirkulationsgarantie seiner Liquidität gehört, hören Inflationen und Deflationen sowie der Zyklus von Krisen und Konjunkturen im Wirtschaftsprozeß überhaupt auf, und der Völkerfriede kann gewahrt werden.»[38]

Daran, daß dieser Völkerfriede bis heute nicht eingetreten ist und auch künftig nicht eintreten wird, trägt zwar nicht die Allein-, wohl aber ein gerütteltes Maß an Mitschuld

5. Der Zins

Was verstehen wir in unserem Zusammenhang näherhin unter dem Zins *im strengen Sinn*? «Sowohl beim Darlehens-Zins wie beim Kapital-Zins haben wir Roh- und Rein-Zins streng zu unterscheiden. Roh-Zins ist die Gesamtheit eines Einkommens, das manchmal als "Zins" bezeichnet wird. Aber dieses enthält oft sehr verschiedene Bestandteile. So ist darin oft eine Risikoprämie mit eingeschlossen, ein Primärlohn als Entgelt für unternehmerisches Wagen, ein Sondergewinn aus zufällig günstiger Macht- oder Verkehrslage, manchmal auch der Unternehmerlohn. Alle die soeben genannten Einkommensarten sind kein eigentlicher Zins. - Den eigentlichen Rein-Zins erhält man erst, wenn man

---

system": "Alle Banknoten werden jeweils in 3 Serien in Verkehr gegeben und mit entsprechend gut sichtbaren (und evtl. verschiedenfarbigen) Kennbuchstaben versehen. Einigemale im Jahr werden einzelne Banknotensorten und einzelne ihrer Serien durch Auslosung ermittelt und zum Umtausch ausgerufen, wobei eine besondere Gebühr in Höhe von z.B. 5 % des Nennwertes der betroffenen Scheine als Abschlag einbehalten wird. Um dieser möglicherweise anfallenden Geldrückhaltegebühr auszuweichen oder sie auf ein unumgängliches Minimum zu begrenzen, wird jedermann nur soviel Bargeld solange im Besitz halten, wie das für ihn aus praktischen Gründen erforderlich ist. Die nichtbenötigten Einkommensteile oder sonst wie erhaltene Geldbeträge wird man als Ersparnis auf die Banken legen, die ihrerseits auf dem Kreditwege dieses Geld weiterleiten. Damit bliebe alles Geld kontinuierlich im Umlauf und könnte so mengenmäßig exakt an den Umfang des Sozialproduktes, d.h. an die Erfordernisse des Marktes angepaßt werden. Ein gleichmäßiger Konjunkturverlauf und die Stabilität der Währung wären damit gesichert."»
[38] *Kleinhappl, Kapitalismus* a.a.O. 255.

vom gesamten Rohzins-Einkommen alle die hier aufgezählten Zinssätze abzieht. Was dann übrig bleibt, das ist der reine Darlehens-Zins, wenn es sich um ein Darlehen, bzw. der reine Kapital-Zins, wenn es sich um ein Kapital-Geschäft handelt. Wir haben es jetzt aber nicht mit dem Roh-Zins, sondern nur mit dem Rein-Zins zu tun. Dieser allein steht in Frage.»[39] Obwohl Kapitalverzinsung (z.B. in Gestalt von Unternehmensgewinnen, Aktiendividenden u.ä.) im Prinzip nichts anderes ist als die Verzinsung von Geld-Darlehen, wird bei unseren nachfolgenden Überlegungen zunächst mehr der Darlehens-Zins im Vordergrund stehen. Das heißt aber nicht, daß nicht alles Gesagte grundsätzlich auch auf jede Form der Kapitalverzinsung übertragen werden könnte und müßte, wie sich weiter unten ohnedies noch zeigen wird.

Darüber, daß der Zins es ist, der alle modernen kapitalistischen Volkswirtschaften mit eisernem Szepter regiert, besteht Einigkeit unter Befürwortern wie Kritikern des Kapitalismus. Um eine Stimme aus den Reihen der unkritischen Verehrer der Zinswirtschaft zu vernehmen, sei hier *Sieglinde Arzberger* das Wort erteilt: «. . . der Zins, diese kleine Zahl zwischen fünf und zwölf Prozent, ist einer der zentralen Nervenstränge der Weltwirtschaft. Er läßt sie gut oder schlecht funktionieren oder sogar explodieren. Er läßt täglich Milliardenbeträge um die Welt sausen, macht ganze Länder reich oder pleite, treibt Bankiers, Investoren und Bauherren zur Euphorie oder Verzweiflung. Und er ist international: Kein Land, das an die weltweiten Kapitalflüsse angeschlossen sein will, kann sich vom Trend abkoppeln. - Die Wirkung hoher, niedriger oder veränderter Zinsen zeigt deutlich, wie die global verflochtene Wirtschaft gegen Ende des 20. Jahrhunderts funktioniert: Kein Rädchen dreht sich, ohne eine Vielzahl von Folgewirkungen auszulösen. Zinsen sind dabei eines der zentralen Rädchen. Sie sind eine politische Größe, wichtiger noch als der Dollarkurs oder der Rohölpreis. Sie haben Signalwirkung, so wie einst der Brotpreis. . . . »[40]

Erheblich tiefer in die weltbewegende Machtfunktion des Zinses dringt ein mir vorliegendes anonymes hektografiertes Skriptum aus Österreich ein, das 1990 entstanden sein dürfte; darin wird leicht nachvollziehbar expliziert[41]:

---
[39] Ebd. 195.
[40] *Sieglinde Arzberger* in: *P.M. Perspektive (Themenheft «Geld»)* Nr. 23, 1991, 68.
[41] Anonymes, in Fotokopie verbreitetes mehrseitiges Schreibmaschinenskriptum aus Österreich, 1990 (abgek. *Anonymus A*).

«Bei 7 bis 8% Zinsen, die heute durchaus üblich sind, verdoppelt sich ein Kapital bzw. eine Schuld schon nach 10 Jahren. Das heißt, daß die Summe der Jahreszinsen nach 10 Jahren die Höhe des Grundkapitals erreicht hat. Ein Gläubiger (Bank, Weltbank), der z.B. im Jahr 1950 einem Schuldner A (Firma, Staat) ein Darlehen von 1 Mrd. Dollar gewährt hatte, konnte im Jahr 1960, selbst wenn der Schuldner in den 10 Jahren nur seine Zinsen zahlen konnte, einem zweiten Schuldner B schon wieder einen Kredit von 1 Mrd. Dollar gewähren. Buchen kann der Gläubiger aber nach den 10 Jahren 2 Mrd. Dollar. Nämlich 1 Mrd. erhaltene Zinsen und 1 Mrd. Guthaben beim Schuldner A, der ihm deshalb "verpflichtet" bleibt. Nach weiteren 10 Jahren hat der Gläubiger, wenn die Schuldner nur die Zinsen zahlten, von A und B je 1 Mrd. erhalten; also 2 Mrd. die er an zwei weitere Kreditwerber C und D (zu je 1 Mrd.) vergeben kann. *Buchen kann er jetzt 4 Mrd*; nämlich 2 Mrd. erhaltene (und weiterverliehene) Zinsen und 2 Mrd. Guthaben bei A und B, die ihm damit "verpflichtet" bleiben. - Das geht so weiter! Nach 30 Jahren kann der Gläubiger 8 Mrd. buchen und hat 4 Schuldner, die ihm "verpflichtet" sind. Und nach 40 Jahren, also z.B. 1990, verfügt er über ein Vermögen von 16 Mrd., obwohl er 1950 mit nur 1 Mrd. begann, und kann auf 8 Schuldner (Firmen, Staaten) Einfluß ausüben, weil sie ihm "verpflichtet" sind. - Dieser Vorgang heißt: *"Das Geld arbeiten lassen"*! - Man sieht, daß diese Art von Arbeit viel einträglicher ist als etwa wissenschaftliche, sonstig geistige oder gar manuelle Arbeit! Bei einem niedrigeren Zinssatz verlängert sich nur der Zeitraum für diesen Vorgang ein wenig. - Auf lange Sicht ist, wie schon angedeutet, der oft nicht nur finanzielle Einfluß auf die Schuldner der wichtigste Gewinn! Dieser Einfluß kann in verschiedener Weise "realisiert" werden: finanziell, wirtschaftlich, sogar politisch. "Wirtschaftlich" wurden z.B. vielen Staaten der sogenannten "Dritten Welt" als Darlehensbedingung "ertragreiche" Monokulturen "empfohlen", die die altbewährte Agrarwirtschaft dieser Staaten in kurzer Zeit völlig ruinierten und Hunger und Not verursachten! - "Politischer" Einfluß erfolgt eher in indirekter Form: Es werden dem Schuldner für einflußreiche Posten "Männer des Vertrauens" empfohlen, die dann weiterhin im "richtigen" Sinne tätig sind. - Weil die großen Gläubiger eine Minderung dieses Einflusses nicht wünschen, sind sie an der Rückzahlung der Grundschuld, des Darlehens gar nicht interessiert! Sie haben genügend Geld (auf dem Papier!). Selbst wenn ein Schuldner nicht einmal die Zinsen zahlen kann, dann wird eine "UmSchuldung" vorgenommen, aber die "Verpflichtung" bleibt!»

Nicht erst solcher unabsehbare Machtgewinn eines Gläubigers über seine Schuldner mittels ständiger Zinszahlungsverpflichtungen, sondern schon die theoretisch unendliche Anhäufung von finanziellem Reichtum durch den Zins hat zu allen Zeiten die menschliche Habgier fasziniert. Der katholische Priester und Kapitalismus-Kritiker *Wilhelm Hohoff* verwies 1913 mißbilligend auf einen Zins-Fanatiker aus dem achtzehnten Jahrhundert, dessen begeisterte Berechnungen des exponentiellen Wachstums eines beliebigen auf Zinseszins angelegten Kapitals aber jedenfalls mathematisch unanfechtbar sind. «Der namhafte Mathematiker und Publizist *Dr. Richard Price* (hatte) eine so fabelhafte Vorstellung von der Fruchtbarkeit des Geldes, daß sie bei "weitem alle Phantasien der Alchimisten hinter sich läßt". "Geld, das Zinseszinsen trägt, wächst anfangs langsam; da aber die Rate des Wachstums sich fortwährend beschleunigt, wird sie nach einiger Zeit so rasch, daß sie jeder Einbildung spottet. Ein Penny, ausgeliehen bei der Geburt unseres Erlösers auf Zinseszinsen zu 5 %, würde schon jetzt zu einer größeren Summe herangewachsen sein, als enthalten wäre in 150 Millionen Erden, alle von gediegenem Gold." Noch höher fliegt er in einer späteren Schrift (London 1782): "Ein Schilling ausgelegt bei der Geburt unseres Erlösers zu 5 % Zinseszinsen würde angewachsen sein zu einer größeren Summe, als das ganze Sonnensystem einbegreifen könnte, wenn in eine Kugel verwandelt von einem Durchmesser gleich dem der Bahn des Saturn."»[42]

Völlig zu Recht bemängelte Hohoff im Anschluß an diese Zitate, daß weder Price noch sein dankbares Publikum sich die geringsten Gedanken darüber machten, woher die auf der Erdkugel, ja selbst innerhalb des Raumes des damals bekannten Sonnensystems längst nicht mehr unterzubringende Masse an Gold denn überhaupt *kommen sollte!* An dieser Mentalität eines stupiden Glaubens an die wunderbare Fruchtbarkeit des Geldes scheint sich jedoch bis heute nichts geändert zu haben, weder in England noch anderswo auf der Welt. Jedenfalls nicht bei der breiten Masse der Bevölkerung, die zwar jederzeit bereit ist, Geld gegen Zinsen anzulegen, danach, auf welche Weise denn eigentlich diese wunderbare Geldvermehrung zustandekommt, jedoch überhaupt nicht fragt - und genau deshalb (was man durchaus als ge-

---

[42] Zit. n. *Kleinhappl, Kapitalismus* a.a.O. 59f.

rechte Strafe betrachten kann, wenn nicht gar muß) von der internationalen Hochfinanz nach Strich und Faden betrogen und ausgeplündert wird, ohne es recht zu merken geschweige denn zu begreifen.

Dabei wäre es so einfach, die fundamentale, unleugbare, durch nichts wegzudiskutierende Unsittlichkeit des Zinsnehmens einzusehen, wenn man nur wollte! Oder gibt es wirklich jemanden, der nicht ganz genau wüßte, worin die *Tausch-Gerechtigkeit* besteht und wodurch sie verletzt wird? Die Gerechtigkeit beim Tausch verlangt, um mit *Wilhelm Hohoff* zu sprechen, «daß in allen Verträgen Gleichheit (aequalitas dati et accepti) herrsche, d.h. daß gleiche Werte gegeben und empfangen werden. Wo nun Gleichheit ist, da ist kein Gewinn (lucrum). Wo aber Gewinn ist, da ist notwendig auf der anderen Seite ebensoviel Verlust (damnum). Ubi lucrum, ibi damnum: das ist ein ebenso alter als wahrer Satz, so evident und gewiß wie irgendein mathematisches Axiom. - Gewinn im eigentlichen, strengen Sinne des Wortes oder "Profit" sollte also im Verkehrs- und Erwerbsleben nicht erstrebt und gemacht werden. "Gewinn" bedeutet ursprünglich die Beute im Kriege, welche auch nur auf Kosten anderer gemacht wird. So wenig aber der Krieg etwas Normales oder Naturnotwendiges ist, so wenig ist es der Profit. Wie vielmehr der Krieg und das Beutemachen von Übel ist, so Gewinn und Profitmachen.»[43]

Der angerichtete Verlust bei demjenigen, der die Zinsen zu zahlen hat, besteht gemäß allem oben Gesagten darin, daß der Schuldner Mehrarbeit leisten muß, deren Früchte nicht ihm, sondern dem Gläubiger zugutekommen. Hierbei besteht nur ein unwesentlicher Unterschied zwischen Kapitalzins und Darlehenszins. Wie *Johannes Kleinhappl* in seinem Gesamtwerk immer wieder mit schlagenden Argumenten dargelegt hat, stellt sich jede menschliche Wirtschafts- bzw. Gesellschaftsordnung der natürlichen, gottgewollten Ordnung entgegen, wenn es in ihr Menschen gibt, die sich einen Überfluß an natürlichen Produktionsmitteln auf Kosten anderer Menschen verschafft haben. Diejenigen, für die infolge der gewalttätigen Raffgier anderer keinerlei natürliche Produktionsmittel mehr übrigbleiben, sind dann nämlich um des nackten Überlebens willen gezwungen, ihre Arbeitsleistung gegen Überlassung eines ungerechten *Mehrwerts* demjenigen zu verkaufen, der ihnen ungerechtermaßen die ihnen zustehenden

---

[43] Zit. n. ebd. 58.

Produktionsmittel vorenthält, um sie ihnen - ihre existentielle Not eiskalt ausnützend - nur gegen einen *Kapitalzins* in Form des genannten *Mehrwerts* zu Verfügung zu stellen. Daß Karl Marx in diesem wichtigen Punkt mit der christlichen und überhaupt mit jeder sachlich fundierten Kapitalismus-Kritik übereinstimmte, kann die unwiderlegliche Berechtigung der Verurteilung des *Kapitalzinses* wie auch des *überflüssigen* Privat-Besitzes an Produktionsmitteln in keiner Weise diskreditieren. Ebensowenig spricht gegen diese Verurteilung, daß es kaum jemals eine menschliche Gesellschaft gegeben hat, in der eine gerechte Verteilung der natürlichen Produktionsmittel stattgehabt hätte. Ganz im Gegenteil müßte es gerade aus christlicher Sicht, d.h. vor dem Hintergrund des Wissens um den erbsündlich gefallenen Zustand der Menschheit, höchstes Erstaunen hervorrufen, wenn die Menschen - anders als alle übrigen der zehn Gebote - ausgerechnet das siebte Gebot zu allen Zeiten mustergültig erfüllt hätten!

Ist also der *Kapitalzins* deshalb ungerecht und damit auch unsittlich, weil er eine fortlaufende Gebühr für die fortlaufende leihweise Bereitstellung dessen darstellt, was in Wirklichkeit völlig kostenlos überlassen werden müßte - nämlich das überschüssige Privat-Eigentum an natürlichen Produktionsmitteln -, so ist der *Darlehenszins* ungerecht und unsittlich, weil er im Grunde genommen eine doppelte Bezahlung dessen darstellt, was nur einmal bezahlt werden brauchte und dürfte - nämlich einer (nicht zum *Ge*brauch, sondern) zum *Ver*brauch bestimmten Sache. *Kleinhappl* macht das unmißverständlich an einem ganz simplen Beispiel deutlich: «Man kann nicht den Wein und das Getrunken-Werden des Weines getrennt verkaufen. Auch das Geld ist eine solche Sache. Man muß es hergeben, wenn man damit etwas erwerben will. Sein Gebrauch ist daher auch sein Verbrauch. Also ist auch beim Gelddarlehen eine eigene Vergütung für dessen Gebrauch, also ein Zins, unmöglich, daher nicht zulässig. Wer sich Gebrauch und Verbrauch des Geldes getrennt bezahlen ließe, würde sich gegen die Gerechtigkeit verfehlen. Aufgrund des Darlehens ist also ein Zins unstatthaft.»[44]

Raffinierte katholische Moraltheologen haben sich in unserem Jahrhundert einen Ausweg einfallen lassen, den in sich ungerechten Darlehenszins doch noch zu etwas sittlich Einwandfreiem zu machen: der Staat kann angeblich gerechterweise aus höheren Rücksichten einen «gesetzlichen Zinssatz» einführen bzw. aufer-

---

[44] Ebd. 195.

legen. Doch diese Ausflucht wurde während des II. Vatikanums in einer Denkschrift katholischer Laien, die unter Kleinhappls Mitwirkung entstand, überzeugend zurückgewiesen, und zwar so:

«Das an den Darlehensgeber durch den Staat angeblich "delegierte" Recht zur Erhebung einer Zwangs-"Gebühr" gegen den Darlehensnehmer kann auch nur unter der Bedingung "gleichsam als Prämie einen Anreiz für die Reichen, ihr Geld bereitwilliger anzulegen", bilden, wenn der Staat selbst seine Pflicht versäumt, für eine objektive, organisch-richtige Ordnung des Geldwesens zu sorgen, welche durch die ihr eigene Struktur des Geldkreislaufes garantiert, daß das Geld die ihm vorbestimmte Kreislauffunktion tatsächlich vollauf, überall und ständig erfüllt, so daß allen Arbeitswilligen stets und reichlich die nötigen Geldmittel zur Erfüllung ihrer Arbeitspflicht zur Verfügung stehen. Damit braucht dann niemand mehr gleichsam eine "Prämie als Anreiz", um sein "Geld bereitwilliger anzulegen", da er ja dazu verpflichtet ist, diese Mittel jeweils ihrem natürlichen Zwecke zuzuführen. Andererseits wird darum ihn auch niemand ersuchen, ihm Geld gegen teuren Zins zu borgen, da jeder die nötigen Mittel ohne Zins, unter den Bedingungen der objektiven Geldordnung, jederzeit erhalten kann.»[45]

Wie sehr der Zins gegen die *objektive Ordnung* des Geldwesens verstößt, läßt sich auch daran ermessen, daß die größten Geister der Menschheit ihn stets als ebenso unnatürlich wie unsittlich verworfen haben. So bereits der griechische Philosoph *Aristoteles* im vierten vorchristlichen Jahrhundert, wenn er in seiner «Politeia» erklärte, das «Wuchergewerbe» sei mit Recht «verhaßt», weil es «seinen Erwerb aus dem Gelde selbst zieht und nicht aus den Dingen, zu deren Vertrieb das Geld eingeführt wurde. Denn dieses sollte nur zur Erleichterung des Austausches dienen. Der Zins aber bewirkt, daß es sich selbst vermehrt. . . . Deshalb ist diese Art des Erwerbes die allernaturwidrigste.»[46] Ganz ähnlich befand im dreizehnten nachchristlichen Jahrhundert in seiner berühmten «Summa theologiae» der «Fürst der Scholastik», der hl. *Thomas von Aquin*, der Aristoteles in dieser Frage (anders als in manchen anderen Punkten) vollkommen beipflichtete: «Das Geld . . . ist nach dem Philosophen [Aristoteles] im Fünften Buch der Ethik und im Ersten Buch der Staatslehre vornehmlich erfunden, um Tauschhandlungen zu tätigen. Und so be-

---

[45] Ebd. 376.
[46] Zit. n. *Ernst van Loen* in: *Kleinhappl, Kapitalismus* a.a.O. 345.

steht der eigentliche und hauptsächliche Gebrauch des Geldes in seinem Gebrauch oder im Ausgeben des Geldes, sofern es für Tauschgegenstände aufgewandt wird. Und deshalb ist es an sich unerlaubt, für den (bloßen) Gebrauch des geliehenen Geldes eine Belohnung zu nehmen, die man Zins nennt. Und wie der Mensch das andere, was er ungerecht erworben hat, wieder erstatten muß, so auch das Geld, das er durch Zins erworben hat.»[47]

Immer wieder verweisen auch *Kleinhappl* bzw. *van Loen* auf die durch den Zins bewirkte *völlige Perversion* der Tauschfunktion des Geldes[48], die durch keine Beschönigung aus der Welt zu schaffen ist. Und es würde sich täuschen, wer diese Einsicht für eine nur christlich resp. katholisch nachvollziehbare oder begründbare hielte. Nicht bloß vorchristliche Denker wie Aristoteles, sondern auch neuheidnische wie *Herbert Schweiger* wissen um die «eigentliche Rolle des Geldes . . ., die ihm als Ordnungsmittel zukommt: Hilfsmittel zu sein zum Zwecke des Leistungsaustausches innerhalb der Staats- und Volksgemeinschaften»[49]. Und weiter: «Sparen heißt Rücklagen schaffen für Notzeiten. Keinen anderen Sinn hat auch das Geldsparen. Geld trat an die Stelle des Tausches Ware gegen Ware. . . . Körner und Fleisch, für Notzeiten gespart, vermehren sich nicht; das Spargut Geld wird hingegen durch Zinsen vermehrt. Dieser Vermehrung steht keine Leistung gegenüber, so daß sie auf Kosten anderer Menschen, die arbeiten, erfolgt. Das ist unmoralisch und entspricht dem Verhalten von Schmarotzern. . . . Ein raffinierter Winkelzug, abgekoppelt von jedem sittlichen Wert, bescheinigt dem Sparer "Konsumverzicht" und verspricht ihm ein Anrecht, durch Zins dafür belohnt zu werden. "Konsumverzicht" ist ein dummes Schlagwort, spart er doch schließlich für schlechte Zeiten. Sein Anrecht besteht darin, daß dieses Spargut Geld seinen Wert behält und in der Not lebenerhaltend oder zukunftfördernd eingesetzt werden kann.»[50] Nun ist zwar das «Sparen für schlechte Zeiten», wenn es in Form von Geld erfolgt, nicht ganz dasselbe wie wenn Nahrungsmittel für schlechte Zeiten aufbewahrt werden. Denn Unbilden der Witterung oder sonstige höhere Gewalt können tatsächlich eine Nahrungsmittelknappheit hervorrufen, der menschlicherweise momentan nicht anders zu begegnen ist als durch den Rückgriff auf gesparte Vorräte, während man

---
[47] Zit. n. ebd.
[48] Vgl. ebd. 67 bzw. 37f.
[49] *Schweiger* a.a.O. 27.
[50] Ebd. 90.

menschliche Arbeitsleistung auch in Notzeiten nicht über ein bestimmtes Maß hinaus mobilisieren kann, ganz gleich, wieviel man dann an Geld (= Arbeits-Äquivalent!) gespart haben mag! Aber von dieser kleinen Ungereimtheit abgesehen deckt sich Schweigers Sicht mit derjenigen aller vorgenannten Autoren. Das gilt auch für seine Einstufung der These vom Zins als «Lohn für Konsumverzicht» als ein «dummes Schlagwort», denn diese These wird z.B. von *Kleinhappl* nicht weniger entschieden zurückgewiesen:

«Das Sparen schafft keine neuen Werte und Güter, es erhält nur die bereits vorhandenen. Durch den Genußverzicht gibt der Sparer nichts weg, er hat nichts weniger als vor dem Verzicht; er behält ja die Güter und Werte, die der Genuß gekostet hätte. Wer nichts weggibt und nichts verliert, hat auch keinen Anspruch auf einen Ersatz. Daher kann man für das Sparen auch keinen Lohn verlangen. . . . Man sagt: Wenn niemand mehr spart, dann gibt es ja kein Kapital und keine Arbeitsmittel. Auch das trifft nicht zu. Schon die Lebensnotdurft zwingt den Menschen zu arbeiten, und die Aussicht, diese besser und reichlicher zu befriedigen, wird den Menschen anregen, das notwendige Werkgut zu vermehren und auszugestalten. - Zins als "Lohn für die Sparsamkeit" zu verlangen, ist nur dort möglich, wo es viel besitzlose Arbeit gibt, die vom Besitzer des Sachkapitals ausgenützt werden kann. Dadurch wird es aber nicht sittlich zulässig.»[51]

Unbedingt erwähnt werden muß in diesem Zusammenhang, daß selbstverständlich das Christentum den Zins nicht nur, aber auch aufgrund eines ausdrücklichen Gebotes Christi stets abgelehnt hat, worin ihm die weltliche Macht bereitwillig nachfolgte, solange sie nicht in andere Hände geriet: «Das *Kanonische Zinsverbot* ging zurück auf das Gebot Christi in Ev. Luc. 6, 35, wo es nach Luther's Übersetzung heißt: "Doch aber liebet eure Feinde, tut wohl und leihet, daß ihr nichts dafür hoffet". (Nach der Septuaginta[52]: "mutuum date, nihil inde sperantes".) Der Wucher, der im Zinsnehmen erblickt wurde, verstieß also nach damaliger Lehre gegen das Gebot christlicher Nächstenliebe, war eine Unterart der Habsucht, eine Totsünde [sic!], ein "peccatum simile homicidio". Nach Augustin war ein Wucherer sogar schon derjenige, der auf Gewinn nur hoffte, und Ambrosius sprach das so bezeichnende Wort: "Ubi ius belli, ibi ius usurae"[53]. Folglich

---

[51] *Kleinhappl, Kapitalismus* a.a.O. 236. Vgl. auch *Schweiger* a.a.O. 97.
[52] Der offenbar protestantische Verfasser meint die *Vulgata!*
[53] «Wo das Kriegsrecht herrscht, dort herrscht auch das Recht des Wuchers.»

verboten die Päpste, als die Kirche eine Weltmacht wurde, das Zinsnehmen, und dies Verbot ging dann in das Kanonische Recht über. - In gleicher Weise verbot auch das weltliche Recht das Zinsnehmen. Schon die Kapitularien Karls des Großen enthielten das gleiche Wucherverbot, wie es die Kirche erlassen hatte, und in späterer Zeit finden wir die Zinsfeindschaft überall.»[54] Wenngleich die Stimme der Kirche gegen das Zinsnehmen schon im vergangenen Jahrhundert immer leiser wurde und in unserem Jahrhundert nahezu ganz verstummte (obwohl die Lehre nie revidiert wurde und auch nie mehr revidiert werden kann), hat Papst Leo XIII. in seiner berühmten Sozial-Enzyklika «Rerum novarum» von 1891 zum letzten Mal klar den katholischen Standpunkt bekräftigt: «Das Unheil (des Kapitalismus) vermehrte der gefräßige Zinswucher (usura), der zwar oftmals durch das Urteil der Kirche verdammt worden ist, dennoch aber ebenso nur unter einer anderen Maske von den habgierigen und gewinnsüchtigen Menschen betrieben wird.»[55]

Als zusammenfassende, mit erstaunlichen und kaum bekannten Tatsachen aufwartende Grundsatzkritik des Zinses und der kapitalistischen Zinswirtschaft sei abschließend ein längerer, zehn Punkte umfassender Abschnitt aus einer Eingabe einer deutschen Gruppe katholischer Laien an das II. Vatikanische Konzil dokumentiert[56], eine Eingabe übrigens, die dort niemals auf der Tagesordnung erschien, was niemanden wundern wird, der um den enormen zionistischen Einfluß hinter (und teilweise sogar vor!) den Kulissen dieses Konzils weiß, eine Eingabe aber auch, die gerade deshalb der Vergessenheit entrissen zu werden verdient:

«Die wesentliche Strukturbedingung des modernen Finanz- und Leihkapitalismus als Form des Wuchers und als System institutioneller Auswucherung der Massen ergibt sich aus folgenden Tatsachen:

«1. Rund 50 Prozent, d.h. die Hälfte des Gesamtbruttosozialproduktes der jeweiligen kapitalistischen Wirtschaftssysteme wird vom Zins, d.h. vom Kapital- und Bodenzins, aufgefressen. Mehr

---

[54] *Helmut Nicolai*, Die Wurzeln des modernen Bankwesens. Rasse und Bankwesen, Berlin 1934 (abgek. *Nicolai*), 13. Das bereits 1925 geschriebene und 1934 unverändert zum Druck gelangte Werk ist ungeachtet dessen, was der Untertitel vermuten lassen könnte, kein nationalsozialistisches Pamphlet und überrascht angenehm durch seine ruhige Objektivität in der Darlegung und Beurteilung der Tatsachen. Dazu weiter unten mehr.
[55] Zit. n. *Anton Holzer* in: *Fraktur*, 27. 10. 1991, 5.
[56] Entnommen der Dokumentation bei *Kleinhappl, Kapitalismus* a.a.O. 378f.

als die Hälfte des von den schaffenden Menschen erarbeiteten Volkseinkommens wird Jahr für Jahr von den Kapitalisten (Zinsbezüge jeder Art) fortgenommen.

«2. Bei Annahme eines durchschnittlichen Zinssatzes von auch nur 5 Prozent fließt das gesamte Nationalvermögen der jeweiligen Völker, einschließlich des Bodens, der Bodenerzeugnisse, aller beweglichen und unbeweglichen Güter, im Zeitraum von 15 Jahren in die Taschen der Kapitalisten[57]. Diese Feststellung ist eine statistische Tatsache und daher nicht widerlegbar.

«3. Auch wenn wir nur einen durchschnittlichen Zinssatz von 5 Prozent unterstellen, muß das gesamte Nationalvermögen dieser Völker alle 15 Jahre neu erarbeitet werden. In Wirklichkeit verläuft dieser Prozeß viel schneller, da der Durchschnitt des in den kapitalistischen Ländern üblichen Zinssatzes wesentlich höher liegt.

«4. Jede Senkung des Zinssatzes (5 %) um auch nur 1 % hat bereits zur Folge, daß das Arbeitseinkommen der Schaffenden um 20 % erhöht wird. Dabei ist die durch das Mehreinkommen der Schaffenden hervorgerufene Mehrproduktion nicht einmal inbegriffen. Bei Senkung des Satzes um 2 % ergibt sich eine Steigerung von 40 %, bei 3 % eine solche von 60 %, bei 4 % von 80 %, während bei einer Senkung von 5 % (mithin bei Unterstellung von 5 % Durchschnittszinssatz Befreiung von jedem Zins) die Steigerung des Arbeitseinkommens gleich 100 % beträgt. In solcher Größenordnung bewegt sich das Zinsproblem in der Wirtschaft.

«5. Mehr als die Hälfte der Preise aller Waren sind Zinslasten, die - in dieser oder jener Form - in den Warenpreisen als Zinstribute enthalten sind. Die Löhne der Schaffenden sind in der Regel und im Durchschnitt um die Hälfte gekürzt, während die

---

[57] Und diese Kapitalisten sind wirklich nur eine verschwindende Minderheit der Bevölkerung, was von *Kleinhappl* ebd. 112f referierte offizielle statistische Daten aus Amerika 1962 belegen können: «Eine Studie des Wirtschaftsberaters des ehemaligen Präsidenten Kennedy, Robert Langmann vom "Nationalen Amt für Wirtschaftsforschung", über die Höhe und Verteilung des USA-Reichtums kommt zu dem Ergebnis, daß 1 % der USA-Bevölkerung über fast 1/3 des Nationalvermögens verfügen, während 99 % sich die restlichen 2/3 teilen müssen. (In anderen Ländern der westlichen Welt ist die Vermögensverteilung noch viel grotesker.) Dieses 1 % hat 76 % aller amerikanischen Aktien in der Hand. Demgegenüber beschränkt sich der Besitz der 99 % in der Hauptsache auf Grund, Boden und Hausbesitz. Über 3/4 der USA-Großwirtschaft-Industrie und der Banken liegen in der Hand von 1 % der Bevölkerung. Soweit der Bericht.»

Güter des täglichen Lebens in der Regel und im Durchschnitt um das Doppelte teurer sind[58].

«6. Zins ist Abzug vom vollen Arbeitsertrag, und zwar in voller Höhe der anteiligen Zinslasten. Er wirkt in gleicher Weise gegen Arbeitnehmer und Arbeitgeber, gegen alle produktiv Schaffenden. Wer nur um Zins Geld leiht, erhöht die Preise und vermindert die Löhne um den gleichen Betrag. Daher ist der Begriff eines sogenannten "mäßigen" und "gerechten" Zinses ein Widerspruch in sich; und zwar nicht erst aus moralischen, sondern auch aus mathematischen Gründen.

«7. Die großen Zinsgewinner sind die, welche ihre verliehenen Gelder nicht produktiv anlegen, sondern in nicht produzierenden, aber öffentlich gesicherten Staatsbetrieben, wie Eisenbahnen, Post, Telegraphen-, Elektrizitäts-, Gas- und Wasserwerken. Ein großer Teil der von ihnen für die Allgemeinheit festgesetzten Preise sind Zinslasten.

«8. Der Grund- und Bodenwucher ist seit 100 Jahren ins Gigantische gestiegen. Allein aus der Tatsache der Bevölkerungszunahme ist eine geringe Anzahl von Grundbesitzern im Verhältnis zur Mehrzahl der Besitzlosen an Grund und Boden zu ungerechtfertigtem und unverdientem Reichtum gelangt. So ist der Bodenpreis in den Städten teilweise ins 1000fache gestiegen.

«9. Trotz ungeheurer Vermehrung der Produktionskräfte durch die moderne Technik und Wissenschaft, d.h. trotz des erreichten oder in nächster Zeit erreichbaren Überflusses an Waren ist die Tatsache der gigantischen Auswucherung (Ausbeutung) als Folge des in unheimlicher Verkettung wirkenden Zinsmechanismus nicht aus der Welt geschafft. Maximierung der Produktion und Maximierung der Auswucherung verhalten sich im kapitalistischen System proportional.

«10. Die entscheidende Ursache dafür ist der Mechanismus des Zinses. Er[59] ist nicht in einer speziellen Bosheit und Unmoralität der Kapitalisten gegründet, sondern in dem Mechanismus des Zinses als solchem, dem der gesamte materielle Kreislauf von Produktion und Konsumtion, einschließlich der allgemeinen Dienstleistungen, unterworfen ist.»

---

[58] Woraus keine Halbierung, sondern eine *Viertelung* des Lebensstandards resultiert!
[59] Sprachlich falsch formuliert; richtig müßte hier stehen: *sie*, nämlich die Ausbeutung!

Daß leider eine gewisse kleine Gruppe von Großkapitalisten vom Vorwurf «spezieller Bosheit und Unmoralität» nicht ausgenommen werden kann, wird sich im weiteren Verlauf unserer Untersuchung zeigen. Außerdem werden die aufgezählten volkswirtschaftlich äußerst schädlichen Auswirkungen der Zinswirtschaft insofern für weite Bevölkerungskreise gemildert, als diese, wenn auch in sehr bescheidenen Größenordnungen, selbst Zinserträge verbuchen können, freilich auch das nur auf Kosten der ärmsten Bevölkerungsschichten, die mit voller Wucht die zinskapitalistische Ausbeutung zu spüren bekommen[60].

Nun müssen wir aber endlich auf unsere Behauptung zurückkommen, die am Ende des vorigen Abschnitts über den Geldumlauf aufgestellt wurde und die da lautete, der Zins sei schuld am exzessiven Sparen, somit an einer künstlichen Verringerung bzw. Verlangsamung des Geldumlaufs und folglich an einer mehr oder weniger permanenten Drosselung der Wirtschaft. Das erscheint auf den ersten und selbst noch auf den zweiten Blick unlogisch, nicht wahr? Haben wir nicht oben gehört und leuchtet nicht sofort ein, daß gerade der Zins «der» *Motor* der modernen Wirtschaft ist!? Wer sein Geld als privates Darlehen bzw. bei einer Bank auf Zinseszins anlegt oder in Form von Aktienkäufen bei großen Unternehmen gegen Zahlung von Kapitalzinsen investiert, entzieht das Geld doch dadurch keineswegs dem Wirtschaftskreislauf! Kauft er Aktien und ermöglicht Großunternehmen dadurch eine Finanzkapitalerhöhung, so werden diese Firmen das zusätzliche Geld doch nicht untätig liegen lassen, sondern entweder in den Betriebsausbau investieren, um ihren künftigen Betriebsgewinn zu steigern, oder es selbst auf der Bank zinstragend anlegen. Alles auf der Bank angelegte Geld seinerseits wird aber von der Bank auch wieder als Darlehen in Umlauf gebracht, bei Personen und Institutionen, die damit arbeiten bzw. es ausgeben wollen! Somit ist also trotz des Zinses jederzeit ein nahezu vollständiger Geldumlauf gewährleistet.

Ja, das alles ist durchaus zutreffend, und ein konstanter, fast uneingeschränkter Geldumlauf wäre auch tatsächlich ungeachtet der Zinsen, um nicht zu sagen, gerade wegen der Zinsen im wesentlichen garantiert (was allerdings andere volkswirtschaftlich schädliche Effekte der Zinsen nicht aufhöbe!), . . . wenn es da nicht die Zentralbanken mit ihren Mindesteinlagen und ihren

---

[60] Weitere notwendige Relativierungen des in diesem Dokument Behaupteten vgl. unten Kapitel VI, 4!

Eckzinssätzen gäbe! Nicht umsonst handelt dieses ganze Kapitel ja von der Herrschaft der Zentralbanken bzw. von der künftigen Herrschaft der geplanten Europäischen Zentralbank über das gesamte Wirtschaftsgeschehen der Nationen bzw. des kommenden Maastricht-Europa! Aber wir wollen nicht vorgreifen und müssen darum des Rätsels Lösung noch etwas aufschieben, um zuvor ein wenig die gar nicht zufällige Entwicklung des modernen Geld- und Bankenwesens in Augenschein zu nehmen.

6. Der Kapitalismus - kleiner historischer Streifzug
(1, a-semitisch)

Über die Entstehung des Metall- und später des Papiergelds wurde bereits das Nötige gesagt. Man brauchte Geld als Tauschmittel erst in dem Augenblick, in dem die Arbeitsteilung zwischen den Menschen aufgrund gesteigerter bzw. verfeinerter Bedürfnisse unübersichtlich zu werden begann. Aber selbst nach Einführung des Geldes blieben die Volkswirtschaften der historisch erforschten Kulturvölker das ganze Altertum und Mittelalter hindurch *im wesentlichen* an den natürlichen Bedürfnissen und deren Befriedigung orientiert - was den Luxus der Herrscher und einer kleinen Oberschicht nicht ausschloß, einen Luxus übrigens, der sich in vieler Hinsicht mit dem heutigen «bescheidenen» Wohlstand eines europäischen, amerikanischen oder japanischen Durchschnittsbürgers nicht messen könnte!

Vielleicht ein wenig idealisiert, aber prinzipiell zutreffend beschreibt *Nicolai* die Subsistenzwirtschaft des späten Mittelalters: «Innerhalb der ihm zustehenden Rechtsphäre lag die wirtschaftliche Betätigungsfreiheit des Einzelnen, dazu bestimmt, seinen Bedarf an wirtschaftlichen Gütern zu decken. Der Bauer hatte seine Hufe, der Ritter sein Lehn, der Priester seine Pfründe, der Handwerker seine Nahrung und der Kaufmann die Nutzung aus dem gerechten Preis. Der Mensch arbeitete nicht, um möglichst viel zu erwerben für sich, sondern um seinen und seiner Mitmenschen Bedarf zu decken. Es galt das *Bedarfsdeckungsprinzip*, und die Größe des Bedarfs richtete sich nach dem Begriff des standesgemäßen Unterhalts. Wie das gemeint war, ersieht man aus den Worten der sog. Reformation des Kaisers Sigismund von 1415: "Wollt ihr aber hören, was Kaiserlich Recht gebietet - unsere Vorderen sind nicht Narren gewesen - es sind Handwerk darum erdacht, daß jedermann sein täglich Brot damit gewinne und soll Niemand dem andern greifen in sein Handwerk. Damit schickt die Welt ihre Notdurft und mag sich Jedermann ernähren."»[61]

Was aber hat den Umschwung von der natürlichen Subsistenz- zur kapitalistischen Erwerbswirtschaft zu Beginn der Neuzeit im christlichen Abendland herbeigeführt? Wer eine bis zur Wurzel reichende Antwort auf diese Frage haben will, kann sich der Erkenntnis nicht verschließen, daß es die allmähliche Entfremdung der geistigen Führungsschicht Europas vom (damals noch ausschließlich katholischen) Christentum und der spätere gänzliche Glaubensabfall immer größerer Bevölkerungsteile waren, die mit einer bis dahin nicht gekannten *Hinwendung zur irdischen Welt* einhergingen. Der mit dem Humanismus und der Renaissance einsetzende geistige Ablösungsprozeß von einer dem Christentum notwendig eigenen vorwiegend jenseitsorientierten Weltsicht konnte durch nichts anderes kompensiert werden, als durch eine entsprechend intensivere Beschäftigung mit dem Diesseits. Der Mensch, der sein Glück nicht mehr von Gott, dem Himmel, der Ewigkeit erwartete, mußte es zwangsläufig von sich selbst und seinesgleichen, von der Erde, von der Zeit erhoffen. Das Aufkeimen und immer raschere Aufblühen der bis dahin praktisch nicht vorhandenen Naturwissenschaften hatte seinen einzigen Grund in dieser neuen Diesseitsorientierung, das immer hemmungslosere Genußstreben ebenso. Sobald das irdische Leben zum Selbst- und Endzweck geworden war, mußte das Glück auch unbedingt hier auf Erden verwirklicht werden. Um glücklich zu sein, reichte es aber bei weitem nicht mehr aus, nur die wichtigsten Lebensbedürfnisse zu befriedigen, nein, es tat sich eine wahre Unendlichkeit immer neuer ungestillter Bedürfnisse auf, gemäß dem berühmten Motto: «Je mehr er hat, je mehr er will; nie schweigen seine Sorgen still!» Der Mensch ist von seinem Schöpfer und Erlöser darauf angelegt, nur im ewigen Genuß des höchsten, *unendlichen* Gutes, Gottes selbst, vollkommen glücklich zu werden. Schlägt er dieses erst für das Jenseits verheißene Glück aus Ungeduld oder Unglaube aus, können ihn alle *endlichen* Güter zusammengenommen nicht mehr bleibend befriedigen, obwohl sie stets von neuem gerade diese Illusion in ihm nähren. Kurz und gut, mit dem etappenweisen Glaubensabfall der Neuzeit mußte der Übergang von der Subsistenz- zur Erwerbswirtschaft geradezu zwangsläufig Hand in Hand gehen, zumal die

---

[61] *Nicolai* a.a.O. 11f.

immer großartigeren technisch nutzbaren Entdeckungen der Naturwissenschaften die Weckung immer phantastischerer «Bedürfnisse» zur Folge hatten und zugleich deren baldige Stillung verlockend in Aussicht stellten.[62]

Mit der Reformation wurde ein wichtiger Schritt hin zur Diesseitigkeit getan, auch wenn ausgerechnet Martin Luther sowohl die bisherige Subsistenzwirtschaft erhalten wissen als auch das Zinsnehmen nach wie vor absolut nicht dulden wollte. In seiner Schrift «Von Kaufhandlung und Wucher» forderte er 1524: «Darum mußt du dir vorsetzen, nichts als deine ziemliche Nahrung zu suchen in solchem Handel, danach Kost, Mühe, Arbeit und Fahr rechnen und überschlagen und also dann die Ware selbst setzen, steigern oder niedern, daß du solcher Arbeit und Mühe Lohn davon habest.»[63] Den Wucher bekämpfte Luther zu seiner Zeit sogar konsequenter als viele katholische Theologen. «Er ließ», wie *Achille Dauphin-Meunier* berichtet, «die Unterscheidung zwischen Kapital, das Gegenstand eines Verbrauchskredits sein kann, und Investitionskapital nicht gelten. Er erklärte, beide seien gleichen Ursprungs, den gleichen Zufällen unterworfen und müßten bezüglich des kanonischen Zinsverbots gleich behandelt werden. . . . Die Toleranz der meisten zeitgenössischen katholischen Theologen den Placierungen gegenüber erscheint Luther unerträglich. Er haßt den Wucher und sieht ihn überall eindringen. Deshalb widersetzt er sich den Gepflogenheiten der Städte, bei den Bankiers Anleihen aufzunehmen und als Pfand dafür kommunales Gelände ohne genaue Angabe der Fläche anzuweisen. Deshalb verurteilt er jede Einnahme aus einer

---

[62] Warum ausgerechnet *Johannes Kleinhappl* (*Wirtschaftsethik* a.a.O. 172f) als katholischer Theologe den sittlich tiefgreifenden Unterschied zwischen Bedarfsdeckungs- und Erwerbswirtschaft nicht sehen will, ist mir schleierhaft. Wenn er nämlich gegen diese Unterscheidung einwendet: «Es gibt gar keine andere Wirtschaft als Bedarfsdeckungs-Wirtschaft. . . . Ferner ist der Bedarf etwas ganz Unbestimmtes. Jeder hätte Bedarf nach einem eigenen Haus, einem Auto, einem Flugzeug. Was für ein Bedarf gelten soll, das hängt vom Wünschen und Wollen der Menschen ab», dann klingt das nicht bloß moralpositivistisch und hedonistisch, sondern ist auch rein logisch unhaltbar. Daß beim sittlich gerechtfertigten Bedarf keine strikt allgemeingültige Grenze angebbar ist, bedeutet noch lange nicht, daß es den Unterschied zwischen sittlich gebotener Genügsamkeit und sündhaftem Luxus nicht gäbe! Auch das konkrete Quantum an Boden und Arbeitsmitteln, das ein Mensch notwendig braucht, um durch eigene freie Arbeit seinen Lebensunterhalt zu erwerben, ist unbezweifelbar von Fall zu Fall sehr verschieden, und doch statuiert derselbe Kleinhappl (mit Recht!) als strenges ethisches Postulat (ebd. 253), «daß niemand sich mehr an Arbeitsmitteln aneignen kann und besitzen darf, als es ihm die Erfüllung seiner Arbeitspflicht notwendig macht»!
[63] Zit. n. *Nicolai* a.a.O. 12.

Geldverleihung. . . . . Die ganze Argumentation Luthers gegen den Wucher ist in seinem Brief über den Handel zusammengefaßt: *Von Kaufshandlung*, 1524», also in derselben Schrift, in der er die natürliche Subsistenzwirtschaft warm befürwortet. «Im Jahre 1540 kommt Luther auf sie zurück. Er stellt fest: "Vor fünfzehn Jahren habe ich gegen den Wucher gepredigt, der sich damals schon so ausgebreitet hatte, daß ich keine Besserung erhoffen konnte. Seit dieser Zeit hat er das Haupt so erhoben, daß er nicht mehr als ein Laster, eine Sünde oder Schande angesehen werden will, sondern sich brüstet als sei er eine reine Tugend und eine Ehre, als ob er den Leuten Liebe und christlichen Dienst erweise" (An die Pfarrherrn wider den Wucher zu predigen, 1540, Wittenberger Ausgabe). Im Jahre 1540 sind Anton und Raimund Fugger, die die Expedition Karls V. gegen Algier finanziert und das Recht zur Geldprägung erhalten haben und deren Onkel Ulrich Fugger bald zum Kämmerer des Papstes Paul III. ernannt werden wird, tatsächlich auf dem Gipfel ihrer Macht.»[64]

Das Zinswesen war bereits so alt wie das Geld selbst, hatte sich auch ungeachtet aller kirchlichen und weltlichen Verbote nie ganz ausrotten lassen, begann vielmehr pünktlich mit der beginnenden Neuzeit seinen großen Siegeszug, zumal inkonsequente Kirchenfürsten bis hinauf zu den Renaissance-Päpsten persönlich seine zweifelhaften Vorzüge bedenkenlos in Anspruch nahmen, verfügte auch bereits über enormen Einfluß auf viele europäische Herrscher, die sich durch ihre Geld- und Machtgier von ihm abhängig gemacht hatten, hatte aber seine volkswirtschaftlich verheerenden Wirkungen in der bisher noch vorherrschenden Subsistenzwirtschaft nie auf breiter Ebene zu entfalten vermocht. Von allem Anfang an verbündet mit der dem wissenschaftlich-technischen Fortschritt zu verdankenden und im frühen achtzehnten Jahrhundert machtvoll einsetzenden *Industrialisierung* jedoch, vermochte das Wuchergewerbe unter dem vornehmeren Namen des sog. *Kapitalismus* endlich seine alles zersetzende Herrschaft anzutreten und im Lauf zweier weiterer Jahrhunderte zu einer mehr und mehr die ganze Welt umspannenden Tyrannei auszubauen, deren eisernen Griff im Nacken die Masse der Menschen nur deshalb nicht unmittelbar spürt, weil sie großenteils im Verborgenen ausgeübt wird.

Objektiv notwendige Vorbedingung für die Industrialisierung war und ist das Vorhandensein eines «Proletariats», d.h. einer ge-

---

[64] *Achille Dauphin-Meunier*, Kirche und Kapitalismus, Aschaffenburg 1958 (abgek. *Dauphin-Meunier*), 42f u. 44 Anm. 1.

nügenden Menge land- und besitzloser Arbeitskräfte, die, wenn sie überleben wollen, gezwungen sind, bei den Besitzern von Boden und Kapital Arbeit zu suchen und ihnen in Gestalt des *Profits* einen Teil des eigentlich ihnen selbst zustehenden Arbeitsertrags zu überlassen. Nach Kleinhappl wurde die Schaffung land- und besitzloser Bevölkerungsschichten zuerst auf dem europäischen Kontinent praktiziert, freilich noch lange vor dem Einsetzen der Industrialisierung. Dennoch stand schon bei der Enteignung der Landbevölkerung ganz unverkennbar reines kapitalistisches Gewinnstreben - Steigerung der Boden-Rendite - Pate: «Es wird uns berichtet, daß die großen Grundherren in Niedersachsen vom 12. Jahrhundert ab die auf ihrem Grund und Boden angesiedelten hörigen Bauern freiließen, ihnen aber auch den Boden entzogen, den sie bis dahin innehatten. Dies taten sie, um ihr Einkommen zu vermehren. Das erzielten sie dadurch, daß sie aus vier bisherigen Höfen ein einziges großes Bauerngut machten und dieses an *einen* von diesen Freigelassenen übergaben, aber nicht mehr zu dauerndem Besitzrecht, sondern nur auf Zeitpacht. Dadurch wurden drei Viertel der Leute frei . . . *frei von Arbeitsmitteln.*»[65] Solange im Osten noch freies Ackerland verfügbar war und in den Städten das Gewerbe blühte, konnten sich die solchermaßen «Freigesetzten» eine neue berufliche Existenz aufbauen. Das wurde jedoch seit ungefähr 1400 anders, und zwar fast auf dem ganzen europäischen Festland. Die ständig fortschreitende, im einzelnen auf unterschiedliche Weise bewerkstelligte Vertreibung der Landbevölkerung von ihrem angestammten Grund und Boden führte am Beginn des 15. Jahrhunderts dazu, «daß infolge des Überangebotes von Arbeit die Zünfte geschlossen wurden und der ewige Geselle auftrat. Infolge des Druckes auf die Bauern sank deren Kaufkraft und damit sank auch der Wohlstand in den Städten.»[66] Der Proletarisierungsprozeß war zu einem Teufelskreis geworden, aus dem die Bauern auch durch ihre berühmt-berüchtigten Aufstände im sechzehnten Jahrhundert nicht mehr auszubrechen vermochten: das Fußvolk für die kommende «industrielle Revolution» stand bereit.

Aber nicht auf dem Kontinent, sondern in England kommt die Industrialisierung zuerst in Gang und damit der neuzeitliche Kapitalismus so recht in Schwung. Seine früheste Großtat ist auch hier die Vernichtung des Bauernstands und dessen Umwandlung in ein Industrieproletariat, das sich hemmungslos ausbeuten läßt.

---
[65] *Kleinhappl, Wirtschaftsethik* a.a.O. 115.
[66] Ebd. 141.

Näherhin läuft das nach folgendem Muster ab: «In England . . ., wo der Volkswirtschaftler Gregory King im Jahre 1688 viereinhalb Millionen Landwirte und Leute mit Interessen an Grund und Boden errechnete, führen die durch den Handel[67] reich gewordenen Städter einen brutalen Kampf gegen den Bauernstand. Sie kaufen Ländereien und werden *Justices of peace* (Friedensrichter) in den einzelnen Grafschaften. Im Gegensatz zum alten grundbesitzenden Adel sind sie aber nicht gewillt, ihren Pächtern und Tagelöhnern Schutz zu gewähren. Sie wollen Geld machen, ihren Grundbesitz ausbeuten wie sie ihren Handel ausbeuten, Nutzen aus der verstärkten Nachfrage nach bestimmten landwirtschaftlichen Erzeugnissen ziehen. Die englische Tuchindustrie arbeitet für die Ausfuhr und braucht Wolle. Die neue Klasse von Grundbesitzern ersetzt also den herkömmlichen Getreidebau durch die Schafzucht. Da sie dafür große Weiden braucht, vergrößert sie ihre Besitztümer auf Kosten der kleinen *yeomen* und sogar der *freeholders*. Unter Mißbrauch ihrer Stellung als Friedensrichter oder ihrer politischen Autorität verleiben sich die Bourgeois die Gemeindeländereien ein, die seit Menschengedenken die armen Bauern rechtmäßig nutzten, ohne einen Pfennig auszugeben: "So gewinnt das kapitalistische Unternehmen auf zwei Seiten: durch seine Nachfrage nach Rohstoffen löst es die Zertrümmerung des überlieferten Besitzes und die Ausmerzung der Pächter aus. Es greift aber auf eben diese Pächter wieder zurück, die ihm recht gelegen kommen, um aus ihnen seine Arbeitskräfte zu machen" (Jean Marchal).»[68]

In der «Neuen Welt» bediente sich das Großkapital am Ausgang des achtzehnten Jahrhunderts schlicht des Parlaments, um den größten Teil von Grund und Boden der Vereinigten Staaten handstreichartig in seine Gewalt zu bringen: «Das grundlegende Gesetz vom 19. Mai 1796 bestimmte, daß, sobald eine gewisse Fläche vermessen sei, diese an den Meistbietenden, aber nicht billiger als zwei Dollar pro acre und nicht in kleineren Stücken als neun englischen Quadratmeilen (= 23,3 km^2) verkauft werden sollte. . . . Es war dies das einfachste Mittel, dem armen Manne den Zutritt zum ersten und wichtigsten Arbeitsmittel, zum Boden, unmöglich zu machen. Er muß nicht weniger als 11.650 Dollar auf den Tisch legen, um überhaupt mitbieten zu kön-

---

[67] Der - als investitionsintensiver und risikobehafteter Seehandel - seinerseits von Geldverleihern finanziert und abgesichert worden bzw. selbst betrieben worden ist! Vgl. *Dauphin-Meunier* a.a.O. 62-68.
[68] *Dauphin-Meunier* ebd. 83f.

nen.»⁶⁹ Es sei daran erinnert, daß diese exorbitante Geldsumme damals gegenüber heute ein Vielfaches an Wert repräsentierte, so daß sie für den allergrößten Teil der US-Bevölkerung nicht einmal auf dem Kreditwege aufzubringen war.

Sogar angeblich «katholische» Autoren wollen freilich nur zu oft von der brutalen kapitalistischen Ausbeutung der Arbeiterschaft nichts wissen. Nachdem *Erik von Kuehnelt-Leddihn* kürzlich in einem teilweise reichlich oberflächlichen Artikel für die Zeitschrift «Theologisches»⁷⁰ gerade diesen zentralen Punkt radikal verharmlost hatte, wurde er in der Leserzuschrift eines katholischen Pfarrers zur Rede gestellt und argumentativ so in die Enge getrieben, daß er in seiner Replik auf jede sachliche Argumentation verzichtete und statt dessen den unangreifbaren, über den dummen Pöbel erhabenen «Wissenschaftler» («*Ipse* dixi!») herauszukehren beschloß. Dieser Herr von Adel begnügte sich folglich damit, sämtliche fünfzig oder sechzig außereuropäische Länder einzeln aufzuzählen, die er allesamt soundsoviele Male bereist habe! Außerdem verwies er auf seine Kenntnis 19 verschiedener Sprachen und unterzeichnete, um alle Zweifel an seinem fachmännisch-unfehlbaren Urteil definitiv zu beseitigen, mit «Diplomvolkswirt, Dr. oec. Prof. em.»⁷¹! Ob dieser ehrenwerte Experte für seine «hochwissenschaftliche» Reinwaschung des kapitalistischen Systems von gewisser Seite honoriert wird oder aus eigenen Stücken die Augen so fest wie nur möglich vor der unangenehmen Wirklichkeit verschließt, sei dahingestellt . . .

Parallel zur monopolartigen Aneignung von Grund und Boden und zur Schaffung großer mechanisierter Industriebetriebe verlief die immer gigantischere Ausweitung des Kreditwesens, die nicht zufällig gleichfalls von England ihren Ausgang nahm, befand sich doch das eine wie das andere mehr oder weniger in den Händen derselben kapitalistischen Oberschicht und nicht selten sogar in den Händen derselben Personen. *W. Cleon Skousen* zitiert den Vertrauensmann der internationalen Hochfinanz unseres Jahrhunderts Professor *Carroll Quigley* mit einer in triumphierendem Tonfall vorgetragenen knappen Übersicht über das Schema, dem folgend sich aus noch relativ bescheidenen Geldverleih-Instituten des vorindustriellen Zeitalters die modernen internationalen Großbanken «entwickelten»:

---

[69] *Kleinhappl, Wirtschaftsethik* a.a.O. 116.
[70] *Theologisches* 23 (1993) 7-12.
[71] Vgl. *Theologisches* 23 (1993) 243-246.

«Der Kredit war den Italienern und Niederländern schon lange bekannt, als er ein Instrument des englischen Weltmachtsstrebens wurde. Nichtsdestoweniger ist die Gründung der Bank von England durch William Paterson und seine Freunde 1694 eines der großen weltgeschichtlichen Ereignisse. Schon Generationen lang hatten die Menschen den einen Nachteil des Goldes, sein Gewicht, zu umgehen versucht, indem sie Papierstücke als Repräsentanten spezieller Goldstücke benutzten. Heute nennen wir solche Papierstücke Gold-Zertifikate. Ein solches Zertifikat berechtigt seinen Besitzer, es auf Verlangen gegen sein Goldstück einzutauschen, aber angesichts der Vorteile des Papiers hat nur ein kleiner Bruchteil aller Zertifikatsbesitzer jemals solche Anträge gestellt. Es wurde schnell klar, daß man nur soviel Gold zur Hand haben mußte, wie benötigt wurde, um den Bruchteil der Zertifikate abzudecken, die eventuell zum Umtausch vorgelegt würden; folglich konnte man den Rest des Goldes für geschäftliche Zwecke einsetzen, oder, was auf dasselbe hinausläuft, eine größere Menge an Zertifikaten ausgeben, als die für die Auszahlung bestimmte Goldmenge. . . . Eine derartig aufgeblähte Menge von Papieransprüchen auf Reserven nennen wir heute Banknoten. - Tatsächlich bedeutet diese Schaffung von die verfügbaren Reserven überschreitenden Papieransprüchen, daß die Bankiers Geld aus dem Nichts schufen. Dasselbe ließ sich noch auf andere Weise bewerkstelligen. . . . Depositen-Bankiers entdeckten, daß Anweisungen und Schecks, die vom Einzahler auf seine Einlagen gezogen und an Drittpersonen weitergegeben wurden, oftmals von letzteren nicht in Bargeld verwandelt, sondern ihrem eigenen Konto gutgeschrieben wurden. Auf diese Weise fanden keine wirklichen Geldbewegungen statt und Zahlungen wurden einfach durch buchhalterische Transaktionen zwischen den Konten geleistet. Also brauchte der Bankier an wirklichem Geld (Gold, Zertifikate und Noten) nicht mehr als den Bruchteil der Einzahlungen bei der Hand zu haben, auf die Schecks gezogen *und eingelöst* werden würden; der Rest konnte für Kredite verwendet werden, und falls diese Kredite in der Form gewährt wurden, daß dem Kreditnehmer eine Einlage (ein Konto) gutgeschrieben wurde, auf die er nun seinerseits eher Schecks ziehen als Bargeld davon abheben würde, konnten derartige Kredite gleichfalls ausreichend abgedeckt werden, indem man nur für einen Bruchteil ihres Werts Reserven zurückhielt. Solche geschaffene Einlagen waren gleichfalls Schaffung von Geld aus dem Nichts, wenngleich die Bankiers sich gewöhnlich weigerten, ihre

Aktionen, sei es nun die Ausgabe von Banknoten oder das Gewähren von bargeldlosen Anleihen, so zu bezeichnen. . . .»[72]

Zwar versuchten eine Zeitlang die Regierungen der meisten europäischen Länder und Nordamerikas, denen die Kontrolle über diese Entwicklung längst entglitten war, wenigstens das umlaufende Papiergeld durch Gold zu «decken», aber diese rein währungstechnisch völlig überflüssige Maßnahme ließ sich angesichts einer immer größeren Ausweitung der Bargeldmenge in unserem Jahrhundert nicht mehr realisieren. Laut *Michael Kneissler* hatte die währungstechnische «Karriere» des Goldes «am 22. Juli 1816 erst richtig begonnen. Damals entschied Großbritannien als führende Wirtschaftsmacht der Welt, für das britische Pfund den Goldstandard einzuführen. Das bedeutete: Die Geldumlaufmenge des Staates war voll durch Gold gedeckt. - 1871 zog Deutschland nach, 1897 die USA. . . . Erst 1931 begann sein Niedergang. Unter den Einflüssen der Weltwirtschaftskrise löste Großbritannien das Pfund vom Gold. Kurz darauf folgten die USA. Nur noch jeder vierte Dollar war nun durch tatsächlich vorhandenes Gold gedeckt. Aber immer noch reichten exakt 35 grüne Dollarnoten, um eine Unze des goldenen Metalls zu bekommen. Das war gesetzlich geregelt.»[73] Daß die «Golddeckung» der Währungen internationale Devisenspekulationen und -manipulationen größten Stils erlaubte, von welcher verlockenden Möglichkeit die mächtigsten Kapitalisten - vor allem in den ersten Jahrzehnten des 20. Jahrhunderts - auch regen Gebrauch machten, sei nur am Rande erwähnt. Es genügte schon, größere Mengen Goldes vorübergehend aus einem Land in ein anderes zu schaffen, um die Währungen beider Länder auf- bzw. abzuwerten und dadurch im internationalen Handel innerhalb kürzester Zeit Millionengewinne zu scheffeln - wenn man diese Goldschiebungen nur selbst kontrollierte oder wenigstens früher als andere darum wußte!

Längst hatte der Kapitalismus auch die *Aktie* und mit ihr die *Aktien-Gesellschaften* sowie den *Aktien-Handel* auf eigens dafür geschaffenen *Aktien-Börsen* ins Leben gerufen. Wer überschüssiges Geld besaß, das er nicht zu seinem Lebensunterhalt benötigte (und das waren im wesentlichen nur die Finanz- oder Unternehmens-Kapitalisten selbst bzw. die Bankhäuser), «legte» es in Form von Unternehmensbeteiligungen (Aktien) entweder im eigenen oder in fremden Unternehmen «an», gewinnbringend na-

---

[72] *Skousen* a.a.O. 12; zit. aus Quigleys Werk «Tragedy And Hope» S. 48f.
[73] *Michael Kneissler* in: *P.M. Perspektive (Themenheft «Geld»)* Nr. 23, 1991, 37.

türlich, wobei der Gewinn ausschließlich aus dem Geld- bzw. Kapitalzins stammte. Aktien bzw. «Wertpapiere», wie der allgemeinere Name für gewinnbringende finanzielle «Beteiligungen» an irgendwelchen Unternehmen oder sogar an Staatshaushalten (!) lautet, waren bzw. sind immer noch die zuletzt entwickelte und «fortschrittlichste» Form des Geldes[74]. Noch einträglicher als die Aktien-Dividende konnte aber die Aktien-Spekulation an der Börse sein, wenn man nur genügend Dumme bzw. vermeintlich Schlaue fand, denen man eigene, möglichst günstig erworbene Aktien weit über dem Wert dessen, was sie jemals an Dividenden einbringen würden, verkaufte, oder denen man umgekehrt Aktien zu Schleuderpreisen abkaufte, nachdem man sie durch gezielt ausgestreute Gerüchte und ähnliche Tricks psychologisch entwertet hatte. Das System funktioniert bis heute glänzend, weil die Dummen nicht aussterben. Wer z.B. eine Volkswagen-Aktie im Nennwert von DM 50,- zum Preis von 350,- DM kauft, obwohl er weiß, daß der VW-Konzern in guten Zeiten jährlich eine Dividende von höchstens 10,- DM ausschüttet, in schlechten Jahren weniger oder auch gar nichts, kann sich leicht ausrechnen, daß er zu Lebtag die investierten 350,- DM nicht mehr zurückerhalten wird, es sei denn, er fände einen noch Dümmeren, der ihm das gute Stück für noch mehr als 350,- DM abnimmt in der wahnwitzigen Hoffnung, es wieder jemand anderem irgendwann noch teurer andrehen zu können. Ganz richtig hat man die Aktie mit einem brennenden Streichholz verglichen, das von einem zum anderen weitergereicht wird, bis sich der letzte daran die Finger verbrennt. Dieser letzte und dümmste von allen Spekulanten hat dann die Spekulationsgewinne aller übrigen aus seiner Tasche finanziert.

«Die ersten dreizehn Jahre des 20. Jahrhunderts gehören ihrem Lebensstil, ihrer Philosophie und ihrer Wirtschaft nach noch zum 19. Jahrhundert. Der erste Weltkrieg bringt den Bruch. Er erschließt eine neue wirtschaftliche, soziale und politische Welt. Von nun an ist es den Regierungen und Völkern nicht mehr möglich (!), den früheren Zustand wiederherzustellen. Die kapitalistische Wirtschaftsweise erlebt eine Krise - keine Konjunkturkrise mehr wie diejenigen, die periodisch ihr Wachstum begleiteten -, diesmal ist es eine Strukturkrise. Der liberale Kapitalismus muß dem Gruppen- und Monopolkapitalismus weichen.»[75]

---

[74] Natürlich nur, wenn wir von der noch nicht allgemein etablierten *elektronischen Währung* der nahen Zukunft einmal absehen wollen!
[75] *Dauphin-Meunier* a.a.O. 123.

Der hat sich, wie Dauphin-Meunier weiter ausführt, jedoch bereits seit den achtziger Jahren des vergangenen Jahrhunderts kräftig zu entwickeln begonnen, und auch bei dieser Herausbildung gigantischer nationaler Monopolunternehmen und meist noch gigantischerer internationaler Großkonzerne steht die Aktie bzw. die Börse Pate. Inwiefern?

Nur mittels der Aktie kann ein Großunternehmer seine Konkurrenten sogar gegen deren erklärten Willen aufkaufen und seinem eigenen Imperium einverleiben. Jedes Unternehmen, das Aktien mit Stimmrecht[76] ausgibt und nicht mindestens 50 % davon selbst in der Hand behält, läuft Gefahr, daß irgendein anderer Kapitalist, sei das nun eine millionen- oder milliardenschwere Privatperson, eine Großbank, ein Konkurrenzunternehmen oder ein branchenfremder Konzern, still und heimlich (wenn nicht gar offen) die anfangs breit gestreuten Aktien «einsammelt», bis er eine mit dem prozentualen Aktienanteil ja strikt gekoppelte entweder relative, oder noch besser absolute Mehrheit im Aufsichtsrat des betroffenen Unternehmens erlangt hat, das von nun an nach seiner Pfeife tanzen muß[77]. Ein guter Teil der größeren und ganz großen Unternehmens-Fusionen («Zusammenschlüsse») waren schon früher und sind erst recht heute durch langfristig gezielten Aktienkauf einer Partei *erzwungene* Fusionen. Daß Unternehmensfusionen und Monopolbildung bzw. -verstärkung ein und dasselbe sind, sollte keiner eigenen Erwähnung bedürfen. Und daß kapitalistische Monopole einzig den Kapitalisten nutzen, indem sie deren wirtschaftliche, finanzielle und politische Macht auf Kosten ganzer Völker ins Ungemessene steigern, ist nicht weniger einleuchtend.

Gegen die Abschaffung der für das internationale Spekulantentum höchst gewinnträchtigen «Golddeckung» wehrte sich dieses Spekulantentum mit allen Mitteln, solange es konnte bzw. bevor nicht ein Ersatz dafür in Form des US-Dollars als angeblicher internationaler «Leitwährung» gefunden war. Der dem Großkapital verpflichtete Sir *Josiah Stamp*, seines Zeichens Gouverneur der *Bank von England*, ließ das in seinem 1925 erschienenen Buch «Weltpolitik und Weltwirtschaft» durchblicken, wenn er besorgt fragte: «Was wird eintreten, wenn Amerika eine Politik der

---

[76] Nur ein verschwindend kleiner Teil aller Aktien («Vorzugsaktien») wird als *stimmrechtslos* ausgegeben.
[77] Daran ändert auch die im deutschen Aktiengesetz enthaltene «Anzeigepflicht» für die Erlangung der «Sperrminorität» (> 25 %) einer Aktiengesellschaft nichts.

Wiederverteilung des Goldes von der Hand weisen würde? Die europäischen Länder werden auf irgendeine Weise die Kunst lernen, auch ohne ausreichende Golddeckung ihr wirtschaftliches Gleichgewicht zu halten, um dann, falls ihnen das gelbe Metall angeboten wird, es einfach ablehnen zu können . . . Dann wird das Gold, das man jetzt so ängstlich thesauriert, um seine Entwertung zu vermeiden, einen großen Teil dieses Wertes dauernd verloren haben, weil die Welt gelernt hat, einen der Hauptverwendungszwecke auszuschalten. Aus dem Stadium des langen Nichtgebrauches ist dann eine weltweite Unbrauchbarkeit für Gold entstanden.»[78] Man entschloß sich seitens der international mächtigsten Figuren der Hochfinanz (die natürlich selbst nicht in Erscheinung traten) - noch mitten im 2. Weltkrieg -, angesichts dieser immer drohenderen Gefahr wenigstens den US-Dollar weiterhin strikt an das Gold zu koppeln und alle anderen Währungen der Welt zum Dollar als der «Leitwährung» in ein festes Wechselkurs-Verhältnis zu setzen, was einer indirekten Goldbindung dieser Währungen gleichkam. Wer künftig am US-Gold manipulierte, konnte dadurch das gesamte internationale Währungsgefüge gründlich durcheinanderbringen - und davon ebenso gründlich profitieren. Genauso kam es dann auch. Doch erzählen wir alles der Reihe nach.

«In einem der luxuriösesten Hotels der USA[79] trafen sich vom 1. bis zum 23. Juli 1944 die Delegierten aus 44 Nationen: zusammen mit Ratgebern, Assistenten, Stenographen und Dolmetschern rund 700 Leute. . . . Der Kompromiß von Bretton Woods sah zwar feste Wechselkurse für die Währungen der Mitgliedsstaaten vor, eröffnete aber gleichzeitig die Möglichkeit, dieses im Bedarfsfall zu ändern - aber nur in Übereinstimmung mit dem dort ebenfalls gegründeten Internationalen Währungsfonds (IWF), und nur dann, wenn es ohne Anpassung zu großen Zahlungsbilanzschwierigkeiten käme. Als Leitwährung im neuen Gold-Devisen-System wurde wegen der wirtschaftlichen Vormachtstellung Amerikas der Dollar festgelegt, dessen Umtausch in Gold die USA wieder garantierten. Kredite beim IWF dienten als zusätzliche Liquiditätsreserven, ausschlaggebend waren aber die Gold- und Devisenguthaben.»[80] In Bretton Woods wurde auch etwas bis dahin Unerhörtes, eine später allgemein so genannte *Weltbank*, gegründet, freilich unter dem weniger bombastischen

---

[78] Zit. n. *Gegen den Strom* Nr. 11/1.11.1991, 4.
[79] In *Bretton Woods* im Bundesstaat New Hampshire.
[80] *Nikolaus Münster* in: *P.M. Perspektive* (*Themenheft* «Geld») Nr. 23, 1991, 53.

offiziellen Namen einer «Internationalen Bank für Wiederaufbau und Entwicklung». - Nur eine kurze Weile ging alles gut, offenbar deshalb, weil die Spekulanten ihre bisherige Strategie und Taktik erst einmal auf das neue System umstellen mußten. «Nach dem Abkommen von Bretton Woods galten die Wechselkurse lange Zeit als unantastbar; als sich in den sechziger Jahren Spannungen und Krisen häuften, wurden die Kurse zunächst noch fallweise angepaßt. Das änderte sich Ende der sechziger Jahre, als der Dollar immer mehr zum Hauptkrisenfaktor des internationalen Währungssystems wurde. Neben seinem Wertverlust spielte dabei eine wichtige Rolle, daß der Dollar mehr und mehr für Spekulationen diente, ohne Bezug zum Handels- und Dienstleistungsverkehr. - Der in Bretton Woods installierte Gold-Devisen-, besser Gold-Dollar-Standard fand ein Ende, als die USA 1971 die Umtauschgarantie des Dollar in Gold aufhoben. Die Totenglocken von Bretton Woods läuteten, das System der festen Wechselkurse hatte offenbar ausgedient.»[81]

Auf welche gar nicht zufällige Weise sich in den sechziger Jahren «die Krisen häuften», scheint bei *Kneissler* durch, wenn er über die Zeit nach 1944 berichtet: «Der Dollar wurde zur Leitwährung der Welt. Der gesamte Außenhandel wurde in Dollar abgewickelt, obwohl es den "Greenbacks" zunehmend schlechter ging. Die US-Zahlungsbilanz rutschte ins Defizit. Und unter dem Imageverlust des Dollars litt auch das Gold. - Richtig an den Kragen ging es ihm allerdings erst 1965, als der französische Staatspräsident Charles de Gaulle zum Angriff auf den Dollar blies. Er wollte plötzlich echtes Gold sehen und ließ die französische Nationalbank 150 Millionen Dollar aus Währungsbeständen in das Edelmetall umtauschen. Zahlreiche private Anleger folgten diesem Beispiel, und die USA sahen sich gezwungen, die Stahltore von Fort Knox zu öffnen und Tausende von Goldbarren mit Frachtmaschinen nach Paris zu fliegen.- Von dieser Attacke hat sich die Dollar-Gold-Koppelung nie wieder erholt. Eilends löste sich die Weltwirtschaft immer mehr vom Gold.»[82] Des französischen Staatspräsidenten lächerlich erscheinendes Manöver, ohne ersichtlichen Grund plötzlich Unmengen von Dollars gegen Gold zu tauschen, entsprang selbstverständlich nicht seiner privaten Laune, sondern den Gehirnen jener internationalen Großkapitalisten, die sich seiner als Marionette bedienten, um endlich ihre brachliegenden Devisen-Spekulationsgeschäfte wieder in Gang zu

---
[81] Ebd. 54.
[82] *Kneissler* a.a.O.

bringen - und gleichzeitig in neuer Weise das Gold für sich arbeiten zu lassen. Die Wechselkurse nämlich wurden wieder frei beweglich und damit individuell manipulierbar, den Goldpreis trieb man - wie sonst nur die Aktien - in wahnsinnige Höhen und ließ zuletzt die Dummen mit ihrem sagenhaft teuer erworbenen Gold die Zeche zahlen.

Näherhin spielten sich beide miteinander verflochtenen ausbeuterischen Operationen des internationalen Börsenkapitalismus so ab: «Prestigeverlust und Verfall des Dollar», eingeleitet in höherem Auftrag von der Polit-Marionette Charles de Gaulle, «führten 1973 zu regelrechten Spekulationswellen: Viele Anleger verkauften ihre Dollars, deren Wert dadurch noch mehr sank - zu verhindern war das nur mit Stützkäufen ausländischer Staatsbanken. - Anfang März 1973 mußten die europäischen Banken 3,5 Milliarden Dollar an einem Tag kaufen, um die amerikanische Währung zu stützen, davon allein die Deutsche Bundesbank 2,7 Milliarden Dollar: der höchste Betrag, den jemals eine Notenbank an einem Tag in fremder Währung aufgekauft hat. Damit der Geldumlauf nicht zu stark reduziert wurde, mußte die Bundeszentralbank sofort rund acht Milliarden Mark ausgeben, fast so viel wie sonst während eines ganzen Jahres. Die ständigen Stützkäufe für den Dollar führten zu Inflation und Destabilisierung, die Devisenbörsen schlossen für 14 Tage, internationale Krisensitzungen jagten einander. - Den Ausweg aus der Krise sahen die Finanzexperten darin, die festen Wechselkurse gegenüber dem Dollar aufzugeben. Mit den flexiblen Kursen - dem freien "Floaten" - brach 1973 das System von Bretton Woods endgültig zusammen. Um die Finanzmärkte zu beruhigen, wurde allerdings das freie Spiel der Kräfte etwas eingeschränkt: Notenbanken mußten in gewissen Grenzen auf Devisenmärkten kaufen und verkaufen, um kurzfristige Schwankungen auszugleichen. Tatsächlich entwickelte sich ein System des manipulierten oder gesteuerten Floatens.»[83] Mit ihren gewaltigen sogenannten «Stützkäufen» schöpften die europäischen Zentralbanken in Wirklichkeit nur einen Großteil des von der US-Zentralbank produzierten Inflationsgelds ab, zum enormen finanziellen Schaden der europäischen Bevölkerung, die davon nichts begriff. Nutznießer waren amerikanische Hochfinanzkreise als private Betreiber der US-Zentralbank und ihre europäischen Verbündeten . . .

---

[83] *Nikolaus Münster* a.a.O. 54f.

Den Goldpreis ließ man ungefähr gleichzeitig auf das 24fache seines ehemals in Bretton Woods festgelegten Dollarwerts steigen, um ihn anschließend in den Keller zu stürzen. Über die Entwicklung in den Jahren nach de Gaulles spektakulärer Aktion schrieb *Michael Kneissler*: «Nur noch im offiziellen Verkehr zwischen den Notenbanken wurden Goldbestände zum Preis von 35 Dollar pro Unze ausgetauscht. Auf dem freien Markt sollten sich die Preise nach Angebot und Nachfrage entwickeln. - Das taten sie auch - und wie! Innerhalb weniger Wochen stieg der Goldpreis auf über 40 Dollar je Unze. Damals war das eine Sensation. Heute lächeln die Spekulanten nur noch über solche Summen. Das Gold hat in den letzten Jahren eine dramatische Berg-und-Talfahrt hinter sich gebracht. Vor zehn Jahren stieg die Unze auf schwindelerregende 850 Dollar. Anfang 1991 dümpelte ihr Preis unterhalb der 350-Dollar-Markierung. - Nicht einmal mehr private Anleger sind noch besonders scharf auf Gold. Sein materieller Wert ist kaum noch kalkulierbar, seit die Russen aus Devisennot ihre gigantischen Reserven in den Markt pressen.»[84] Daran zu erinnern, daß «die Russen» gar nicht die «Russen» sind, würde den Rahmen dieses bewußt a-semitisch gehaltenen kleinen Streifzugs sprengen. Jedenfalls kann kein Zweifel daran bestehen, in wessen Taschen die enorme Differenz von satten 500 Dollar pro Unze Feingold damals gelandet ist: in denen der spekulationserfahrenen internationalen Großkapitalisten, denen zahllose kleine und natürlich auch manche größere Anleger auf den Leim gekrochen waren.

Die wohl größte Perversion des Geldwesens überhaupt dürfte man darin zu erblicken haben, daß ausgerechnet die international tätigen Großbanken selbst sich größtenteils nochmals in Aktiengesellschaften umgewandelt haben. Ihre ausbeuterischen Riesengewinne aus dem Zinseszins waren noch nicht ausreichend, die unersättliche Geld- und Machtgier ihrer Betreiber zu befriedigen; zusätzliche Gewinne aus der Spekulation mit Bankaktien mußten «erschlossen» werden. Natürlich erleichterte das Auftreten der Banken als Aktiengesellschaften auch die angestrebte internationale Monopolisierung des Kreditgewerbes. Sogar der Aktienhandel seinerseits ist inzwischen monopolisiert worden, und das in so erschreckendem Ausmaß, daß heute bereits eine einzige Nachrichtenagentur (die in diesem a-semitischen Abschnitt eigentlich nichts verloren hätte, jedoch leider namentlich genannt werden

---

[84] *Kneissler* a.a.O.

muß) mit einem Schlag das Börsengeschehen auf der ganzen Welt zu manipulieren vermag, worüber uns *Sieglinde Arzberger* ins Bild setzt:

«Die Nachricht bestand nur aus einem Wort. Trotzdem rotierten die Börsianer rund um den Globus: "Substantiell" nannte ein Sprecher des Weißen Hauses am 9. Januar 1991 die Genfer Gespräche der beiden Außenminister James Baker (USA) und Tarek Asis (Irak) und kündigte eine Fortsetzung der Gespräche nach der Mittagspause an. Das reichte schon. In Frankfurt schossen um 13.15 Uhr die Aktienkurse nach oben, ebenso in London, Paris und New York. Genauso synchron erlosch das Feuerchen am Tag darauf wieder, als die Ergebnislosigkeit der Gespräche feststand. Den gleichen Stimmungsumschwung machten weltweit auch die Ölpreise, Dollar und Zinsen mit. Kuwait-Besetzung, Ultimatum, Kriegsausbruch: Stets reagierten die Weltbörsen gleichzeitig auf die kleinste Bewegung, wie von einer unsichtbaren Hand gesteuert. . . . Das Reizwort - gefürchtet von den einen, von anderen euphorisch begrüßt - heißt Computerbörse. - Um weltweit synchron zu reagieren, brauchen die Börsenhändler, Bankexperten und Großanleger sich nicht mehr zu treffen, sie brauchen keine Zeitung, keine Telefonanrufe. Bildschirme allerdings zuhauf: Die Finanzwelt hängt rund um den Globus an derselben Nabelschnur. Mehr und mehr bestimmen Elektronengehirne aber auch Kommunikation, Handel, Kauf- und Verkaufentscheidungen an den Weltbörsen. . . . Die Datenindustrie blüht: Die Nachrichtenagentur Reuters eröffnete 1973 mit einem Deviseninformationssystem das Computerzeitalter an den Finanzmärkten. Lange Zeit blieb das britische Unternehmen als Anbieter von Kursinformationen und Unternehmensnachrichten konkurrenzlos. Heute ist Reuters eine weltweite Börsenmaschinerie mit rund 10 000 Mitarbeitern. Sie verteilen Informationen von etwa 160 Börsen in die ganze Welt. In rund 120 Ländern sitzen Banker, Spekulanten oder Investoren einträchtig vor der Mattscheibe. - In den 80er Jahren verfünfzehnfachte sich der Umsatz mit dem Netzwerk. Reuters ist einfach überall. "Wenn der US-Präsident heute vor das Weiße Haus tritt", beschreibt der Ex-Citibanker und Reuters-Aufsichtsrat Walter Wriston die Magie der allgegenwärtigen Information, "dann flackern in den Handelsräumen der Welt mehr als 200 000 Bildschirme." - Heute sind alle Banken, die an der Börse mitspielen, mindestens an die Quelle Reuters angeschlossen, die rund um die Uhr über Bildschirm Trends liefert. . . . Schon schmieden wichtige US-Börsen mit Hilfe von Reuters konkrete Pläne für den durchgehenden 24-Stunden-Handel. Ihr Ziel: die computerisierte "Weltbörse".»[85] Die darf natürlich in der kommenden *Einen Welt* unter der offenen Herrschaft des Götzen «Mammon» nicht fehlen.

7. *Der Kapitalismus - kleiner historischer Streifzug (2, semitisch)*

Das Zinsnehmen, diese eherne Grundlage der neuzeitlichen kapitalistischen Wirtschaftsweise, war zu allen Zeiten ebenso weit verbreitet wie das Geld selbst, also beinahe weltweit. Man wird allerdings kein Volk der Erde finden, dem ausgerechnet seine *Religion* jemals förmlich *auferlegt* hätte, Geld nur gegen Zinsen zu verleihen. Umso mehr überrascht «die Feststellung, daß das Zinsnehmen andern Völkern gegenüber den Juden nicht nur erlaubt, sondern vielmehr sogar ausdrücklich geboten war, und zwar zur Beherrschung der andern Völker. So heißt es im Alten Testamente 5. Mose 15,6: "So wirst du vielen Völkern leihen, und du wirst von niemand borgen. Du wirst über viele Völker herrschen, und über dich wird niemand herrschen", ferner besagt 5. Mose 23,20: "Von einem Fremden magst du wuchern, aber nicht an deinem Bruder; auf daß dich der Herr, dein Gott, segne in allem, das du vornimmst im Lande, dahin du kommest, dasselbe einzunehmen". Die zürnenden Worte der Propheten Jeremias (15,8) und Hesekiel (18,8) beweisen nur, daß bereits in Palästina von den Juden stark gewuchert worden sein muß[86]. . . .
So erkannte denn schon der Verfasser des Sachsenspiegels ganz richtig die Wesenseigentümlichkeiten des jüdischen Rechts, als er sagte: "Von Gottes Recht soll kein Jude Wucher nehmen, doch ist ihre Ordnung anders geschicket", und der Laienspiegel erklärt diese uns heute sonderbar anmutende Eigentümlichkeit verschiedener rechtlicher und moralischer Bewertung von Juden und

---

[85] *Sieglinde Arzberger* in: *P.M. Perspektive* (*Themenheft* «Geld») Nr. 23, 1991, 84-88.
[86] Für uns Christen, denen der Glaube gebietet, das AT als genauso vom Hl. Geist inspiriert aufzunehmen wie das NT, bieten sich zwei theologisch mögliche Wege an, diese atl Erlaubnis und sogar Ermunterung zum Zinsnehmen mit der evidenten Wahrheit von der objektiven Ungerechtigkeit des Zinsnehmens in Einklang zu bringen: Entweder interpretiert man 1) das Zinsnehmen Israels bei den Heiden als gerechte Strafe Gottes über die Heidenvölker (die ja von Israel auf Gottes Befehl manchmal sogar *ausgerottet* werden mußten!), oder man wendet 2) Christi Wort (Mt 19,8) «Moses hat es euch wegen eurer Herzenshärte erlaubt . . ., doch am Anfang war es nicht so» auch auf diesen Fall an.

Deutschen: "Die Kirche will sie in dieser Sünde belassen." Auch Luther, ein tiefer Kenner des jüdischen Schrifttums, erklärt damit übereinstimmend: "Denn sie sind so blind, daß sie nicht allein den Wucher - daß ich der andern Laster schweige - treiben, sondern lehren denselben als ein Recht, das ihnen Gott geboten habe durch Mose."»[87]

Nein, nein, in diesem Abschnitt soll es wirklich nicht «*anti*semitisch», sondern nur *semitisch* zugehen, und darum sei diesem Urteil eines Nichtjuden unverzüglich das völlig gleichlautende, ja womöglich noch härtere Urteil eines kompetenten und angesehenen Juden angefügt, des berühmten Journalisten und Schriftstellers *Bernard Lazare*, der in seinem 1894 erstmals erschienenen Werk «Der Antisemitismus» gleich einleitend der «Liebe der Juden zum Gold» bescheinigte, sie habe sich «bis zu dem Punkt verstiegen, an dem sie für diese Rasse fast der einzige Motor ihrer Handlungen wurde», und Israel zum «verhaßten Wucherer der ganzen Welt» gemacht[88]. Diesen in ihrer Kürze sicherlich pauschalen Formulierungen läßt Lazare, ein engagierter Verteidiger des jüdischen Offiziers *Dreyfus* in der berühmt-berüchtigten gleichnamigen Affäre, später an passender Stelle seines Buchs eine eingehendere und subtilere Analyse folgen, die hier auszugsweise wiedergegeben sei:

«Vom . . . Reichtum der Juden bis zum 14. Jahrhundert, vor allem in Frankreich und Spanien, haben wir übrigens die Zeugnisse der Geschichtsschreiber und diejenigen der Juden selbst, von denen einige ihren Glaubensgenossen vorwarfen, sich mehr um die Güter dieser Welt zu sorgen als um den Kult Jehovahs. "Anstatt den Zahlenwert des Gottesnamens zu berechnen", sagte Abulafia der Kabbalist, "ziehen es die Juden vor, ihre Reichtümer zu zählen." - Je weiter man in der Zeit fortschreitet, umso mehr sieht man in der Tat bei den Juden diese Vorliebe für den Reichtum wachsen und ihre ganze praktische Tätigkeit sich auf einen speziellen Handel konzentrieren: ich meine den Goldhandel. - Es ist notwendig, hier ein wenig stehenzubleiben. Man hat oft gesagt und wiederholt es immer noch, es seien die christlichen Gesellschaften gewesen, die die Juden zu dieser Tätigkeit des Geldverleihens und Wucherns gezwungen hätten, der sie sehr lange nachgegangen sind: das ist die These der Philosemiten. Auf der anderen Seite versichern die Antisemiten,

---

[87] *Nicolai* a.a.O. 15f.
[88] *Bernard Lazare*, L'Antisémitisme. Son Histoire et ses Causes, (1894), Reprint Liguge/Vienne 1969 (abgek. *Lazare*), 20.

die Juden besäßen natürliche und unvordenkliche Anlagen zum Handel und zum Geldgeschäft und hätten niemals etwas anderes getan als ihrer gewöhnlichen Neigung zu folgen, ohne daß ihnen jemals etwas aufgezwungen worden wäre. Es gibt in diesen beiden Behauptungen einen Teil Wahrheit und einen Teil Irrtum, oder vielmehr, man muß sie kommentieren und sie vor allem richtig verstehen.»[89]

Den jeweiligen Teil an Wahrheit *beider* Thesen kombiniert Lazare nach entsprechenden Erörterungen schließlich zu folgendem Resümee: «Als energisches, lebhaftes, unendlich stolzes Volk, das sich als über den anderen Nationen stehend betrachtete, wollte das jüdische Volk eine Macht sein. Es hatte instinktiv Geschmack am Herrschen, weil es sich durch seinen Ursprung, seine Religion, die Qualität als auserwählte Rasse, die es sich zu allen Zeiten zugeschrieben hatte, über alle gestellt glaubte. Um diese Art von Autorität auszuüben, hatten die Juden keine Wahl der Mittel. Das Gold verlieh ihnen eine Macht, die alle politischen und religiösen Gesetze ihnen verweigerten, und es war das einzige, worauf sie ihre Hoffnung setzen konnten. Als Besitzer des Goldes wurden sie die Herren ihrer Herren, beherrschten sie sie, und das war auch die einzige Möglichkeit, ihre Energie, ihre Tätigkeit zu entfalten.»[90] Diese nüchterne Bestandsaufnahme eines erklärten und anerkannten *Semiten* in einer kritischen Untersuchung des «Antisemitismus» sollte also über jede philosemitische Empörung erhaben sein, zumal sie durch unzählige unstrittige Fakten belegt werden kann.

Die fraglos wichtigste Figur am Beginn der Entwicklung des neuzeitlichen Kapitalismus ist - der Genfer Reformator *Jean Calvin*! Die Lawine, die der kompromißlose Gegner jeden Wuchers *Martin Luther* durch seine «Reformation» unwissentlich und unwillentlich losgetreten hatte, wurde natürlich sofort von jenen ausgenützt, die ihn insgeheim inspiriert, jedoch kaum in ihre wahren Ziele eingeweiht hatten. Gänzlich unverdächtiger Zeuge dafür ist wiederum *Bernard Lazare*, der, nicht ohne einen leisen Anflug von Triumph, vermerkt:

«. . . die neuen Zeiten nahten heran; der Sturm, den jedermann heraufziehen sah, brach gegen die Kirche los. In Wittenberg veröffentlichte Luther seine fünfundneunzig Thesen, und der Katholizismus hatte nicht nur die Stellung seiner Priester zu ver-

---

[89] Ebd. 59f.
[90] Ebd. 64.

teidigen; er mußte auch um seine wesentlichen Dogmen kämpfen. Für einen Moment vergaßen die Theologen die Juden, sie vergaßen sogar, daß die sich fortpflanzende Bewegung ihre Wurzeln in hebräischen Quellen hatte. Dennoch war die Reformation in Deutschland, wie in England, einer dieser Augenblicke, in denen sich das Christentum seiner jüdischen Quellen besann. Es ist der jüdische Geist, der mit dem Protestantismus triumphierte[91]. Die Reformation war unter gewissen Rücksichten eine Rückkehr zum alten Ebionismus des evangelischen Zeitalters. Ein großer Teil der protestantischen Sekten war halbjüdisch, später wurden von Protestanten antitrinitarische Lehren gepredigt, unter anderem von Michel Servet und von den beiden Socino von Siena. In Transsylvanien hatte der Antitrinitarismus sogar seit dem 16. Jahrhundert geblüht und Seidelius war für die Überlegenheit des Judentums und der Zehn Gebote eingetreten. Die Evangelien wurden zugunsten der Bibel und der Apokalypse aufgegeben. Man kennt den Einfluß, den diese beiden Bücher auf die Lutheraner, die Kalvinisten und vor allem auf die englischen Reformatoren und Revolutionäre ausübten. Dieser Einfluß verlängerte sich sogar bis ins 18. Jahrhundert; er schuf die Quäker, die Methodisten, die Pietisten und besonders die Millenaristen, die Männer der Fünften Monarchie, die mit Venner in London von der Republik träumten und sich mit den Gleichmachern von John Lilburn verbündeten. - In seinen Anfängen in Deutschland suchte der Protestantismus auch die Juden zu gewinnen, und unter diesem Gesichtspunkt ist die Analogie zwischen Luther und Mohammed einzigartig. Alle beide bezogen ihre Lehre aus hebräischen Quellen, alle beide wünschten, die neuen Dogmen, die sie aufstellten, von den Trümmern Israels absegnen zu lassen.»[92]

Später kommt Lazare nochmals auf diesen wichtigen Punkt zurück: «Die Bibel war die Seele der Reformation, sie war die Seele der religiösen und politischen Revolution in England; mit der Bibel in der Hand bereiteten Luther und die englischen Aufstände der Freiheit den Weg, durch die Bibel besiegten Luther, Melanchton und noch andere das Joch der römischen Theokratie und die dogmatische Tyrannei; sie besiegten sie auch durch die

---

[91] Dieselbe Sicht vertrat übrigens der hochangesehene jüdische Historiker *Heinrich Graetz* (1817-1891), der ab 1869 als Professor in Breslau wirkte. Im dritten und letzten Band seiner «Volkstümlichen Geschichte der Juden» (6. Aufl. Wien - Berlin o.J.; abgek. *Graetz*) erklärte er (S. 27): «So oft sich eine Partei innerhalb der Christenheit feindselig gegen die bestehende Kirche kehrte, nahm sie eine alttestamentliche, so zu sagen jüdische Färbung an.»
[92] Ebd. 77.

jüdische Exegese[93], die Nikolaus von Lyra in die christliche Welt übertragen hatte. *Si Lyra non Lyrasset, Lutherus non saltasset*, sagte man, und Lyra war der Schüler der Juden; er war derart von ihrer exegetischen Wissenschaft durchdrungen, daß man ihn selbst für einen Juden hielt. Dadurch waren die Juden noch nicht die Ursache der Reformation, und es wäre absurd, das zu behaupten, aber sie waren ihre Hilfstruppen.»[94]

An diesem Punkt wird Lazare etwas kryptisch und wagt begreiflicherweise nicht, die volle Wahrheit einzugestehen. Jene Leute, die Luther so nachhaltig *inspirierten*, können doch unmöglich nur als seine «Hilfstruppen» gelten, sondern müssen in einem nur allzu wahren Sinn als die eigentlichen und ursprünglichen *Auslöser* der Reformation gelten (was nicht heißen muß, daß sie deren *einzige* Ursache gewesen wären!). Vor allem bliebe zu klären, welcher «Großteil der protestantischen Sekten» konkret «halbjüdisch» war. Offenbar spielt Lazare damit vor allem auf den Kalvinismus und dessen Ableger an. Tatsächlich besteht kaum ein Zweifel daran, daß der Name *Kalvin* (latinisiert *Calvinus*) nichts anderes darstellt, als das etwas verballhornte Ergebnis des Versuchs, den hebräischen Allerweltsnamen *Cohen* gemäß den Regeln der französischen Aussprache zu schreiben: Aus *Cohen* wurde über *Coën* bzw. *Cauin* schließlich *Calvin* resp. *Kalvin*[95].

Während Luthers Aufgabe nur darin bestanden hatte, den reformatorischen Dammbruch herbeizuführen, übernahm es der geheime Hebräer Kalvin, die das katholische Europa überschwemmenden Fluten wieder zu kanalisieren. Luthers Kampf gegen den

---

[93] Wiederum pflichtet *Graetz* (a.a.O. 188) dieser These bei: «Manche heißblütige Juden sahen in der Auflehnung der Lutheraner gegen das Papsttum den Untergang der Jesuslehre überhaupt und den Triumph des Judentums. Drei gelehrte Juden kamen zu Luther, um ihn für das Judentum zu gewinnen. Schwärmerische Gemüter unter den Juden knüpften gar an diesen unerwarteten Umschwung und namentlich an die Erschütterungen, welche das Papsttum und der abgöttische Reliquien- und Bilderdienst erfahren, die kühnsten Hoffnungen von dem baldigen Untergange Roms und dem Herannahen der messianischen Zeit der Erlösung. – Mehr als der jüdische Stamm gewann die jüdische Lehre durch die Reformation. Bis dahin wenig beachtet, kam sie in der ersten Zeit der Reformation gewissermaßen in Mode.»
[94] Ebd. 165.
[95] «Wir können uns rühmen, die Urheber der Reformation zu sein; Calvin war einer unserer Söhne; er war jüdischer Abstammung und wurde durch die jüdische Autorität ermächtigt und durch jüdische Geldmittel ermutigt, seine Rolle in der Reformation zu spielen.» So steht es in einem geheimen B'nai B'rith-Dokument aus den dreißiger Jahren des 20. Jahrhunderts geschrieben, das die britische «Catholic Gazette» 1936 verdienstvoller Weise ans Licht der Öffentlichkeit zog (zit. n. *Marquis de la Franquerie*, Lucifer et le pouvoir occulte, Paris 1984, 20f)!

Wucher blieb folgenlos; er besaß binnen kurzem fast keinen Einfluß mehr auf jene, die ihm anfangs enthusiastisch gefolgt waren. «Das Eingreifen Johann Kalvins war kraftvoller, erfolgte in anderer Richtung und hatte eine größere Tragweite. Kalvins Thesen standen im Widerspruch zu denen des Katholizismus als auch zu denen Luthers. Sie führten zu einer Reform in dem Sinne, den das Mittelalter diesem Wort gab, das heißt zu einer institutionellen und juristischen Umwandlung. . . . Man hat viel über den Einfluß der kalvinistischen Reformation (oder Reform) auf die Entfaltung des kommerziellen Kapitalismus diskutiert. Max Weber[96] und Ernst Troeltsch haben die direkten Beziehungen zwischen der Ausbreitung der Ideen Kalvins in Europa und der wirtschaftlichen Entwicklung aufgezeigt. Etwas vorsichtiger ist R. H. Tawney, der zu der Schlußfolgerung gelangte, daß der Kalvinismus, wenn er auch nicht nachweislich allein den Kapitalismus ins Leben rief, ihm doch zumindest einen ungeheuren Auftrieb gab. Diese Ansicht Tawneys erscheint uns wohlberechtigt. Die Technik und die Erscheinungsformen des Kapitalismus hatten sich ja schon lange vor Kalvin herausgebildet, denn sonst hätten sie nicht den Zorn und die Mißbilligung Luthers ausgelöst, der in diesem Punkt Erbe des religiösen Denkens des Hochmittelalters war. Kalvin aber flößte dem Kapitalismus einen neuen Geist ein, der den römischen Lehren nicht nur fremd, sondern feindselig war.»[97]

Was an Kalvins in vielen seiner Schriften dargelegten Auffassung der (von Luther strikt festgehaltenen) katholischen Lehre über die prinzipielle Unsittlichkeit des Zinses so «feindselig» gegenüberstand, war laut *Dauphin-Meunier* näherhin folgendes: «Kalvin . . . sieht in der Liebe zur Arbeit so etwas wie eine religiöse Berufung. Infolgedessen rechtfertigt er im Unterschied zu den katholischen Theologen das Gewinnstreben um des Gewinnes selbst willen. Die Bereicherung ist rechtmäßig, mag sie nun aus Kapitalplacierungen oder in Geld aus erhaltenen Darlehenszinsen herrühren. Die Entlohnung für den Gebrauch des Geldes ist nicht an sich ungerecht. Nach Kalvin ist die kanonische These [von der Unsittlichkeit des Zinsnehmens] . . . absurd.»[98] Hinzu tritt ein

---

[96] Auch er als Israelit sicherlich unverdächtig!
[97] *Dauphin-Meunier* a.a.O. 47f; gemäß ebd. 48 Anm. 1 bezieht sich der Autor auf folgende Werke: Max Weber, Die protestantische Ethik und der Geist des Kapitalismus, in: Gesammelte Aufsätze zur Religionssoziologie, Tübingen 1920; Ernst Troeltsch, Die sozialen Lehren der Kirchen und Gruppen, Tübingen 1912; R.H. Tawney, Religion and the rise of capitalism, London 1926.
[98] *Dauphin-Meunier* ebd. 49.

weiterer wichtiger Aspekt: «Während die katholische Kirche in der Anhäufung von Kapital ein Mittel zur Förderung des Gemeinwohls sah, stellt Kalvin den Erwerb von Reichtümern als einen Gott wohlgefälligen Selbstzweck dar. Der Großkapitalist findet in seinem Reichwerden einen Beweis seiner Prädestination zum ewigen Heil. Der Arme ist ein Sünder, dem die Gnade mangelt. Kalvins Lehre ist also eine Überbetonung des Individualismus. Unter seinem Einfluß wird der Geist des Kapitalismus zu einem mit Pharisäismus gefärbten Geist der Gewinnsucht und der Ungerechtigkeit. Der Mensch des Kapitalismus ist von nun an der Puritaner.»[99] Obwohl Dauphin-Meunier von Kalvins jüdischer Volkszugehörigkeit nichts zu wissen scheint, drängt sich ihm doch - wie übrigens auch zahlreichen anderen Autoren - die nicht bloß *Parallelität*, sondern praktisch *Identität* dieser kalvinistischen mit der jüdischen Wirtschaftsethik derart auf, daß er zusammenfassend konstatiert[100]: «Wie die Juden, so trugen auch die Puritaner überall, wo ihr Einfluß spürbar wurde, zur Ausbreitung einer Geisteshaltung bei, die sich grundlegend von der katholischen Mentalität unterschied.» Der Hebräer *Karl Marx* bestätigte das später auf seine Weise, wenn er «den Protestantismus als die bourgeoise Religion schlechthin» bezeichnete. «Diese Definition wurde von seinem Schwiegersohn Lafargue noch präzisiert: der Protestantismus ist der wahre religiöse Ausdruck der kapitalistischen Form der Produktion und des Austauschs.»[101] Übrigens beließ es Kalvin selbst nicht etwa bei bloßem Theoretisieren, sondern ging, worüber uns *Karl von Vogelsang* unterrichtet, auch praktisch sogleich mit schlechtem Beispiel voran «und errichtete in Genf die erste christliche Wucherbank. (!) Ein protestantischer Staat nach dem andern hob das gesetzliche Verbot des Zinsnehmens auf, und 1654 führte ein Reichsgesetz einen allgemeinen Zinsfuß von 5 Prozent ein. Auch in England hob Heinrich VIII. das Wucherverbot auf.»[102]

Ein historisch besonders interessantes Phänomen ist zweifellos die Beharrlichkeit der jüdischen Subversion des christlichen Glaubens. Mit dem Ergebnis der Reformation - einer großen abendländischen Glaubensspaltung - noch nicht zufrieden, wurde von seiten Zions eine hartnäckig protestantisierende (und das

---

[99] Ebd. 51f.
[100] Ebd. 52.
[101] Ebd. 55.
[102] *Karl von Vogelsang* (dokumentiert von *Ernst van Loen*) in: *Kleinhappl, Kapitalismus* a.a.O. 55f.

274

heißt nach *Lazare/Graetz*: judaisierende) und organisatorisch schlecht faßbare Strömung in die gerade erst gegenreformatorisch gefestigte katholische Kirche eingeschleust: der sogenannte *Jansenismus*. Dauphin-Meunier, der wiederum von der jüdischen Inspiration des Jansenismus nichts zu ahnen scheint, konstatiert gleichwohl dessen *kalvinistischen* Charakter, wenn er schreibt: «In . . . Ländern wie Italien, wo der Protestantismus keine Rolle spielt, scheint der Jansenismus - als Einfuhrartikel aus dem Ausland und kalvinistisches Eindringen in den Schoß des Katholizismus - den liberalen Kapitalismus eingeführt und gefördert zu haben»[103], für welche These auf eine einschlägige italienische Untersuchung verwiesen wird!

Der nächste Meilenstein am langen Weg Zions zu seiner weltweiten monopolkapitalistischen Vormachtstellung und damit zur alttestamentlich verheißenen, indes materialistisch mißverstandenen «Beherrschung der Völker» war die sogenannte «französische» Revolution von 1789, in Wirklichkeit geplant, ausgelöst, durchgeführt und für ihre Zwecke ausgenützt von der Freimaurerei und ihren israelitischen Stiftern bzw. Lenkern. Was die Logen selbst angeht, so stehen sie inzwischen weithin zu ihrer Schlüsselrolle, die sie vor, während und nach 1789 in Frankreich spielten; sie stehen dazu in dem Maß, in dem die «französische» Revolution unter dem unablässigen Trommelfeuer der gelenkten Medien ungeachtet ihrer furchtbaren Greuel allmählich «gesellschaftsfähig» wird. So konnte man 1989, genau zweihundert Jahre nach dem «Ereignis», innerhalb eines ganzseitigen Loblieds einer Münsteraner Zeitung auf die örtliche Loge im besonderen und die edle Maurerzunft im allgemeinen, auch dies lesen: «Die Französische Revolution von 1789 war vom freimaurerischen Gedankengut geprägt, nicht wenige ihrer Führer, darunter Danton, gehörten dem Bruderbund an.»[104]

Wie aber steht es mit der jüdischen Beteiligung? Vor der Revolution in Frankreich, meint Dauphin-Meunier, spielten innerhalb der bis dahin etablierten kapitalistischen Bourgeoisie «nur in Holland . . . die Juden eine gewisse Rolle. Dagegen ist die Bourgeoisie nicht nur in Engand und in den Niederlanden als protestantischen Ländern, sondern auch in Frankreich bis zum Widerruf des Edikts von Nantes in ihrer Mehrheit kalvinistisch.»[105] Die *krypto*jüdische Natur des bourgeoisen Kapitalismus *vor* 1789

---
[103] *Dauphin-Meunier* a.a.O. 98f.
[104] *Stadtblatt - Münster-Magazin*, April 1989, 18.
[105] *Dauphin-Meunier* a.a.O. 68.

steht also auch ihm zufolge außer Zweifel. Im übrigen will er den *direkten* jüdischen Einfluß für diese Zeit zwischen Reformation und Aufklärung keineswegs völlig übersehen, wohl aber differenzieren: «Steht die Mitwirkung des Judentums am Aufschwung des kapitalistischen Systems auch sicher fest, so ist sie jedoch erst zu einem viel späteren Zeitpunkt wirksam geworden. Erst nach ihrer bürgerlichen Gleichstellung am Ende des 18. Jahrhunderts spielen die Juden entweder als "Hofjuden" oder als "Lanzierer von Anleihen" eine vorherrschende Rolle im Wirtschaftsleben. Erst dann führen sie eine fortschreitende Unterordnung der Industrie unter die Banken herbei.»[106] Auf diese letztgenannte, hochwichtige Tatsache wird später noch näher einzugehen sein. *Dauphin-Meunier* will natürlich kein «Antisemit» sein, und deshalb formuliert er ohne jeden direkten semitischen Bezug: «Die Bourgeoisie . . . spielt [bald] auch eine politische Rolle: in Frankreich schürt sie die Fronde, führt die Revolte der Finanzkontore gegen die Intendanten. In England nimmt sie den Kampf gegen die Monarchie der [katholischen!!] Stuart auf. Am Ende des 18. Jahrhunderts macht sie die Französische Revolution, *deren alleiniger Nutznießer sie wird.*»[107]

Der kleine, von mir kursiv hervorgehobene Nebensatz hat es in sich. Alleinige Nutznießer der von ihnen kontrollierten Revolution waren die Juden tatsächlich auf doppelte Weise; nicht bloß hinsichtlich der endlich erreichten *bürgerlichen Gleichstellung* mit den Christen[108], sondern auch durch eine *noch 1789* ergriffene Maßnahme, die ihnen nicht weniger am Herzen liegen mußte: bereits am 12. Oktober 1789 hob die revolutionäre Nationalversammlung per Gesetz das bis dahin in Frankreich gültige *Zinsverbot* auf[109]!

---

[106] Ebd. 32.
[107] Ebd. 67; Hervorhebung hinzugefügt.
[108] Vgl. *Amsee* a.a.O. 43: «Einen Wandel in der Geschichte des Judentums brachte erst die französische Revolution. Hier wurde unter dem Schlagwort der Freiheit, Gleichheit und Brüderlichkeit alles, was Menschenantlitz trug, als gleichberechtigt nebeneinander gestellt. Alle Vorrechte, aber auch alle Minderrechte sollten fallen und die bloße Tüchtigkeit des einzelnen seine Stellung in der Gesellschaft bestimmen. - Für den Juden bedeutete dies die Emanzipation aus dem Ghetto. Er, der jahrhundertelang ein Bürger zweiter Klasse gewesen, sollte nun mit einem Schlage gleichberechtigt neben den Christen stehen.»
[109] *Dauphin-Meunier* a.a.O. 79 Anm. Vgl. dazu *Karl von Vogelsang* (bei *Kleinhappl, Kapitalismus* a.a.O. 56): «Als in Frankreich, das so lange treu am Zinsverbot festgehalten und dessen Sorbonne den Versuch Colberts zur Umgehung desselben gehindert hatte, die Assemblée constituante 1789 das gesetzliche Zinsverbot aufhob, war der letzte weltliche Damm gegen den Wucher gefallen.»

Aber ist es denn nicht *anti*semitisch, die Revolution und diese ihre Folgen einfachhin «den Juden» in die Schuhe zu schieben? Allem Anschein nach nicht, so wahr *Elijahu Ben-Zion Sadinsky* ein anerkannter Zionistenführer gewesen ist und desungeachtet zu Protokoll gab: «Auf allen Altären der Freiheit und des Fortschrittes haben wir unsere Opfer dargebracht. Wir lieferten der bürgerlichen Gesellschaft gute geistige Waffen in ihrem Kampfe gegen den Feudalismus und trugen mit unserer spezifisch jüdischen Intelligenz, Rührigkeit und Zähigkeit zur Entwicklung der bürgerlich-kapitalistischen Gesellschaft in hohem Maße bei. Auf allen Barrikaden der bürgerlichen Revolution floß das jüdische Blut.»[110] Seltsamerweise gibt es in jüngerer Zeit Israeliten, die sich in öffentlich angekündigten Vorträgen ganz ähnlich wie seinerzeit Sadinsky äußern, denen aber hinterher das Herz in die Hose rutscht, so geschehen dem umtriebigen jüdischen Propagandisten *Pinchas Lapide*, worüber uns *Norbert Homuth* ins Bild setzt: «Der antichristliche jüdische Schriftsteller Pinchas Lapide hielt am 7.9.89 in Karlsruhe einen Vortrag über das Thema "Die 10 Revolutionen des Judentums". Ein brisantes Thema. Sicher dazu gehört die Französische und die Russische Revolution. Auf meine Bitte an Lapide um ein kostenpflichtiges Skriptum des Vortrags und meine Frage, welche Revolutionen das im Einzelnen gewesen seien, habe ich nie eine Antwort erhalten.»[111]

Das ist nicht weiter tragisch, denn wir werden für diesen diskreten Lapideschen Rückzieher durch *Bernard Lazares* öffentlichen Bekennermut reichlich entschädigt. Über die Vorgeschichte der «französischen» Revolution und die jüdische Beteiligung daran liefert er nämlich hochinteressante Details, die man anderswo vergeblich suchen wird:

«Es ist . . . sicher, daß es Juden sogar an der Wiege der Freimaurerei gab, kabbalistische Juden, wie gewisse erhalten gebliebene Riten beweisen; sehr wahrscheinlich traten sie während der Jahre, die der Französischen Revolution vorausgingen, in noch größerer Zahl in die Räte dieser Gesellschaft ein und gründeten selbst geheime Gesellschaften. Es gab Juden um Weishaupt, und Martinez de Pasqualis, ein Jude portugiesischen Ursprungs, organisierte zahlreiche illuministische Gruppen in Frankreich und rekrutierte viele Anhänger, die er in die Lehre von der Wiederherstellung einweihte. Die martinezistischen Logen waren my-

---
[110] *Sadinsky* a.a.O. VII.
[111] *Homuth 1990* a.a.O. 51.

stisch, während die anderen Orden der Freimaurerei eher rationalistisch waren; das kann es rechtfertigen, zu sagen, daß die Geheimgesellschaften die beiden Seiten des jüdischen Geistes darstellten: den praktischen Rationalismus und den Pantheismus, diesen Pantheismus, der als metaphysischer Widerschein des Glaubens an den einen Gott bisweilen bei der kabbalistischen Theurgie endet. Man könnte mit Leichtigkeit die Übereinstimmung dieser beiden Tendenzen aufzeigen, die Allianz von Cazotte, Cagliostro, Martinez, Saint-Martin, des Grafen von Saint-Martin, von Eckartshausen mit den Enzyklopädisten und den Jakobinern, und die Art und Weise, in der sie ungeachtet ihres Gegensatzes zum selben Ergebnis kamen, nämlich zur Schwächung des Christentums. Das würde nochmals allein dazu dienen, zu beweisen, daß die Juden die tüchtigen Agenten der Geheimgesellschaften sein konnten, weil die Lehren dieser Geheimgesellschaften mit ihren eigenen Lehren übereinstimmten, nicht aber, daß sie deren Gründer waren. Der Fall von Martinez de Pasqualis ist ganz und gar ein Sonderfall und man darf keinesfalls vergessen, daß Martinez, bereits bevor er seine Logen aufbaute, in die Geheimnisse des Illuminismus des Rosenkreuzes eingeweiht war. - Während der Revolutionszeit blieben die Juden nicht untätig. Angesichts ihrer kleinen Zahl in Paris sieht man sie einen beachtlichen Raum als Wahlmänner der Sektionen, Legions-Offiziere oder Gerichtsbeisitzer etc. einnehmen. Es sind ihrer nicht weniger als achtzehn in Paris und man müßte die Provinzarchive durcharbeiten, um ihre allgemeine Rolle festzustellen. Unter diesen achtzehn verdienen manche sogar Aufmerksamkeit, so der Chirurg Joseph Ravel, Mitglied des Generalrats der Kommune, der nach dem Neunten Thermidor hingerichtet wurde, Isaac Calmer, Präsident des Überwachungskomitees von Clichy, hingerichtet am 29. Messidor im Jahr II, schließlich Jacob Pereyra, ehemaliger Kommissar der Exekutivgewalt in Belgien bei Dumouriez, der als Mitglied der Partei der Hébertisten zur gleichen Zeit wie Hébert vor Gericht gestellt und verurteilt und am 4. Germinal des Jahres II hingerichtet wurde.»[112] Vergessen in dieser Aufstellung wurde nur der gleichfalls später guillotinierte Revolutionsführer *Maximilien Robespierre*, «der von Juden aus Deutschland abstammte, von Rubinsteins, die Jahrhunderte zuvor diesem Namen ein französisches Gesicht gaben und sich "Robespierre" nannten»[113].

---

[112] *Lazare* a.a.O. 167f.
[113] *Boyer* a.a.O. 98.

Daran, daß nur gezielte jüdische Agitation vor und während der Revolution die gesetzliche Judenemanzipation herbeiführte, besteht für Lazare kein Zweifel: «Was die politischen Vorwürfe angeht: daß sie einen Staat im Staat bildeten, daß ihre Anwesenheit als Staatsbürger in einer christlichen Gesellschaft nicht tragbar und ihr sogar schädlich sei, sie blieben gültig bis zum Tag, an dem die Französische Revolution der Konzeption des christlichen Staats einen direkten Schlag versetzte. Deshalb hatten Dohm, Mirabeau, Clermont-Tonnerre und der Abbé Grégoire Recht gegen Rebel, Maury und den Fürsten de Broglie, *und die Verfassungsgebende Versammlung gehorchte dem Geist, der sie seit ihren Anfängen führte, als sie am 27. September 1791 erklärte, die Juden genössen in Frankreich die aktiven Bürgerrechte.* Die Juden traten in die Gesellschaft ein.»[114] Lazare belegt das im weiteren Verlauf mit einigen historischen Einzelheiten: «Am 27. September 1791, nach voraufgegangenen Diskussionen, in deren Folge man jede Entscheidung über die Emanzipation der Juden vertagt hatte, stimmte die Verfassungsgebende Versammlung auf Vorschlag von Duport und dank des Eingreifens von Regnault de Saint-Jean-d'Angély für die Zulassung der Juden zum Rang aktiver Bürger. Dieses Dekret war seit langem vorbereitet, vorbereitet durch die Arbeit einer von Ludwig XVI. einberufenen Kommission unter dem Vorsitz von Malesherbes, vorbereitet durch die Schriften Lessings und Dohms, durch diejenigen von Mirabeau und Grégoire. Es war die zu Ende gedachte Logik der seit einigen Jahren von den Juden und den Philosophen unternommenen Anstrengungen; Mendelsohn in Deutschland war ihr Förderer und tätigster Verteidiger gewesen, und in Berlin, in den Salons von Henriette de Lemos, empfing Mirabeau bei Dohm seine Inspirationen.»[115]

Auch was wir *Dauphin-Meunier* oben über die Ausnahmestellung der holländischen Juden sagen hörten, erfährt durch *Lazare* seine Bestätigung[116]: «In Holland verlieh die Nationalversammlung den Juden seit 1796, dem Zeitpunkt der Gründung der Republik Batavia, die Bürgerrechte, und ihre Lage, später von Louis Bonaparte reglementiert, wurde endgültig von Wilhelm I. im Jahr 1815 entschieden. Es ist wahr, daß die holländischen Juden seit dem 16. Jahrhundert bedeutende Vorrechte und ziemlich

---

[114] *Lazare* a.a.O. 84; Hervorhebung hinzugefügt.
[115] Ebd. 101.
[116] Ebd. 104f.

große Freiheit genossen: die Revolution war nur die ausschlaggebende Ursache ihrer völligen Befreiung.»

Was aber nun die außerordentlich symbolträchtige revolutionäre Sofortmaßnahme einer Aufhebung des Zinsverbots angeht, so wird man allein im Hinblick darauf *Lazare* rechtgeben müssen, wenn er lakonisch statuiert: «Die französische Revolution war in erster Linie eine wirtschaftliche Revolution», zumal er diese These auch profund zu untermauern weiß: «Wenn man sie als das Ende eines Kampfes der Klassen betrachten kann, so muß man in ihr gleichzeitig den Beginn eines Kampfes zwischen zwei Formen des Kapitals sehen: des unbeweglichen und des beweglichen Kapitals, des Grund- und Bodenkapitals und des Industrie- und Börsenkapitals. Mit der Vorherrschaft des Adels verschwand auch die Vorherrschaft des Bodenkapitals und die Vorherrschaft des Bürgertums brachte die Vorherrschaft des Industrie- und Börsenkapitals mit sich. Die Emanzipation des Juden ist mit der Geschichte der Vormachtstellung dieses Kapitals verknüpft. Solange das Bodenkapital die politische Macht innehatte, war der Jude aller Rechte beraubt; an dem Tag, an dem die politische Macht in die Hände des Industriekapitals überging, wurde der Jude frei, und das war unausbleiblich. In dem Kampf, auf den es sich eingelassen hatte, benötigte das Bürgertum Hilfstruppen; der Jude war ihm eine wertvolle Hilfe, an deren Befreiung es Interesse hatte. Seit der Revolution marschierten der Jude und der Bürger gemeinsam, gemeinsam unterstützten sie Napoleon, als die Diktatur notwendig wurde, um die durch den Dritten Stand erreichten Privilegien zu verteidigen, und als die kaiserliche Tyrannei zu belastend und zu drückend für den Kapitalismus wurde, waren es der Bürger und der Jude, die vereint den Sturz des Kaisertums durch das Hamstern von Lebensmitteln im Augenblick des Rußlandfeldzugs vorbereiteten und das endgültige Desaster herbeiführen halfen, indem sie die Baisse der Staatsanleihen auslösten und das Überlaufen der Marschälle erkauften[117].

---

[117] Ähnlich schätzt die wahren Ursachen für das rasche Sinken des Sterns von Napoleon Bonaparte auch der amerikanische Historiker *David L. Hoggan*, Das blinde Jahrhundert. Zweiter Teil: Europa - die verlorene Weltmitte, Tübingen 1984 (abgek. *Hoggan*), 229f ein, wenn er anmerkt: «Auch in Frankreich sollten die Juden ihre Rechte, die ihnen die Revolution von 1789 verschafft hatte, wieder verlieren, wie Napoleon 1807 dem Großen Judenrat von Paris androhte, wenn sie sich weiter als Kriegsgewinnler betätigten, statt endlich ernsthafte Anstrengungen zu machen, loyale Staatsbürger Frankreichs zu werden. Das Ergebnis dieser Drohung Napoleons war, daß viele wichtige Juden in Frankreich englische Agenten wurden und zusammen mit den Rothschilds für Napoleons Vernichtung wirkten. Sie konnten ihm seine berühmte öffentliche

«Nach 1815, am Beginn der großen industriellen Entwicklung, als die Kanal-, Minen-, Versicherungsgesellschaften entstanden, befanden sich die Juden unter den Aktivsten, dem System der Kapitalgesellschaften zur Vorherrschaft zu verhelfen oder es zumindest einzuführen. Sie waren dafür übrigens am besten geeignet, weil der Geist der Gesellschaftsbildung seit Jahrhunderten ihre einzige Stütze gewesen war. Aber sie begnügten sich nicht damit, den Triumph des Industrialismus auf diese praktische Weise zu fördern, sondern förderten ihn auch auf theoretische Weise. Sie stellten sich an die Seite des Philosophen des Bürgertums, an die Seite von Saint-Simon; sie arbeiteten für die Verbreitung und sogar die Ausarbeitung seiner Lehre. Saint-Simon hatte gesagt (*Du Système industriel*, Paris, 1821): "Man muß die Verwaltung der weltlichen Macht den Industriellen anvertrauen" und "Der letzte Schritt, der der Industrie zu tun bleibt, ist, sich der Leitung des Staats zu bemächtigen[118], und das größte Problem unserer Zeit besteht darin, der Industrie die Mehrheit in den Parlamenten zu sichern". Er hatte hinzugefügt (*Catéchisme des Industriels, 1er Cahier*, Paris, 1823): "Die industrielle Klasse muß den ersten Rang einnehmen, weil sie die wichtigste von allen ist; weil sie ohne alle anderen auskommen und keine andere ohne sie auskommen kann; weil sie aus eigener Kraft, durch ihre persönlichen Arbeiten fortbesteht. Die anderen Klassen müssen für sie arbeiten, weil sie ihre Kreaturen sind und weil sie sie im Dasein erhält; mit einem Wort, da alles durch die Industrie geschieht, muß alles um ihretwillen geschehen." Die Juden trugen dazu bei, diesen Saint-Simonschen Traum zu verwirklichen; sie erwiesen sich als die sichersten Verbündeten des Bürgertums, umso mehr, als sie durch ihre Arbeit für das Bürgertum für sich selbst arbeiteten, und sie befanden sich in ganz Europa in der ersten Reihe der liberalen Bewegung, die es zwischen 1815 und 1848 fertigbrachte, die Vormachtstellung des bürgerlichen Kapitalismus aufzurichten.»[119]

Erklärung von 1807 nicht verzeihen: "Diese jüdischen Heuschrecken fressen mein geliebtes Frankreich auf!" (jüdische Geschichtsschreiber pflegen an Bonaparte kein gutes Haar zu lassen, s. besonders Peter Geyl, *Napoleon For and Against*, New York, 1949, ein Überblick über die Geschichtsschreibung über Napoleon I. seit dessen Tod von 1821 von einem hervorragenden holländischen Historiker).»

[118] Eine Forderung also, der sich die Juden gerne anschlossen!

[119] Ebd. 115f. Vgl. zur Stellung des 1791 frisch emanzipierten Judentums auch ebd. 102f: «Die Juden waren gesetzlich emanzipiert, sie waren es moralisch nicht; sie bewahrten ihre Sitten, ihre Bräuche und ihre Vorurteile, Vorurteile, die auch ihre Mitbürger der anderen Konfessionen konservierten. Sie waren

Auf das Haus *Rothschild* als *den* Exponenten des internationalen jüdischen Großkapitalismus schlechthin, werden wir noch eingehen müssen, wenn weiter unten speziell das *Bankenwesen* in unser Blickfeld rücken wird. Hier seien mit *Nicolai* für das nachrevolutionäre (wenngleich von zahlreichen «Nachbeben» geschüttelte) 19. Jahrhundert nur ganz summarisch die weiteren Stationen des jüdischen Kapitalismus bei seinem Vordringen insbesondere nach Deutschland skizziert: «Die Entwicklung des privaten Bankwesens geht auf die Judenbefreiung zurück: ohne sie wäre das Aufkommen der Rothschild's, Oppenheimer und anderer jüdischer Privatbankiers in Preußen nicht möglich gewesen. Nach den Freiheitskriegen hörte der Kapitalbedarf Englands auf, dagegen war er bei den siegreichen Staaten des Festlandes bedeutend, man zahlte infolgedessen höhere Zinsen, und so wendete sich das am englischen Geschäft reichgewordene Haus Rothschild dorthin. Preußen, das sich bis dahin gegen die Aufnahme von Krediten gesträubt hatte, mußte nun ebenfalls zur Anleiheaufnahme schreiten. Sofort setzte die Spekulation ein; die Rothschilds, selbst große und erfolgreiche Börsenspekulanten, führten die moderne Börsentechnik ein, und um bei dem Publikum für die Anleihen Stimmung zu machen, wurden zur Erreichung des Zwecks oft die verderblichsten Mittel angewandt. Die üble, von Rothschild erfundene Form der Losanleihen wurde 1820 auch von Preußen übernommen; sie schwankten in drei Jahren in Kursen zwischen $99^{1}/_{4}$ v. H. bis 167 v. H.»[120], boten also beträchtlichen Spielraum für die gewinnträchtige Übertölpelung ahnungsloser Anleihenzeichner.

---

glücklich, ihrer verachteten Stellung zu entfliehen, aber sie blickten mißtrauisch um sich und verdächtigten sogar ihre Befreier. . . . Es ist der erleuchtete, intelligente und reformfreudige Teil der Juden, derjenige, der unter seiner niedrigen Stellung und der Herabwürdigung seiner Glaubensgenossen litt, er ist es, der auf die Emanzipation hinarbeitete, aber er vermochte jene nicht mehr plötzlich umzuformen, für die er das Recht, menschliche Geschöpfe zu sein, reklamiert hatte. - Da das Emanzipationsdekret das jüdische Ich nicht verändert hatte, änderte sich auch die Weise nicht, in der sich dieses Ich äußerte. Wirtschaftlich blieben die Juden das, was sie waren - ich spreche wohlgemerkt von der Mehrheit -, nämlich Unproduktive, das heißt Altwarenhändler, Geldverleiher, Wucherer, und sie konnten nichts anderes sein, zieht man ihre Gewohnheiten und die Umstände, in denen sie gelebt hatten, in Betracht. Wenn wir eine sehr kleine Minderheit unter ihnen vernachlässigen, so besaßen sie keine anderen Fähigkeiten, und noch in unseren Tagen befindet sich eine beträchtliche Menge von Juden in derselben Lage; sie verfehlten es nicht, diese Fähigkeiten einzusetzen, und sie fanden mehr als jemals zuvor dazu Gelegenheit während dieser Periode der Unruhe und der Unordnung. In Frankreich profitierten sie von den Ereignissen, und die Ereignisse waren ihnen sehr günstig.»
[120] *Nicolai* a.a.O. 59f.

Um die diabolische Dialektik, von der weiter oben bereits ausgiebig die Rede war, in Szene zu setzen und die nichtjüdischen Völker durch ein gigantisches «Schattenboxen» zwischen jüdischem Kapitalismus und jüdischem Sozialismus/Kommunismus vollständig zu verwirren, traten um die Mitte des 19. Jahrhunderts *Karl Marx* und Konsorten auf den Plan. Wie die Dialektik funktionieren sollte, verdeutlichte der jüdische Bankier *Otto Kahn* 1919 in Budapest im Rahmen eines Vortrags so: «Ihr sagt, daß der Marxismus der bitterste Feind des Kapitalismus sei, welcher uns heilig ist. Aber sie sind nur gegenüberliegende Pole, die es uns erlauben, die Polachse zu sein. Beide Pole haben indessen dasselbe Ziel: Die Erneuerung der Welt von oben her über die Kontrolle des Reichtums, und von unten durch die Revolution.»[121] Bezeichnenderweise konnte man genau zehn Jahre später in der schwedischen «Judisk Tidskrift» («Jüdische Zeitschrift») Nr. 57 aus der Feder eines Herrn *Blumenthal* lesen: «Erst kürzlich hat unsere Rasse der Welt einen neuen Profeten geschenkt. Aber dieser hat zwei Gesichter und trägt zwei Namen: Auf der einen Seite lautet sein Name Rothschild, auf der anderen Karl Marx.»[122] Und während Naivlinge wie auch berufsmäßige Desinformanten[123] immer wieder den mittelmäßig geschauspielerten «Antisemitismus» von Karl Marx aus der Mottenkiste ihrer offiziell fixierten Geschichtsbetrachtung hervorkramen, scheute sich *Bernard Lazare* aus nur geringer zeitlicher Distanz (1894) heraus nicht, Marx folgendes astreine semitische Zeugnis auszustellen: «Dieser Abkömmling einer Linie von Rabbinern und Lehrern erbte die ganze logische Kraft seiner Vorfahren; er war ein heller und klarer Talmudist, den die albernen Kleinlichkeiten der (talmudischen) Praxis nicht störten, ein Talmudist, der Soziologie betrieb und seine angeborenen exegetischen Fähigkeiten auf die Kritik der politischen Ökonomie anwandte. Er war von diesem alten hebräischen Materialismus beseelt, der ewig von einem auf der Erde verwirklichten Paradies träumte und allezeit die ent-

---

[121] Zit. n. *Homuth 1990* a.a.O. 57, der als Quelle *Comte de Saint-Auclaire*, Genève contre la Paix, Paris 1936, 83 angibt.
[122] Zit. n. *Homuth* ebd.
[123] Dazu zählen z.B. *Konrad Löw*, der a.a.O. 73f z.B. behauptet, «vor allem» Karl Marx habe sich an seinem Volk «versündigt», und «eine ganze Broschüre könnte mit einschlägigen Äußerungen aus seiner Feder gefüllt werden, die in ihrem blinden Wüten keine Grenzen kennen», aber auch *Hans Noll* - offenbar, wie Löw, selbst Jude -, für den (Gelegenheit zum Neubeginn. Zum Verhältnis von Christen und Juden, in: *Mut* Nr. 273/Mai 1990, 21-34, hier: 27) der «Antisemitismus von Karl Marx . . . in der Behauptung gipfelte "Aus ihren Eingeweiden erzeugt die bürgerliche Gesellschaft fortwährend den Juden"».

fernte und problematische Hoffnung auf ein Eden nach dem Tod verwarf; indessen war er nicht bloß ein Logiker, sondern auch ein Aufrührer, ein Einpeitscher, ein grober Polemiker, und er bezog seine Gabe des Sarkasmus und der Polemik von dort, von wo auch Heine sie bezogen hatte: aus den jüdischen Quellen.»[124] Ihm pflichtete in unseren Tagen unerschrocken *Schalom Ben-Chorin* alias *Fritz Rosenthal* bei, wenn er Karl Marx ausdrücklich unter jene «atheistische(n) Juden» einreihte, «in denen aber doch noch der messianische Funke glühte»[125]!

Der als Jesuitenzögling getarnte Rabbinersproß erfüllte seinen Auftrag jedenfalls perfekt. «Es ist auffallend, daß Marx nie über den Geldkapitalismus geschrieben hat. Der Unternehmer als Eigentümer der Produktionsmittel wird als Kapitalist angeprangert. Es ist kaum anzunehmen, daß Marx den wirklichen Kapitalisten, den Geldkapitalisten, nicht erkannt haben sollte. Hat er, der Geldempfänger der Londoner Rothschilds war, die politischen Emotionen des Arbeiterstandes bewußt in eine falsche Richtung gelenkt, und damit einen falschen Begriff des Kapitalismus aufgebaut? Das wäre ein perfektes Spiel der internationalen Geldstrategen und des internationalen Sozialismus, wie es dem Intellekt und Charakter dieser kosmopolitischen Kreise entspräche.»[126] Das oben von Blumenthal gezeichnete Bild eines janusköpfigen jüdischen Propheten namens Rothschild-Marx läßt die hier geäußerte Vermutung zur Gewißheit werden.

Nahezu ungestört vom ausschließlich gegen die kapitalistischen *Unternehmer* agitierenden *Marxismus* konnten also fortan die jüdischen *Großbankiers* als Kapitalgeber und infolgedessen eigentliche Herren der Großindustrie ihre Schäfchen ins Trockene bringen. Lazare weist zwar den Vorwurf an die jüdische Adresse, den modernen Kapitalismus *erfunden* und *begründet* zu haben, weit von sich, leugnet aber in keiner Weise die im Lauf des 19. Jahrhunderts definitiv etablierte *jüdische Dominanz* auf dem kapitalistischen Sektor:

«Für mehrere Jahrhunderte, in der barbarischen Gesellschaft des Mittelalters, war der Jude - als schon alterfahrener Händler, besser gerüstet, von höherer Kultur, im Besitz jahrhundertelanger Erfahrung - der Vertreter des Handels- und des Leihkapitals und

---

[124] *Lazare* a.a.O. 170.
[125] *Schalom Ben-Chorin*, Jüdischer Glaube, in: Bruno Moser (Hrsg.), Das christliche Universum. Die illustrierte Geschichte des Christentums von den Anfängen bis heute, München 1981, 28-45, hier: 40.
[126] *Schweiger* a.a.O. 86.

half bei seiner Entstehung mit. Jedoch kamen diese Arten von Kapital erst zum Durchbruch, als die Arbeit der Jahrhunderte ihre Vorherrschaft vorbereitet und sie in Industrie- und Spekulationskapital umgewandelt hatte. Dazu bedurfte es dieser beiden großen Ausdehnungsbewegungen: der Kreuzzüge und der Entdeckung Amerikas, die durch die vielfältigen Kolonialisierungen Spaniens, Portugals, Hollands, Englands und Frankreichs vervollständigt wurden, und aller Anstrengung des Handelssystems; es bedurfte der Etablierung des öffentlichen Kredits und der Ausweitung der großen Banken; es bedurfte der Entwicklung industrieller Manufakturen, der wissenschaftlichen Fortschritte, die die Schaffung und die Vervollkommnung der Mechanisierung mit sich brachten; es bedurfte der Ausarbeitung der ganzen Gesetzgebung betreffs der Arbeiterschaft bis zu dem Augenblick, in dem die Proletarier sogar des Rechts auf Versammlung und Vereinigung beraubt wurden; es bedurfte all dessen und noch mancher anderer historischer, religiöser oder moralischer Ursachen, um die gegenwärtige Gesellschaft zu schaffen. Jene, die die Juden als die Urheber dieses Zustands hinstellen, stellen damit nur ihre absolute und verblüffende Unwissenheit unter Beweis. - Gleichwohl - wir haben es soeben gesagt - war die Rolle der Israeliten beachtlich, aber sie ist wenig oder zumindest gar zu unvollständig bekannt, vor allem den Antisemiten, und es ist nicht diese sehr rudimentäre Kenntnis der Wirtschaftsgeschichte des Judentums, der man den Antisemitismus zuzuschreiben hat[127]. Man weiß genauer, wie die Juden seit ihrer Emanzipation handelten. In Frankreich standen sie - unter der Restauration und der Juli-Regierung - an der Spitze der Finanz und der Industrie; sie befanden sich unter den Gründern der großen Versicherungs-, Eisenbahn- und Kanalbaugesellschaften. In Deutschland war ihre Tätigkeit enorm; sie veranlaßten die Promulgation aller dem Goldhandel, dem Wucher, der Spekulation günstigen Gesetze. Sie waren es, die (im Jahr 1867) von der Abschaffung der alten, den Zinssatz begrenzenden Gesetze profitierten; sie drangen auf das Gesetz vom Juni 1870, das die Aktiengesellschaften von der staatlichen Aufsicht befreite; nach dem französisch-deutschen Krieg gehörten sie zu den kühnsten Spekulanten, und im Fieber der Gesellschaftsgründungsmanie, die die deutschen Kapitalisten erfaßte, handelten sie so, wie die französischen Juden von 1830 bis 1848 gehandelt hatten, bis nach dem finanziellen Zusammenbruch von 1872, ei-

---

[127] Man beachte diesen ebenso spöttischen wie vielsagenden Seitenhieb in Richtung der Gojim.

ner Epoche, zu der unter den Adeligen und den Kleinbürgern, die in dieser "Gründerzeit", während der der Jude herrschte, ausgeplündert worden waren, der heftigste Antisemitismus entstand ...»[128] Das Wort vom «Ausplündern» ist also keine «antisemitische» Vokabel ...

Über welche unheimliche wirtschaftlich-politische Macht das hebräische Großkapital unmittelbar vor dem 1. Weltkrieg bereits verfügte, geht aus einer allein auf die USA bezogenen und nur die wichtigsten dortigen Rothschild-Vasallen berücksichtigenden «Aufstellung der Frankfurter Zeitung vom 8. Januar 1913», also aus einer lupenreinen *jüdischen* Quelle, hervor. Ihr zufolge kontrollierten damals die drei Finanz-Imperien *J.P. Morgan & Co.* (Rothschilds damalige Hauptagentur in der Neuen Welt), *Kuhn, Loeb & Co.* sowie *Speyer & Co. of New York* jeweils Unternehmen mit einer Kapitalkraft von insgesamt 63 306, 52 606 bzw. 23 169 *Millionen* Dollar, was seinerzeit summa summarum umgerechnet mehr als 584 *Milliarden* Mark entsprach. «Das gesamte deutsche Volksvermögen betrug nach Helfferichs bekannter Schätzung vor dem Kriege 310 Milliarden *M*; derselbe schätzte es vor seinem Tode (Anfang 1924) wohl zu optimistisch auf noch 150 Milliarden ein, während es jetzt [1925] wohl allenfalls noch 120 Milliarden Wert haben mag, wogegen die amerikanischen Finanzvermögen an Größe und Einfluß seit 1913 stark zugenommen haben. So viel Macht dürfte wahrlich kein gekröntes Haupt je besessen haben!»[129]

Über die Verhältnisse in Deutschland liegen noch detailliertere Angaben für die Zeit zwischen der Jahrhundertwende und 1930 vor: «An der Berliner Börse waren beispielsweise von den 147 Vorstandsmitgliedern 116 Juden im Jahre 1930; nach Angaben des jüdischen Wissenschaftlers Alfred Marens waren im Jahre 1930 von insgesamt 603 deutschen Firmen des Metallhandels 346 (= 57,3 %) jüdisch. In der Damen- und Mädchenkonfektion waren 1930 von 133 Großhandlungen 81 (= 60,9 %) jüdisch; im Getreidehandel 22,7 % der Firmen in jüdischen Händen. Allein in Berlin gab es in diesem Jahr 150 Privatbanken jüdischen Charakters. Für nähere Zahlen des Welthandels verweisen wir auf das Buch Werner Sombarts: "Die Juden und das Wirtschaftsleben", München 1920. Er schreibt darin: "Seit der Zeit der Rothschilds ist dann aber Jahrzehnte hindurch das Grün-

---

[128] *Lazare* a.a.O. 180f.
[129] *Nicolai* a.a.O. 52 Anm. 65.

dungsgeschäft recht eigentlich eine Spezialität jüdischer Geschäftsmänner geblieben ... Von 25 großen Gründungshäusern ersten Ranges tragen 16 jüdische Namen. Königs- und Laurahütte: Unter 13 Gründern 5 Juden. Continentale Eisenbaugesellschaft: 6 Gründer, 4 Juden. Bauverein unter den Linden: 8 Gründer, 4 Juden usw."[130] Insbesondere im Handel, im Theater, in der Literaturkritik und dem Zeitungswesen bildete sich fast eine Monopolstellung des Juden heraus. Wenn man bedenkt, daß die Gesamtzahl des jüdischen Volkes auf 17 Millionen geschätzt wird, was nur 0,8 % der Erdbevölkerung gleichkommt, so ist ihre Bedeutung im Handels- und Kulturleben eine unverhältnismäßig große. ... Die Konzentration in den Städten ließ den Juden im Handels- und Kulturleben vor allem sein Glück versuchen. Während z.B. in Preußen nur 17,11 % der Gesamtbevölkerung dem Handel und dem Verkehr sich widmeten, beträgt der entsprechende Prozentsatz der Juden 58,80 %. In Württemberg sind die Zahlen noch höher: 64,6 % der Juden arbeiten in Handel und Verkehr. Eine Gesamtstatistik ist leider nicht einmal für Deutschland, in dem das statistische Wesen so ausgebildet ist, erhältlich.»[131]

Das international verzweigte Haus Rothschild blieb allezeit ein reines Familienunternehmen und mußte als solches niemals Konzern-Bilanzen veröffentlichen. Abgesehen von ihrer nicht zuverlässig kalkulierbaren, obwohl strikt zu vermutenden *indirekten* Kontrolle der einschlägigen Unternehmungen ihrer Glaubensbrüder in aller Welt, läßt sich der *direkte* Kapitalbesitz der Familie wenigstens grob schätzen, und zwar anhand der folgenden von *Herbert Schweiger* vorgelegten Modell-Rechnung[132]:

«Ihr Vermögen betrug zu Beginn dieses Jahrhunderts 40 Milliarden Mark, eine dreimal so hohe Summe wie das Gesamtkapital der deutschen Industrie. Bei einer 8%igen Verzinsung ergäbe dies in einem Zeitraum von 66 Jahren eine $5^1/_2$fache[133] Vermehrung des Leihkapitals von 40 Milliarden Mark:

1918 =   40 Milliarden Mark
1930 =   80 Milliarden Mark

---

[130] Solche Zahlen rechtfertigen also *Lazares* oben vernommene Rede von «Fieber der Gesellschaftsgründungsmanie», dem (auch und gerade) die Juden verfallen seien.
[131] *Amsee* a.a.O. 43ff.
[132] *Schweiger* a.a.O. 91f.
[133] Anscheinend ein Druckfehler, wie die nachfolgende Tabelle zeigt. Richtig müßte es heißen: eine 48fache Vermehrung!

1942 =   160 Milliarden Mark
1954 =   320 Milliarden Mark
1966 =   640 Milliarden Mark
1978 = 1,280 Milliarden Mark
1984 = 1,920 Milliarden Mark
       = 1,92 Billionen Mark.»

Was endlich die heutigen Verhältnisse etwa in den USA betrifft, so beleuchtet eine ironisch zu verstehende auszugsweise Zusammenstellung amerikanisch-jüdischer Magnaten, die eigentlich spielend jenen 10-Milliarden-Kredit für den Staat Israel hätten aufbringen können, der 1991 bei der US-Regierung «beantragt» und 1992 schließlich vom US-Steuerzahler bezahlt wurde, hinreichend die Situation[134]:

«Die Finanziers Lawrence und Preston Tisch, die Firmenräuber Carl Icahn, Saul Steinberg, Meshulam Riklis, Ronald Perelman, Michel David - um nur einige der Schuldenfinanziers zu nennen. die während der Mauschler-Ära unter US-Präsident Ronald Reagan zu Milliardären wurden - können es sich samt und sonders leisten, ihrer zweiten Heimat größere Darlehensgarantien zu gewähren. - Das können auch die Immobilienmagnaten Harry Helmsley, Leonard Marx, Samuel Lefrak, Lester Crown, Jack und Lewis Rudin, Leon Uris, William Zeckendorf, Peter Kalikow, Jay und Robert Pritzker. Leonard Stern, Morton Zuckermann und die milliardenschweren Gebrüder Reichman. - Im Medien-, Verlags- und Unterhaltungsgeschäft beherrschen, wie berichtet wird, die mächtigen Klans Sulzberger und Graham, denen jeweils die "New York Times" und die "Washington Post" gehören, sowie Lew Wasserman, Aaron Spelling, John Kluge, Robert Maxwell, Leonard Goldenson, Steven Spielberg und Marvin Davis alle Holdings in der Größenordnung von Hunderten von Millionen - genug um größere Darlehensgarantien mitzuunterzeichnen. - In diesem gemischten Sack von Geschäftsleuten und Geldanlegern befinden sich auch die Gebrüder Safar, internationale Banker; die Familie Lauder; Leon Hess, Öl-Milliardär; Harry Oppenheimer, der reichste Gold- und Diamanten-Monopolherr; Sheldom Solow; Jerome Kohlberg; Milton Petrie; Leslie Wexner; Michael Fribourg, von denen gesagt wird, daß sie den Weltgetreidehandel beherrschen[135]; Edgar Bronfman, der milliarden-

---
[134] *George Nicholas* und *Warren Hough* in: *CODE*, Nr. 12/1991, 29.
[135] Die «dummen» «Amerikaner», die den bösen «Russen» immer so viele Millionen Tonnen Weizen zu Sonderpreisen verkauften!

schwere Schnapshändler, der auch dem Jüdischen Weltkongreß vorsteht; Ted Arison, ein in Israel geborener Reederei-Tycoon, der amerikanische Vermögenswerte in Höhe von über einer Milliarde Dollar besitzt; und so weiter und so fort. - "Man denke daran, daß diese Aufstellungen nur eine Auswahl sind", sagt die New Yorker Historikerin Betty Kramer, die viel Forschungsarbeit für diesen Bericht geleistet hat. "Es sind die keineswegs vollständigen Namenslisten derjenigen Magnaten und Multimilliardäre, deren riesige Vermögenswerte sie dafür qualifizieren, dem Land, das sie ihre geistige Heimat nennen, beträchtliche Darlehensgarantien zu gewähren."» Was ihnen natürlich nicht einmal im Traum einfällt, seit ihnen der US-Staatshaushalt zur Quasi-Selbstbedienung zu Verfügung steht.

Einer der Genannten, *Harry Oppenheimer*, verdient besondere Beachtung, denn er «gibt in Südafrika den Ton an. Er ist Chef der Anglo American Corporation (AAC), des größten Diamantenkonzerns der Welt. Mit der AAC kontrolliert Oppenheimer nicht nur 85 % des Edelsteinmarktes der ganzen Welt, sondern mit fünf anderen bedeutenden südafrikanischen Wirtschaftskonzernen auch - auf direktem und indirektem Wege - rund 80 % der an der Johannesburger Börse zugelassenen Firmen. - Vor kurzem sorgte eine an die Öffentlichkeit geratene Computeranalyse führender südafrikanischer Goldexperten für Aufsehen. Die AAC kontrolliert 69 % der südafrikanischen Goldproduktion. Oppenheimers AAC ist mit knapp 40 % an der Johannesburg Consolidated Investment Corporation beteiligt und mit 25 % an der Firma Gold Fields of South Africa (GFSA).»[136] Wir müssen es uns aus Platzgründen versagen, in diesem Zusammenhang der leicht lösbaren Frage nachzugehen, wieso Südafrika seit vielen Jahren so enge Wirtschaftsbeziehungen mit dem Staat Israel unterhält . . .[137]

Ein grelles Schlaglicht auf Zions totale finanzielle Vorherrschaft im demnächst vereinten Europa von Maastricht wirft eine kurze Zeitungsmeldung vom November 1992: «Die BfG Bank AG (Frankfurt/Main) hat einen neuen Eigentümer. Zum Kaufpreis von 1,42 Milliarden Mark wird die französische Staatsbank Crédit Lyonnais (CL) zum Jahresende die Aktienmehrheit bei der BfG Bank übernehmen. Eine solche Vereinbarung wurde nach mehrmonatigen Verhandlungen jetzt mit den bisherigen Eigentü-

---

[136] *Peter Scroll* in: *Nation* Nr. 1 (Januar) 1991, 27.
[137] Vgl. aber dazu z.B. *CODE*, Nr. 6/1992, 47f.

mern - der Versicherungsholding Aachener und Münchener Beteiligungs-Aktiengesellschaft (AMB/Aachen) und der Gewerkschaftsholding BGAG (Frankfurt/Main) - getroffen. Das teilte CL-Europa-Chef Alexis Wolkenstein in Paris mit. Mit der Übernahme stärkt die Crédit Lyonnais nach den Worten von Wolkenstein ihre Aktivitäten auf dem deutschen und europäischen Markt.»[138] Die französische *Staatsbank*, nunmehr via bloßer Aktien*mehrheit* auch schon *Eigentümerin* der deutschen «Bank für Gemeinwirtschaft», wird also europaweit von einem Franzosen mit dem herrlich französisch klingenden Namen *Wolkenstein* geleitet! Da hätte unser *semitischer* Streifzug ums Haar noch ein französisches Ende gefunden . . .

8. Grundsätzliches zum Bankenwesen

Eine Bank ist von ihrer Konzeption her im wesentlichen ein *Kredit*institut; sie will Gewinne durch bloßes Geldverleihen erzielen, indem sie für ihre Darlehen Zinsen fordert und nötigenfalls eintreibt. Moderne Banken sind aber auch Dienstleistungsunternehmen: sie bewahren das Geld ihrer Kunden auf, führen Privat- und Geschäftskonten, besorgen den gesamten bargeldlosen Zahlungsverkehr und tauschen Geld unterschiedlicher Währungen um, Dienstleistungen, die mit dem Zinsgeschäft an sich nichts zu tun haben und praktisch unverzichtbar sind. Die ideale Bank wäre diejenige, die sich auf derlei Dienstleistungen beschränkte, also ein bloßes Institut zur Abwicklung des nationalen und internationalen Zahlungsverkehrs darstellte und für ihre Dienste keine Zinsen, sondern lediglich eim angemessenes, den gesamten Kosten-Aufwand deckendes Entgelt in Form von Gebühren beanspruchte wie jedes andere Service-Unternehmen auch.

In einer wirtschaftlich optimal eingerichteten Gesellschaft, also in einer *Subsistenzwirtschaft*, in der jeder, der arbeiten könnte und wollte, über genügend eigene Produktionsmittel verfügte, wäre die Aufnahme von Krediten nur in verhältnismäßig seltenen Ausnahmefällen nötig (und möglich - weil es fast keinen Geldüberhang gäbe!). Wenn die hauptsächlich dem Zahlungsverkehr dienenden Banken in einer solchen Gesellschaft die nur in Notfällen benötigten Kleinkredite gewährten, stünde ihnen dafür zwar kein Zins zu, wohl aber eine dem (direkten und indirekten)

---

[138] *DT* (dpa/vwd), 12. 11. 1992.

Aufwand an Arbeitskraft für diese spezifische Dienstleistung entsprechende Gebühr.

Tatsächlich hat es derartige Banken schon einmal gegeben, und zwar am Ausgang des Mittelalters in kirchlicher Trägerschaft. Um dem damals schon grassierenden, nicht nur, aber doch vorwiegend jüdischen Zinswucher das Wasser abzugraben, richteten die Franziskaner in Italien mit päpstlicher Billigung sogenannte «Montes Pietatis» («Berge der Frömmigkeit») ein, Bankinstitute, die unverschuldet in Not geratenen Christen zinslose Kleinkredite gewähren sollten. Ironischerweise mußten bei der ersten Gründung 1463 in Perugia zwei Drittel des Startkapitals bei den Juden gegen Zins aufgenommen werden, doch wurde dieser Zins, getreu der ideellen Zielsetzung, nicht an die Darlehensnehmer weitergegeben.

«Dem Beispiel von Perugia folgten Orvieto und Gubbio im Jahre 1463, Assisi im Jahre 1468, San Severino und Fabriano im Jahre 1470. Mehrere dieser Institutionen konnten nur vorübergehend betrieben werden. Es erwies sich bald als unmöglich, bei der Vielzahl der von den Armen aufgenommenen winzigen Anleihen die Kosten für die Buchhaltung und den Betrieb der Büros aufzubringen. Selbstverständlich waren die Ausgaben hierbei viel höher, als wenn es sich um große, auf einmal vorgestreckte Summen handelte. Die Unentgeltlichkeit der Darlehen erschien bald als eine in der Praxis nicht zu verwirklichende Illusion. So kamen die Franziskaner, an erster Stelle der selige Bernardin von Feltre, übereinstimmend zu der Überzeugung, daß dem Darlehensnehmer zur Deckung der Unkosten eine kleine Belastung auferlegt werden mußte. Im Jahre 1493 billigte das Generalkapitel des Franziskanerordens die Erhebung eines geringen Zinssatzes für Darlehen aus Wohltätigkeitsmitteln.»[139] Das V. Laterankonzil (1512-1517) unter Papst Leo X. seinerseits bestätigte diese Maßnahme endgültig, indem es entschied, «daß ein Wucher bei den *Montes pietatis* dann nicht vorläge, wenn die Zinsnahme lediglich zur Deckung der Geschäftsunkosten erfolge»[140].

Natürlich verdienten diese «Zinsen» ihren Namen nicht, denn es handelte sich um die gerechte Bezahlung für eine tatsächlich erbrachte Dienstleistung, während dem *echten Zins* definitionsgemäß keinerlei anrechenbare Arbeitsleistung gegenübersteht. Bekanntlich lassen sich die Banken ihre Dienstleistungen im

---

[139] *Dauphin-Meunier* a.a.O. 17.
[140] *Nicolai* a.a.O. 21f.

Zahlungsverkehr gesondert durch ausdrücklich so bezeichnete *Gebühren* honorieren, sind also auf eine sorgfältige Unterscheidung zwischen Gebühren und Zinsen bedacht, geben dadurch aber auch unumwunden zu, daß sie die Zinsen (abgesehen von einer minimalen darin enthaltenen Bearbeitungsgebühr - die indes oft noch getrennt erhoben wird!) einstreichen, ohne dafür irgendeine nennenswerte Arbeitsleistung erbracht zu haben.

Der ahnungslose Durchschnittsbürger stellt sich das Funktionieren einer Bank *als Kreditinstitut* in groben Zügen so vor: Die Sparer bringen ihr zeitweilig nicht benötigtes Geld zur Bank, die dann einen Großteil davon gegen Zinsen an Geschäfts- und Privatleute mit zeitweilig erhöhtem Finanzbedarf verleiht. Einen kleinen Teil der Spareinlagen hält die Bank bereit, um ihn jenen Sparern auszahlen zu können, die mit statistisch kalkulierbarer Häufigkeit und in statistisch kalkulierbarer Höhe ihr Erspartes ganz oder teilweise - samt den Sparzinsen - abheben wollen. Der Unterschied zwischen den niedrigeren Spar- und den höheren Kreditzinsen macht die Gewinnmarge der Bank aus.

Die Realität geht weit über dieses etwa im Fach «Wirtschaftskunde» an den Schulen vermittelte Schema hinaus. Die Bank legt die ihr «anvertrauten» Spargelder nicht nur in Form gewöhnlicher Kredite, sondern mit Vorliebe auch in Gestalt von Unternehmensbeteiligungen und Staatspapieren (Wertpapieren, Aktien) an. Kauft eine Bank sich auf solche Weise zu mehr als der Hälfte (oft genügen aber schon zwei Fünftel, ein Drittel oder gar ein Viertel!) in ein Unternehmen ein, ist sie dessen Besitzer oder hat zumindest faktisch das Sagen. Meist brauchen die Banken nicht einmal die absolute oder «strategische» Mehrheit der Aktien eines Unternehmens selbst zu erwerben, um dort frei schalten und walten zu können. Denn die allermeisten privaten Kleinaktionäre lassen ihre Aktien von einer Bank verwalten und übertragen ihr Aktienstimmrecht per Vollmacht dieser Bank, die dann in den Aufsichtsräten der betroffenen Aktiengesellschaften formell «namens» der von ihr vertretenen Kleinaktionäre agiert, tatsächlich jedoch, unbeaufsichtigt von ihren Kunden, eigene Wege gehen kann . . .[141] Für Spekulationen mit Aktien gibt es nahe-

---

[141] Ich führe hier nur zwei Beispiele aus der Zeitung an. 1) Deutschlands größter Industriekonzern *Daimler-Benz* gehört zu «gut 28 Prozent» der größten privaten Geschäftsbank Deutschlands, der *Deutschen Bank*, die sich mit einem «Nennwert» von 655,246 Millionen Mark dort «engagiert» hat (*DT*, 29. 5. 1993 - der *Spekulationswert* dieser Daimler-Aktien ist natürlich ein vielfacher des Nennwerts! 2) Nach einer Serie von aufsehenerregenden Unfällen im Frankfurter Chemiewerk des *Hoechst*-Konzerns hieß es in der Presse hinsicht-

zu unendlich viele Möglichkeiten, besonders günstige resp. *gewinnbringende* natürlich, wenn die Bank nicht nur Aktionär, sondern *Mehrheits*aktionär und damit Besitzer eines Unternehmens ist. Sie kann dann die «Politik» dieses Unternehmens börsenwirksam manipulieren, schlimmstenfalls sogar zu Ungunsten und entgegen den Interessen der von ihr selbst angeblich vertretenen Kleinaktionäre! Börsenspekulationsgewinne können u.U. sehr viel höher ausfallen als Gewinne durch normale Kreditzinsen.

Aber die Banken legen nicht bloß jene Gelder - in Form von Krediten oder Wertpapieren - an, die die Sparer ihnen «anvertrauen», sondern verleihen darüber hinaus massenhaft Geld, das sie gar nicht besitzen! Und das funktioniert so[142]: «Eingelegte Spargelder sind für eine Bank "Sicherheiten", aus denen sie an Dritte Kredite ziehen kann. Da diese Kredite überwiegend unbar gewährt werden - also als Buchgeld, Scheckgeld, Wertpapiergeld u.a.m. - kann die Bank mehr Geld verleihen als sie tatsächlich hat. Die Banken dürfen das auch und betreiben dieses Seifenblasen-Verfahren oft in der vielfachen Höhe der real eingelegten Gelder und ihres Eigenkapitals. Das ist auch meistens unproblematisch, da sich jede Bank den gewährten Kredit noch einmal vom Kreditnehmer absichern läßt, z.B. durch eine Hypothek, durch Immobilienbesitz oder durch Bürgschaften Dritter. Auf diese Weise zieht eine Bank aus eingelegten Spargeldern oder Termingeldern Zinsgewinne, die mehr als das Zehnfache dessen betragen können, was sie an Zinsen an die Einleger bezahlen muß. Es ging die Rede, daß arabische Gelder in Höhe von über 600 Mrd. DM auf Banken in den USA transferiert worden seien. Das könnte bei den heutigen Zinshöhen zu Zinsgewinnen von jährlich 300 bis 400 Milliarden DM führen.»[143] Weil also die Banken Geld verleihen, das sie gar nicht haben, und nichtsdestoweniger auf dieses real nicht vorhandene Geld den üblichen Kre-

---

lich einer eigens anberaumten *Hoechst*-Aufsichtsratssitzung: «. . . die Führung bei Hoechst vertraut darauf, daß die Banken mit der erdrückenden Zahl eigener Stimmen und der ihrer Depotkunden den Erfolg der Opposition verhindern werden. - Aus den Führungsetagen der, im Gegensatz zu den Kleinaktionären, im Hoechst-Aufsichtsrat vertretenen Großbanken gibt es bereits Signale. Die Commerzbank AG schlug ihren Depotkunden bereits vor, "das Stimmrecht im Sinne der Verwaltungsvorschläge auszuüben". Entsprechend äußerte sich die Dresdner Bank. Für das Geldinstitut läßt die Hoechst-Versammlung ohnehin kaum Spielraum für Kritik, soll doch Hoechst-Vorstandschef Hilger selbst am 14. Mai in den Aufsichtsrat der Bank gewählt werden.» (*DT*, 24. 4. 1993) Die Kleinaktionäre hingegen hatten Hilger die Entlastung verweigern wollen!

[142] Vgl. auch das weiter oben im Zusammenhang mit der Entwicklung des Papiergelds Ausgeführte!

[143] *Salomon Robo* in: *Nation*, Nr. 8-9/1992, 30.

ditzinssatz erheben, übersteigen ihre Zinsgewinne um ein Vielfaches das, was ihr Eigenkapital bzw. ihre Einlagesumme als solche erwarten ließe!

Allerdings liegt die Befugnis, Geld aus dem Nichts zu schaffen, indem es - mit einem Federstrich - als Kredit unter das Volk gebracht wird, längst nicht mehr bei den privaten Geschäftsbanken (Commerzbanken), sondern bei den staatlichen Zentralbanken, deren jedes Land - wie auch schon der Name sagt - nur eine einzige besitzt. Die technischen Einzelheiten der Geschäftsbeziehungen zwischen den Commerzbanken und der Zentralbank sind jeweils gesetzlich geregelt und sehen von Land zu Land unterschiedlich aus. Das Prinzip ist jedoch immer das selbe. Die Zentralbank ist für die Ausgabe der Landeswährung und für die ständige Kontrolle bzw. Regulierung der umlaufenden Geldmenge verantwortlich. Sie läßt zu diesem Zweck nicht nur alles Bargeld prägen bzw. drucken, sondern gewährt auch den Geschäftsbanken bei Bedarf Kredite in beliebiger Höhe, Kredite, die gewöhnlich nur auf Konten geführt werden und nicht durch Bargeld «gedeckt» sind. Solche Zentralbankkredite muß jede Bank in Anspruch nehmen, wenn sie ihr eigenes Kreditgeschäft über das Volumen ihrer Spareinlagen bzw. ihres Eigenkapitals hinaus ausdehnen will, denn andernfalls hätte die Zentralbank ja weder Informationen noch Kontrolle über das zusätzlich in Umlauf gebrachte «Buchgeld»!

Wer wann auf welche Weise die Währung eines Landes in Umlauf bringt und die Geldmenge kontrolliert, ist eines der bestgehüteten Geheimnisse der internationalen Geldmacht. Auf deren Aktivitäten im Dunstkreis des von ihr selbst erst erfundenen Zentralbankwesens werden wir noch zu sprechen kommen. Hier sei nur vermerkt, daß es zu allen Zeiten das Recht der Kaiser und Könige war, eine Währung auszugeben und ihr Umlaufvolumen zu kontrollieren, ein Recht, das also eigentlich ohne weiteres auf die demokratisch gewählten Regierungen unserer modernen Republiken und konstitutionellen «Monarchien» als die Nachfolger der Kaiser und Könige hätte übergehen müssen. Statt dessen ging dieses Recht jedoch wie selbstverständlich auf sogenannte Zentralbanken über, die nur noch dem Namen nach staatlicher Hoheit und Kontrolle unterliegen.

Nun fragt es sich, wie eine Zentralbank denn eigentlich die umlaufende Geldmenge reguliert. Um den Wert des Geldes konstant zu halten, was ja allgemein als erstrebenswertes Ziel angesehen wird und unter heutigen Bedingungen auch tatsächlich erstrebenswert ist[144], muß die Zentralbank bei sinkendem Bruttosozialprodukt die umlaufende Geldmenge verringern, im umgekehrten Fall diese Geldmenge erhöhen. Aber wie macht sie das? Wem soll sie das überschüssige Geld abnehmen, wem das zusätzliche Geld zuschanzen, ohne gröbste Ungerechtigkeiten zu begehen? Nun, wir alle wissen, daß die Zentralbank uns weder Geld nimmt noch gibt. Dennoch reguliert sie fortlaufend die Geldmenge. Wie das? Sie tut es auf indirekte Weise, indem sie ihre Kreditzinsen gegenüber den Geschäftsbanken anhebt oder senkt. Die Geschäftsbanken ihrerseits sind gezwungen, diese Zinsbewegungen mitzuvollziehen. Geld, das sie zu teuren Zinsen bei der Zentralbank geliehen haben, müssen sie zu noch teureren Zinsen an ihre Kreditnehmer verleihen, wenn sie die üblichen Zinsgewinne machen wollen. Billige Zentralbankkredite können sie auch entsprechend billiger an ihre Kreditkunden weitergeben, ja sie müssen es, weil die Konkurrenz bekanntlich die Preise drückt. Die Entscheidung über eine Erhöhung oder Verringerung der umlaufenden Geldmenge liegt dann zwar letztlich bei den Kreditnehmern; sie ist jedoch, unabhängig von der Entscheidung jedes einzelnen, statistisch sehr exakt vorherseh- und vorhersagbar. Je teurer die Kredite der Geschäftsbanken werden, desto seltener werden sie noch in Anspruch genommen, desto weniger Zentralbankgeld gelangt mittels der Geschäftsbanken in den Wirtschaftskreislauf. Statt dessen wird umso mehr Spargeld bei den Banken angelegt, weil mit den Kreditzinsen ja auch die Sparzinsen steigen. Somit verringert sich die umlaufende Geldmenge.

Senkt dagegen die Zentralbank ihre Kreditzinsen für die Geschäftsbanken, werden auch deren Kredite billiger und dement-

---

[144] Gerade in naturnahen einer Subsistenzwirtschaft ohne nennenswerte Spar«tätigkeit» und ohne spekulationsanheizende Zinsen wären nominale Geldwertschwankungen - ausgelöst durch schwankende Gesamtarbeitsleistung - nahezu ohne Bedeutung, weil sich die Preise solchen Schwankungen sofort anpassen würden, ohne Benachteiligung und Übervorteilung des «kleinen Mannes». In unseren unüberschaubaren kapitalistischen Erwerbs-Volkswirtschaften resultiert der durch Inflation oder Deflation angerichtete Verlust der breiten Masse (und der ihm entsprechende Gewinn des Spekulantentums) einfach daraus, daß die, gemessen am jeweils aktuellen Bruttosozialprodukt, überzogene Ausweitung oder Verminderung der umlaufenden Geldmenge in einer nach Millionen zählenden Bevölkerung angesichts einer unübersehbaren Waren- und Dienstleistungsvielfalt unmöglich sofort bemerkt werden kann, während die Spekulanten als die Drahtzieher solcher Manipulationen über einen enormen «Informationsvorsprung» verfügen und ihn nach Strich und Faden ausnutzen! Konkret: Wer noch nicht weiß, daß Inflation herrscht, und deshalb zum alten Preis verkauft, macht finanziellen Verlust; wer bei eintretender Deflation nicht sofort die Preise senkt, bleibt auf seinen Waren sitzen und erleidet Umsatzeinbußen!

sprechend durchschnittlich häufiger bzw. in größerer Höhe in Anspruch genommen. Zugleich sinken die Sparzinsen und damit die Bereitschaft der Sparer, Geld aus dem Wirtschaftskreislauf herauszunehmen, um es auf der Bank anzulegen. Somit erhöht sich die umlaufende Geldmenge und deren Umlaufgeschwindigkeit.

Bis hierhin leuchtet das Prinzip ein: «Wichtigstes Instrument zur Steuerung der Geldmenge sind die Zinssätze: Sie beeinflussen, in welchem Maß Kredite aufgenommen werden, was ja die Geldmenge vermehrt.»[145] Aber da gibt es doch noch die sogenannten «gesetzlichen Mindestreserven». Wozu sind denn die da und was spielen sie für eine Rolle? Man darf getrost sagen: Sie spielen in erster Linie eine Alibi-Rolle und sollen bei Otto Normalverbraucher und Lieschen Müller den Eindruck erwecken, es sei alles in schönster Ordnung. Da die Frage, woher denn eigentlich das Geld kommt, möglichst gar nicht gestellt, und wenn doch, nur ausweichend beantwortet werden soll[146], muß so getan werden, als verfügte die Zentralbank einzig über eine gesetzlich festgelegte Geldmenge, eben die sogenannten *Mindestreserven*. Jede Geschäftsbank muß - durch staatliche Gesetzgebung dazu verpflichtet - einen bestimmten gleichbleibenden Prozentsatz der ihr anvertrauten Spargelder als «Mindestreserve» bei der Zentralbank hinterlegen; diese Mindestreserven bilden dann das offizielle «Eigenkapital» der Zentralbank. Aus diesem Eigenkapital kann die Zentralbank den Geschäftsbanken Kredite gewähren, wenn deren Eigenkapital + Spareinlagen nicht mehr ausreichen, die Nachfrage nach Krediten zu befriedigen (oder wenn die Banken noch mehr Unternehmensbeteiligungen kaufen, ihre Börsenspekulation also ausweiten wollen!).

So weit so gut. Wenn es indessen bei diesem System bliebe, besäße die Zentralbank nur einen sehr engen Spielraum für die Vermehrung oder Verminderung der umlaufenden Geldmenge. In Deutschland zum Beispiel, wo die Mindestreserven dreißig Prozent der Spareinlagen der Geschäftsbanken betragen[147], könnte sie die umlaufende Geldmenge maximal auf siebzig Prozent des vorhandenen Gesamtvolumens *begrenzen* - indem sie ihre Dis-

---

[145] *P.M. Perspektive (Themenheft «Geld»)* Nr. 23, 1991, 53.
[146] Daß die Zentralbank die Münzen prägt und die Scheine druckt, ist allgemein bekannt, Wer ihr aber sagt, in welcher Höhe sie das tun darf - nämlich niemand! - , erfährt man gemeinhin nicht, und daß sie insgesamt ungefähr *hundertmal* soviel «Buchgeld» an die Geschäftsbanken verleiht, als sie Bargeld umlaufen läßt, weiß fast so gut wie niemand.
[147] *Rudolf Hamann* in: *CODE*, Nr. 3/1993, 11.

kont- und Lombardzinsen so gewaltig anhöbe, daß keine Geschäftsbank mehr ihre Kredite in Anspruch nehmen wollte. Umgekehrt könnte sie die umlaufende Geldmenge maximal auf hundert Prozent der vorhandenen Gesamtmenge *ausweiten* - indem sie den Diskont- und Lombardsatz soweit absenkte, daß die Banken gerne ihre gesamten Mindestreserven als Kredite in Anspruch nähmen. Das würde an und für sich zwar genügen, um die Stabilität der Währung zu sichern, solange das Bruttosozialprodukt der fraglichen Volkswirtschaft nicht ganz drastisch anwüchse oder zurückginge. Aber es würde zugleich auch das Geschäftsvolumen der Commerzbanken *auf die real vorhandene Bargeldmenge beschränken*. Daran jedoch kann die Hochfinanz keinerlei Interesse haben. Um es mit dem Schweizer Börsenfachmann *Kurt Richebächer* im Bankenjargon zu formulieren: «Geldvermehrung oder Geldschöpfung beruht grundsätzlich darauf, daß das Bankensystem seine Kredite und Wertpapieranlagen ausdehnt. Nur auf diese Weise können sich Unternehmen und Konsumenten insgesamt liquidisieren. Umgekehrt besagen stagnierende Bankbilanzen, daß keinerlei zusätzliche Liquidität in die Wirtschaft fließt.»[148] Und damit letzteres möglichst nie eintritt, unterliegen die Zentralbanken nirgendwo einer wirksamen öffentlichen Kontrolle, was ihnen die Möglichkeit und das «Recht» gibt, nahezu beliebig viel bloß auf dem Papier stehendes «Buchgeld» in Verkehr zu bringen (und natürlich im Bedarfsfall auch das Bargeldvolumen beliebig zu erhöhen), zum Nutz und Frommen allein der Geschäftsbanken!

Da die Zentralbanken also offenbar - entgegen dem von den Politikern und Medien permanent erweckten Anschein - nicht etwa die unprofitable Aufgabe haben, die Stabilität einer Währung zu sichern, sondern ihr wahrer Zweck einzig der ist, den Geschäftsbanken zu möglichst exorbitanten Zinsgewinnen zu verhelfen, liegt nichts näher als die Schlußfolgerung, daß es auch die Geschäftsbanken sein müssen, die de facto die Zentralbanken kontrollieren und dirigieren. In den weiter unten folgenden Abschnitten werden wir denn auch sehen, daß die Tatsachen mit dieser logischen Folgerung in schönstem Einklang stehen[149]. Hier

---

[148] *Börsendienst «Dr. Kurt Richebächer»* Nr. 215/März 1991, 9.
[149] Wer das nicht glauben mag, lasse es sich von Prof. Dr. *Carroll Quigley* bestätigen, dessen Plaudereien aus dem Nähkästchen seinen vormaligen Brötchengebern so wenig gefielen, daß sie seine «Memoiren» mit dem Titel «Tragedy And Hope» schleunigst aus dem Verkehr zogen (Dennoch gibt es in den USA bis heute einen anonym gefertigten Nachdruck seines über 1000 Seiten umfassenden Wälzers zu kaufen!). Quigley also schrieb auf den Seiten 326-

wollen wir uns mit der Feststellung von *Gary Allen* begnügen[150]: «Ein Kreditgeber ist in der Lage, die Privilegien eines Monopols vom Herrschenden zu fordern. Geldsuchende Regierungen gewähren Monopole im Staatsbankwesen, über Bodenschätze, durch Ölkonzessionen und im Transportwesen. Das bei den internationalen Finanziers am meisten begehrte Monopol ist die Gesamtkontrolle über das Kapital einer Nation. Schließlich eigneten sich diese internationalen Bankiers tatsächlich - als private Körperschaften - die zentralen Banken der verschiedenen europäischen Nationen an. Die Bank von England, die Bank von Frankreich und die Bank von Deutschland sind nicht Eigentum der jeweiligen Regierungen, wie sich die meisten das vorstellen, sondern sie sind privateigene Monopole, die durch die Staatsoberhäupter verliehen werden.»

Selbst auf die Gefahr hin, den geneigten Leser zu ermüden, müssen wir leider das Zentralbankwesen noch weiter analysieren; andernfalls läßt sich nur höchst unvollständig begreifen, in welcher der Öffentlichkeit verborgenen Weise die Zentralbanken und ihre Hintermänner aus der Hochfinanz ihre wirtschaftlich-finanzielle und damit auch politische Herrschaft ausüben. Zunächst ist darauf hinzuweisen, daß das Prinzip, die umlaufende Geldmenge mittels steigender oder fallender Zentralbankzinsen zu regulieren, schon in sich ein zwangsläufig *inflationäres* Prinzip ist, wie übrigens *das Verzinsungsprinzip überhaupt!* Inwiefern? Nun, nehmen wir entgegen jeglicher Realität einmal an, eine mustergültige, in keiner Weise auf Zinsgewinne bedachte Zentralbank beschränkte ihre Geldpolitik tatsächlich auf das in Umlauf gebrachte *Bargeld* und wollte mittels ihrer veränderliche Zinsen ausgeliehenen Mindestreserven diese Bargeldmenge konstant halten. Ganz gleich, wie niedrig auch immer der Diskont- und Lombardsatz angesetzt wäre, es müßte sich binnen relativ kurzer Zeit ein immer größerer Teil des insgesamt umlaufenden Geldes in Gestalt

---

327 seines Buches (zit. n. *Allen* a.a.O. 55): «Man darf nicht glauben, daß die Köpfe der zentralen Hauptbanken der Welt selbst die tatsächlichen Machthaber in der Weltfinanz sind. Vielmehr sind sie nur die Techniker und Agenten der beherrschenden Investment-Bankiers ihrer eigenen Länder, die sie hochgehoben haben und die durchaus in der Lage sind, sie wieder fallen zu lassen. Die tatsächliche finanzielle Macht der Welt ist in den Händen dieser Investment-Bankiers (auch internationale oder Großbankiers genannt), die zum größten Teil hinter den Kulissen ihrer eigenen, nicht zusammengeschlossenen Privatbanken verbleiben. Dies formte ein System der internationalen Kooperation und der nationalen Dominanz, das privater, machtvoller und geheimer war als das ihrer Agenten in den Zentralbanken . . .»
[150] Zit. bei *Schweiger* a.a.O. 32f.

von Zinszahlungen a) bei den Geschäftsbanken und b) bei der Zentralbank ansammeln. Sowohl die Geschäftsbanken als auch die Zentralbank würde durch ihre ständigen Zinseinnahmen immer reicher, die Bevölkerung des betroffenen Landes hingegen immer ärmer. Nach einer Reihe von Jahren besäßen z.B. Geschäftsbanken und Zentralbank zusammen 50 % des vorhandenen Bargelds, während die Bürger insgesamt wie auch im Durchschnitt über nur noch 50 % ihres ursprünglichen Bargeldbesitzes verfügten. In Wirklichkeit würden allerdings jene, die so unglücklich waren, Kredite aufnehmen zu müssen, jetzt bankrott sein, während ihr Geld sich a) in den Taschen der Sparer (die ihren Sparzins von der Bank kassierten), b) im Besitz der Banken (die ihre Kreditzinsen kassierten, wovon sie einen Teil an die Sparer, einen Teil an die Zentralbank abliefern mußten) und c) im Besitz der Zentralbank (die ihre Diskont- bzw. Lombardzinsen kassierte) befände. Rein theoretisch ginge dieses «Spiel» wie bei dem berühmten «Monopoly» solange weiter, bis die Banken (bzw. eine einzige Bank) alles und die Bevölkerung nichts mehr an Bargeld besäße. In der Praxis wäre das jedoch für die Banken aus vielerlei Gründen nicht wünschenswert. Entweder gäbe es irgendwann einen Volksaufstand mit massiven Plünderungen: man würde sich das in den Banktresoren angehäufte Geld gewaltsam wieder holen. Oder das in den Banken nutzlos gehortete Geld fiele wegen allgemein zunehmender mangelnder Verfügbarkeit am Ende als Tauschmittel einfach aus und wäre dann für die Banken auch nichts mehr wert!

Im Mittelalter und bis in die Neuzeit hinein kam es tatsächlich regelmäßig zu den berühmten Juden-Pogromen, die in aller Regel nichts anderes waren als aus der Not geborene (in ihrem Verlauf allerdings exzessive) Volksaufstände gegen die Wucherer, die bei gleichbleibender Gesamtumlaufmenge des Geldes einen immer größeren Teil dieses Gesamtvolumens praktisch aus dem Verkehr zogen und dadurch eine exponentiell wachsende, am Ende existenzbedrohende Armut ihrer Schuldner erzeugten[151]. Die kapitalistische Hochfinanz der Neuzeit hat daraus gelernt und fängt es sehr viel klüger an. Sie will weder Volksaufstände provozieren noch ihre eigenen Geschäfte durch eine vollständige Geldent-

---

[151] Der jüdische Autor *Jacques Attali* (Siegmund G. Warburg. Das Leben eines großen Bankiers, Düsseldorf - Wien 1986, 25) bestätigt das gezwungenermaßen, wenn er im Hinblick auf das Mittelalter von «einer langen Reihe judenfeindlicher Massaker in Europa» spricht, «die man zum Vorwand nimmt, um seine Schulden loszuwerden».

wertung ad absurdum führen, sondern geht einen genau kalkulierten Mittelweg, der beide Extreme sorgsam meidet: den Weg der *systematischen schleichenden Geldentwertung*, die man auch *Inflation* zu nennen beliebt. Weil die Inflation nur eine schleichende ist, wird sie von der Masse der Bevölkerung ohne weiteres hingenommen (zumal sie die wahren Inflationsmacher gar nicht kennt!), und weil sie eine schleichende ist, bleibt sie zugleich unter Kontrolle und kann nie einen Grad erreichen, der die glänzenden Gewinne der Hochfinanz am Ende selbst vernichten würde[152]. Man «macht» also fortwährend Inflation, indem man immer gerade so viel zusätzliches, neues Geld in den Wirtschaftskreislauf einfließen läßt, als erforderlich ist, um den Schuldnern ihre Zinszahlungen zu ermöglichen, ohne sie radikal zu verarmen und ohne das Geld insgesamt seiner Tauschmittelfunktion zu berauben.

Nur am Rande sei hier auf eine weitere zwangsläufige Folge des inflationären Zinsenmechanismus aufmerksam gemacht, die bei *Binswanger* im Mittelpunkt seiner Betrachtungen steht: die immer rücksichtslosere Ausbeutung der natürlichen Ressourcen bis hin zu deren Erschöpfung, Ausrottung bzw. Zerstörung! *Van Loen* skizziert knapp den Zusammenhang: «Durch den Zinsenmechanismus nimmt die Verschuldung sprunghaft (= exponentiell) zu. Auf die Dauer ist eine sich ständig verdoppelnde, d.h. exponentielle Steigerung des Konsums (Absatzes) absolut unmöglich. Deshalb bleibt zur Erfüllung des sogenannten Wachstumszwanges nur das immer heftigere Produzierenmüssen[153], um die immer rascher ansteigenden Schulden bezahlen und dennoch den Lebensstandard halten zu können. Eine wahnwitzige, immer hemmungslosere Vergeudungs- und Vernichtungsproduktion bis zum Krieg zieht alles unerbittlich in ihren Sog.»[154]

Dem Geld, das fortwährend still und heimlich neu in den Wirtschaftskreislauf geschleust wird, entspricht keinerlei Gegenwert, keinerlei wirtschaftlich nützliche Arbeitsleistung. Es ist *Falschgeld* im strikten Sinne. Wer es ausgibt resp. in Umlauf bringt, nimmt die Arbeitsleistung anderer in Anspruch, ohne selbst zu arbeiten, obwohl er heuchlerisch diesen Anschein er-

---

[152] Anläßlich der beiden Währungszusammenbrüche nach dem 1. bzw. 2. Weltkrieg gab es im kriegszerstörten Deutschland für die Hochfinanz nichts zu verlieren, wohl aber sofort anschließend viel zu gewinnen.
[153] Immer anders- bzw. neuartiger und immer mehr verschiedener Güter natürlich, weil der Konsum resp. Absatz der bisher schon produzierten sich ja kaum noch steigern läßt!
[154] *Ernst van Loen* in: *Kleinhappl, Wirtschaftsethik* a.a.O. 350.

weckt. Wegen der enormen Größe einer Volkswirtschaft verteilt sich der inflationäre Effekt des Falschgeldes natürlich auf viele Millionen Menschen und bleibt von daher minimal. Um etwa in Deutschland bei einem angenommenen jährlichen Bruttosozialprodukt von 2 Billionen DM eine zweiprozentige Inflation zu erzeugen, die von der Bevölkerung nahezu klaglos «geschluckt» wird, kann die Deutsche Bundesbank sage und schreibe *40 Milliarden DM* zusätzlich in Umlauf bringen, bei fünfprozentiger Inflation schon *100 Milliarden DM*, etc.[155] Und es ist natürlich einzig und allein die *Deutsche Bundesbank*, die als die deutsche *Zentralbank* die Menge des umlaufenden Geldes ganz legal und praktisch unbemerkt nach Belieben erhöhen kann. Was sie, zeitweilig zigfach und noch weiter über die realen gesetzlichen Mindestreserven hinaus[156], den Geschäftsbanken an Krediten einräumt, ist sämtlich hochoffizielles *Falschgeld*, Geld aus dem Nichts, für das es keinen realen Gegenwert gibt. Aber sie *muß* alljährlich ein gewisses Mindestquantum solchen Falschgelds mittels der Banken unter das Volk bringen, damit die Zinseinnahmen dieser Banken gesichert sind!

Auf den ersten Blick möchte man manches an diesem sinnigen System noch etwas ungereimt finden. So beträgt der Unterschied zwischen dem Diskont- bzw. Lombardsatz, den die Geschäftsbanken für Zentralbankkredite berappen müssen, und dem Kreditzinsfuß, den sie selbst dann von ihren Schuldnern kassieren, gewöhnlich weniger Prozent als der Diskont- und Lombardsatz selber. Daraus könnte man schließen, daß die Zentralbank ihrerseits größere Zinsgewinne einstreicht als die Geschäftsbanken.

---

[155] Nach *Schweiger* a.a.O. 80 erhöht die US-amerikanische Zentralbank die Geldmenge jährlich sogar um 6 bis 8 Prozent! Die dadurch an sich geschaffene 6-8%ige Inflation wird allerdings infolge der internationalen «Leitwährungsfunktion» des Dollars teilweise ins Ausland «exportiert»!

[156] Welche enorme Summen an frischem, wertlosem Zentralbankgeld nötig sind, um alle Kredit«wünsche» aus Staat und Wirtschaft zu befriedigen (die längst großenteils aus der Notwendigkeit enormer *Zins*zahlungen entspringen!), machte im Mai 1993 Bundesbankpräsident *Schlesinger* selbst deutlich, wenn er (gemäß *Reuter* in: *DT*, 15. 5. 1993) bekanntgab, «im vergangenen Jahr habe die Neuverschuldung des gesamten öffentlichen Sektors 160 Milliarden Mark betragen. Nach jüngsten ihm bekannten Schätzungen dürfte die Nettokreditaufnahme des öffentlichen Sektors dieses Jahr auf über zweihundert Milliarden Mark oder etwa Zweidrittel der gesamten inländischen Ersparnisbildung steigen.» Volle zwei Drittel der gewöhnlichen Spareinlagen decken also in Deutschland gerade einmal die staatliche *Neu*verschuldung *eines Jahres* ab. Die in Jahrzehnten aufgehäufte Gesamtverschuldung dürfte derzeit etwa das Fünffache davon betragen, von der Verschuldung der Wirtschaft gar nicht zu reden. Nur ein relativ bescheidener weiterer Teil der inländischen Kreditaufnahme stammt von ausländischen Kapitalgebern, der bei weitem größte Teil des Kreditgeldes also frisch aus der Zentralbank.

Dabei ist doch die Zentralbank, sollte man meinen, auf Zinsgewinne überhaupt nicht angewiesen, kann sie doch gigantische Summen aus dem Nichts hervorzaubern und dann ihr Eigen nennen. Demgegenüber ist jedoch zweierlei zu bedenken. Erstens übersteigen die Zinsgewinne der Banken nach relativ kurzer Zeit diejenigen der Zentralbank, weil die Zinseinnahmen der Geschäftsbanken ja selbst wieder verliehen resp, angelegt und verzinst werden, ohne daß *dafür* noch Zinsen an die Zentralbank zu zahlen wären. Zweitens darf die Zentralbank den Bogen natürlich nicht überspannen und stößt bei ihrer inflatorischen Geldexpansion deshalb, wenn schon nicht theoretisch, so doch faktisch irgendwann an ihre Grenzen. Von daher verschmäht sie die beachtlichen Zinsgewinne aus ihren Geschäften mit den Commerzbanken keineswegs, handelt es sich doch dabei um durch (zwar inflatorisch leicht gedrückte, aber nichtsdestoweniger reale) wirtschaftliche Gegenwerte *gedeckte* Gelder, was bei ihren selbstgeschaffenen Geldern an sich nicht der Fall ist! Genau in diesem Sinne sagte *William Paterson*, «als er 1694 die Genehmigung der Bank von England erhielt, seine durch Privatgeschäfte erworbenen Gelder einzusetzen[157]: "Die Bank zieht beträchtlichen Gewinn aus allen Geldern, die sie aus nichts schafft."»[158]

Übrigens läßt sich unschwer verfolgen, auf welchem Wege die von den immer neuen Zentralbankkrediten erzeugte schleichende Inflation auf die breite Bevölkerung abgewälzt wird. Die Zentralbank produziert Bar- oder Buchgeld und stellt es auf dem Kreditweg den Geschäftsbanken zu Verfügung. «In der Regel gibt es den sogenannten *Diskontsatz*, welcher die von der Notenbank geforderten Zinsen gegenüber den "normalen" Banken (auf Wechselbasis) festlegt. Dieser Zinsfuß schwankt je nach Konjunkturlage von 4 bis zu 10 %. Dann gibt es den *Lombardsatz*, der angewendet wird, wenn die geldnehmende Bank der Notenbank Wertpapiere als Sicherheit anbietet[159]. Dieser Zinssatz ist zusätzlich meistens um 1-2 % höher als der Diskontsatz. Die Notenbank verteuert damit die Zinsen der Bank ganz beachtlich, die diese dann an die produktive Wirtschaft z.B. für Investitionskredite weitergibt. Der Unternehmer[160] muß die Zinsen auf die Warenkalkulation aufschlagen, sodaß letztlich der Konsument die

---

[157] Und damit die erste privat betriebene, jedoch offiziell als «staatlich» deklarierte *Zentralbank* ins Leben rief!
[158] *Caroll Quigley* in «Tragedy And Hope» 48f, zit. n. *Skousen* a.a.O. 12.
[159] In welchem Fall sogar die Zentralbank Aktienbesitzerin und ggf. Herrin bestimmter Unternehmen wird!
[160] Der oftmals de facto mit der kreditgebenden Bank identisch ist!

Notenbankzinsen bezahlt»[161], in Form höherer Preise für gleichbleibende Warenqualität und -quantität nämlich, ein Effekt, den man gemeinhin tatsächlich mit dem Ausdruck «Inflation» zu bezeichnen pflegt . . .!

Über das amerikanische Zentralbankensystem liegen unterschiedliche Angaben vor. Während meist zu lesen ist, daß auch der *Federal Reserve Board* (FED) seine inflationären Gelder über die Geschäftsbanken in den Wirtschaftskreislauf lanciert, behaupten *Grün/Foresta* unter Berufung auf mehrere Quellen, das neugeschaffene Geld der FED könne «nur über den Staatshaushalt - d.h. über eine nominelle Staatsverschuldung gegenüber der Notenbank - in den Verkehr gebracht werden»[162]. Zutreffend dürfte am ehesten sein, daß die FED den größten Teil ihres Falschgelds *mittels der Geschäftsbanken* als jährliche Neuverschuldung im US-Staatshaushalt «placiert». Aber sei dem wie es sei, in jedem Fall sind alle Bürger, als «Verbraucher» oder als Steuerzahler, die Leidtragenden der fortwährenden zentralbankinduzierten Inflation.

Daß die jahrzehntelang anhaltende fortgesetzte Inflation eine gesteuerte sein muß, ist übrigens evident. Damit das Geld ohne Zutun der Zentralbank kontinuierlich an Wert verlöre, müßte die Wirtschaftskraft einer Volkswirtschaft kontinuierlich abnehmen. Wir alle wissen aber, daß z.B. nach dem 2. Weltkrieg die Wirtschaftskraft aller europäischen Nationen wie auch der USA ständig *zugenommen* hat! Bei gleichbleibender umlaufender Geldmenge hätte also der Wert des Geldes stetig wachsen statt stetig abnehmen müssen. Dieser merkwürdige Umstand beweist übrigens auch, daß die offiziell angegebene Inflationsrate regelmäßig um ein Mehrfaches zu gering angegeben wird. Wenn gemäß *Bruno Bandulet* die Deutsche Mark «seit 1948 gut zwei Drittel . . ., das Pfund aber - um nur eine der traditionellen Schwachwährungen zu nennen - über 90 %» seines Wertes verloren hat[163], obwohl die deutsche wie die englische Volkswirtschaft seitdem enorm expandiert haben und beider Währungen eigentlich an Wert gewaltig zugenommen haben müßten, heißt das nichts anderes, als daß die wahre Inflationsrate doppelt und dreifach so hoch ist und beide Währungen (nicht nominal, sondern *real*) um irgendeinen Satz zwischen 95 und 99 % entwertet wurden! Wenn

---

[161] *Schweiger* a.a.O. 62f.
[162] *Grün/Foresta* a.a.O. 166.
[163] *Bruno Bandulet*, Das Maastricht-Dossier. Deutschland auf dem Weg in die dritte Währungsreform, Bad Kissingen 1992 (abgek. *Bandulet*), 16.

dann *Bandulet* uns weismachen will, «die Vorstellung, Inflationsraten würden von der Zentralbank "gemacht"», sei «naiv»[164], drängt sich der Verdacht auf, daß dieser clevere Wirtschaftsfachmann es mit gewissen Kreisen nicht unbedingt verderben möchte[165]. Über ihn und seinesgleichen hat der vor ein paar Jahren verstorbene amerikanische Historiker *Anthony Sutton* zu Recht gespöttelt: «Sogar noch heute [1975] schreiben akademische Theoretiker ihre Tafeln mit bedeutungslosen Gleichungen voll, und die Öffentlichkeit starrt der Inflation und dem nächsten Kreditzusammenbruch entgegen, während man ein Problem gar nicht diskutiert und kaum erfaßt, das alles simpel erklären würde: Es ist das zum Gesetz erhobene private Monopol der "Federal Reserve Bank" [d.h. der US-Zentralbank], die ja alle Geldschöpfung in der Hand hat und unter dem Deckmantel, öffentliches Interesse zu schützen, zugunsten weniger Profit macht.»[166]

Es ist tatsächlich überhaupt nicht bestreitbar, was im August 1991 in den «Mitteilungen und Kommentaren der Gemeinschaft zum Schutze der deutschen Sparer» zu lesen stand: «Der Wert des Geldes resultiert aus dem Verhältnis von Güterangebot und Geldmenge. Bei gegebenem Produktionspotential ist somit die Geldversorgung durch die Zentralbank entscheidend. (!) Zu Recht hat daher der Gesetzgeber die Deutsche Bundesbank beauftragt, durch Regulierung des Geldumlaufes die Währung zu sichern.»[167] Daß dieser schöne gesetzliche Auftrag indessen - hierzulande wie andernorts - nur auf dem Papier steht und lediglich von der tristen Realität ablenken soll, wurde bereits angedeutet; der Bock hat noch niemals einen brauchbaren Gärtner abgegeben . . .

Jetzt endlich haben wir die nötigen Grundlagen erarbeitet, um zu verstehen, auf welche Weise der Finanzkapitalismus mit Hilfe der Zentralbanken von Zeit zu Zeit eine Wirtschaftskrise produ-

---

[164] Ebd.
[165] Was ihn nicht hindert, an anderer Stelle (ebd. 28) einen gewissen *Felix Somary* mit der beinahe korrekten These (man ersetze das Wort «Staat» durch «privat geführte Zentralbank»!) zu zitieren: «Gegenüber dem Ausmaß der Enteignung durch Geldmanipulationen verblassen die Geldfälschungen des Mittelalters und des Altertums. . . . Verkürzung von Metallgeld ist sichtbar und kann nur bis zu einem gewissen Grad fortgesetzt werden, Schaffung von Notengeld kann rasch und unmerklich gesteigert werden. Durch Beseitigung des Metallgeldes und Monopolisierung der Notenemission kann der Staat die Enteignung seiner Bevölkerung in kurzer Frist durchführen. . . .»
[166] *Anthony C. Sutton*, Roosevelt und die internationale Hochfinanz. Die Weltverschwörung in der Wallstreet Nr. 120, Tübingen 1975 (abgek. *Sutton*), 116.
[167] Zit. n. *Gegen den Strom* Nr. 11/1.11.1991, 11.

ziert. Wie schon weiter oben erklärt, entspringt ja jede «zyklische» kapitalistische Wirtschaftskrise einer künstlichen Verringerung des Geldumlaufs. Das ist etwas verkürzt formuliert, trifft aber dennoch den Kern der Sache. Eine eingehendere Analyse ergibt zunächst, daß die meisten «zyklischen» Konjunkturkrisen in ihrem Anfangsstadium als *unter kapitalistischen Wirtschaftsbedingungen unvermeidliche* Überproduktions- bzw. Preisverfallskrisen anzusprechen sind. *Kleinhappl* erklärt die Unvermeidlichkeit von kapitalistischen Überproduktionskrisen so: «Wenn einer von den kapitalistischen Unternehmern bei sinkenden Preisen wirklich seine Marktbelieferung einschränkt oder gar einstellt, so würden die andern es nicht tun, sondern weiter liefern. Die Folge würde sein, daß der eine aus dem Markte überhaupt herausgedrängt wird.» Das kann aber niemandem einfallen, zumal er die Verluste infolge sinkender Preise zunächst noch «aufzufangen» vermag: durch Lohnsenkungen, Kurzarbeit, Entlassungen, optimistisches «Aussitzen» zeitweiliger Bilanzverluste etc., während zumindest sein eigener Lebensstil keine Einbuße zu erleiden braucht, denn für ihn selbst bleibt allemal genug Gewinn übrig. «Noch ein anderes kommt hinzu. Jeden kapitalistischen Unternehmer lockt die Aussicht, den Markt allenfalls monopolistisch beherrschen zu können. Wenn es ihm gelingt, die Krise durchzuhalten, vielleicht sogar den einen und anderen schwächeren Mitbewerber aus dem Felde zu schlagen, so kann er diesem ersehnten Ziele immerhin näher kommen oder es gar verwirklichen. Alles das drängt ihn, unbedingt am Markte zu bleiben, sich davon ja nicht zurückzuziehen . . . Das kann er aber nur, wenn er den Markt auch zur Zeit der sinkenden Preise weiter beliefert.»[168]

Damit ist jedoch der Zusammenbruch der Nachfrage vorprogrammiert: «Eine Konjunktur kann zwar eine Zeit dauern; bisher hat es aber noch keine gegeben, die unbegrenzt war.»[169] Die konkurrenzbedingte Überproduktion mit anschließendem Preisverfall resultiert übrigens näherhin großenteils auch aus dem absurden, wirtschaftlich kontraproduktiven, unter kapitalistischen Auspizien jedoch zwangsläufigen Bemühen des Kapitals, für immer weniger bezahlte Arbeitskräfte, die ja gleichzeitig die potentiellen Käufer sind, immer mehr zu produzieren! Das hat *David Hudson* erst kürzlich im Hinblick auf das aktuelle Wirtschaftsgeschehen in den USA glänzend aufgezeigt: «Je stärker Löhne und Vergütun-

---

[168] *Kleinhappl, Wirtschaftsethik* a.a.O. 122f.
[169] Ebd. 139.

gen beschnitten werden, desto "effizienter" wird die Produktion. Je mehr Arbeiter auf die Straße gesetzt und durch computergesteuerte Maschinen ersetzt werden, wie in Stahlwerken, desto stärker werden die Lohnkosten pro Produktionseinheit verringert. Kurzfristig verleiht dies dem "effizienteren" Produzenten einen Wettbewerbsvorteil vor seinem Konkurrenten. - Aber diese Strategie enthält die Saat ihrer Selbstzerstörung. Da sowohl die Reallöhne als auch die Nennlöhne fallen, und da immer mehr amerikanische Firmen "abspecken", um wettbewerbsfähiger zu werden, vernichten sie ihre Kunden wirtschaftlich. Neuwagen bleiben unverkauft, da selbst diejenigen, die noch in Arbeit stehen, sich nicht leisten können, sie zu kaufen. Hotelzimmer bleiben leer, da Geschäfts- und Urlaubsreisen nicht mehr angetreten werden.»[170]

Kurz und gut: Da die Banken als direkte oder indirekte Eigentümer der Großindustrie die unvermeidliche Preisverfalls- und Absatzkrise[171] samt der dann ebenso unvermeidlichen, an sich finanziell sehr verlustreichen Phase betriebswirtschaftlicher Neuorientierung und Reorganisation möglichst unbeschadet überstehen wollen, sorgen ihre führenden Köpfe mittels einer gezielt deflationären Zentralbankpolitik dafür, daß die krisenbedingten Verluste so weit als möglich teils direkt auf die Masse der Bevölkerung, teils auf den Staatshaushalt abgewälzt werden. In diesem Sinne verwandeln also die Zentralbanken eine beschränkte Krise der Großindustrie mittels künstlich herbeigeführter *Deflation* regelmäßig in eine allgemeine Konjunkturflaute, «erzeugen» mithin erst die letztere[172].

Auf eine sich abzeichnende Überproduktions- oder sonstige von Gewinneinbrüchen gekennzeichnete Krise der Großindustrie reagiert also die jeweils zuständige Zentralbank regelmäßig mit der Einleitung einer überzogenen Geldumlaufbeschränkung («Geldverknappung», *Deflation*), die naturgemäß einen Anstieg

---

[170] *David Hudson* in: *CODE*, Nr. 3/1993, 62.
[171] Gewöhnlich tritt keine Absatzkrise ein, da sehr billige Produkte - Qualität vorausgesetzt - natürlich liebend gerne gekauft werden, selbst wenn kein dringender Bedarf dafür herrscht. Der Absatz beginnt (Ausnahmen bestätigen die Regel) meist erst dann zu stocken, wenn auch die Arbeitslosigkeit und die Deflation bereits begonnen haben.
[172] *Kleinhappl*, der sich mit der spezifischen Banken- und Währungsfrage leider kaum befaßt hat, scheint das nicht zu wissen, wenn er (*Wirtschaftsethik* a.a.O. 343) schreibt: «Die Geld- und Wirtschaftspolitik der Notenbank hat zweifellos großen Einfluß auf die Konjunktur in der Wirtschaft. Ob sie aber einzig und allein von dort aus entschieden wird, dürfte die Frage sein.» Es sei denn, er bezöge sich auf das auch einer Zentralbank «vorgegebene» Problem zyklisch eintretender Überproduktion.

der Arbeitslosigkeit zur Folge hat. Denn der verringerten umlaufenden Geldmenge entspricht ja eine verringerte Kaufkraft, d.h eine verringerte Nachfrage nach menschlicher Arbeit und ihren Produkten. «Das Sonderbare bei all diesen Krisen ist dies: auf der einen Seite eine überaus große Fülle von Gütern und Waren, die unverkäuflich und unanbringbar sind; auf der anderen Seite eine Menge von Menschen, die Bedarf nach all diesen Dingen hätten, sie gerne erwerben möchten, es aber nicht können, weil ihnen die Mittel, die Kaufkraft, fehlen.»[173] Nun haben wir oben schon festgestellt, daß gerade in einer kapitalistischen Zinsenwirtschaft eigentlich niemand Interesse daran haben sollte, Geld dem Wirtschaftskreislauf zu entziehen, weil eben brachliegendes Geld sich nicht verzinst. Recht besehen gibt es tatsächlich nur eine einzige Institution, die es sich problemlos leisten kann, ihr Geld zeitweise «ruhen» zu lassen: die Zentralbank. Auf Zinsgewinne ist sie nicht unbedingt angewiesen, weil sie anstelle entgangener Zinsen anschließend in erhöhtem Maße Geld aus dem Nichts heraus produzieren kann; zinspflichtig ist sie niemandem!

Es ist demnach die Zentralbank, die alle paar Jahre kurzfristig von ihrer üblichen inflationären auf eine deflationäre «Geldpolitik» umschaltet, immer dann, wenn nach Ansicht der bankenkontrollierten Großindustrie die Arbeitskosten zu hoch oder die erzielten Verkaufspreise zu niedrig geworden sind und infolgedessen die Unternehmensgewinne zu gering ausfallen. Dann muß unverzüglich die folgende immergleiche Prozedur in Gang gesetzt werden:

1) Die Zentralbank stellt plötzlich fest, daß angeblich verstärkte Inflationsgefahren drohen und sieht sich daher gezwungen - wie sie behauptet -, ihre Zinssätze anzuheben.

2) Das führt binnen kurzem zu einer Trendwende auf dem «Geldmarkt»: Immer mehr Unternehmen verzichten auf Investitionen mittels sich verteuernder Bankkredite und legen angesichts parallel zu den teureren Kundenkrediten steigender Sparzinsen[174] umgekehrt ihr eigentlich für Investitionen gedachtes überschüssiges Eigenkapital (ihre Gewinne) bei den Banken an.

3) Die Banken ihrerseits finden allmählich immer weniger Kreditkunden[175] und wollen natürlich möglichst wenig teure Dis-

---

[173] Ebd. 120.
[174] Um nämlich möglichst viele, verglichen mit dem Zentralbankgeld erheblich billigere, private Spareinlagen anzuziehen!
[175] Dazu der Fachmann *Kurt Richebächer* (a.a.O.): «Daß sich in einer Rezession, so wie jetzt, die private Kreditnachfrage abschwächt, ist normal.»

kont- und Lombardzinsen an die Zentralbank zahlen, weshalb sie ihre von der Zentralbank geliehenen Gelder schleunigst zurückzahlen und sogar ihre Spareinlagen ggf. *bis zur Auffüllung der gesetzlich vorgeschriebenen Mindestreserven* bei der Zentralbank deponieren. Dadurch entledigen sie sich aller Zinslasten gegenüber der Zentralbank und machen immer noch - wenn auch bescheidene - Gewinne aufgrund noch laufender Kundenkredite aus Spareinlagen.

4) Große Geldmengen, die für Unternehmensinvestitionen hätten ausgegeben werden sollen und Hunderttausenden Arbeit gegeben hätten, desgleichen große Geldmengen, die als Löhne und Gehälter Arbeitern und Angestellten hätten ausgezahlt werden sollen (deren Arbeitskraft jedoch inzwischen als relativ zu teuer gilt) liegen nunmehr nutzlos bei der Zentralbank, der sie aber keinerlei Kosten bescheren, weil sie ja gegenüber niemandem zinspflichtig ist!

5) Jetzt werden infolge der künstlich gedrosselten umlaufenden Geldmenge und der dadurch reduzierten Nachfrage nach *Investitions-* und *Konsum*gütern überall Arbeitskräfte auf die Straße gesetzt. Deren Arbeitslosigkeit vermindert nochmals die Nachfrage nach *Konsum*gütern, so daß endlich alle Wirtschaftszweige von der «Rezession» betroffen sind. Kurzfristig sinkt der Wert der meisten Aktien, die aufgrund der momentan schlechten Gewinnlage der Unternehmen niedriger bewertet werden. Wer die Aktien zuletzt teuer gekauft und den Kauf mittels Krediten finanziert hatte, geht u.U. jetzt bankrott und verhilft seiner Gläubigerbank unfreiwillig zu extrem billig erworbenen Aktien, deren Börsenwert irgendwann wieder steigen und der Bank fette Gewinne bescheren wird!

6) Nun aber ist der Weg endlich frei für *Rationalisierungs*investitionen der Großindustrie, zumal die Banken wegen der bisher mangelnden Kreditnachfrage ihre Sparzinsen wieder zu senken beginnen und es für die Unternehmen zunehmend uninteressant wird, ihre Gelder zu immer niedrigeren Zinssätzen auf den Bankkonten liegen zu lassen. Die neue Rationalisierungswelle eliminiert viele tausend oder zehntausend oder hunderttausend Arbeitsplätze endgültig und verschafft den Unternehmen durch die solchermaßen drastisch verringerten Arbeitskosten eine ebenso drastisch erhöhte Gewinnspanne. Ein Teil der Arbeitslosen wird in der neuen Konjunkturphase wieder gebraucht und findet einen neuen (oder seinen alten!) Arbeitsplatz. Nur die Weckung neuer Bedürfnisse vermag darüber hinaus «neue» Arbeitsplätze zu

«schaffen» - auf Kosten freilich der Umwelt und der natürlichen Ressourcen.

7) Um die steigende Kreditnachfrage der nicht nur mit freigewordenen Eigenmitteln investierenden Unternehmen zu befriedigen und ihre eigenen Zins- und Spekulationsgewinne wieder auf das gewohnte Niveau zu bringen, brauchen die Geschäftsbanken billigere Kredite, die ihnen die Zentralbank auch prompt einräumt[176], indem jetzt nach überwundener «Inflationsgefahr» die «Zinsschraube gelockert» werden kann, wie sich die gesteuerten Medien auszudrücken belieben. Es wird also wieder von Deflation auf Inflation umgeschaltet. Banken und Großunternehmen nutzen zudem das billige Zentralbankgeld zur vermehrten «Anlage» in Aktien anderer Unternehmen, deren Börsenkurse infolge der anlaufenden Konjunktur rascher steigen als die eigenen zu erwartenden Betriebsgewinne und darum relativ größere Profite versprechen.

8) Das Wirtschaftswachstum hält solange an, bis neuerlich eine allgemeine Überproduktion mit ebenso allgemeinem Preisverfall eingetreten ist oder die Gewerkschaften ihre Lohnforderungen und der Staat die Lohnnebenkosten wieder so hoch getrieben haben, daß die prozentuale Kapitalverzinsung unter ein für die Kapitalisten noch hinreichend *einträgliches* und damit «erträgliches» Maß sinkt. Dann leiten sie unverzüglich die nächste allgemeine Konjunkturflaute in die Wege!

Eine Frage bleibt bestehen: Wieso hält die *In*flation meist sogar in wirtschaftlichen Krisenzeiten an, wenn diese Krisen doch durch eine *De*flation hervorgerufen werden? Ist das nicht ein eindeutiger Widerspruch zum soeben dargelegten Schema einer sogenannten «zyklischen Rezession»? Keineswegs. Da die gesteuerte Deflation einerseits vorrangig und im wesentlichen die Kapitalien der Großindustrie und der Hochfinanz betrifft, und da andererseits der insgesamt stark reduzierten Geldmenge eine ebenso starke Reduzierung des Bruttosozialprodukts (= der volkswirtschaftlichen Gesamt-Arbeitsleistung) infolge der massiven Freisetzung von Arbeitskräften gegenübersteht, bleibt gewöhnlich selbst in der *absolut gesehen* deflationären Phase eine *relative* Inflation bestehen: Es ist - auf beträchtlich niedrigerem

---

[176] Dazu *Kurt Richebächer* a.a.O. 12: «Absolut unerläßliche erste Bedingung für einen Aufschwung wäre eine breite Liquidisierung der Wirtschaft, die einzig und allein der Bankenapparat - ein expandierender Bankenapparat - zu bewirken vermag. Die zentrale Bedeutung des Bankensystems liegt darin, daß es die Maschine der Kreditschöpfung und des Geldmengenwachstums ist.» Wer wollte daran zweifeln?

Gesamtniveau - immer noch relativ mehr Geld im Umlauf (und wird auch kontinuierlich relativ mehr Geld in Umlauf gebracht), als dem aktuellen Niveau des Bruttosozialprodukts entsprechend umlaufen dürfte. Anders ausgedrückt: Innerhalb der künstlich gedrosselten, langsamer laufenden Volkswirtschaft wird nach wie vor «Falschgeld» unter das Volk gebracht. Das muß schon deshalb so sein, weil ja immer noch Zinsen und Zinseszinsen gezahlt werden sollen!

Aber wie kann es der Zentralbank und den Geschäftsbanken überhaupt gelingen, noch mitten in der Flaute ihr offizielles Falschgeld in Gestalt von Krediten zu enorm hohen Zinsen «an den Mann zu bringen»? *Kurt Richebächer* verrät uns das Geheimnis: Wir haben übersehen, sagt er, «daß sich die Expansion des Bankenapparates in dieser Phase von der Kreditvergabe an Unternehmen und Konsumenten auf verstärkte Wertpapieranlagen, genauer gesagt, auf Anlagen in Staatsanleihen, verlagert. Diese werden in der Rezession zur wichtigen Quelle der notwendigen allgemeinen Geldvermehrung.»[177] Notwendig ist diese Geldvermehrung natürlich, um den Banken einen drohenden massiven Gewinneinbruch zu ersparen. Und daß ihnen in solchen Nöten just Vater Staat hilfreich unter die Arme greift, ist doch eigentlich ganz logisch, nicht wahr? Schließlich handelt er ja im eigenen Interesse: womit sonst, wenn nicht mit frischen (Zentral-) Bankkrediten sollte er angesichts zurückgehender Steuereinnahmen und steigender Arbeitslosenzahlen seine schönen «Konjunkturankurbelungsmaßnahmen» bezahlen, die er in der Rezession unter dem sanften Druck der Banken regelmäßig in die Wege zu leiten beginnt? Daß die Banken ihrerseits diesbezüglich (meist mittels der gelenkten Medien, die nach «konjunkturellen Maßnahmen» rufen!) ein wenig Druck ausüben, wird ihnen auch niemand verargen wollen: schließlich ist es doch *ihre* Konjunktur, die da angekurbelt werden soll, auch wenn die Medien und das breite Publikum das gewöhnlich mißverstehen ...

Spaß bzw. Galgenhumor beiseite und mit *van Loens* Worten[178]: «Wirtschaftskrisen werden von Großinvestoren durch Zurückziehung großer Geldmengen aus dem Umlauf nach Bedarf erzeugt. Dabei werden große Kapitalien dem Staat entzogen, der nun gezwungen ist, die wirtschaftsnotwendigen Kapitalien vom Bürger, vor allem aber von den Großinvestoren, zu entlehnen[179].

---
[177] A.a.O. 9.
[178] In: *Kleinhappl, Wirtschaftsethik* a.a.O. 350.
[179] Vgl. dazu auch *van Loen* ebd. 316: «J. M. Keynes versuchte, die durch den

Sie haben genau dieses Geld zu genau diesem Zweck zuerst dem Wirtschaftskreislauf entzogen und bieten es jetzt - natürlich nur gegen Zinsenzahlung! - dem Staat wieder an, dem sie es vorher entzogen haben.» Es dürfte längst klargeworden sein, daß die Zentralbank nur Werkzeug dieser «Großinvestoren» ist, weshalb es nichts verschlägt, wenn *van Loen* sie nicht für erwähnenswert hält.

Die modernen Zentralbanken (bzw. deren Herren!) sind also nach allem Gesagten voll und ganz für die ständige Inflation sämtlicher Währungen, für die ins Astronomische steigenden Staatsschulden und für die periodisch oder zyklisch «auftretenden» *allgemeinen* Konjunktur«abschwünge» verantwortlich, die sie zum Zweck der anhaltenden Ausbeutung der ihnen ausgelieferten Volkswirtschaften eiskalt planen und durchführen, wobei die Politiker nur eine jämmerliche Statistenrolle spielen und im Verein mit den gesteuerten Medien die nötige rhetorische Nebelwand zu erzeugen haben, die Otto Normalverbraucher und Lieschen Müller den Durchblick zuverlässig verwehrt.

Wir hingegen wollen mittels des soeben gewonnenen Durchblicks einige interessante, weil vollkommen typische öffentliche Äußerungen der Deutschen Bundesbank bzw. ihres Präsidenten zum eigenen Konjunktur(krisen)-Management begutachten.

Mitte Juli 1992 berichtete der Reuter-Mitarbeiter *Oliver Schumacher* über einen sonderbaren Beschluß der Deutschen Bundesbank wörtlich so: «Die Verärgerung der Bundesregierung ist leicht verständlich. Die Diskonterhöhung auf 8,75 von 8,0 Prozent trifft die deutsche Wirtschaft in einer schwierigen Phase: In Westdeutschland wächst das Bruttosozialprodukt nur noch bescheiden, und in den neuen Ländern ist der Tiefpunkt noch keineswegs erreicht. Und Impulse aus dem Ausland sind vorerst kaum zu erwarten, die Wirtschaft steckt weiterhin in der ganzen Welt mitten in einer Rezession. - Vor diesem Hintergrund muß es den Mitgliedern der Koalition in Bonn in den Ohren geklungen haben, als Bundesbankpräsident Schlesinger am Donnerstagnachmittag vor Journalisten von neuem die Unabhängigkeit der

---

Geldrückzug des Kapitals infolge der fallenden Kapitalzinsrate bei "Geldanlagen in zinstragende Produktionseinrichtungen" bewirkten Nachfrageausfälle durch staatliche Kreditschöpfung zu kompensieren. Darin besteht das finanzpolitische Konzept des sogenannten "Deficitspending", um dem Kapital den nötigen Anreiz zu neuen Geldanlagen in zinstragende Produktionseinrichtungen zu geben. - Die dazu notwendigen Geldmittel muß der Staat jedoch seinen Bürgern durch Zwangssparen oder Steuern abnehmen, um sie als sog. "Konjunkturspritzen" in die Wirtschaft weiterzugeben.»

deutschen Notenbank eindrucksvoll unter Beweis stellte. Sicher sei in dem achtzehnköpfigen Zentralbank-Gremium heftig diskutiert worden. Auch über die internationale Verträglichkeit, resümierte der Zentralbankchef mit Verweis auf die Anwesenheit Möllemanns, habe man eingehend beraten. Wegen des andauernd starken Geldmengenwachstums und der andauernd hohen Inflation habe der Zentralbankrat den Zinsschritt aber für unausweichlich gehalten. Die Entscheidung, fügte Schlesinger hinzu, werde jedoch zu keiner Rezession führen. - Die Einschätzung Schlesingers ist selbst bei Befürwortern der Zinserhöhung nicht unumstritten. Der Bundesverband der Deutschen Volksbanken und Raiffeisenbanken begrüßte den Zinsschritt zwar gemeinsam mit anderen führenden Banken- und Wirtschaftsverbänden als notwendiges und entschlossenes Stabilitätssignal. Nüchtern stellte der aber auch fest, ein höherer Diskontsatz werde zu entsprechenden Anpassungen der Kreditkonditionen führen und damit die ohnehin labile Konjunktur zusätzlich belasten. Der Deutsche Sparkassen- und Giroverband teilt die Befürchtungen. Die Beschlüsse der Bundesbank werden kurzfristige Kredite verteuern, lautet die Prognose dieses Verbandes. - Unheil sieht auch der Zentralverband des Deutschen Handwerks heranziehen. Vor allem kleinere Unternehmen würden durch die Diskontanhebung hart getroffen. Der Handwerksverband erwartet nicht nur eine weitere Einschränkung der Investitionsmöglichkeiten, sondern rechnet auch mit der Zunahme von "ernsthaften Liquiditätsschwierigkeiten".»[180] Da haben wir also das typische Muster. Eine angebliche Inflationsgefahr macht eine Erhöhung der Leitzinsen erforderlich. Diese Maßnahme stranguliert die momentan zumindest für die Großindustrie ohnedies nicht rentable Investitionstätigkeit; auf den Mittelstand wird, wie gewohnt, keine Rücksicht genommen, zumal er den Großmonopolisten ein Dorn im Auge ist und bleibt. Daß die Zinssenkung drastisch rezessionsfördernd wirken muß, leuchtet allen Wirtschaftsexperten ein, wird aber nichtsdestoweniger vom Bundesbankpräsidenten dreist in Abrede gestellt. Da er auf seinem Posten «unabhängig» ist, kann er unbesorgt das Blaue vom Himmel herunterlügen ...

Ein gutes Dreivierteljahr später kommt endlich die «Entspannung». Als im Frühjahr 1993 noch alle Welt von einer länger anhaltenden Rezession in Deutschland redet, kündigt Zentralbankpräsident *Helmut Schlesinger* höchstpersönlich bereits die Wende

---

[180] *Oliver Schumacher* (Reuter) in: *DT*, 18. 7. 1992.

an. «Negative Erscheinungen in der wirtschaftlichen Entwicklung» würden, so sagt er in einem Interview, «überproportional bewertet. Deutschland habe derzeit keine Krise, sondern eine Delle in der konjunkturellen Entwicklung ...» Mit seiner soeben vorgenommenen Senkung der Leitzinsen habe der Zentralbankrat reagiert - und jetzt wird es interessant - auf «das nachlassende Wachstum der Geldmenge, die moderaten Lohnabschlüsse, die kaum noch steigenden Erzeugerpreise und den Konjunkturtrend»[181]! Aha, also im einzelnen auf *das nachlassende Wachstum der Geldmenge* (höchste Zeit, die Inflationsrate aufrechtzuerhalten!), *die moderaten Lohnabschlüsse* (die Gewinnspanne der Industrie wächst also wieder), *die kaum noch steigenden Erzeugerpreise* (mehr Inflation muß her!) und *den Konjunkturtrend* (jetzt kann es bankenhalber wieder aufwärts gehen!) - lauter Dinge, die mit unseren Erkenntnissen in schönstem Einklang stehen: Die Zentralbank senkt die Leitzinsen, damit billigeres Geld die Inflation wieder hübsch anheizt (d.h. der Fluß der Zinsen nicht ins Stocken gerät) und die Unternehmer angesichts eingeschüchterter Gewerkschaften und ihrer «moderaten» Lohnabschlüsse endlich wieder gewinnbringend investieren und produzieren können![182]

Hier eine noch zynischere Nachricht aus Italien Anfang Juli 1993: «Mit den niedrigsten Leitzinsen seit siebzehn Jahren be-

---

[181] *DT*, 27. 4. 1993 (dpa).
[182] Nochmals ein Vierteljahr danach bestätigt folgender Pressebericht (Reuter in: *DT*, 3. 7. 1993) eindrucksvoll unsere Analyse: «Mit einer deutlichen Zinssenkung hat die Bundesbank wenige Tage vor Beginn des Weltwirtschaftsgipfels in Tokio das Ende der Hochzinsphase am deutschen Geldmarkt eingeleitet. Der Zentralbankrat senkte bei seiner Sitzung in Leipzig den Diskontsatz um ein halbes auf 6,75 Prozent und den Lombardsatz um ein viertel auf 8,25 Prozent. Mit dieser fünften Zinsreduktion seit Herbst 1992 habe die Bundesbank ihre Politik der vorsichtigen Zinssenkungen fortgesetzt, sagte Bundesbankpräsident Schlesinger. Die Bundesregierung begrüßte die Zinsbeschlüsse als positives Signal für das erhoffte Ende der Rezession. [!] Der Diskontsatz liege nun um zwei und der Lombardsatz um fast zwei Prozentpunkte unter den Höchstständen von 1992, sagte Schlesinger. . . . Das Geldmengenwachstum habe sich im Mai auf 6,7 nach zuvor sieben Prozent zurückgebildet und liege damit nur noch knapp über dem diesjährigen Wachstumsziel von 4,5 bis 6,5 Prozent [also keine «Inflationsgefahr» mehr!]. . . . Schlesinger begrüßte die Sparbeschlüsse der Bonner Regierungskoalition. Die Bundesbank sei froh, daß es vor allem auf der Ausgabenseite zu Einsparungen komme [damit der Zinsenfluß nicht ins Stocken gerät!]. Die wirtschaftliche Entwicklung beurteilte der Zentralbankrat verhalten optimistisch. Die deutsche Konjunktur habe ihren Tiefpunkt erreicht, sagte Schlesinger [!]. Er zitierte eine Prognose, wonach es bereits zum Jahreswechsel zu einer wirtschaftlichen Erholung kommen könnne, wollte dies aber nicht weiter kommentieren. - Insgesamt sei das jetzt erreichte Zinsniveau der Gesamtlage angemessen. Schlesinger sagte, er hoffe, daß die Banken ihre nun geringen Geldbeschaffungskosten [!] zügig an die Kunden weitergäben.»

lohnt die Bank von Italien die Regierung und die Tarifparteien des Landes für deren jüngste Erfolge im Kampf gegen Inflation und Staatsverschuldung.» Niedrigere Leitzinsen aber bedeuten einen Inflationsschub, und folglich «belohnt» die Zentralbank den Kampf von Regierung und Gewerkschaften *gegen* die Inflation mit - *steigender* Inflation! Womit haben sich Staat und Arbeiterschaft Italiens diese prächtige «Belohnung» verdient? Die Gewerkschaften haben nach zweijährigen zähen Verhandlungen auf die bisher übliche automatische Koppelung der Löhne und Gehälter an die Preissteigerungsrate verzichtet, freilich nicht ohne massivsten Druck seitens - des vormaligen *Zentralbankpräsidenten*! «Regierungschef Ciampi hatte den Tarifparteien zuletzt mit dem Rückzug der Regierung vom gemeinsamen Verhandlungstisch gedroht. Nicht nur damit hat der frühere Notenbankchef (!) aus Sicht von Analysten entscheidend zu der Zinssenkung beigetragen», sondern auch mit einer «Sanierung» des italienischen Staatshaushalts. Und wie sieht diese Sanierung aus? «Ausgabenkürzungen und Steuererhöhungen mit einem Gesamtvolumen von dreizehn Billionen Lire (etwa vierzehn Milliarden Mark) . . .»[183] kommen auf die Italiener zu!

Dadurch wird nun allerdings die angeschlagene Schuldendienstfähigkeit des italienischen Staats gegenüber den Banken soweit «saniert», daß der Staat vorläufig keine weiteren inflationären Zentralbankgelder (keine Erhöhung der alljährlichen *Neuverschuldung* wohlgemerkt!) mehr benötigt. Die fließen statt dessen jetzt wieder in die Wirtschaft und von dort aus zurück an die sie kontrollierenden Geschäftsbanken. Deren zu erhoffende Gewinnspanne hat sich durch die endlich abgestreifte Fessel eines automatischen Inflationsausgleichs bei Löhnen und Gehältern mit einem Schlag genau um jenen Geldbetrag vermehrt, den die Zentralbank ab sofort zu nunmehr billigeren Zinsen aus nichts schaffen und der den abhängig Beschäftigten ab sofort vorenthalten werden wird! Die Masse der Italiener finanziert den neuen Wirtschaftsaufschwung, von dem letztlich nur die Großunternehmen und mehr noch die mit ihnen verfilzten Banken profitieren, mithin gleich dreifach: 1) durch eine nicht mehr kompensierte Geldentwertung, 2) durch erhöhte Steuern und 3) durch gekürzte staatliche Leistungen. Daß es aber die Zentralbank ist, die diese fortgesetzte Umverteilung des Volksvermögens von unten nach

---

[183] *DT*, 8. 7. 1993.

oben betreibt, wird von hundert derart Geprellten noch nicht einer durchschauen . . .[184]

Da der jüdische Kosmopolitismus schon sehr früh zu immer intensiveren weltweiten Verflechtungen der Hochfinanz und des industriellen Großkapitals geführt hat[185], konnte man bereits vor und während dem 1. Weltkrieg konzertierte Aktionen europäischer Zentralbanken untereinander und mit der 1913 gegründeten US-Zentralbank beobachten. Es sollte klar sein, daß die unter jüdisch-freimaurerischem Druck immer enger «kooperierenden» Volkswirtschaften längst nicht mehr nur den bis jetzt geschilderten *internen* Manövern ihrer jeweiligen eigenen Zentralbank unterliegen, sondern obendrein zahlreichen diese Manöver überlagernden internationalen, bisweilen weltweiten Währungsmanipulationen größten Stils. Einige Beispiele für derartige Auswüchse des von Zion exklusiv dominierten Banken- und Zentralbankenwesens sollen später noch zur Sprache kommen.

---

[184] Ein ganz ähnliches Bild boten im Sommer 1993 auch Frankreich und England (laut *DT*, 3. 7. 1993): «Frankreich: Wirtschaftskrise und klaffende Etatlücken zwingen die Regierung zu tiefen Einschnitten und Abgaben-Erhöhungen. Massive Kürzungen gibt es auch innerhalb des Gesundheitssystems. Insgesamt werden die Mehrbelastungen der Bürger auf 67,6 Milliarden Franc (20,06 Milliarden Mark), die Entlastungen der Unternehmer auf 17,7 Milliarden Franc (5,25 Milliarden Mark) geschätzt. - Großbritannien erholt sich vorsichtig von einer mehrjährigen Rezession. Die industrielle Produktion wächst wieder. Hauptziel der Regierung ist jetzt, das Loch im Haushalt von 50 Milliarden Pfund (125 Milliarden Mark) - acht Prozent des Bruttosozialprodukts - trotz aller Kritik der Labour-Opposition und der Gewerkschaften durch kräftige Streichung von Ausgaben auch im Sozialbereich zu stopfen.» Entstanden waren die «Löcher» natürlich während der Rezessionsphase durch verminderte Steuereinnahmen und erhöhte Schuldenaufnahme bei den Banken.

[185] Auch *Dauphin-Meunier* a.a.O. 93 konstatiert eine rasche Internationalisierung des Kapitalismus im 19. Jahrhundert «infolge der von der internationalen Finanz geschaffenen, immer enger werdenden Verknüpfung der Staaten».

Im Verlag Anton A. Schmid, Verlags-Program: Pro Fide Catholica, Postfach 22, D-87467 Durach, erschienen:

Die Konzilserklärung über die Religionsfreiheit
Ein Dokument des II. Vatikanums und seine Folgen

Johannes Rothkranz, 2 Bände, 17,7 x 24 cm, zus. 1700 Seiten, ausführliches Literatur-, Personen-, Sach-, Ortsregister, fester Einband, je Band 59,- DM

Das Buch für alle, die den Kopf **nicht** in den Sand stecken wollen! Dieses Werk ist ein echtes **Ereignis** in der katholischen Theologie des 20. Jahrhundert!
Die längst fällige wissenschaftliche Aufbereitung
(also weder ängstliche Verdrängung noch neomodernistische Schönfärberei)
     - des geistesgeschichtlichen Hintergrunds
     - des zeitgeschichtlichen Umfelds
     - des revolutionären Aussagegehalts
     - der dogmatischen Tragweite
     - der grundstürzenden Konsequenzen
des in vielerlei Hinsicht wohl wichtigsten Textes des II. Vatikanischen Konzils.

* Die **unerhörte Neuheit** ihrer Aussagen haben sowohl die engagierten Befürworter als auch die hartnäckigen Gegner der **Konzilserklärung über die Religionsfreiheit** von Anfang an gebührend gewürdigt. Was allerdings die einen als „Durchbruch" feiern, gilt den anderen als „Abbruch".

* Beide Einschätzungen sind - aus der jeweils gewählten, unterschiedlichen Perspektive - gleichermaßen berechtigt. Was jedoch bislang auf beiden Seiten übersehen worden ist, ist die *außerordentliche Tragweite* dieses Durch- bzw. Abbruchs für die katholische Kirche als von Christus gestiftete Institution.

* Jenseits aller **neomodernistischen Reform-Euphorie**, aber auch jenseits einer weitverbreiteten **Pflege frommer Illusionen** zeigt der Autor der vorliegenden tiefschürfenden Untersuchung SINE IRA ET STUDIO Schritt für Schritt auf, in wie **ungeahnt radikaler Weise** die Konzilserklärung über die Religionsfreiheit das Wesen dessen verändert hat, was wir immer noch als die römisch-katholische Kirche bezeichnen. Von daher beinhalten die historisch wie theologisch bestens fundierten Thesen des Buches weit mehr Sprengkraft, als der nüchterne Titel vermuten läßt...

*Trotz seines nicht alltäglichen Umfangs ist das zweibändige Werk von Johannes Rothkranz leicht lesbar. Geradezu spannend gestaltet sich vielfach die scharfsinnige argumentative Auseinandersetzung mit den verschiedensten Gegenpositionen. Echte Freunde der Wahrheit wie auch der **Theologie als Wissenschaft** kommen hier voll auf ihre Kosten, sofern dem Leser auf keiner Stufe des systematisch fortschreitenden Gedankengangs irgendwelche in der Literatur vertretenen Gegenmeinungen vorenthalten werden.

*Für eilige, aber auch für theologisch nicht geschulte Leser liegt der besondere Wert dieses Buches in seiner gleichsam **lexikalischen Konzeption**: Das Grundgerüst der zentralen Thesen und ihrer wichtigsten argumentativen Stützen wird im I. Teil auf nur 150 Seiten prägnant und systematisch dargestellt. Der III. Teil bietet zudem auf nur 40 Seiten einen gestrafften systematischen Überblick über (1) die sechs aufeinander fußenden theologischen Hauptthesen des Buches, (2) sämtliche gegen sie bis dato vorgebrachten oder abstrakt denkbaren Einwände sowie (3) deren schlüssige Entkräftung.

* Ein wohldurchdachtes, **mühelos zu handhabendes System von Querverweisen** gestattet dem Leser dieser beiden knappen Teile, in den um ein Vielfaches umfänglicheren Teilen II und IV gezielt dort nachzulesen bzw. nachzuschlagen, wo er persönlich detailliertere Informationen, wissenschaftliche Belege und/ oder eingehendere argumentative Erörterungen benötigt oder wünscht.

* Der **theologisch interessierte oder gar versierte Leser** wird natürlich mit großem Gewinn die gewichtigen Teile II und IV von Anfang bis Ende studieren; sie sind - ein besonderes Kunststück des Autors! - ungeachtet des Verweissystems *inhaltlich und formal zusammenhängend* geschrieben.

Die Irrlehren im neuen Weltkatechismus
Helmut Friedlmayer, 311 Seiten, 24,80 DM

Der Kabbalist und Ex-Kanonikus Abbé Roca verkündete im Jahr 1891 die Generalerneuerung der Katholischen Kirche. Diese werde nicht von einem Papst des Glaubens, sondern von einem Papst der **Gnosis** und der **esoterischen Wissenschaft** vollzogen. Roca´s Aufruf, "Laßt in die Köpfe den Keim unserer Dogmen gleiten, damit die Priester und Laien die Überzeugung gewinnen, daß das Christentum eine wesentlich demokratische Lehre ist", hat sich seit dem Pontifikat Johannes XXIII. und dem II. Vatikanischen Konzil unzweifelhaft verwirklicht.

Der Autor erläutert knapp und schlüssig den Zusammenhang von Gnosis und "Ökumenischer Bewegung", das Eindringen des antichristlichen ökumenischen Gedankens in die Katholische Kirche und die Auswirkung dieses Prozesses auf die Glaubenslehre, wie sie sich im neuen **Weltkatechismus** darbietet. Das satanische Husarenstück der Illuminierten, die Katholische Kirche im gnostisch-ökumenischen Geist umzuformen, führt nicht nur zur weiteren Selbstzerstörung der Kirche, sondern zum klaren Bewußtsein, daß wir Zeugen der globalen Vollendung des antichristlichen Systems sind. Wer sich dem System des Antichristen nicht unterordnen will, der ist aufgerufen sich zu informieren und sich ihm zu widersetzen.

Der jüdische Messianismus
Hauptquelle für die Zerstörung der römisch-katholischen Kirche
Ingo Goldberg, 62 Seiten, 7,80 DM

Diese Kleinschrift ist brisant! Weist sie doch schlüssig an Hand der kabbalistischen Literatur der vergangenen 150 Jahre nach, daß die geistigen Vordenker und Planer eines neuen Katholizismus dieselben waren, die eine Wiederaufrichtung des Reiches Israel und dessen Weltherrschaft über die Völker ersehnten. Die Identität dieses neuen, esoterischen, theosophischen oder, wie man heute sagt, ökumenischen Katholizismus mit dem Erscheinungsbild der postkonziliaren Kirche ist selbst für den Skeptiker zweifelsfrei erkennbar. Wer also wissen möchte, welche Rolle das Papsttum im neuen Katholizismus zuspielen hat, welche Veränderungen in der postkonziliaren Kirche direkt auf den jüdischen Messianismus zurückzuführen sind, inwiefern der neue Katholizismus dem jüdischen Messianismus als Sprungbrett dient, der findet hier eine knappe und ausreichende Antwort auf diese und andere Fragen.
Eine Information vorweg! Der neue Katholizismus im Geist der Esoterik, geplant von den Eingeweihten von Satans Gnaden, wird heute, selbst von konservativen Christen nicht durchschaut, im Wortkleid der "Neuevangelisation" angepriesen. Auch dieser Begriff war den Kabbalisten (z.B. Abbé Roca) durchaus geläufig.

Das Affentheater
Dominique Tassot, 181 Seiten, mit Abbildungen, 19,80 DM

Dominique Tassot ist Bergbauingenieur. Er begeisterte sich für die Fossilienforschung; wie alle glaubte er an die Evolutionstheorie... Dann tauchte eines Tages die Frage auf: Ist es wirklich wahr, daß der Mensch vom Affen abstammt und daß das Leben „zufällig" aufgetreten ist? Welche Beweise haben wir dafür?

Nach und nach kam die erstaunliche Wahrheit ans Tageslicht: es gibt keine Beweise, aber eine Menge irriger Annahmen, tendenziöser Deutungen, sogar ausgeprägter Betrügereien. Die Evolutionstheorie erwies sich als etwas ganz anderes als eine Wissenschaft: ein „Märchen für Erwachsene", nach Jean Rostands Aussage in seinen „Heften eines Biologen". Aber warum? Warum dieses betrügerische Gedankengebäude, das den Mythen des Altertums in nichts nachsteht?...

Der Autor erwidert: alle diese Verdrehungen der naturwissenschaftlichen Redlichkeit erklären sich mit einem subtilen Krieg gegen den Glauben. Statt der Wissenschaft zu dienen, hat man sich ihrer bedient, um die Autorität der Bibel zu zerstören.

Auf diesen Seiten bringt Dominique Tassot uns zunächst die neuesten, zum Verständnis der Auseinandersetzung notwendigen Informationen. Sodann führt er verdientsvollerweise die Argumentation bis zum Schluß und bis zur Schlußfolgerung: Wissenschaft und Glaube vereinen sich um uns zu sagen, daß Gott den Menschen nach Seinem Bild erschaffen hat. Nein, der Mensch ist kein avancierter Affe! Ja, die Bibel hat recht!

Sichere Zeichen der ENDZEIT
Johannes Rothkranz, 32 Seiten, 3,20 DM

Wie bitte?? Die Endzeit soll bereits da sein, der Antichrist vor der Türe stehen? - Viele Christen, selbst gläubige katholische Priester, wollen davon überhaupt nichts wissen. "Was haben wir darüber zu spekulieren?", fragen sie vorwurfsvoll. "Und was würde es uns nützen, es mit Sicherheit zu wissen?"
CHRISTUS, der eingeborene SOHN GOTTES selbst, gibt jedoch darauf die Antwort: "Seht, ich habe es euch vorhergesagt!" (Matthäus 24,25) Und wiederum: "So sollt auch ihr, wenn ihr dies geschehen seht, erkennen, daß nahe ist das Reich Gottes" (Lukas 21,31).
Dürfen wir also vor den Prophezeiungen CHRISTI und seiner vom HEILIGEN GEIST inspirierten Apostel die Augen verschließen? Oder vor den Zeichen unserer Zeit, die jenen göttlichen Prophezeiungen in auffallender Weise entsprechen?
Keineswegs! Wir **sollen** erkennen, befiehlt uns der HERR, daß SEINE Wiederkunft nahe bevorsteht! Ja, er sagt noch mehr: "**Wachet also** und betet zu jeder Zeit, **damit ihr imstande seid**, all dem zu entrinnen, was kommen wird, und **zu bestehen vor dem Menschensohn.**" (Lukas 21,36)
Wir haben keine sichereren Endzeit-Prophezeiungen als diejenigen der HEILIGEN SCHRIFT! Die vorliegende Broschüre stellt die wichtigsten biblischen Prophetien zusammen und vergleicht sie mit

den Zeichen unserer Zeit. Das Ergebnis dieses Vergleichs müßte eigentlich alle Christen aufrütteln . . .

Die geheime Macht hinter den Zeugen Jehovas
Robin de Ruiter, 281 Seiten, viele Abbildungen, 24,80 DM

Der holländische Forscher und Schriftsteller Robin de Ruiter war über einen Zeitraum von mehr als 2 Jahren in die Organisation der Zeugen Jehovas eingedrungen. Ebenfalls verbrachte er 5 Jahre mit dem Studium dieser Glaubensgemeinschaft, die Ende des vergangenen Jahrhunderts in den Vereinigten Staaten entstand. Bis heute wurden seine Bücher in den spanischsprachigen Ländern und den USA vertrieben. Wegen des großen Erfolges bringen wir eine Übersetzung ins Deutsche des letzten Werkes des Autors, das die obengenannte Sekte behandelt. Es enthält eine Fundgrube an Daten, die sich nur durch minuziöse Nachforschungen beschaffen ließen. Neben den Verbindungen, die zwischen den Zeugen Jehovas und der Freimaurerei bestehen, der Ausübung spiritistischer Praktiken in der Führungsspitze der Wachtturmgesellschaft und der Gebrauch tausender unterschwelliger Botschaften und satanischer Symbole in ihren Publikationen, wird zum ersten Mal ein anregender Beitrag zur ständigen Debatte um die geheimen Mächte hinter dieser gefährlichen Sekte geliefert.

JA zu Europa, heißt NEIN zu Maastricht
Johannes Rothkranz, 32 Seiten, 4,80 DM

Es ist und bleibt eine geschichtlich feststehende Tatsache, daß der Sanhedrin (Hohe Rat) den menschgewordenen, wahren Gott Jesus Christus zum Tode verurteilt hat und ihn durch die gehaßten Gojim (Römer) kreuzigen ließ.

Genau so ist es eine geschichtlich feststehende Tatsache, daß der heutige „Sanhedrin" das vom Glauben an Jesus Christus geprägte freie Europa und das, was von seiner christlichen Substanz noch übrig ist, mit Hilfe zeitgenössischer politischer Gojim radikal vernichten will.

Ja, mehr noch! Schon 1945 hat der wissende amerikanische Jude Henry H. Klein in der aufsehenerregenden Schrift „The Sanhedrin produced World Destruction" behauptet, daß der Sanhedrin dabei ist, die ganze Welt zu zerstören. Da aber dieses Ziel nicht auf einen Schlag, sondern nur schrittweise, in Etappen erreicht werden kann, muß die härteste Nuß zuerst geknackt werden, d. h. die Zerstörung Europas hat also Priorität.

Johannes Rothkranz hat in seinem großangelegten zweibändigen Werk über den „Vertrag von Maastricht – Endlösung für Europa" mit unwiderlegbaren Argumenten aufgezeigt, daß das teuflische Machwerk von Maastricht die verruchten Ziele der antichristlichen „Feinde aller Menschen" verfolgt. Ihr letzter Großangriff will die freien europäischen Nationalstaaten und das Christentum, auf das sie gegründet sind, vernichten, um nach der freimaurerischen Devise „Ordo ab Chao" (Ordnung aus dem Chaos) die „Neue Weltordnung" der Söhne Weishaupts im „Neuen Zeitalter" (New Age) errichten können. Johannes Rothkranz hat uns darüber bereits in seiner Trilogie „Die kommende Diktatur der Humanität" ausführlich und überzeugend informiert.

In dieser neuen und kleineren Schrift legt er noch einen beachtlichen Nachtrag vor. Mit zum Teil neuen Argumenten gibt er in fünf Thesen noch einmal der Überzeugung Ausdruck, daß der Vertrag von Maastricht das Ende des freien und christlichen Europa bedeutet und deshalb entschieden abgelehnt werden muß.

Ob die Europäer, die durch einen geschichtlich einmaligen Bevölkerungszusammenbruch – vor allem in Deutschland – ihren eigenen Untergang längst beschlossen haben, dem zukünftigen Schicksal noch entrinnen können, ist fraglich.

Ohne radikale Umkehr zu Christus ist die kollektive Sklaverei im „Vereinten Europa" und in der kommenden „One World" unvermeidlich.

Die „öffentlichen" Meinungsmacher
Johannes Rothkranz, 30 Seiten, 3,80 DM

Man nennt sie die „vierte Macht" im Staat: die modernen Massenmedien. Tatsächlich kann der politisch - gesellschaftliche Einfluß von Fernsehen und Rundfunk, Film und Presse kaum überschätzt werden. Wer an den Schalthebeln dieser Medienmacht sitzt, bestimmt nämlich über die Inhalte dessen, was wir die „öffentliche" Meinung nennen.

Öffentlich bekannt sind allerdings außer dieser „öffentlichen" Meinung selbst gewöhnlich nur ihre treuen Diener, nicht jedoch ihre wahren Urheber. Gewiß kennen wir die Namen der Chefredakteure, Moderatoren, Korrespondenten und Kommentatoren, doch sie alle sind ja bloß bezahlte Angestellte und tun, was ihre Bosse von ihnen erwarten. Wer aber sind diese Medienbosse?

Die vorliegende, glänzend recherchierte Schrift gibt die Antwort. Wer sie gelesen hat, weiß endlich, warum „Volkes Stimme" in der „öffentlichen Meinung" längst nicht mehr wiederzuerkennen ist; er versteht jetzt, warum seit vielen Jahren aus allen Medienkanälen unisono und unaufhörlich ein ohrenbetäubend lautes Loblied auf

die vom Volk abgelehnte „Multikultur" erschallt; er begreift mit einem Mal, warum in der „öffentlichen Meinung" ganz überwiegend christlicher Völker der authentische christliche Glaube nicht bloß nicht mehr vorkommt, sondern seit Jahrzehnten unablässigen Angriffen jeder nur denkbaren Art ausgesetzt ist.
Des Rätsels Lösung: Warum sollten ausgerechnet notorische Antichristen in der von ihnen kontrollierten Medienmaschinerie christliche Stimmen zu Wort kommen lassen? Oder wie kämen ausgerechnet notorische One-World-Vorkämpfer dazu, in der von ihnen gesteuerten „öffentlichen Meinung" für die Erhaltung der nationalen Identität der Völker einzutreten? *Sie* sind *keine* Masochisten! Aber wir ihr lammfrommes Publikum?

Herren und Sklaven des XX. Jahrhunderts
Traian Romanescu, 186 Seiten, 19,80 DM

Der Kommunismus ist angeblich "tot". Aber seine vormaligen geistigen und machtpolitischen Hintermänner leben nach wie vor mitten unter uns. Sie haben nur ihre Taktik geändert, nicht jedoch ihr strategisches Ziel: die Weltherrschaft. Die offiziellen Geschichtsbücher wie auch die Massenmedien haben von Anfang an und bis zum Schluß beharrlich verschwiegen, welche hintergründige Macht den Sowjetkommunismus seinerzeit auf den Schild gehoben hatte - und ihn zuletzt aus rein taktischen Gründen (vorerst) fallen ließ. Sie haben uns ebenso beharrlich vorenthalten, welche verborgene, radikal antichristliche Macht in Wirklichkeit für die jahrzehntelange, unvorstellbar grausame "kommunistische" Christenverfolgung hinter dem eisernen Vorhang verantwortlich war und ist. Der Rumäne Traian Romanescu durchbrach 1956, nachdem ihm die Flucht in den "freien Westen gelungen war, diese Mauer verlogenen Schweigens. Sein 1962 ergänztes, seitdem in mehrere Sprachen übersetztes und immer wieder neu aufgelegtes Werk ist inzwischen zu einem "Klassiker" der wahrheitsgemäßen Geschichtsschreibung des 20. Jahrhunderts geworden. Es liegt nun endlich auch in deutscher Sprache vor.
Romanescu verfügte über außergewöhnliche Detailkenntnisse, was die wahre Identität und ideologische Zielsetzung der führenden "Kommunisten" in der Sowjetunion und sämtlichen ihrer Satellitenstaaten betraf. Als wachsamer Beobachter der politischen Szenerie im "kapitalistischen Westen eignete er sich auch hier rasch ein weit überdurchschnittliches, erstaunlich präzises Wissen um die wahren Herren hinter der Bühne und ihr geheimes Zusammenspiel mit dem vorgeblichen "Feind" im Osten an. Der besondere Wert

seines Buches liegt in der genialen Verflechtung einer ausgebreiteten Kenntnis zahlloser öffentlich kaum bekannter Einzelinformationen mit einem klaren Erfassen und Durchschauen der weithin verborgenen Zusammenhänge. Zahlreiche wichtige Mosaiksteine für die Rekonstruktion der wirklichen Geschichte unseres Jahrhunderts finden sich exklusiv in diesem Werk.

Die "neue Welt" - Vorspiel der Hölle
Wolfgang Borowsky, 2. Auflage, 176 Seiten, 19,80 DM

Das jahrelang vergriffen gewesene Buch des evangelischen Pfarrers hat nicht nur in politischen Kreisen Ärger und Aufsehen erregt. Es hat auch bei nicht wenigen Theologen und Amtsträgern der Kirche Anerkennung und Aufmerksamkeit gefunden. So schrieb z.B. am 5. April 1982 ein katholischer Theologieprofessor von Rang an den Autor:
"Ich empfinde es als großen Gewinn, Ihre Bücher zu lesen. Sie zeigen so viel Perspektiven auf, daß man aus dem einzelnen einen Eindruck vom Ganzen und aus dem Ganzen ein tieferes Verständnis für das einzelne gewinnt. Es ist eine erschreckende Tatsache, daß das Zusammenwachsen der Welt unter dem Zeichen des Antichristen geschieht." Am 29. April 1982 schrieb ein deutscher katholischer Bischof dem evangelischen Pfarrer Borowsky:
"Ich brauche Ihnen nicht eigens zu sagen, wie sehr sich unsere Gedanken treffen, und wie sehr ich wünschte, daß endlich eine gemeinsame Front der Treuen entstünde ... Erst neulich habe ich auf einer Konferenz unserer Regionaldekane auf Ihr Buch hingewiesen und ich hoffe, daß es auch in katholischen Kreisen gelesen und beachtet wird."
Nicht zuletzt sei auch darauf hingewiesen, daß das Buch 1983 mit dem Buchpreis der AWMM (Arbeitsgemeinschaft für Werbung, Markt und Meinungsforschung) ausgezeichnet wurde.

So erobert der Islam Europa
Manfred Jacobs, 234 Seiten, 22,80 DM

„Das Christentum und der Islam sind zwei grundverschiedene Welten. Sie schließen sich gegenseitig aus was ihre Theologie, Kosmologie und Anthropologie angeht.
Mohammed ist der Prophet der Gewalt des Kampfes und des Krieges. In seinem Testament hinterließ er seinen Anhängern den Auftrag zur Bekämpfung der Ungläubigen, das heißt, der Nichtmuslime, die Verpflichtung zur Ausbreitung des islamischen Gesellschafts- und Machtbereichs als die Machtsphäre Allahs. Den Kämpfern des Islam geht es primär um die Unterwerfung der